PLATON

Sämtliche Werke

6

Nomoi

———

Nach der Übersetzung
von Hieronymus Müller
mit der Stephanus-Numerierung
herausgegeben von
Walter F. Otto † · Ernesto Grassi
Gert Plamböck

ROWOHLT

Umschlagentwurf Hans Hermann Hagedorn

69.–71. Tausend Dezember 1984

Veröffentlicht im Rowohlt Taschenbuch Verlag GmbH,
Hamburg, Juni 1959
Alle Rechte an dieser Ausgabe vorbehalten
Gesetzt aus der Linotype-Aldus-Buchschrift
und der Palatino (D. Stempel AG)
Gesamtherstellung Clausen & Bosse, Leck
Printed in Germany
980-ISBN 3 499 45054 2

Platon · Sämtliche Werke 6

Die Ziffern am Rande sind die Seiten und Abschnittszahlen der dreibändigen Platon-Ausgabe von Henricus Stephanus (Paris 1578), nach denen man Platon allgemein zitiert. Sie sind gegeben nach der gebräuchlichsten modernen Ausgabe, der von Ioannes Burnet (Oxford 1899 bis 1906). Die Übersetzung wurde zum größeren Teil durchgesehen und an vielen Stellen verändert.

NOMOI

GLIEDERUNG

A. Einleitung: Der Eingang zu den Gesetzen (Buch I—IV)

I. Das Ziel der Gesetzgebung. Erziehung zur Tugend und Musenkunst.
1. Wanderung der drei Greise zum Zeusheiligtum. Thema der Untersuchung (I, Kap. 1). 2. Die Gesetzeseinrichtungen in Kreta und Sparta und das Ziel der Gesetzgebung: Erziehung zur höchsten Tugend (I, Kap. 2—6). 3. Einrichtungen zur Pflege der Tapferkeit und Besonnenheit (I, Kap. 7—8). 4. Zusammenhang der Frage nach dem Nutzen der Symposien mit der nach der Gesamtbildung (I, Kap. 9—16). 5. Erziehung als richtige Leitung der Lust- und Schmerzgefühle. Der Anteil der Musenkunst (II, Kap. 1—8). 6. Durchführung der Erziehung mit Hilfe von drei Chören. Der Chor des Dionysos und sein Wissen von künstlerischer Richtigkeit (II, Kap. 8—11). 7. Abschluß der bisherigen Untersuchung (II, Kap. 12—14).

II. Ursprung und Entwicklung der Staaten
1. Anfänge des menschlichen Zusammenlebens und erste Verfassung (III, Kap. 1—4). 2. Die drei dorischen Staaten. Der Grund für den Untergang von Argos und Messene und für den Aufstieg Spartas (III, Kap. 5—11). 3. Die persische Alleinherrschaft und der Grund ihres Untergangs (III, Kap. 12—13). 4. Die athenische Volksherrschaft und die Gefahr der Freiheit (III, Kap. 14—15). 5. Zusammenfassung. Vorschlag des Kleinias, einen Staat zu gründen (III, Kap. 16).

III. Vorfragen bei der Gründung des Staates
1. Lage des Staates und Beschaffenheit der Ansiedler (IV, Kap. 1—3). 2. Die Frage nach der wünschenswerten Verfassung (IV, Kap. 4—6). 3. Vorspruch an die Ansiedler über das fromme Verhalten gegen Götter und Menschen (IV, Kap. 7—8). 4. Das Verfahren des Gesetzgebers: Vorausschickung eines belehrenden Eingangs zu den Gesetzen (IV, Kap. 9—12).

B. Hauptteil: Die Gesetze (Buch V—XII, Kap. 9)

I. Der Eingang zu den Gesetzen
1. Einrichtung des Lebens und notwendiges Verhalten jedes Menschen (V, Kap. 1—6).
2. Vorfragen. a) Reinigung des Staates und Zahl der Bürger (V, Kap. 7—9); b) Beste und zweitbeste Verfassung (V, Kap. 10—11); c) Begrenzung des Besitzes, Vermögensklassen und Verteilung des Landes (V, Kap. 12—16); d) Wahl der Obrigkeiten (VI, Kap. 1—13).

II. Die Gesetzgebung
1. Einleitung: Notwendigkeit, daß die Gesetzeswächter das Übergangene nachholen (VI, Kap. 14—15).
2. a) Gesetze über die Ehe (VI, Kap. 16—18); b) Besitz von Sklaven (VI, Kap. 19); c) Errichtung der Gebäude (VI, Kap. 20); d) Vorläufiges über die gemeinsamen Mahlzeiten der Frauen (VI, Kap. 21—22); e) Art und Weise der Kindererzeugung (VI, Kap. 23).
3. Die Erziehung. a) Erziehung bis zum sechsten Lebensjahr (VII, Kap. 1—5); b) Vorschriften über Gymnastik und Tanz (VII, Kap. 6 bis 10); c) Forderung gleicher Erziehung für die Frauen (VII, Kap. 11 bis

12); d) Das Leben der Erwachsenen (VII, Kap. 13); e) Besprechung der Lehrgegenstände (VII, Kap. 14—23).
4. a) Regelung der militärischen Übungen (VIII, Kap. 1—4); b) Die geschlechtlichen Beziehungen (VIII, Kap. 5—8); c) Landwirschaftliche Gesetze und Gesetze über Handwerk und Handel (VIII, Kap. 9—14).
5. a) Gesetze gegen Tempelraub und Hochverrat (IX, Kap. 1—3); b) Über den Unterschied zwischen Beeinträchtigungen und Ungerechtigkeiten und Freiwilligkeit und Unfreiwilligkeit und über die Ursachen der Vergehungen (IX, Kap. 4—7); c) Der Mord und seine verschiedenen Arten (IX, Kap. 8—12); d) Verwundungen (IX, Kap. 13—15); e) Gewalttätigkeiten (IX, Kap. 16—17).
6. Die Lehre von den Göttern. a) Frevel gegen Götter und sein dreifacher Grund (X, Kap. 1); b) Beweis, daß Götter sind. Bewegung, Seele und das Entstehen von allem (X, Kap. 2—9); c) Beweis, daß die Götter sich um alles kümmern (X, Kap. 10—12); d) Widerlegung der Ansicht, daß die Götter bestechlich sind (X, Kap. 13—14); e) Das Gesetz über Gottlosigkeit und private Heiligtümer (X, Kap. 15—16).
7. a) Eigentum und Handelsverkehr (XI, Kap. 1—5); b) Letztwillige Verfügungen und Waisenkinder (XI, Kap. 6—8); c) Streitfälle zwischen Verwandten und Ehescheidungen (XI, Kap. 9—11); d) Schaden durch Giftmischerei und Zauberei (XI, Kap. 12); e) Wahnsinn, Spott, Bettelei, Zeugnisablegung (XI, Kap. 13—15); f) Untreue, Unterschlagung, Verweigerung der Dienstpflicht (XII, Kap. 1—2); g) Die Oberaufseher (XII, Kap. 3); h) Eide und Schwören (XII, Kap. 4); i) Verkehr mit anderen Staaten (XII, Kap. 5—6); k) Bürgschaft, Gerichtswesen, Bestattung (XII, Kap. 7—9).

C. Schluß: Die Erhaltung der Gesetze. Einrichtung der nächtlichen Versammlung und ihr Wissen (XII, Kap. 10—14).

ERSTES BUCH

Kleinias, ein Kreter; Megillos, ein Lakedaimonier;
ein Gastfreund aus Athen

[1. *Der göttliche Ursprung der Gesetzgebung in Kreta und Lakedaimon. Thema der Untersuchung*]

624 a Der Athener: Legte man, ihr Gastfreunde, einem Gotte oder einem der Menschen das Verdienst der Anordnung eurer Gesetze bei?
Kleinias: Einem Gotte, o Gastfreund, einem Gotte, wofür sich zu erklären das geziemendste ist; bei uns dem Zeus, bei den Lakedaimoniern aber, deren Mitbürger unser Freund da ist, schreiben sie es, glaube ich, dem Apollon zu. Nicht wahr?
Megillos: Ja.
Der Athener: Behauptest du also nach dem Homeros, daß Minos
b jedesmal nach dem Verlauf von acht Jahren zu einer Zusammenkunft mit dem Vater sich begab und nach seinen Aussprüchen euern Staaten Gesetze erteilte?
Kleinias: Sagt man doch so bei uns; sowie auch, daß sein Bruder Rhadamanthys — der Name ist euch ja bekannt — höchst gerecht ge-
625 a wesen sei. Von diesem also möchten wir Kreter behaupten, daß er, weil er damals der Rechtspflege sich annahm, mit Grund diesen Ruhm erlangt habe.
Der Athener: Gewiß einen schönen, einem Sohne des Zeus sehr angemessenen Ruhm. Da nun ihr beide, du und dieser Freund, in solcher durch Gesetze geregelten Lebensweise aufgewachsen seid, so werdet ihr, denke ich, nicht ungern über Staatsverfassung und Gesetze jetzt eine Untersuchung führen, redend und auch hörend wäh-
b rend der Wanderung. Jedenfalls ist, wie wir hören, der Weg von Knossos nach der Grotte und dem Tempel des Zeus dazu ausreichend, und es gibt, wie sich erwarten läßt, unterwegs für die gegenwärtige Hitze unter den hohen Bäumen schattige Ruheplätze; unsern Jahren aber möchte es wohl angemessen sein, da häufig zu rasten und den ganzen Weg mit Bequemlichkeit, indem wir durch Gespräche uns ermutigen, zurückzulegen.
Kleinias: Zuverlässig, Gastfreund, bieten die Haine Zypressen
c von ausgezeichneter Höhe und Schönheit sowie auch Wiesen, um da rastend uns zu unterhalten.
Der Athener: Da hast du recht.
Keinias: Gewiß; bei ihrem Anblick werden wir das noch williger einräumen. Doch laßt uns auf gutes Glück unsere Wanderung antreten.

[2. Leitender Gesichtspunkt aller Gesetzeseinrichtungen in Kreta: der Krieg]

DER ATHENER: Das wollen wir. Sage mir nun, zu welchem Zwecke schrieb das Gesetz die Speisevereine euch vor und die Leibesübungen und die Art der Bewaffnung?

KLEINIAS: Unsere Einrichtungen zu begreifen, Gastfreund, ist, denke ich, jedem leicht. Seht ihr doch die Beschaffenheit des gesamten Kreterlandes, daß es keine Ebene ist, wie das der Thessaler; darum bedienen sich auch diese mehr der Rosse, wir aber des Laufes. Denn unser Land ist uneben und angemessener der Einübung der Fußgänger zum Laufe. In einem solchen Lande muß man sich leichte Waffen anschaffen und darf nicht beschwert laufen; dazu scheint Leichtigkeit der Bogen und Pfeile passend. Das alles nun ist bei uns für den Krieg eingerichtet, und der Gesetzgeber ordnete, wie mir offenbar ist, alles auf ihn hinblickend an, da er auch die Speisevereine zustande gebracht zu haben scheint, weil er sah, daß alle, wenn sie zu Felde ziehen, durch die Umstände selbst sich genötigt sehen, ihrer eigenen Bewachung wegen während der Zeit gemeinsame Mahlzeiten zu halten. Er scheint mir fürwahr die Überzeugung gewonnen zu haben, es fehle der großen Menge an der Einsicht, daß stets ein fortwährender Krieg aller gegen alle Staaten bestehe. Muß man aber im Kriege seiner Sicherheit wegen gemeinsame Mahlzeiten halten und müssen Befehlende und Gehorchende als deren Wächter verteilt sein, so muß dasselbe auch im Frieden geschehen; denn was die meisten Menschen Frieden nennen, das führe bloß diesen Namen, in der Tat aber bestehe von Natur ein von keinem Herold angekündigter Krieg für alle Staaten gegen alle. Und du wirst, wenn du es aus diesem Gesichtspunkt betrachtest, beinahe finden, daß der Gesetzgeber der Kreter alle Einrichtungen unseres öffentlichen und häuslichen Lebens mit Hinsicht auf den Krieg traf und daß er die Beobachtung der Gesetze in der Überzeugung uns vorschrieb, daß kein Besitztum, keine Einrichtung von Nutzen sei, wenn man nicht im Kriege obsiege, und daß alle Vorteile der Besiegten den Siegern anheimfallen.

[3. Der Krieg des einzelnen und der einzelnen Stadt mit sich selbst. Sich selbst unterliegen]

DER ATHENER: Offenbar erscheinst du, o Gastfreund, mir wohl eingeübt, die Gesetzeseinrichtungen der Kreter zu durchschauen. Doch erkläre dich mir über folgendes noch deutlicher: Der von dir aufgestellten Erklärung eines wohleingerichteten Staats zufolge scheinst du mir zu behaupten, seine Einrichtung müsse so beschaffen sein, daß er im Kriege den Sieg über die andern Staaten davontrage. Nicht wahr?

KLEINIAS: Allerdings; und der Meinung, denke ich, stimmt auch dieser bei.

MEGILLOS: Wie sollte auch, du Göttlicher, irgendein Lakedaimonier in anderer Weise darüber sich entscheiden?

DER ATHENER: Verhält sich das nun bloß in bezug auf Stadt gegen Stadt so, anders dagegen in bezug auf Flecken gegen Flecken?

Kleinias: Keineswegs.

Der Athener: Sondern ebenso?

Kleinias: Ja.

Der Athener: Wie weiter? Findet bei Haus gegen Haus im Flekken und bei Mann gegen Mann, dem einzelnen gegen den einzelnen, immer noch dasselbe statt?

Kleinias: Dasselbe.

d Der Athener: Hat sich aber einer gegen sich selbst als Feind gegen den Feind zu betrachten? Oder wie sagen wir da?

Kleinias: Athenischer Gastfreund — möchte ich doch nicht einen attischen dich nennen, denn du scheinst mir eher wert, nach dem Namen der Göttin begrüßt zu werden —, du hast ja meine Rede, indem du richtig auf ihren Ursprung sie zurückführtest, verständlicher gemacht, so daß du leichter finden wirst, daß wir eben mit Recht behaupteten, alle seien allen im öffentlichen Leben verfeindet und im privaten jeder einzelne sich selbst.

e Der Athener: Wie meintest du das, bewundernswürdiger Freund?

Kleinias: Auch hier, Gastfreund, ist, sich selbst zu besiegen, vor allen Siegen der erste und vorzüglichste, sich selbst zu unterliegen aber, vor allem andern das Schimpflichste und Schlimmste. Diese Redeweise deutet nämlich darauf hin, daß in jedem von uns ein Krieg gegen uns selbst stattfindet.

Der Athener: Laß uns also unsere Rede umkehren. Da nämlich jeder einzelne von uns entweder stärker oder schwächer ist als er 627 a selbst, wollen wir deshalb behaupten, daß auch in einem Hauswesen, einem Flecken, einer Stadt dasselbe stattfinde, oder nicht?

Kleinias: Du meinst, daß das eine stärker, das andere schwächer ist als es selbst?

Der Athener: Ja.

Kleinias: Auch diese Frage stelltest du mit Recht. Denn freilich findet das vor allem gar sehr auch in den Städten statt. Von demjenigen Staate nämlich, in welchem die Besseren der Menge und den Schlechteren überlegen sind, kann man füglich sagen, daß er stärker ist als er selbst, und mit vollem Rechte verdient er, solches Sieges wegen gepriesen zu werden; im umgekehrten Falle aber umgekehrt.

b Der Athener: Ob überhaupt jemals das Schlechtere dem Bessern überlegen sei, das wollen wir auf sich beruhen lassen, denn das erheischt eine längere Untersuchung; was du aber sagst, begreife ich jetzt wohl: daß bisweilen zahlreiche ungerechte Bürger, stammverwandt und in demselben Staate geboren, sich vereinigen, um Gewalt gegen die minder zahlreichen Gerechten zu üben und sie zu unterjochen, und daß, wenn sie siegen, dieser Staat mit Recht ein sich selbst unterliegender und schlechter genannt werden könne, müssen diese aber den kürzeren ziehen, ein sich selbst beherrschender und guter.

c Kleinias: Zwar klingt diese Behauptung gar seltsam, aber dennoch ist es unumgänglich notwendig, ihr beizustimmen.

[4. Der Friede als Ziel des wahren Gesetzgebers]
DER ATHENER: Doch halt! Auch folgendes wollen wir noch einmal in Betrachtung ziehen. Es könnte doch wohl viele Brüder, Söhne *eines* Vaters und *einer* Mutter, geben, und es wäre nicht zu verwundern, wäre die Mehrzahl derselben ungerecht, die Minderzahl gerecht.
KLEINIAS: Gewiß nicht.
DER ATHENER: Und mir und euch wäre es wohl nicht angemessen, dem nachzujagen, inwiefern man von einem Hauswesen und einer ganzen Sippschaft, wenn die Schlechteren siegen, sagen könne, sie unterliege sich selbst, beherrsche sich aber, wo diese unterliegen; denn unsere jetzige Betrachtung ist nicht auf das Angemessene und Unangemessene der Ausdrücke im Verhältnis zur Redeweise der großen Menge, sondern auf das seiner Natur nach Richtige und Verfehlte der Gesetze gerichtet.
KLEINIAS: Was du da sagst, Gastfreund, ist sehr richtig.
MEGILLOS: Gewiß sehr wahr, wie mir jetzt auch scheint, wenigstens soweit.
DER ATHENER: Auch das laßt uns erwägen. Die eben erwähnten Brüder könnten doch wohl einen Richter haben?
KLEINIAS: Gewiß.
DER ATHENER: Welcher von zwei Richtern wäre nun der vorzüglichere? Derjenige, welcher die Schlechteren aus dem Wege räumt und den Besseren, selbst über sich selbst zu herrschen, geböte oder welcher bewirkte, daß die Besten herrschten, die Schlechteren aber gezwungen, indem er sie am Leben ließ, der Herrschaft jener sich fügten? Doch wollen wir in bezug auf Vorzüglichkeit auch noch eines dritten Richters gedenken — wenn es einen solchen gibt —, der nämlich, wenn er eine in Zerwürfnis begriffene Sippschaft überkäme, keinen aus dem Wege räumte, sondern sie miteinander aussöhnte und durch ihnen gegebene Gesetze sie für die Zukunft einander befreundet zu erhalten vermöchte.
KLEINIAS: Ein solcher Richter und Gesetzgeber wäre wohl bei weitem vorzüglicher.
DER ATHENER: Und doch würde er seine Gesetze ihnen aufstellen, indem er auf das dem Kriege Entgegengesetzte sein Augenmerk richtete.
KLEINIAS: Das ist wahr.
DER ATHENER: Wie aber der Ordner des Staates? Würde dieser der Bürger Lebensweise mehr mit Rücksicht auf den Krieg von außen regeln oder mit Rücksicht auf den in ihm selbst etwa sich erhebenden, den man Entzweiung nennt? Von welchem wohl jeder am meisten wünschen möchte, daß er in seinem Staate gar nicht sich erhebe, erhob er sich aber, auf das schleunigste beseitigt werde.
KLEINIAS: Offenbar mit Rücksicht auf diesen.
DER ATHENER: Würde er es wohl vorziehen, daß es bei der Entzweiung zum Frieden komme, nachdem die einen umkamen, die andern aber den Sieg erlangten, oder daß sie, nachdem eine Aussöhnung Frieden und Freundschaft herbeiführte, so sich genötigt sähen, auf die auswärtigen Feinde ihre Aufmerksamkeit zu richten?

Kleinias: Jeder möchte wohl wünschen, daß lieber dieses als jenes in dem Staate geschehe, dem er angehört.

Der Athener: Nicht in gleicher Weise auch der Gesetzgeber?

Kleinias: Wie anders?

Der Athener: Würde wohl nicht jeder des Besten wegen alle seine Einrichtungen treffen?

Kleinias: Wie sollte er nicht?

Der Athener: Das Beste ist aber nicht Krieg und Entzweiung — es ist traurig, wenn es dieser bedarf —, sondern wechselseitiger Friede und Wohlwollen; ja sogar, daß ein Staat über sich selbst den Sieg d davontrage, gehört nicht zu dem Besten, sondern zu dem Notgedrungenen. Wie wenn jemand glauben wollte, ein siecher Körper befinde sich dann am besten, wenn ärztliche Reinigung ihm zuteil wurde, den Körper aber, der dessen gar nicht bedurfte, unbeachtet ließe; in gleicher Weise würde auch nie ein tüchtiger Staatsordner werden, wer in Hinsicht auf die Glückseligkeit des Staates oder des einzelnen so denken würde, nämlich allein und zuerst auf die auswärtigen Kriegsverhältnisse sein Augenmerk richtete, noch ein guter Gesetzgeber, wer nicht lieber die kriegerischen Anordnungen des Friedens, e als die friedlichen des Krieges wegen träfe.

[5. Forderung, daß der Gesetzgeber am meisten auf die höchste Tugend Rücksicht nimmt: vollendete Gerechtigkeit]

Kleinias: Mit der Behauptung hat es offenbar seine Richtigkeit; es sollte mich aber wundern, wenn bei unsern Einrichtungen sowie bei den Lakedaimon betreffenden nicht alle Bemühung darauf gewendet wurde.

629 a Der Athener: Vielleicht wohl; doch dürfen wir jetzt nicht hart gegen sie auftreten, sondern müssen in aller Ruhe sie befragen, da vorzüglich darauf unser und ihr Bemühen gerichtet ist. Und nehmt mit mir teil an der Untersuchung. Stellen wir also den Tyrtaios voran, einen Athener von Geburt, der aber bei diesen das Bürgerrecht erhielt, welcher vor allem eifrig danach trachtete, indem er sagte:

«Nimmer gedächt' ich des Mannes, noch achtet' ihn wert der Erwähnung»,

b nicht, fährt er fort, wenn einer der reichste der Menschen wäre, oder viele Vorzüge, von denen er fast alle aufzählt, besäße, der sich nicht stets als der beste im Kriege bewährte. Hast doch wohl auch du die Gedichte gehört, denn dieser da, wie ich glaube, ist voll davon.

Megillos: Gewiß.

Kleinias: Allerdings gelangten sie von Lakedaimon aus auch zu uns.

Der Athener: Wohlan denn, so wollen wir gemeinschaftlich an diesen Dichter folgende Frage stellen: Tyrtaios, göttlichster Dichter c — du erscheinst uns nämlich weise und wacker, weil du die im Kriege Ausgezeichneten in ausgezeichneter Weise gepriesen hast —, es trifft sich also, daß wir, ich und dieser hier und Kleinias der Knossier da, bereits darüber mit dir in voller Übereinstimmung scheinen, wir wünschen aber bestimmt zu wissen, ob es dieselben Männer sind, die wir und du meinen, oder nicht. Darum sage uns: Nimmst auch du ganz deutlich, wie wir, zwei Gattungen des Krieges an? Oder wie? Darauf würde, denke ich, selbst ein minder verständiger Mann als Tyrtaios das Richtige erwidern: Allerdings zwei; die eine, die d wir alle Entzweiung nennen, welche, wie wir eben behaupteten, der ärgste aller Kriege ist; als die zweite Gattung des Krieges aber werden wir alle denjenigen annehmen, den wir, als einen weit minder anstößigen, gegen Auswärtige und fremdem Stamm Entsprossene führen, mit denen wir in Streit gerieten.

KLEINIAS: Wie auch nicht?

DER ATHENER: Nun sprich: Welche Männer und in Hinsicht auf welchen Krieg sie lobend hast du die einen so übermäßig gelobt, die andern getadelt? Es scheint nämlich, die gegen die auswärtigen Feinde Kämpfenden; wenigstens hast du in deinen Gedichten dich so erklärt, daß du nimmer Männer erträglich findest, welche e

«den Anblick scheuen des grausenerregenden Blutbads
Und nicht bedrängen den Feind nah ihm entgegengestellt.»

Dürften wir nun nicht ferner sagen, daß du, o Tyrtaios, diejenigen vorzüglich zu preisen scheinst, welche sich in einem fremden und auswärts sich erhebenden Kriege auszeichnen? Würde er das wohl zugeben und dem beistimmen?

KLEINIAS: Wie anders?

DER ATHENER: Wir aber behaupten, obgleich diese Männer tüchtig 630 a sind, seien doch diejenigen, und zwar bei weitem, vortrefflicher, welche in dem entscheidensten Kampfe sich als die entschieden Besten bewähren. Zum Gewährsmann haben auch wir einen Dichter, den Theognis, den Landsmann der Megarer in Sizilien, welcher sagt:

«Wer da sich treu im verderblichen Zwist, o Kyrnos, bewährte,
Gleich dem Silber und Gold hat man zu schätzen den Mann.»

Von diesem behaupten wir, daß er in einem verderblicheren Kriege sich um sehr vieles besser erweis als jener, um so viel fast, als Gerechtigkeit, Besonnenheit und Weisheit mit Tapferkeit vereint besser sind als eben die Tapferkeit allein. Denn treu und fest bei Entzweiungen dürfte er wohl niemals ohne die gesamte Tugend werden; in dem Kriege aber, von dem Tyrtaios spricht, wacker in die Schlachtreihen zu treten und kämpfend in den Tod zu gehen, dazu sind auch viele Söldner bereit, von denen die meisten, nur ganz wenige ausgenommen, sich als keck, ungerecht, übermütig und fast als die unverständigsten von allen zeigen.

Wohin aber führt denn nun unsere jetzige Rede, und um was deutlich zu machen, sagt sie dies? Das offenbar, daß vor allem auch der c von Zeus bestellte Gesetzgeber dort, sowie jeder andere, der nur ein wenig taugt, immer seine Gesetze geben wird, indem er auf nichts anderes sein ganzes Augenmerk richtet als auf die höchste Tugend. Diese besteht aber, wie Theognis sagt, in nichts anderm als in Treue bei Gefahren, welche Treue man auch vollendete Gerechtigkeit nennen könnte. Diejenige dagegen, welche Tyrtaios vor allem pries, ist zwar schön und mit Fug vom Dichter verherrlicht, sie kann jedoch, nach ihrem Wert und ihrer Befähigung geschätzt zu sein, mit Recht nur die vierte genannt werden. d

[6. Entwurf einer angemessenen Darstellung der Gesetze. Das System der göttlichen und menschlichen Güter]

Kleinias: Damit verstoßen wir, Gastfreund, unseren Gesetzgeber unter die letzten der Gesetzgeber.

Der Athener: Das, Bester, tun wir nicht, sondern uns selbst, wenn wir glauben, daß Lykurgos und Minos alle ihre Anordnungen in Lakedaimon und dort in Kreta vorzüglich in bezug auf den Krieg trafen.

Kleinias: Wie hätten wir uns aber da ausdrücken sollen?

Der Athener: Wie es dem Wahren, denke ich, und dem Gerech-
e ten gemäß ist zu reden, zumal wir von einer göttlichen Gesetzgebung sprechen; nämlich nicht, daß der Gesetzgeber sie traf mit Hinsicht auf einen und noch dazu den geringsten Teil der Tugend, sondern auf die gesamte Tugend; und wir hätten nach Begriffen ihren Gesetzen nachforschen sollen, aber nicht in Hinsicht auf das, dem die Leute jetzt nachforschen, indem sie sich einzelne Arten vornehmen. Denn nach welcher Art in jedem ein Bedürfnis entsteht, die nimmt er sich vor und der forscht er nach, dieser den Gesetzen über Erbschaften und Erbtöchter, denen über kränkende Beleidigungen jener, sowie andere tausend andern Gegenständen der Art. Wir aber
631 a behaupten, bei den richtig Nachforschenden sei die auf die Gesetze bezügliche Nachforschung so beschaffen, wie wir sie jetzt begannen. Und der Weg, den du zur Erklärung der Gesetze einschlugst, hat durchaus meinen Beifall; denn von der Tugend auszugehen, indem man behauptet, der Gesetzgeber gebe die Gesetze mit Hinsicht auf diese, ist richtig. Daß du aber erklärtest, er gebe sie insgesamt in bezug auf einen Teil der Tugend, und noch dazu den geringfügigsten, diese deine Behauptung erschien mir nicht mehr richtig, und deshalb habe ich alles, was ich ferner sagte, gesagt. Soll ich dir nun angeben,
b in welcher Weise ich wünschte, daß du auseinandersetzend sprichst und ich selbst höre?

Kleinias: Allerdings.

Der Athener: «O Gastfreund», wäre es nötig gewesen zu sagen, «nicht umsonst stehen die Gesetze der Kreter bei allen Hellenen in besonderem Ansehen; denn sie sind gut, da sie diejenigen, welche sich ihrer bedienen, glücklich machen. Verschaffen sie ihnen doch alle Güter. Die Güter aber sind doppelter Art, menschliche und göttliche, und von den göttlichen sind die andern abhängig. Wird nun einer
c der höheren teilhaftig, dann erlangt er auch die geringeren, wenn aber nicht, dann büßt er beide ein. Die geringeren sind diejenigen, an deren Spitze die Gesundheit steht; das zweite ist Schönheit, das dritte Kraft zum Laufe und allen andern Bewegungen des Körpers, das vierte ein nicht blinder, sondern scharfsichtiger Reichtum, wenn er der Weisheit nachfolgt. Diese aber steht auch als das erste an der Spitze der göttlichen, die Weisheit; das zweite ist die mit Vernunft verbundene besonnene Haltung der Seele; aus diesen, mit Tapferkeit vermischt, dürfte wohl die Gerechtigkeit als drittes folgen, als vier-
d tes aber die Tapferkeit. Diese sind insgesamt ihrer Natur nach jenen vorgeordnet, und auch der Gesetzgeber muß sie dementsprechend

anordnen. Dringend muß er hierauf einschärfen, daß die übrigen Vorschriften für die Bürger darauf und unter diesem das Menschliche auf das Göttliche, das Göttliche insgesamt aber auf die leitende Vernunft sich beziehe. Für die wechselseitigen Eheverbindungen, ferner die Erzeugung und Auferziehung der Kinder, so der männlichen wie der weiblichen, während sie noch jung sind und wenn sie älter werdend bis zum Greisenalter fortschreiten, muß er Sorge tragen, indem er geziemend Lob und Tadel ausspricht; er muß, indem er bei allem Verkehr derselben auf ihre Schmerz- und ihre Lustgefühle, auf ihre Begierden und die Bestrebungen ihrer Wünsche wohl achtet und diese in Obhut hält, sich es angelegen sein lassen, diese vermittels der Gesetze selbst nach Gebühr zu loben und zu tadeln; muß ferner bei den Regungen des Zorns und der Furcht, bei den Gemütserschütterungen, welche durch Unglücksfälle erzeugt werden, sowie bei Beschwichtigung derselben durch Glücksereignisse, bei den Gefühlen, welche sich in den Menschen in Krankheiten, im Kriege, in der Armut und den diesen entgegengesetzten Geschehnissen erzeugen, bei allem dergleichen muß er lehren und festsetzen, was das Angemessene in dem Zustand eines jeden sei und was nicht. Ferner muß der Gesetzgeber notwendig den Erwerb und den Aufwand der Bürger beaufsichtigen, in welcher Weise beides erfolgt, sowie die wechselseitigen, freiwilligen und unfreiwilligen Verbindungen und Trennungen untereinander im Auge behalten, in welcher Weise sie jedes derartige untereinander bewerkstelligen und bei welchen Gerechtigkeit herrscht und bei welchen sie fehlt; und er muß den die Gesetze Befolgenden Ehren zuerteilen, den Unfolgsamen die vorgeschriebenen Strafen auferlegen, bis er, zum Abschluß der ganzen Staatseinrichtung gediehen, erkennt, wie die Bestattung jedes der Abgeschiedenen stattfinden müsse und welche Ehrenbezeigungen ihnen zu erweisen seien. Hat das derjenige, welcher die Gesetze gab, erkannt, dann wird er über das alles Wächter setzen, die einen durch Weisheit, die andern von richtiger Meinung geleitet, damit die dieses alles unter sich verknüpfende Vernunft bewirke, daß Besonnenheit und Gerechtigkeit, nicht aber Bereicherungssucht und Ehrbegierde das Maßgebende sei.»

So, ihr Gastfreunde, wollte ich und wünsche es noch, daß ihr jetzt darleget, wie in den dem Zeus und in den dem pythischen Apollon beigelegten Gesetzen, welche Minos und Lykurgos aufstellten, dieses alles liegt und wie das, werden sie in eine gewisse Ordnung gebracht, dem in der Gesetzgebung sei es durch Kunst oder durch Gewöhnung Erfahrenen ganz offenbar ist, uns andern aber keineswegs einleuchten will.

[7. Einrichtungen zur Übung der Tapferkeit]

KLEINIAS: Wie müssen wir also, Gastfreund, das Weitere besprechen?

DER ATHENER: Zuerst müssen, meinem Bedünken nach, wie wir begannen, die Staatseinrichtungen zur Pflege der Tapferkeit erörtert werden. Dann wollen wir, gefällt es euch, eine andere und wieder

eine andere Gattung der Tugend betrachten; sobald wir aber die
erste Gattung erörtert haben, wollen wir sie als Vorbild aufzustellen
versuchen und mit Durchsprechung der übrigen in ähnlicher Weise
unsern Weg uns kürzen. Nach Besprechung der gesamten Tugend
aber wollen wir, wenn es Gott gefällt, zeigen, daß, was wir jetzt erörterten, darauf sich beziehe.

633 a   MEGILLOS: Wohl gesprochen; und zuerst versuche diesen Lobredner
des Zeus da vor unser Gericht zu ziehen.

DER ATHENER: Das will ich, und auch dich und mich selber, denn
die Untersuchung ist eine gemeinschaftliche. Sagt also: Behaupten
wir, daß der Gesetzgeber die Speisevereine und die Leibesübungen
für den Krieg ersann?

MEGILLOS: Ja.

DER ATHENER: Und als das dritte und vierte? Denn einer solchen
Aufzählung müssen wir vielleicht uns auch bedienen, sei es nun hinsichtlich der Teile der übrigen Tugend, oder welche Namen man
sonst ihnen zu geben hat, wenn man nur deutlich macht, was man
meint.

b   MEGILLOS: Als drittes also ersann er, würde ich und jeder Lakedaimonier erwidern, die Jagd.

DER ATHENER: Versuchen wir, noch ein viertes oder ein fünftes,
wenn wir können, anzuführen.

MEGILLOS: So möchte ich also auch das vierte anzuführen versuchen, nämlich das, was zur Ertragung von Schmerzen mannigfach
bei uns vorkommt, sowohl bei den Faustkämpfen gegeneinander als
auch bei gewissen Raubzügen, bei denen es jedesmal viele Schläge
setzt. Ferner wird nun noch von einer gewissen Geheimjagd gespro-
c chen, die hinsichtlich der Ertragungen höchst mühevoll ist, nämlich
verbunden mit Barfußgehen und Schlafen auf nacktem Boden im
Winter und Diensten, die sich, ohne Diener, jeder selbst leisten muß,
indem er bei Tag und Nacht im ganzen Lande umherschweift. Auch
bei den nackt aufgeführten Reigentänzen gibt es, da sie gegen der
Hitze Gewalt anzukämpfen haben, viele Anstrengungen sowie sehr
vieles andere, mit dessen jedesmaliger Aufzählung jemand wohl
kaum fertig werden dürfte.

DER ATHENER: Sehr gut gesagt, lakedaimonischer Gastfreund. Aber
sprich, als was sollen wir die Tapferkeit ansetzen? Etwa bloß ganz
d einfach, sie sei das Ankämpfen gegen Befürchtungen und Widerwärtigkeiten, oder auch gegen Wünsche, Gelüste und gegen manche
schwer zu bekämpfende, uns kirrende Verlockungen, welche den
Sinn auch von Männern, die sich gar würdig dünken, biegsam machen wie Wachs?

MEGILLOS: Gegen das alles insgesamt, denke ich.

DER ATHENER: Erinnern wir uns nun unserer vorigen Reden, so
sprach unser Freund sowohl von einem Staate als von einem Manne,
der nicht Herr seiner selbst sei. Nicht wahr, Gastfreund von Knossos?

KLEINIAS: Jawohl.

e   DER ATHENER: Erklären wir nun jetzt den für feig, der seine

Schmerzgefühle, oder auch den, der seine Gelüste nicht zu beherrschen vermag?

Kleinias: Eher noch, meinem Dafürhalten nach wenigstens, diesen. Denn wir alle erklären ja eher den von den Lüsten Bezwungenen für den in schimpflicher Weise Schwächeren als er selbst als den, der von seinen Schmerzgefühlen sich beherrschen läßt.

Der Athener: Es haben also doch wohl nicht der Gesetzgeber des Zeus und der pythische eine hinkende Tapferkeit verordnet, welche nur nach der linken Seite hin Widerstand zu leisten vermag, aber unvermögend ist, nach der rechten Seite hin dem Gezierten und Anlockenden entgegenzutreten? Oder beiden?

Kleinias: Beiden, behaupte ich.

Der Athener: Laßt uns nun desgleichen angeben, welche Einrichtungen es in euern beiderseitigen Staaten gibt, die von den Lüsten kosten und nicht vor ihnen fliehen lassen — gerade wie sie vor den Schmerzgefühlen nicht fliehen ließen, sondern, mitten in ihr Gedränge führend, sie zu bewältigen nötigten und durch Auszeichnungen antrieben. Wo also ist dieses selbe für die Lüste in den Gesetzen niedergelegt? Es werde angegeben, was das sei, was bei euch dieselben Männer so tapfer, wie gegen die Schmerzgefühle, auch gegen die Gelüste macht, indem sie besiegen, was sich zu besiegen ziemt, und in keiner Weise den ihnen am nächsten stehenden und bedenklichsten Feinden unterliegen.

Megillos: So freilich, o Gastfreund, wie ich viele den Schmerzgefühlen entgegentretende Gesetze anzuführen wußte, möchte ich vielleicht wohl, wenn ich von umfassenden und in die Augen fallenden Beispielen sprechen soll, bei den Gelüsten nicht dazu imstande sein; was geringfügigere anbetrifft, so vermöchte ich es vielleicht.

Kleinias: Gewiß, auch ich vermöchte wohl nicht in gleicher Weise so etwas von den Gesetzen in Kreta deutlich zu machen.

Der Athener: Das, ihr trefflichsten Gastfreunde, ist nicht zu verwundern. Hat aber einer von uns an den Gesetzen seiner Heimat irgend etwas auszusetzen, indem er das Wahre zugleich und das Beste zu erkennen sucht, so wollen wir das nicht empfindlich, sondern freundlich voneinander hinnehmen.

Kleinias: Dein Vorschlag, athenischer Gastfreund, ist gut und verdient Gehör.

Der Athener: Würde doch, Kleinias, eine Empfindlichkeit der Art Männern unseres Alters nicht angemessen sein.

Kleinias: Gewiß nicht.

Der Athener: Ob also jemand mit Recht oder Unrecht Ausstellungen an der lakonischen oder kretischen Staatsverfassung macht, das dürfte auf eine andere Erörterung führen. Die Äußerungen des Volkes aber möchte vielleicht ich eher anzugeben imstande sein als ihr beiden. Denn bei euch besteht, da ja eure Gesetze ziemlich gut sind, ein Gesetz, welches wohl zu den schönsten gehört, welches keinem jungen Manne nachzuforschen gestattet, was unter den Gesetzen gut ist oder nicht, sondern allen einmütig und einstimmig zu behaupten gebietet, alle seien, als von den Göttern gegeben, gut, sowie es überhaupt nicht zu dulden, daß man anhört, wenn jemand eine andere Meinung äußert; wenn aber einem Greise bei euch etwas in den Sinn kommt, solche Reden gegen einen Machthaber und Altersgenossen, aber nicht in Gegenwart eines jungen Mannes zu führen.

KLEINIAS: Was du da sagst, Gastfreund, ist sehr richtig, und gleich
635 a einem Seher scheinst du mir, obgleich dem Sinn dessen, der die Gesetze gab, fern stehend, ihn gut erraten zu haben und der Wahrheit sehr Entsprechendes zu sagen.

DER ATHENER: Sind wir nun nicht jetzt von jungen Leuten verlassen, und ist es uns nicht, vermöge unseres Greisenalters, von dem Gesetzgeber gestattet, unter uns allein ohne Anstoß gerade über dergleichen Gegenstände uns zu unterhalten?

KLEINIAS: So ist es, und bedenke dich nicht, Tadel gegen unsere Gesetze auszusprechen; denn etwas Tadelnswertes dafür zu erkennen ist nicht verwerflich, sondern es geht die Heilung daraus hervor,
b wenn jemand nicht mißgünstig, sondern wohlwollend das Gesagte aufnimmt.

[8. Notwendigkeit, sich auch im Ertragen der Lust zu üben. Gefahren der Leibesübungen und Speisevereine]

DER ATHENER: Richtig. Auch werde ich, bevor ich eure Gesetze nach Vermögen genau durchforscht habe, nicht tadelnd, sondern nur Zweifel erhebend sprechen. Euch allein nämlich unter den Hellenen und Barbaren, von denen wir Kunde haben, gebot der Gesetzgeber, sich der größten Genüsse und Ergötzungen zu enthalten und sie auch nicht zu kosten; er war aber der Meinung, wenn jemand von den Knabenjahren an fortwährend die Schmerzgefühle und Befürchtungen,
c von denen wir eben sprachen, fliehen wolle, so werde er, wenn er in unausweichliche Mühen und Ängste und Schmerzen geriete, vor den in denselben Geübten fliehen und zu ihrem Sklaven werden. Eben dasselbe sollte, denke ich, derselbe Gesetzgeber auch hinsichtlich der Lustgefühle bedenken, indem er zu sich selbst sagte: Wenn unsere Bürger von Jugend auf mit den größten Sinnengenüssen unbekannt bleiben und, der Übung ermangelnd, im Sinnengenuß sich standhaft zu bewähren und nicht sich zwingen zu lassen, etwas Schmachvolles zu tun, wegen süßer Schwachmütigkeit gegen Lust
d dasselbe erleben wie die den Befürchtungen Unterliegenden, dann werden sie in anderer und noch schimpflicherer Weise denjenigen, die der Standhaftigkeit im Sinnengenuß fähig und im Besitze des zur Befriedigung desselben Erforderlichen sind, zuweilen ganz zaghaften Menschen, untertänig werden, und ihre Seele wird eine einerseits sklavische, andererseits freie, sie aber werden nicht wert sein, schlechthin tapfer und frei zu heißen. Nun erwägt, ob etwas von dem Gesagten euren Beifall hat.

e KLEINIAS: Den hat es zwar einigermaßen, solange die Rede anhält; aber sogleich unbedenklich so gewichtigen Dingen Glauben beizumessen, dürfte wohl mehr von einem jugendlichen und unüberlegten Sinne zeugen.

DER ATHENER: Wenn wir nun, o Kleinias und du, lakedaimonischer

Gastfreund, das weitere von dem von uns Aufgestellten erörtern — nach der Tapferkeit wollten wir nämlich von der Besonnenheit sprechen —, welchen Unterschied werden wir da, wie jetzt in bezug auf den Krieg, zwischen diesen Staatsverfassungen und den auf das Geratewohl eingerichteten finden? 636 a

Megillos: Eine eben nicht leichte Frage; doch scheinen die Speisevereine und die Leibesübungen zweckmäßig für beide Tugenden ausgesonnen.

Der Athener: Gewiß, ihr Gastfreunde, scheint es schwierig, daß Staatseinrichtungen gleichermaßen unanfechtbar in der Wirklichkeit wie im Entwurf entstehen. Denn es dürfte, wie bei den Körpern, nicht möglich sein, für *einen* Körper *eine* Einrichtung festzusetzen, bei der sich nicht die Erfahrung ergeben sollte, daß dasselbe unsern Körpern teils Schaden, teils auch Nutzen bringe. So zum Beispiel b schaffen auch die erwähnten Leibesübungen und die Speisevereine jetzt den Staaten vielen anderen Nutzen, hinsichtlich der Entzweiungen aber sind sie bedenklich. Das zeigen die jungen Leute bei den Milesiern, Böotern und Thuriern. Ja, als altes Herkommen scheint diese Einrichtung sogar die naturgemäßen Liebesgenüsse, nicht bloß der Menschen, sondern selbst der Tiere verkehrt zu haben. Davon möchte man euren Staaten die erste Schuld beimessen und unter den übrigen denjenigen, die der Leibesübungen sich vorzüglich befleißi- c gen. Und man muß, ob man nun dergleichen Dinge von der scherzhaften oder ernsten Seite zu betrachten hat, erwägen, daß diese Wollust der Natur gemäß dem sich zu gemeinschaftlicher Erzeugung vereinigenden weiblichen und männlichen Geschlechte zugeteilt ward, daß aber von Männern mit Männern oder von Frauen mit Frauen der Natur zuwider von Anfang an die schamlose Vereinigung sei wegen der Zügellosigkeit der Lust. Wir alle geben daher den Kretern schuld, daß sie die Sage vom Ganymedes ersannen; da sie des Glau- d bens waren, ihre Gesetze stammten vom Zeus, haben sie diesen eine solche wider den Zeus zeugende Sage beigefügt, um sich, dem Beispiele des Gottes folgend, auch diese Lust zu verschaffen. Doch lassen wir diese Sage auf sich beruhen; wenn aber die Menschen die Gesetze in Betrachtung ziehen, dann bezieht sich so ziemlich die ganze Betrachtung auf Lust- und Schmerzgefühle, sowohl in den Staaten als auch im Gemüt der einzelnen. Diese beiden Quellen eröffnete nämlich die Natur; schöpft jemand aus welcher und wann und wieviel er soll, dann gedeiht er, und in gleicher Weise ein Staat, e ein einzelner sowie jedes Lebewesen; wer das aber in unverständiger Weise und zur unrechten Zeit tut, dem möchte wohl ein jenem entgegengesetztes Leben beschieden sein.

[9. Zulässigkeit oder Unzulässigkeit des Weingenusses]

Megillos: Das, Gastfreund, läßt sich zwar ganz gut hören. Wir müssen fürwahr, verlegen, was darauf zu erwidern sei, verstummen. Nichtsdestoweniger scheint mir der Gesetzgeber in Lakedaimon das Vermeiden der Lustgefühle mit Recht anzubefehlen — als Verteidiger der knossischen Gesetze mag, hat er Lust dazu, unser Freund da auf-

637 a treten —, und in Sparta finde ich das auf Sinnengenüsse Bezügliche auf das allerschönste angeordnet; denn unser Gesetz verwies das, dem die Menschen zumeist und mit den ausschweifendsten Sinnengenüssen und Freveln und aller Torheit sich hingeben, aus unserm ganzen Gebiete, und weder auf dem Lande noch in den Städten, die den Spartiaten unterworfen sind, wirst du Trinkgelage sehen oder das, was damit verbunden mächtig alle sinnlichen Begierden aufregt, noch gibt es jemanden, der, begegnet er einem trunkenen Nacht-
b schwärmer, nicht sogleich die strengste Buße ihm auferlegte; ja, nicht einmal das Vorschützen der Dionysosfeier dürfte diesen davon befreien: gleichwie ich einmal bei euch auf den Karren und zu Tarent, bei unsern Ansiedlern, die ganze Stadt in den Tagen des Dionysienfestes berauscht sah; bei uns aber kommt nichts der Art vor.

DER ATHENER: Alles Derartige, lakedaimonischer Gastfreund, ist lobenswert, sobald gewisse Beschränkungen dabei stattfinden, min-
c der anständig aber, wenn es ganz freigegeben ist; denn leicht könnte wohl ein Verfechter unserer Einrichtungen dich fassen, indem er auf das unbeschränkte Leben der Frauen bei euch hinwiese. Doch bei allem Derartigen, sowohl zu Tarent als bei uns und auch bei euch, scheint dieselbe Antwort nachzuweisen, daß die Anordnung nicht schlecht, sondern richtig sei. Denn jeder wird dem seine Verwunderung äußernden Fremdling, der bei ihnen Ungewohntes bemerkt, die Antwort geben: «Verwundere dich nicht, o Fremdling, das gilt bei uns als Gesetz, bei euch aber besteht vielleicht über dasselbe ein da-
d von verschiedenes.» Unsere jetzige Untersuchung aber, ihr Freunde, betrifft nicht die andern Menschen, sondern die Mangelhaftigkeit oder Vorzüglichkeit der Gesetzgeber selbst. Darum wollen wir uns noch weiter über den Rausch überhaupt verbreiten, denn diese Gewohnheit ist keine geringfügige und erheischt zum Durchschauen keinen schlechten Gesetzgeber. Ich spreche aber nicht über den Genuß oder das Verschmähen des Weines überhaupt, sondern über das Sichberauschen selbst, ob es anzuwenden sei, wie es die Skythen
e und Perser anwenden, ferner die Karchedonier und Kelten, die Iberer und Thraker, insgesamt kriegerische Völker, oder wie ihr; denn ihr enthaltet euch dessen, wie du behauptest, ganz, die Skythen und Thraker dagegen, bei denen die Männer sowie auch die Frauen ganz ungemischten Wein genießen, ja sogar über ihre Mäntel ausschütten, halten das für eine schöne, hochbeglückende Gewohnheit. Die Perser aber lieben ihn, sowie andere Schwelgereien, die ihr verwerft, sehr, doch mehr mit Maß als jene.

638 a MEGILLOS: Doch diese alle, mein Bester, jagen wir, wenn wir die Waffen zur Hand nehmen, in die Flucht.

DER ATHENER: Berufe dich darauf nicht, Trefflichster, denn in vielen Fällen blieb Flucht und Verfolgung unberechenbar und wird es bleiben; darum dürfen wir Sieg und Niederlage in der Schlacht, auf die wir uns berufen, nicht als eine in die Augen fallende, sondern dem Zweifel unterworfene Grenzlinie schöner und nichtschöner Einrichtungen ansehen. Denn da die großen Staaten die kleineren in der
b Schlacht besiegen und unterjochen, so gelang das den Syrakusiern

gegen die Lokrer, welche in jener Gegend für die mit den besten Gesetzen gelten, den Athenern gegen die Keier, und ähnliche Beispiele ließen sich wohl zu Tausenden finden. Vielmehr wollen wir von jeder Einrichtung selbst sprechen und uns so zu überzeugen versuchen, Siege und Niederlagen aber jetzt von unserer Rede ausschließen, und die eine für schön, die andere für nichtschön erklären. Zuerst aber vernehmt von mir etwas über eben diesen Gegenstand, wie man das, was gut und was es nicht ist, zu erforschen habe.

MEGILLOS: Wie meinst du also? c

[10. Das richtige Verfahren bei der Beurteilung des Rausches]

DER ATHENER: Es scheinen mir alle, welche nur der Bezeichnung nach irgendeine Einrichtung erfassen und, sowie sie ausgesprochen ist, sich daranmachen, sie zu loben oder zu tadeln, keineswegs in angemessener Weise zu verfahren, sondern es ebenso zu machen wie jemand, welcher, wenn ein anderer den Käse als eine gute Kost lobte, sogleich ihn tadeln wollte, ohne genau nach dessen Zubereitung und Verspeisung zu forschen, in welcher Weise, von wem, in Verbindung mit welchen Speisen, in welchem Zustande und bei welchem Befinden er zu verspeisen sei: denselben Weg scheinen mir jetzt wir bei unserer Unterredung einzuschlagen. Nachdem wir bis jetzt nur das d Wort vom Rausche vernahmen, sprechen wir uns, und zwar in sehr seltsamer Weise, die einen lobend, die andern tadelnd über ihn aus. Indem wir nämlich beide Zeugen und Lobredner anführen, legen wir einerseits ein Gewicht auf unsere Rede, weil wir viele aufstellen, andererseits aber, weil wir sehen, daß die ihn nicht sich Gestattenden im Kampfe den Sieg davontragen; doch wird selbst das von uns in Zweifel gezogen. Wollten wir nun auch die übrigen gesetzlichen Vorschriften so erörtern, so wäre das nicht nach meinem Sinne. Vielmehr will ich in anderer Weise, welche mir die angemessene scheint, e über diesen Gegenstand, den Rausch, sprechen, um zu versuchen, ob ich das richtige Verfahren bei allen derartigen Streitfragen euch deutlich zu machen vermag; da zudem tausend und abertausend Völker, darüber mit euch verschiedener Meinung, gegen eure beiden Staaten Widerspruch erheben dürften.

MEGILLOS: Gewiß, bietet sich uns eine richtige Erörterung solcher Gegenstände dar, dann darf es uns nicht verdrießen, sie zu hören. 639 a

DER ATHENER: Laßt sie uns etwa in folgender Weise anstellen. Sag an, wenn jemand das Halten von Ziegen und das Tier selbst, als ein schönes Besitztum, loben wollte, ein anderer dagegen, welcher Ziegen ohne Hirten weiden sah, welche auf angebauten Ländereien Schaden anrichteten, dieselben tadelte sowie über jedes herrenlose oder von einem schlechten Hüter beaufsichtigte Haustier so sein Mißfallen ausspräche, glauben wir wohl, daß der Tadel eines solchen in irgendwelcher Beziehung ein verständiger sei?

MEGILLOS: Inwiefern auch?

DER ATHENER: Gilt uns aber der für einen brauchbaren Steuermann, welcher bloß der Steuerkunst kundig ist, ob er nun der Seekrankheit b unterworfen sei oder nicht, oder was meinen wir wohl?

Megillos: Keineswegs, wenn er neben seiner Kunst auch der von dir erwähnten Schwäche unterliegt.

Der Athener: Der Befehlshaber eines Heeres aber? Ist er zu dieser Befehlshaberschaft tauglich, wenn er bloß auf die Kriegskunst sich versteht, ob er auch als Zaghafter in Gefahren durch den Taumel der Furcht schwindlig wird?

Megillos: Inwiefern auch?

Der Athener: Wenn er sich aber nicht einmal auf diese Kunst versteht und zaghaft ist?

Megillos: Da sprichst du von einem durch und durch schlechten, keinem Befehlshaber von Männern, sondern von den entschiedensten Weibern.

c Der Athener: Was meinst du zu einem Lobredner oder Tadler irgendeiner Vereinigung, in deren Natur es liegt, einen Vorsteher zu haben und unter diesem sich nützlich zu bewähren; jener hätte aber dieselbe nicht einmal unter einem Vorsteher gehörig unter sich selbst verbunden, sondern stets vorsteherlos oder unter schlechten Leitern gesehen. Glauben wir wohl, daß solche Beobachter solcher Vereinigungen etwas mit Fug loben oder tadeln würden?

Megillos: Wie sollten sie es wohl, da sie niemals eine dieser Ver-
d bindungen, wie sie sein sollte, geordnet beobachteten noch daran teilnahmen?

Der Athener: Jetzt halt! Wollen wir nicht, da es der Vereinigungen sehr zahlreiche gibt, auch Zechgenossen und Trinkgelage als eine Art von Verbindungen ansehen?

Megillos: Ja, vor allem.

Der Athener: Sah nun wohl schon jemand diese, wie sie es sein sollte, geordnet? Und bei euch liegt es auf der Hand zu antworten: durchaus niemals, denn bei euch ist das nicht landesüblich noch herkömmlich; ich dagegen bin vielerwärts auf viele getroffen und habe mich nach allen, möchte ich sagen, genau erkundigt, habe aber fast
e von keiner gesehen oder gehört, daß sie, ganz wie sie es sein sollte, geordnet war, höchstens, wenn überhaupt wo, geringe und wenige Teile derselben, die meisten aber alle zusammen, sozusagen, verfehlt.

Kleinias: Wie meinst du das, Gastfreund? Drücke dich noch deutlicher aus. Denn wir würden als, wie du bemerktest, in so etwas uner-
640 a fahren, vielleicht wohl nicht einmal, wenn wir auf sie träfen, sogleich erkennen, was in ihnen nach der Ordnung geschieht und was nicht.

Der Athener: Was du sagst, ist natürlich; versuche also nach meiner Angabe es zu begreifen. Daß nämlich bei allen Zusammenkünften und Vereinigungen zu irgendwelchen Unternehmen nach der Ordnung immer für alle ein Vorsteher sein muß, das begreifst du.

Kleinias: Wie sollte ich nicht?

Der Athener: Wir sagten aber doch eben, der Führer von Kämpfenden müsse tapfer sein.

Kleinias: Wie anders?

Der Athener: Gewiß wird aber der Tapfere von Befürchtungen minder beunruhigt als die Zaghaften.
b Kleinias: Auch das verhält sich so.

24

Der Athener: Gäbe es aber ein Mittel, einen durchaus nichts fürchtenden und durch nichts beunruhigten Feldherrn an die Spitze eines Heeres zu stellen, würden wir das wohl nicht auf alle Weise tun?
Kleinias: Ganz gewiß.
Der Athener: Jetzt sprechen wir aber nicht von dem Leiter eines Heeres beim Verkehr feindlicher mit feindlichen Männern im Kriege, sondern von dem von Freunden, die im Frieden mit Freunden in Wohlwollen verbunden sind.
Kleinias: Richtig.
Der Athener: Es fehlt aber bei einer solchen Zusammenkunft, c wenn sie zum Rausche führen soll, nicht an mancher Unruhe; nicht wahr?
Kleinias: Wie sollte es wohl? Vielmehr umgekehrt.
Der Athener: Bedürfen also nicht auch diese zuerst eines Leiters?
Kleinias: Gewiß; wie in keinem anderen Falle.
Der Athener: Muß man ihnen also nicht womöglich einen Leiter verschaffen, der von keiner Unruhe bewegt wird?
Kleinias: Wie sollte man das nicht?
Der Athener: Und gewiß muß er sich auf Zusammenkünfte gut verstehen; denn er wird der Hüter der unter ihnen bestehenden Freundschaft und der Vermittler, damit sie durch die stattfindende d Zusammenkunft noch inniger werde.
Kleinias: Sehr wahr.
Der Athener: Muß also nicht der Leiter Trunkener nüchtern und weise sein, nicht aber umgekehrt? Denn ein nichtweiser, jugendlicher und trunkener Leiter Trunkener hätte wohl von großem Glücke zu sagen, wenn er nicht irgendein großes Unheil anrichtete.
Kleinias: Gewiß, von sehr großem.
Der Athener: Tadelte nun jemand solche Zusammenkünfte, wenn sie in den Städten soweit möglich so stattfänden, wie sie sollten, indem er die Sache selbst mißbilligte, dann wäre sein Tadel vielleicht e wohl ein begründeter. Sieht aber einer eine Gewohnheit in möglichst verfehlter Gestalt und schilt sie, dann liegt erstens zutage, daß er nicht weiß, daß sie den rechten Gang nicht geht, ferner aber, daß auf diese Weise jede Sache einen schlechten Anschein gewinnt, wenn sie ohne einen nüchternen Leiter und Herrn vor sich geht. Oder siehst du nicht ein, daß ein trunkener Steuermann oder jeder Leiter irgendwelches Beginnens den Umsturz von allem bewirkt, seien es 641 a Schiffe oder Wagen oder ein Heereslager, oder was irgend sonst von ihm geleitet wird?

[11. Verbindung der Frage nach dem Nutzen der Symposien mit der nach der Gesamtbildung]

Kleinias: Was du da gesagt hast, Gastfreund, ist durchaus wahr; nun sage uns aber weiter, welchen Vorteil würde es uns denn gewähren, wenn das hinsichtlich des Zechens Herkömmliche wie es sollte eingerichtet würde? Wie wenn zum Beispiel einem Heere, wovon wir eben sprachen, die angemessene Leitung zuteil würde, dann würde den ihr Folgenden der Sieg im Kriege, kein geringer Vorteil, b anheimfallen, und ebenso in andern Dingen. Würde aber ein Trinkgelage richtig geleitet, welchen großen Gewinn würde das wohl dem einzelnen oder dem Staate bringen?

DER ATHENER: Wie denn? Wenn *ein* Knabe oder auch *ein* Chorreigen richtig geleitet würde, welchen großen dem Staate daraus erwachsenden Gewinn könnten wir wohl angeben? Auf eine solche Frage würden wir doch erwidern, bei einem einzelnen sei wohl der Vorteil für den Staat ein geringer; frage man aber überhaupt in bezug auf die Erziehung der Auferzogenen, welchen großen Gewinn sie dem Staate bringe, so ist es wohl nicht schwer zu antworten, daß die Wohlerzogenen wohl zu wackeren Männern werden dürften, als
c solche aber sowohl anderes gut ausführen als auch im Kampfe die Feinde besiegen. So führt also Wohlgezogenheit auch zum Siege, aber Sieg bisweilen zur Unerzogenheit. Denn viele verfielen, weil im Kriege erfochtene Siege sie übermütiger machten, vermöge dieses Übermutes in noch tausend andere Fehler; und eine Kadmeiererziehung hat es noch nie gegeben, dergleichen Siege erfochten aber gewiß gar viele Menschen und werden noch sie erfechten.

KLEINIAS: Du scheinst uns zu behaupten, Freund, daß der gemein-
d same Genuß des Weines, finde er wie er solle statt, gar viel zur Wohlgezogenheit beitrage.

DER ATHENER: Sicherlich.

KLEINIAS: Könntest du nun ferner uns nachweisen, daß es mit dem jetzt Behaupteten seine Richtigkeit hat?

DER ATHENER: Die Richtigkeit, o Gastfreund, daß dem so sei, wo doch viele zweifeln, festzustellen, vermag nur ein Gott; soll ich aber sagen, wie es mir erscheint, so hat das kein Bedenken, da wir jetzt es unternommen haben, über Gesetze und Staatsverfassung uns zu besprechen.

KLEINIAS: Nun eben darum wollen wir uns bemühen, deine Mei-
e nung über das jetzt in Zweifel Gezogene kennenzulernen.

DER ATHENER: Das also müssen wir tun, nämlich ihr euch anstrengen, um zu lernen, und ich, um deutlich, indem ich es nach meinen Kräften versuche, den Nachweis zu führen. Zuerst vernehmt aber von mir folgendes: Alle Hellenen halten unsere Stadt für redeliebend und redelustig, Lakedaimon und Kreta dagegen, jenes für wortkarg, dieses aber mehr um Gedanken- als Wortreichtum be-
642 a müht. Nun denke ich darauf, nicht zu der Meinung euch zu veranlassen, daß ich über Geringfügiges viele Worte mache, indem ich über den Rausch, eine geringfügige Sache, einen ausgeführten und überlangen Vortrag halte. Jedoch die naturgemäße und richtige Behandlung dieser Sache könnte wohl unmöglich bei Verzicht auf eine richtige Ansicht der musischen Kunst etwas Deutliches und Genügendes in Worten fassen; die musische Kunst aber vermöchte das wohl wieder nicht ohne die Gesamtbildung, und das erfordert sehr ausführliche Reden. Erwägt demnach, was wir beginnen, wenn wir etwa das für jetzt auf sich beruhen lassen und zu einer andern die
b Gesetze betreffenden Erörterung übergehen.

MEGILLOS: Du weißt vielleicht nicht, athenischer Gastfreund, daß unser Herd mit euerm Staate gastfreundlich verbunden ist. Vielleicht regt sich nun selbst in allen Knaben, wenn sie hören, daß sie Staatsgastfreunde einer Stadt sind, zu dieser sogleich ein Wohlwollen, wie in jedem von uns Staatsgastfreunden der Stadt, als sei diese nach seiner Vaterstadt sein zweites Vaterland, und gewiß ist eben dieses jetzt in mir erwacht. Denn wenn ich schon die Knaben hörte, daß sie als Lakedaimonier an den Athenern etwas lobten oder tadelten, c wenn sie sagten: eure Lieblingsstadt, o Megillos, ist schön oder nichtschön gegen uns verfahren; wenn ich das hörte, zeigte ich mich in jeder Art wohlwollend, indem ich stets für euch gegen diejenigen kämpfte, welche Tadel gegen eure Stadt erhoben, und auch jetzt klingt mir eure Mundart angenehm, und die Rede vieler, daß Athener, die wacker sind, es in ausgezeichnetem Grade seien, erscheint mir sehr wahr; sind doch sie allein, ohne Zwang auf Grund der eignen Natur, durch der Götter Huld wahrhaft und nicht scheinbar gut. d Darum magst du meinetwegen so ausführlich sprechen, als du Lust hast.

KLEINIAS: Und gewiß, Gastfreund, auch nachdem du meine Rede vernahmst und dir gefallen ließest, magst du so ausführlich sprechen, als du Lust hast. Denn vielleicht hast du gehört, daß hier Epimenides, ein göttlicher Mann, geboren wurde, der bei uns heimisch war; als er aber, zehn Jahre vor den persischen Kriegen, zu euch kam dem Ausspruch des Gottes gemäß, brachte er gewisse vom Gotte anbefohlene Opfer dar und erklärte insbesondere, da die Athe- e ner die Ankunft einer persischen Flotte fürchteten, vor zehn Jahren würden sie nicht kommen, wären sie aber erschienen, wieder abziehen, ohne etwas von dem, was sie hofften, ausgeführt zu haben, und nachdem sie des Unheils mehr erduldet als zugefügt. Damals nun wurden unsere Voreltern eure Freunde, und daher stammt mein Wohlwollen und das unserer Väter gegen euch.

643 a

DER ATHENER: So wäret also ihr euerseits, wie es scheint, bereit, mich anzuhören; meinerseits aber ist das Wollen bereit, das Vollbringen aber nicht leicht, muß jedoch demungeachtet versucht werden. Zuerst wollen wir also zum Zweck der Untersuchung bestimmen, was Bildung sei und was sie vermöge; denn auf diesem Weg muß die jetzt von uns ausersehene Untersuchung voranschreiten, bis sie zum Gotte gelangt.

KLEINIAS: Das wollen wir allerdings tun, wenn es dir gefällt.

DER ATHENER: Indem ich euch also erkläre, wie wir etwa den Be- b griff der Bildung zu bestimmen haben, erwägt, ob wohl die Erklärung euren Beifall hat.

KLEINIAS: So erkläre dich.

[12. Wahrer Begriff der Bildung: von jung auf geschehende Erziehung zum vollkommenen Bürger]

DER ATHENER: Demnach erkläre ich mich und behaupte, wer als Mann zu irgend etwas Tüchtigem es bringen will, der muß eben dieses sogleich vom Knaben auf, in Spiel und Ernst, in allem zu der Sache Gehörigen üben. So, wer ein tüchtiger Landwirt oder Bau-

künstler werden will, dessen Spiel muß bei dem einen in Aufführ-
c rung kindlicher Bauwerke, bei dem andern in landwirtschaftlichen
Beschäftigungen bestehen, und der Erzieher jedes der beiden muß
bei jedem für kleine Handwerksgeräte, Nachbildungen der wirklichen, sorgen, sowie vornehmlich auch, daß derselbe die Kenntnisse,
die einer zuvor sich erworben haben muß, vorher spielend sich erwerbe, wie der Baumeister das Messen und Richten, der zum Krieger
Bestimmte das Reiten, oder etwas anderes der Art, und sich bemühen, durch diese Spielübungen die Neigungen und Begierden der
Knaben dorthin zu lenken, wo sie, wenn sie dahin gelangten, ihr
Ziel finden müssen. Für das Hauptstück der Bildung erklären wir
d aber eine richtige Erziehung, welche die Seele des Spielenden vor
allem zur Liebe dessen hinleitet, worin er, wenn er zum Manne herangereift ist, vollkommen sein muß hinsichtlich der Güte der Sache.
Nun erwägt, ob bis jetzt, wie ich schon sagte, die Erklärung euern
Beifall hat.

KLEINIAS: Wie sollte sie nicht?

DER ATHENER: Lassen wir also auch das nicht unbestimmt, was
nach uns die Bildung ist. Denn indem wir jetzt die Erziehung der
einzelnen loben oder tadeln, erklären wir den einen von uns für ge-
e bildet, den andern für ungebildet, nämlich Menschen, die bisweilen
zur Kenntnis des Kleinhandels und der Steuerkunst und anderer
Dinge der Art recht wohl ausgebildet sind. Dürfte doch, scheint es,
unsere jetzige Rede nicht für Menschen taugen, welche das für Bildung halten, sondern die Bildung zur Tugend vom Knabenalter an,
welche die Begierde und Lust erzeugt, ein vollkommener Staatsbürger zu werden, der dem Rechte gemäß zu herrschen und zu gehor-
644 a chen weiß. Diese von ihr abgegrenzte Erziehung dürfte die Untersuchung, wie es sich herausstellt, jetzt allein Bildung zu nennen geneigt sein, aber die den Gelderwerb bezweckende oder irgendeine
Kraft, oder auch eine andere, Vernunft und Recht nicht berücksichtigende Fertigkeit, die nennt sie vielmehr handwerksmäßig, unedel
und des Namens der Bildung durchaus unwert. Wir aber wollen
nicht wegen des Wortes miteinander streiten, sondern unsere jetzige
Rede bleibe als anerkannt gültig, daß der richtig Erzogene etwa gut
b werde und daß man die Bildung durchaus nicht gering achten dürfe,
als das Vorzüglichste unter allem Trefflichen, was den besten Menschen zuteil wird. Und wenn sie einmal fehlgeht, kann jedoch wieder zurechtgebracht werden, dann muß jeder sein Leben lang, so viel
er es vermag, darauf hinwirken.

KLEINIAS: Richtig. Was du sagst, räumen wir ein.

DER ATHENER: Aber vorlängst schon räumten wir ein, daß diejenigen gut sind, welche sich selbst zu beherrschen vermögen, schlecht
dagegen die das nicht Vermögenden.

KLEINIAS: Was du sagst, ist sehr richtig.

DER ATHENER: Wiederholen wir also die Erklärung des eben Ge-
c sagten in noch deutlicherer Weise; und laßt es euch gefallen, daß ich,
wenn ich es irgend vermag, durch ein Bild euch es verdeutliche.

KLEINIAS: Das tue nur.

[13. Die Drahtpuppe als Bild der von Lust und Schmerz getriebenen Geschöpfe. Nutzen des Bildes]

DER ATHENER: Wir nehmen doch jeden von uns, nämlich ihn selbst, als *einen* an?

KLEINIAS: Ja.

DER ATHENER: Der aber in sich selbst zwei sich widersprechende, unverständige Ratgeber hat, die wir Lust- und Schmerzgefühl nennen?

KLEINIAS: So ist es.

DER ATHENER: Neben diesen beiden ferner Meinungen über das Bevorstehende, welche den gemeinschaftlichen Namen der Erwartung führen; aber die der Erwartung der Schmerzgefühle vorausgehenden den besonderen der Besorgnis, die dem entgegengesetzten dage- d gen der Ermutigung; über diesen allen aber eine Überlegung, was von diesen das bessere oder schlechtere sei, die, wenn sie zum Staatsbeschlusse erhoben ward, Gesetz genannt wird.

KLEINIAS: Zwar vermag ich kaum dir zu folgen, doch fahre nur fort, als folgte ich dir.

MEGILLOS: Auch mir geht es fürwahr ebenso.

DER ATHENER: Machen wir uns nun darüber folgende Vorstellung. Denken wir uns jedes von uns lebenden Geschöpfen als eine Drahtpuppe in der Götter Hand, ob nun von ihnen zum Spielzeug oder zu irgendeinem ernsten Zwecke gebildet: denn das wissen wir nicht; das aber begreifen wir, daß die erwähnten Gefühle, die wie gewisse e Sehnen oder Fäden sich in uns regen, uns ziehen, und zwar, als einander entgegengesetzt, zu entgegengesetztem Handeln, dahin, wo die Grenzscheide zwischen Tugend und Schlechtigkeit liegt; denn es müsse, sagt das Denken, jeder stets *einem* Zuge folgend und nirgendwo von dieser Richtung abweichend, gegen die andern Fäden anstreben; dies sei aber das goldene und heilige Leitzeug der Ver- 645 a nunft, welches man das gemeinsame Gesetz des Staates nenne. Die andern Leitfäden seien von Eisen und starr, dieser aber biegsam, weil von Gold, während die anderen mannigfachen Stoffen gleichen. Jeder müsse aber der schönsten Leitung, der des Gesetzes, stets nachhelfen; denn da die Vernunft etwas Schönes, aber Mildes und keinen Zwang Übendes sei, so bedürfe ihre Leitung der Nachhilfe, damit in uns die goldene Gattung über die andern Gattungen siege. Und so wäre denn wohl die auf die Tugend bezügliche Gleichnisrede, daß b wir Drahtpuppen zu vergleichen seien, gerechtfertigt, und es würde gewissermaßen begreiflicher, was es besagen wolle, Herr seiner selbst oder von sich selbst abhängig zu sein, sowie, daß der Staat und der einzelne, dieser, indem er die Rede von den in ihm befindlichen Leitfäden für wahr annehme, nach ihr leben müsse, der Staat aber sie, die er von einem Gotte oder dem dessen Kundigen übernahm, zum Gesetz erheben, um sowohl mit sich selbst als mit andern Staaten nach ihr zu verkehren. So wäre wohl für uns auch Tugend und Schlechtigkeit bestimmter geschieden; wird das aber einleuchtender, c dann dürfte vielleicht auch der Begriff der Bildung und anderer Einrichtungen deutlicher hervortreten sowie auch das über den Verkehr beim Becher Gesagte, was ein überflüssiger Wortschwall über etwas Geringfügiges scheinen könnte, vielleicht sich aber als etwas dieser Ausführlichkeit nicht Unwertes herausstellt.

Kleinias: Wohl bemerkt! Und so wollen wir das ausführen, was sich etwa unserer gegenwärtigen Unterredung angemessen erweist.

[*14. Anwendung des Drahtpuppenbildes. Zwei Arten der Furcht und Notwendigkeit, die Scheu einzuüben*]

d   Der Athener: So sprich: Wenn wir diese Drahtpuppe in Trunkenheit versetzen, wozu machen wir sie da wohl?

Kleinias: In welcher Absicht fährst du so zu fragen fort?

Der Athener: Zunächst noch in keiner. Ich frage bloß, was der einen widerfährt, wenn sie mit der andern in Verbindung tritt. — Ich will, was ich meine, noch deutlicher zu machen suchen. Ich frage nämlich Folgendes. Macht etwa der Genuß des Weines Lust- und Schmerzgefühle, Leidenschaften und Neigungen stärker?

Kleinias: Bei weitem.

e   Der Athener: Wie steht es dagegen um Wahrnehmungen, um Erinnerungen, Meinungen und Gedanken? Werden diese gleichfalls stärker, oder entweichen sie jemandem ganz, wenn er wegen der Trunkenheit sich übersättigt fühlt?

Kleinias: Ja, sie entweichen ihm ganz.

Der Athener: Gerät seine Seele nicht in denselben Zustand wie damals, als er noch ein kleiner Knabe war?

Kleinias: Wie anders?

Der Athener: Gewiß dürfte dann wohl seine Herrschaft über sich selbst zur geringsten werden.

646 a   Kleinias: Wohl, zur geringsten.

Der Athener: Behaupten wir nicht, ein solcher befinde sich im schlechtesten Zustande?

Kleinias: Bei weitem.

Der Athener: So dürfte also, scheint es, nicht bloß der Greis zum zweitenmal zum Kinde werden, sondern auch der Trunkene.

Kleinias: Sehr richtig bemerkt, Gastfreund.

Der Athener: Sollte nun irgendeine Rede es versuchen, uns zu überzeugen, es zieme sich, einen Versuch mit solch einer Gewohnheit zu machen, nicht aber mit aller Anstrengung soviel wie möglich sie zu meiden?

Kleinias: Das scheint der Fall zu sein; du selbst wenigstens behauptest es und warst eben bereit, es nachzuweisen.

b   Der Athener: Das bringst du mit Recht in Erinnerung, und noch jetzt bin ich dazu bereit, da ihr beide euch geneigt erklärtet, mich anzuhören.

Kleinias: Wie sollten wir dich nicht anhören? Wenn auch aus keinem andern Grunde als des Befremdlichen und Seltsamen wegen, wenn je ein Mensch sich selbst freiwillig in einen durchaus schlechten Zustand stürzen sollte.

Der Athener: Der Seele meinst du; nicht wahr?

Kleinias: Ja.

Der Athener: Doch wie, Freund, was Mißbehagen, Magerkeit,

Mißgestalt und Unvermögenheit des Körpers betrifft? Würden wir uns da nicht verwundern, wenn jemand freiwillig dahin gelangte? c

KLEINIAS: Wie sollten wir nicht?

DER ATHENER: Wie nun? Glauben wir, daß diejenigen, welche freiwillig in Heilanstalten sich begeben, um Arzneien einzunehmen, nicht wissen, daß sie kurz darauf und auf viele Tage körperlich in einem Zustande sich befinden werden, der ihnen, sollte er ein fortwährender sein, das Leben wohl verleiden würde? Oder wissen wir nicht, daß diejenigen, welche zu Leibesübungen und angestrengter Mühsal sich vorbereiten, für die nächste Zeit schwach werden?

KLEINIAS: Das alles wissen wir.

DER ATHENER: Und daß sie des darauf folgenden Nutzens wegen freiwillig diesen Weg einschlagen?

KLEINIAS: Sehr vernünftig. d

DER ATHENER: Müssen wir also nicht über die andern Einrichtungen ebenso denken?

KLEINIAS: Jawohl.

DER ATHENER: Auch über den Verkehr beim Becher müssen wir also dasselbe denken, wenn es richtig ist anzunehmen, daß dies zu den angeführten Fällen gehört.

KLEINIAS: Wie sollten wir nicht?

DER ATHENER: Sollte sich nun ergeben, daß dieser Verkehr für uns einen Nutzen habe, welcher dem für den Körper in nichts nachsteht, dann hat er vor den Leibesübungen wenigstens den Vorzug durch den Anfang, weil dieser hier mit Schmerzen verbunden ist, dort aber nicht.

KLEINIAS: Da hast du recht; doch sollte es mich wundern, sollten e wir an ihm so etwas zu erkennen vermögen.

DER ATHENER: Das eben müssen wir, scheint es, jetzt anzugeben versuchen. Und sage mir: Wir können doch zwei einander ziemlich entgegengesetzte Arten von Befürchtungen wahrnehmen?

KLEINIAS: Welche Arten denn?

DER ATHENER: Folgende. Wir fürchten doch das Schlechte in der Erwartung, daß es sich ereignen werde?

KLEINIAS: Ja.

DER ATHENER: Oft fürchten wir aber auch die Nachrede, vermeinend, in einen schlechten Ruf zu geraten, wenn wir, was nicht schön ist, tun oder sagen; diese Befürchtung aber nennen wir, und alle, 647 a denke ich, Scheu.

KLEINIAS: Ohne Zweifel.

DER ATHENER: Diese beiden Befürchtungen meinte ich, deren eine den Schmerzen und andern Befürchtungen sowie auch den meisten und lebhaftesten Lustgefühlen entgegengesetzt ist.

KLEINIAS: Deine Bemerkung ist sehr richtig.

DER ATHENER: Hält nun nicht sowohl der Gesetzgeber als auch jeder, welcher irgend etwas wert ist, diese Befürchtung in hohen Ehren und gilt ihm nicht, indem er ihr den Namen der Verschämtheit gibt, die ihr entgegengesetzte Keckheit aber Unverschämtheit nennt, diese für das größte Unheil im Leben des einzelnen so wie im öffentlichen? b

KLEINIAS: Richtig bemerkt.

Der Athener: Diese Befürchtung nun, rettet sie uns nicht in gar mancher entscheidenden Lage, und erringt irgend etwas, vergleichen wir Einzelnes mit Einzelnem, so entschieden Rettung und Sieg im Kriege? Denn zweierlei ist es fürwahr, was den Sieg uns erringt, Mut den Feinden, Befürchtung übler Nachrede den Freunden gegenüber.

Kleinias: So ist es.

Der Athener: Jeder von uns muß also zum Furchtlosen und Furchterfüllten werden; unsere Einteilung weist den Grund jedes dieser beiden nach.

Kleinias: Ja, allerdings.

Der Athener: Und gewiß führen wir jeden, den wir zum Furchtlosen von vielen Befürchtungen zu bilden wünschen, vermittels des Gesetzes in Furcht und machen ihn dazu.

Kleinias: Das tun wir offenbar.

Der Athener: Wie aber, wenn wir es unternehmen, jemanden mit der geziemenden Furcht zu erfüllen? Müssen wir da nicht bewirken, daß er, in stetem Kampfe mit seinen eigenen Lüsten, den Sieg davontrage, indem wir der Unverschämtheit ihn aussetzen und darauf einüben? Oder sollte er zwar dadurch vollkommen in der Tapferkeit werden, daß er gegen die ihm innewohnende Zaghaftigkeit ankämpft und sie besiegt, da doch jeder, in jenen Wettkämpfen unerfahren und darauf nicht eingeübt, nicht einmal zur Hälfte die ihm erreichbare Tapferkeit erlangen würde, vollkommen besonnen aber sollte er werden können, ohne erfolgreich gegen viele Lüste und Begierden, die ihn zu Unverschämtheit und Unrecht antreiben, gekämpft zu haben und gesiegt zu haben mit Hilfe von Vernunft und Tat und Kunstfertigkeit in Spiel und Ernst, sondern indem er gar nichts von dem allen mitgemacht hat?

Kleinias: Diese Annahme dürfte wohl die Wahrscheinlichkeit nicht für sich haben.

[15. Nützlichkeit eines Trankes, der Furcht erregte]

Der Athener: Doch wie? Verlieh etwa irgendein Gott den Menschen einen Erregungstrank der Furcht, so beschaffen, daß, je mehr irgend jemand davon zu trinken gelüste, für um so unglücklicher derselbe nach jedem Schlucke sich erachte und vor allem Gegenwärtigen und ihm Bevorstehenden in Furcht gerate, so daß zuletzt der tapferste unter den Menschen von jeglicher Befürchtung ergriffen, nachdem er aber die Wirkung des Trankes ausgeschlafen, wieder zu dem, was er zuvor war, werde?

Kleinias: Und von welchem Tranke der Menschen könnten wir, Gastfreund, das wohl behaupten?

Der Athener: Von keinem. Wenn er uns nun aber irgendwoher entstünde, wäre er wohl dem Gesetzgeber für die Tapferkeit nützlich? So daß wir uns dringend veranlaßt fühlten, etwa so mit ihm uns darüber zu besprechen: Sag an, o Gesetzgeber, magst du nun den Kretern oder irgend sonst einem Volke Gesetze geben, würde dir nicht vor allem ein Mittel willkommen sein, die Bürger hinsichtlich ihrer Tapferkeit oder Zaghaftigkeit auf die Probe zu stellen?

Kleinias: Das würde offenbar jeder bejahen.

Der Athener: Doch wie? In sicherer, mit keinen großen Gefahren verbundener oder in entgegengesetzter Weise?

Kleinias: Auch hier möchte sich jeder für die sichere Weise entscheiden.

Der Athener: Würdest du dich wohl des Trankes bedienen, indem du sie diesen Befürchtungen entgegenführtest und in solchem Zustande sie prüftest, so daß du sie durch Ermahnungen, Zurechtweisungen und Auszeichnungen der Furcht zu entsagen nötigtest sowie c durch Beschimpfungen dessen, welcher nicht in jedem Falle sich so zeigen wollte, wie du es ihm gebötest? Und würdest du wohl denjenigen, der sich wohl und wacker einübte, ohne Strafe entlassen, während du den schlecht Eingeübten eine Strafe auferlegtest? Oder würdest du etwa des Trankes, ohne ihm sonst etwas vorzuwerfen, durchaus gar nicht dich bedienen?

Kleinias: Wie sollte er wohl seiner sich nicht bedienen, Gastfreund?

Der Athener: Das also, Freund, wäre ein mit andern verglichen bewundernswert leichtes Mittel zur Einübung eines, weniger oder so vieler, als man nur immer wollte; und es würde jemand ganz recht verfah- d ren, ob er nun hinter dem Schirm seiner Scheu, allein und in Zurückgezogenheit, in der Meinung, er dürfe sich nicht sehen lassen, bevor er wohl vorbereitet sei, so, nur jenes Trankes statt tausend anderer Vorkehrungen sich bedienend, gegen Befürchtungen sich einüben wollte oder ob er, in dem Selbstvertrauen, vermöge seiner Natur und erlangten Fertigkeit wohl gerüstet zu sein, kein Bedenken trage, mit mehreren Trinkgenossen sich einzuüben und seine Kraft durch Unterdrückung und Bewältigung bei der unvermeidlichen Wirkung des Trankes zu zeigen, e so daß er, vermöge seiner Tauglichkeit, weder in einen einzigen groben Fehler des Unanständigen verfalle noch eine Veränderung erleide, aber aus Besorgnis der Niederlage, die alle Menschen von diesem Tranke bedrohe, vom Trinken abstehe, bevor er zum letzten Trunk gelange.

Kleinias: Ja, Gastfreund; zeigte doch auch ein solcher, wenn er das täte, Besonnenheit.

Der Athener: Weiter wollen wir dann zum Gesetzgeber so spre- 649 a chen: Wohl, o Gesetzgeber, einen solchen Erregungstrank der Furcht verlieh wohl weder ein Gott den Menschen, noch haben wir selbst ihn ausfindig gemacht — denn die Gaukler ziehe ich nicht in Betracht; gibt es denn aber einen Trank, der Furchtlosigkeit und übertriebene, unzeitige Keckheit, da, wo sie nicht stattfinden sollte, erzeugt, oder wie sollen wir darüber uns äußern?

Kleinias: Den gibt es, wird er wohl sprechen, indem er des Weins gedenkt.

Der Athener: Ist dieser etwa gerade das dem jetzt Besprochenen Entgegengesetzte? Erstens macht er den Menschen, der davon trank, sogleich heiterer als zuvor, und je mehr er genießt, um so mehr gute Hoff- b nungen erfüllen ihn und eingebildete Kraft; und zuletzt zeigt ein solcher, sich weise bedünkend, die größte Ungebundenheit im Reden und Gebaren und keine Spur von Furcht, so daß er ungescheut alles heraussagt sowie auch tut. Das wird uns, denke ich, jeder zugestehen.

KLEINIAS: Wie sollte er nicht?

[16. Der Wein als schnelles und sicheres Mittel zur Seelenprüfung]
DER ATHENER: Rufen wir Folgendes uns in das Gedächtnis, daß wir nämlich behaupteten, doppelte Gefühle in unsern Seelen nähren c zu müssen: das des zuversichtlichsten Mutes und andererseits das der größten Besorgnis.
KLEINIAS: Was du, denken wir, eine Wirkung der Scheu nanntest.
DER ATHENER: Dessen seid ihr trefflich eingedenk. Da es aber gilt, bei Befürchtungen Tapferkeit und Furchtlosigkeit einzuüben, so steht zu erwägen, ob wohl nicht in entgegengesetzter Lage das entgegengesetzte Gefühl zu nähren sei.
KLEINIAS: Wenigstens aller Wahrscheinlichkeit nach.
DER ATHENER: Die Erlebnisse also, die unserer Natur nach geeignet sind, uns vorzüglich keck und zuversichtlich zu machen, bei diesen scheint es wohl unsere Pflicht, uns darauf einzuüben, daß wir möglichst wenig schamlos und von Keckheit erfüllt, sondern ängstd lich besorgt seien, in jedem einzelnen Falle nie irgend etwas Schimpfliches zu sagen, zu dulden oder auch zu tun.
KLEINIAS: So scheint es.
DER ATHENER: Dahin gehört also alles, was uns zu solchen macht: Zorn, Liebe, Übermut, Unwissenheit, Gewinnsucht sowie derartiges: Reichtum, Schönheit, Körperkraft und alles, wodurch wir, vermöge der berauschenden Lust, unbesonnen werden. Vermögen wir nun wohl ein Vergnügen anzugeben, angemessener, erstens diese auf eine wohlfeile und unschädlichere Weise auf die Probe zu stellen sowie ferner darauf sich einzuüben, als die Probe beim Becher und e Lustgelage, wird sie nur irgend mit einiger Behutsamkeit angestellt? Denn erwägen wir nur: ist es bedenklicher, den Versuch mit einer unverträglichen und rohen Seele, aus der tausendfältiges Unrecht wächst, zu machen, indem man mit ihr in Geschäftsverkehr 650 a tritt und dessen Gegenstand auf das Spiel setzt, oder indem man beim Fest des Dionysos sich ihr zugesellt? Oder eine, dem Liebesgenuß zu widerstehen, unfähige Seele auf die Probe zu stellen, indem man ihr seine eigenen Töchter, Söhne und Gattinnen anvertraut und sein Liebstes daran wagt, um so ihr Wesen kennenzulernen? Und so vermöchte wohl jemand durch tausend Beispiele nicht vollständig nachzuweisen, um wieviel besser es sei, beim frohen Gelage, ohne empfindlichen Verlust, leichthin sich zu unterrichten. Ja, auch darb über sind, glauben wir, weder die Kreter noch irgend andere Menschen in Zweifel, daß das ein zweckmäßiges Auf-die-Probe-Stellen sei und daß es wegen seiner Wohlfeilheit, Zuverlässigkeit und Raschheit den Vorzug vor andern Prüfungen verdiene.
KLEINIAS: Das wenigstens hat seine Richtigkeit.
DER ATHENER: Das dürfte also wohl vor allem das Ersprießlichste sein, das Wesen und die Beschaffenheit der Gemüter zu erforschen, für diejenige Kunst, der es darum sich zu bemühen zukommt. Das ist aber, behaupten wir, glaube ich, die Staatskunst. Nicht wahr?
KLEINIAS: Ja, allerdings.

ZWEITES BUCH

[1. Begriff der Jugenderziehung: Erzeugung der richtigen Lust- und Schmerzgefühle. Bedeutung der Feste]

DER ATHENER: Hierauf müssen wir, scheint es, jenes darüber in Erwägung ziehen, ob diese Probe nur den Vorteil gewährt, daß wir unsere natürliche Beschaffenheit kennenlernen, oder ob außerdem in der richtigen Anwendung des Verkehrs beim Becher ein großer, eifrigen Strebens werter Gewinn liegt. Was meinen wir nun also? Dieser liegt darin, wie unsere Untersuchung andeuten zu wollen scheint; hören wir aber mit gespannter Aufmerksamkeit, wie und in welcher Weise, damit diese Untersuchung uns nicht irgendwie irreleite!

KLEINIAS: So sprich denn!

DER ATHENER: Demnach wünsche ich uns wieder in das Gedächtnis zurückzurufen, was wir für die richtige Erziehung bei uns erklären. Denn diese wird, wie ich jetzt vermute, durch jene Einrichtung, wird dieselbe richtig geleitet, aufrechterhalten.

KLEINIAS: Da sagst du etwas Großes.

DER ATHENER: Ich behaupte demnach, der Knaben erste, ihrem Alter angemessene Empfindung sei Schmerz und Lust, und diese seien dasjenige, wodurch zuerst Tugend und Schlechtigkeit in den Seelen erzeugt wird; was aber Einsicht und richtige, feststehende Meinungen anbetrifft, so sei derjenige glücklich, welcher auch nur im höhern Alter dazu gelange, und vollkommen ist der Mensch, welcher diese und alle damit verbundenen Vorteile erlangte. Für Ausbildung erkläre ich die zuerst dem Knaben eingepflanzte Tugend; wenn aber Lust und Liebe, Schmerz und Haß richtig in den Seelen erzeugt werden, die noch nicht mit Erwägung sie einzusehen vermögen, nachdem jene aber Erwägung erlangten, mit der Erwägung übereinstimmen, durch die angemessenen Gewöhnungen richtig geleitet worden zu sein, dann besteht in dieser Übereinstimmung insgesamt die Tugend, während der Teil von ihr, der in Beziehung auf Lust und Schmerz richtig erzogen ist, so daß man sogleich von vornherein bis zum Ende haßt, was sich zu hassen, und liebt, was sich zu lieben geziemt — wenn man das bei der Untersuchung abtrennt und es Erziehung nennt, dann bedient man sich, meiner Ansicht zufolge, des richtigen Ausdrucks.

KLEINIAS: Scheint doch auch uns, Gastfreund, das frühere und das jetzt von dir über Erziehung Gesagte richtig.

DER ATHENER: Schön also. Da nämlich in der richtigen Leitung dieser Lust- und Schmerzgefühle die Erziehung besteht, diese aber im Leben der Menschen häufig vernachlässigt und verkehrt angewendet wird, so ordneten die Götter aus Mitleid mit dem seiner Natur nach drangsalsvollen Geschlechte der Menschen als Rast von diesen Drang-

salen den bei den Festen geschehenden Wechselverkehr mit den Göttern an und verliehen ihnen zu Festgenossen die Musen, den Musenführer Apollon und den Dionysos, damit sie ihn in Ordnung brächten, ferner die Erziehung, die an den Festen durch Hilfe der Götter geschieht. Wir müssen also nachforschen, ob jetzt unsere Rede der Natur gemäß als wahr sich vernehmen läßt, oder wie. Diese behauptet aber, daß alles sozusagen, was jung ist, weder seinen Körper noch seine Stimme in Ruhe zu erhalten vermöge, sondern stets teils
e durch Hüpfen und Springen, wie bei Aufführung ergötzlicher und fröhlicher Tänze, teils durch Anstimmung von Tönen aller Art sich zu regen und laut zu werden bestrebe. Die übrigen Geschöpfe nun entbehren des Gefühls für Maß und Maßlosigkeit in den Bewegungen, welche den Namen des Zeitmaßes und Wohlklanges führen;
654 a uns aber seien die erwähnten Götter zu Reigengenossen gegeben, und diese seien es auch, welche uns das mit Lust verbundene Gefühl für Zeitmaß und Wohlklang gaben, wodurch wir uns, indem wir unter Gesang und Tanz uns die Hände reichen, bewegen, sie aber unsern Reigen führen; und man habe sie Chorreigen (*chorous*) genannt von dem ihnen natürlichen Namen der Freude (*charas*).

[*2. Reigentanz und Erziehung. Bestimmung des Schönen bei Körperwendung und Gesang*] Soll uns nun zuerst das für wahr gelten? Wollen wir annehmen, die erste Erziehung erfolge durch die Musen und Apollon? Oder wie?
KLEINIAS: Wie du sagst.
DER ATHENER: Werden wir also nicht den der Erziehung Erman-
b gelnden für ungeübt im Reigentanze, den Wohlerzogenen für hinlänglich geübt darin ansehen?
KLEINIAS: Wie anders?
DER ATHENER: Gewiß besteht aber der Chorreigen insgesamt in Tanz und Gesang.
KLEINIAS: Notwendig.
DER ATHENER: So dürfte also wohl der schön Erzogene imstande sein, schön zu singen und zu tanzen.
KLEINIAS: So scheint es.
DER ATHENER: Sehen wir nun, wie es mit dem steht, was wir weiter behaupten.
KLEINIAS: Womit denn?
DER ATHENER: «Er singt schön», behaupten wir, «und tanzt schön.»
c Wollen wir noch hinzusetzen: wenn er auch Schönes singt und Schönes tanzt, oder nicht?
KLEINIAS: Das wollen wir.
DER ATHENER: Wie nun, wenn er das Schöne für schön, das Häßliche für häßlich ansieht und dementsprechend mit ihm umgeht? Wird ein solcher uns hinsichtlich des Reigentanzes und der musischen Kunst für wohlerzogener gelten, oder wer zwar stets durch Körper und Stimme das, was er als schön sich denkt, in ausreichender Weise auszudrücken vermag, nicht aber des Schönen sich erfreut noch gegen das Nichtschöne einen Widerwillen empfindet? Oder wer zwar

nicht sehr imstande ist, das Rechte vermittels des Körpers und der Stimme zu treffen oder auszusinnen, wohl aber hinsichtlich des Wohl- d gefallens oder Mißfallens das Rechte trifft, indem, was schön ist, seine Vorliebe, das Unschöne dagegen seinen Widerwillen erregt?

KLEINIAS: Da sprichst du, Gastfreund, von einer großen Verschiedenheit der Erziehung.

DER ATHENER: Haben also wir drei die Kenntnis vom Schönen in Gesang und Tanz, dann kennen wir auch den der Erziehung richtig Teilhaftigen und Nichtteilhaftigen; ist das uns aber unbekannt, dann vermöchten wir auch nicht zu unterscheiden, ob und wo es etwas die Erziehung Aufrechterhaltendes gebe. Ist dem nicht so? e

KLEINIAS: Gewiß, so ist es.

DER ATHENER: Dem müssen wir also hiernach, wie die Fährte verfolgende Hunde, nachspüren, dem Schönen in Körperwendung und Ton bei Gesang und Tanz; entzieht sich aber das unserer Nachforschung, dann möchte wohl unsere weitere Rede über Erziehung, ob nun hellenische oder ausländische, eine eitle sein.

KLEINIAS: Ja.

DER ATHENER: Gut. Doch was müssen wir sagen, daß die schöne Körperwendung oder der schöne Gesang denn sei? Sag an, ergibt es sich, daß die Haltung und die Reden einer mannhaften, in Bedrängnissen befangenen Seele in ähnlicher Weise hervortreten wie die 655 a einer feigen, ebenso und gleichmäßig bedrängten?

KLEINIAS: Wie doch, da es nicht einmal bei ihrer Farbe der Fall ist?

DER ATHENER: Schön, Freund; doch der Musik gehören Körperwendungen und Gesangsweisen an, da dieselbe auf Zeitmaß und Wohllaut sich gründet, so daß man zwar von einer ebenmäßigen und wohlgefügten Körperwendung und Gesangsweise, nicht aber füglich von einer schönen Färbung derselben, der Gleichnisrede der Reigenmeister sich bedienend, sprechen darf. Was aber die Körperwendungen und Gesangsweisen des Tapfern und des Feigen anbetrifft, so sind die des Tapfern schön, die des Feigen unschön und lassen sich b mit Recht so nennen. Und damit wir über dies alles nicht zuviel Worte machen, so seien ganz einfach die mit der Tugend der Seele oder des Körpers verbundenen – sei es nun mit ihr selbst oder einem Bilde von ihr – Tanzwendungen und Gesangsweisen insgesamt schön, die mit der Schlechtigkeit aber ganz das Gegenteil.

KLEINIAS: Dein Vorschlag ist gut, und es sei von uns jetzt angenommen, daß das sich so verhalte.

DER ATHENER: Erwägen wir auch das noch. Machen uns allen insgesamt alle Reigentänze gleiche Freude, oder fehlt daran viel? c

KLEINIAS: Gewiß sehr viel.

DER ATHENER: Was möchten wir nun wohl für das angeben, was uns irreführt? Ist etwa nicht dasselbe für uns alle schön, oder ist es dasselbe, erscheint aber nicht als dasselbe? Denn gewiß wird niemand sagen, daß die Reigentänze der Schlechtigkeit schöner seien als die der Tugend, noch daß er selbst Gefallen finde an den Tanzwendungen der Sittenlosigkeit, die anderen an einer dieser entgegengesetzten Muse des Tanzes. Und dennoch sagen die meisten, die Richtigd keit der Musik beruhe auf ihrer den Seelen Lust gewährenden Wirkung. Aber das überhaupt auch nur zu behaupten, ist weder erträglich noch gottgefällig; wahrscheinlicher ist es, daß folgendes uns irreleite.

[3. Notwendiger Schaden der Freude an schlechten Kunstwerken. Beispiel der Regelung in Ägypten]
KLEINIAS: Was denn?
DER ATHENER: Da die Reigentänze Nachahmungen von Sinnesarten sind, indem jeder Darsteller das, was in mannigfachen Handlungen und Schicksalen und Gemütsrichtungen vorkommt, durch Nachahmung vorträgt: so ist es notwendig, daß diejenigen, denen die Worte oder die Gesangsweisen oder das sonst irgendwie im Tanze
e Dargestellte vermöge ihrer Natur oder Gewöhnung oder beiden zusagen, daß diese solcher Darstellung sich freuen, sie loben und als eine schöne bezeichnen, diejenigen dagegen, deren Natur, Sinnesweise oder Gewöhnung dieselbe zuwider ist, weder sich ihrer freuen noch sie lobpreisen können, sondern als eine unschöne sie bezeichnen müssen. Bei wem aber die Naturanlage die rechte, die Angewöhnung dagegen mit ihr im Widerspruche ist, oder die Angewöhnung die rechte, die Naturanlage aber ihr widersprechend, bei diesem stehen
656 a die Lobeserhebungen mit den Lustgefühlen in Widerspruch. Denn einzelne dieser Darstellungen erklären sie für angenehm, aber unsittlich, und schämen sich vor anderen, die ihnen für weise gelten, dergleichen darzustellen; sie schämen sich auch, so etwas abzusingen, als ob sie im Ernst etwas Schönes zeigten, im Herzen aber macht es ihnen Freude.
KLEINIAS: Das dürfte sehr richtig sein.
DER ATHENER: Bringt es nun etwa demjenigen, welcher an den Darstellungen des Unsittlichen in Tanz und Gesang Freude hat, irgend Schaden, oder denen irgend Nutzen, die ihr Vergnügen in entgegengesetzter Richtung haben?
KLEINIAS: Wahrscheinlich wohl.
b DER ATHENER: Ist es nur wahrscheinlich und nicht sogar notwendig, daß es dasselbe sei, als wenn einer im Verkehr mit schlechten Menschen von schlechter Sinnesart diese nicht haßt, sondern gern sich gefallen läßt und sie, in der Ahnung seines eigenen Unwerts, wie im Scherze tadelt? Dann ist es wohl unvermeidlich, daß, wer an etwas seine Freude hat, dem, woran er sie hat, ob er auch es zu loben sich scheut, ähnlich werde. Von welchem größeren Heil oder Unheil für uns möchten wir aber wohl behaupten, daß es notwendig uns betreffe, als von einem solchen?
KLEINIAS: Von keinem, meine ich.
c DER ATHENER: Wo es nun gute Gesetze gibt oder auch in der Folge geben wird in bezug auf Bildung und Spiel der Musen, glauben wir da wohl, daß es dem zur Dichtkunst Befähigten gestattet sein wird, was etwa dem Dichter selbst wohlgefällt an seinen Dichtungen wegen Tonfall, Gesangsweise oder Sprache, indem er das auch die Kinder und Jünglinge unter guten Gesetzen lebender Bürger in seinen

Chören lehrt, sie, wie es sich trifft, zu beeinflussen zur Tugend oder zur Schlechtigkeit?
Kleinias: Gewiß ist das nicht vernunftgemäß; wie sollte es wohl?
Der Athener: Jetzt ist das aber sozusagen in allen Staaten, Ägyp- d ten ausgenommen, gestattet.
Kleinias: Wie meinst du aber, daß das in Ägypten durch die Gesetze bestimmt sei?
Der Athener: Schon das zu hören erregt Bewunderung. Schon längst nämlich, scheint es, gelangten sie zu der Ansicht, die wir jetzt aussprechen, daß die Jünglinge in den Städten sich gewohnheitsmäßig schöner Körperwendungen und schöner Gesänge befleißigen müssen. Nachdem sie das angeordnet, gaben sie auch in ihren Tempeln zu erkennen, welche das und wie beschaffen sie etwa seien. Und weder Malern noch anderen, die Gestaltungen herstellen, war es hier, e Neuerungen zu treffen oder anderes als das von den Vätern Überkommene auszusinnen, gestattet und ist es ihnen jetzt ebensowenig, weder darin noch in irgend etwas zur Tonkunst Gehörigem. Und wenn du nachforschst, wirst du vor zehntausend Jahren – und das nicht, wie man so zu sagen pflegt, sondern wirklich vor zehntausend Jahren – Gemaltes und Nachgeformtes dort finden, welches die Kunsterzeugnisse des heutigen Tages an Schönheit weder übertrifft noch ihnen 657 a nachsteht, sondern vermöge derselben Kunst entstanden ist.
Kleinias: Eine wundersame Erscheinung!
Der Athener: Gewiß einer guten Gesetzgebung und Staatsverfassung überaus würdig; doch findet man dort wohl auch anderes Verwerfliches. Aber das, was auf die Musik sich bezieht, hat seine Richtigkeit, und es verdient Beachtung, daß es sonach in dergleichen Dingen möglich war, durch feste Gesetze das anzuordnen, was seiner Natur nach auf das Rechte hinführt. Dazu möchte es aber wohl eines Gottes oder göttlichen Menschen bedürfen, so wie sie dort behaupten, jene die erwähnte lange Zeit hindurch erhaltenen Gesänge seien b Lieder der Isis. So daß, wie ich sagte, wenn jemand ihr richtiges Verfahren auch nur irgendwie zu erfassen vermöchte, man berechtigt ist, sie getrost zum Gesetz und zur bestehenden Ordnung zu erheben, da das Bestreben unserer Lust- und Schmerzgefühle, neue Weisen zu gebrauchen, nicht besonders viel vermag, um die geweihten Chorgesänge durch den Vorwurf des Altväterischen herabzusetzen. Dort wenigstens scheint es keineswegs, sie herabzusetzen, imstande gewesen zu sein, sondern gerade umgekehrt.
Kleinias: Nach dem von dir eben Angeführten verhält sich das c wohl offenbar so.

[4. Die erzeugte Freude als Maßstab beim Beurteilen von Darstellungen]
Der Athener: Wollen wir also nicht zuversichtlich behaupten, die Anwendung der mit Reigentänzen verbundenen Tonkunst und Festlust sei etwa folgendermaßen eine richtige? Wir freuen uns, wenn wir uns wohl zu befinden glauben, und wenn wir uns freuen, glauben wir uns auch wohl zu befinden. Verhält es sich nicht so?

KLEINIAS: Gewiß, so verhält es sich.

DER ATHENER: Und wenn wir in einem solchen frohen Zustande uns befinden, können wir uns nicht ruhig verhalten.

KLEINIAS: So ist es.

d DER ATHENER: Sind nun unsere Jünglinge nicht von selbst schon geneigt, Reigentänze aufzuführen, und was unser bejahrteres Geschlecht angeht, glauben wir nicht, wohlanständig zu verfahren, wenn wir ihnen wiederum zuschauen und ihrer Scherze und ihrer Festlust uns erfreuen, da uns jetzt die angeborene Leichtigkeit ausgeht, nach welcher uns sehnend und sie bewundernd wir denjenigen Preise aussetzen, welche imstande sind, die Erinnerung an unsere Jugend in uns möglichst wieder aufzufrischen?

KLEINIAS: Sehr wahr.

DER ATHENER: Sollen wir denn nun wohl meinen, die jetzt unter
e dem Volk über die ein Fest Feiernden im Umlauf befindliche Rede sei eine ganz und gar eitle, man müsse den für den Kundigsten halten und den Sieg ihm zuerkennen, welcher am meisten Freude und Ergötzen uns schafft? Denn man muß doch, da wir bei solchen Gelegenheiten der Freude uns hingeben, denjenigen, welcher den meisten die größte Freude schafft, am meisten in Ehren halten und ihm die Preise, wie ich eben sagte, zuerkennen. Äußerte man nicht mit Recht
658 a sich so, und würde, führte man es aus, mit Recht so verfahren?

KLEINIAS: Doch wohl.

DER ATHENER: Doch wir wollen, Vortrefflicher, bei unserm Urteil über so etwas uns nicht übereilen, sondern es, in seine Teile es zerlegend, etwa folgendermaßen erwägen. Wenn einmal jemand ganz einfach einen beliebigen Wettkampf anordnete, ohne irgend Tonkunst, Leibesübungen oder Reitkünste auszuschließen, sondern die gesamten Bewohner der Stadt zusammenberiefe und, mit Aussetzung von Siegespreisen, erklärte, wer da Lust habe, möge auftreten, einen bloß auf Ergötzlichkeit berechneten Wettkampf zu bestehen, und wer
b die Zuschauer, ohne daß man ihm irgend bestimme wodurch, am meisten ergötze, der solle, eben deshalb, weil ihm das vor allen gelänge, den Sieg davontragen und unter den Wettkämpfenden für den Ergötzlichsten erklärt werden. Was, meinen wir, würde wohl der Erfolg einer solchen Preisaussetzung sein?

KLEINIAS: In welcher Beziehung meinst du?

DER ATHENER: Es ist wahrscheinlich, daß einer, wie Homeros, mit dem Abschnitt eines Heldengesanges aufträte, ein anderer mit Lautenspiel, wieder ein anderer mit einer Tragödie, mit einem Lustspiel ein anderer, und zu verwundern wäre es nicht, wenn einer durch sein
c Auftreten mit Drahtpuppen am sichersten zu siegen hoffte. Können wir nun wohl angeben, wenn derartige und tausend andere Wettkämpfer sich einfänden, welchem mit Recht der Sieg gebühre?

KLEINIAS: Eine seltsame Frage! Denn wer vermöchte wohl, sie dir zu beantworten, als ob er irgendwie es erkannte, bevor er das anhörte und selbst einen Zuhörer jedes der Wettkämpfer abgab?

DER ATHENER: Wie denn nun? Wünscht ihr, daß ich euch diese seltsame Frage beantworte?

Kleinias: Weshalb nicht?

Der Athener: Sollten also die ganz kleinen Kinder entscheiden, dann würden sie sich für den mit Drahtpuppen Auftretenden erklären. Nicht wahr?

Kleinias: Wie sollten sie nicht? d

Der Athener: Sollten es aber die größeren Knaben, dann würden sie es für den Lustspieldichter; für das Trauerspiel dagegen die gebildeten unter den Frauen und die in das Jünglingsalter Tretenden sowie vielleicht die Mehrzahl aller.

Kleinias: Vielleicht wohl.

Der Athener: Dem Heldensänger ferner, welcher die Ilias und Odyssee oder etwas Hesiodeisches schön vortrüge, hörten wohl wir Greise am liebsten zu und behaupteten, daß ihm bei weitem der Vorzug gebühre. Nun fragt sich weiter, wer denn nun wohl mit Recht Sieger sei. Nicht wahr?

Kleinias: Ja.

Der Athener: Offenbar muß ich und ihr notwendig erklären, den e von unsern Altersgenossen Vorgezogenen gebühre mit Recht der Sieg. Denn die uns eigene Sinnesart unter den eben genannten scheint bei weitem die beste zu sein von denen in allen Staaten und überall.

Kleinias: Wie anders?

[5. Der wahrhafte Richter über Musik. Die Gesänge als Zaubergesänge]

Der Athener: Soviel räume fürwahr auch ich der großen Menge ein, dem Ergötzen nach sei über die Musik zu entscheiden, doch nicht nach dem irgendwelcher, sondern die schönste Muse sei wohl die, welche die Besten und genügend Erzogenen erfreut, hauptsächlich aber die denjenigen, welcher durch Tugend und Bildung vor allen 659 a sich auszeichnet. Darum sei, behaupten wir, für die über diese Gegenstände Richtenden Tugend ein notwendiges Erfordernis, weil diese teils der übrigen Weisheit, teils auch vor allem der Tapferkeit teilhaftig sein müssen. Denn der wahrhafte Richter muß weder sein Urteil von der Zuschauerschar geleitet fällen, sowohl vom Gelärm der Menge als auch seiner eigenen Unwissenheit eingeschüchtert, noch, obwohl er erkennt, durch Feigheit und Zaghaftigkeit bestimmt, aus demselben Munde lügenhaft und leichtsinnig es vernehmen lassen, b mit dem er, im Begriff es zu fällen, die Götter zu Zeugen anrief. Nimmt ja doch, wie es jedenfalls recht ist, nicht um von den Zuschauern zu lernen, sondern vielmehr um sie zu belehren, der Richter seinen Sitz ein, und um denen entgegenzutreten, welche in nicht geziemender noch richtiger Weise die Zuschauer zu ergötzen suchen. Denn das war ihm nach dem alten hellenischen Gesetze gestattet; dieses hatte nicht, wie das jetzige italische und sizilische, welches der Zuschauerschar die Entscheidung überläßt und den Sieger durch Abstimmung bestimmt, die Dichter selber schlechter gemacht — berücksichtigen doch diese das Wohlgefallen der Richter, welches ein c verkehrtes ist, bei ihrem Dichten, so daß die Zuschauer selbst sie belehren — und auch das Wohlgefallen der Zuhörerschaft selbst verkehrt. Obwohl sie nämlich, indem sie stets Besseres, als was sie selbst empfinden, hören, auch ein besseres Wohlgefallen bekommen sollten, so begegnet ihnen jetzt durch ihre eigene Schuld in allem das Gegenteil. Was will uns nun wohl das jetzt wiederum gewonnene Ergebnis unserer Rede andeuten? Erwägt, ob Folgendes.

KLEINIAS: Was denn?

DER ATHENER: Unsere Rede scheint mir im Kreislaufe zum dritten- d oder viertenmal zur selben Stelle gelangt, daß nämlich Erziehung das Hinziehen und Hinleiten der Knaben zu der vom Gesetz als richtig festgestellten Lehre ist, die auch von den Verständigsten und Ältesten durch Erfahrung als wirklich richtig erkannt wurde. Damit sich nun die Seele des Knaben nicht gewöhne, in dem, was sie mit Lust und Schmerz empfindet, mit dem Gesetze und den dem Gesetze Gehorchenden in Widerspruch zu sein, sondern damit sie in ihren Lust- und Schmerzgefühlen durch dieselben Grundsätze wie der Greis sich e leiten läßt: deswegen scheinen die von uns so benannten Gesänge in Wahrheit zu Zaubergesängen für die Seelen jetzt geworden zu sein, ernstlich für eine solche Übereinstimmung, wie wir sie andeuten, ausgearbeitet; da aber die jugendlichen Seelen für den Ernst nicht empfänglich sind, werden sie Lieder und Scherze genannt und als solche behandelt, gleichwie diejenigen, welchen diese Sorge anheimfällt, bemüht sind, dem Kranken und körperlich Schwachen in gewissen ver- 660 a süßten Speisen und Getränken die heilsame Nahrung zu bieten, die schädliche aber in widrigen, damit sie die eine liebgewinnen, gegen die andere aber den gehörigen Widerwillen zu empfinden sich gewöhnen. Eben dazu wird der verständige Gesetzgeber auch den der Dichtkunst Kundigen mit seinen schönen und preiswürdigen Denksprüchen überreden und, gelingt ihm das nicht, ihn nötigen, nämlich indem er durch den Takt die Haltung und durch den Wohllaut die Gesangsweise besonnener, tapferer und in jeder Beziehung wackerer Männer darstellt, richtig darzustellen.

b KLEINIAS: Scheint dir denn jetzt, beim Zeus, o Gastfreund, ihre Darstellung in andern Staaten so beschaffen? Denn ich sehe, soweit meine Beobachtungen reichen, nicht, daß, ausgenommen bei uns und den Lakedaimoniern, das geschehe, was du jetzt vorschreibst; sondern daß stets hinsichtlich der Tänze und der gesamten musischen Kunst gewisse Neuerungen stattfinden, nicht durch Gesetze herbeigeführt, sondern durch gewisse regellose Gelüste, die auf nichts weniger als dasselbe gerichtet noch von gleicher Beschaffenheit sind, wie du von c Ägypten es berichtest, sondern nie dieselben Richtungen haben.

DER ATHENER: Sehr gut, Kleinias. Kam es dir aber vor, als spreche ich in dem, was du nanntest, als von jetzt Geschehendem, so soll es mich nicht wundern, wenn ich das dadurch, daß ich nicht deutlich das, was ich im Sinn habe, entwickelte, veranlaßte und mir zuzog. Vielmehr drückte ich mich über das, was ich *wünsche*, daß es hinsichtlich der Musik geschehe, vielleicht etwa so aus, daß das dir als meine Meinung erschien. Denn unheilbare Zustände, die in ihrer Verkehrtheit schon zu weit gediehen sind, zu tadeln, ist nie etwas

Angenehmes, zuweilen aber Unvermeidliches. Da aber auch du die- d
ser Meinung bist, so sage mir doch, behauptest du, daß bei euch
und den Lakedaimoniern da so etwas mehr geschehe als bei den übrigen Hellenen?
KLEINIAS: Wie sollte ich nicht?
DER ATHENER: Und wie? Würden wir wohl, wenn es auch bei den
andern so geschähe, behaupten, daß es dann besser bestellt sei, als
wenn es so geschieht, wie jetzt?
KLEINIAS: Das wäre wohl ein bedeutender Unterschied, wenn es so
wie bei diesen und bei uns und zudem noch wie du eben angabst,
daß es sein müsse, geschähe.

[6. Festsetzung, was die Dichter über Gerechtigkeit und Glückseligkeit sagen müssen]

DER ATHENER: Wohlan, laßt uns jetzt zu einem Einverständnis gelangen. Nicht wahr, das bei euch in der gesamten Erziehung und mu- e
sischen Kunst Ausgesagte ist dies? Ihr nötigt die Dichter zu sagen,
daß der gute Mann, der besonnen ist und gerecht, zufrieden und
hochbeglückt sei, ob er nun groß und kräftig oder klein und schwächlich sei und ob er Reichtümer besitze oder nicht. Besitze er dagegen
größere Reichtümer als Kinyras und Midas, sei aber ungerecht, dann
sei er elend und führe ein betrübtes Leben. Und «ich würde seiner
nicht gedenken», sagt euch der Dichter, wenn er das Rechte sagt,
«noch den Mann der Erwähnung wert achten», welcher nicht das erwähnte Schöne insgesamt mit Gerechtigkeit übte und besäße; ein
solcher würde dann auch «von nahe gegen die Feinde andrängen», 661 a
als ein Ungerechter aber weder «den Anblick des grausenerregenden
Blutbades» ertragen noch fußschnell «dem thrakischen Nord» es zuvortun, noch würde sonst etwas von dem, was man Güter nennt, ihm
zuteil werden. Denn was die große Menge Güter nennt, nennt sie
mit Unrecht so. Als das Beste nennt man nämlich Gesundsein, als
das zweite Schönheit, als das dritte Reichtum und macht tausend andere Güter namhaft: so auch ein scharfes Gesicht und Gehör sowie
ein feines Gefühl in allem zur Sinneswahrnehmung Gehörigen, fer- b
ner, als Gewaltherrscher zu tun, was man begehrt, und das äußerste
Ziel aller Glückseligkeit sei, im Besitz von dem allen, zu welchem
man baldmöglichst gelangte, unsterblich zu sein. Eure und meine Behauptung aber ist wohl, das alles insgesamt seien für gerechte und
gottergebene Menschen die besten, für die Ungerechten aber durchaus die schädlichsten Besitztümer, angefangen bei der Gesundheit. Ja
auch das Sehen und Hören und Fühlen und das Leben überhaupt sei c
das größte Übel, wenn man die ganze Zeit unsterblich sei und im
Besitz der angeführten Güter lebe mit Ausnahme der Gerechtigkeit
und der Tugend in ihrem ganzen Umfange; ein geringeres aber, wenn
das Leben eines solchen nur eine möglichst kurze Zeit noch währe.
Das also zu sagen, was ich sagte, werdet ihr, denke ich, die Dichter
bei euch bereden und nötigen und so, indem sie ferner damit die
angemessenen Zeitmaße und Tonweisen verknüpfen, unsere Jünglinge zu unterweisen. Nicht wahr? Bedenkt nur: Ich behaupte näm-

d lich unumwunden, was man übel nennt, sei gut für die Ungerechten, übel aber für die Gerechten, das Gute dagegen wirklich gut für die Guten und übel für die Schlechten. Stimmen nun, diese Frage stellte ich euch, ich und ihr überein, oder wie?

[7. Das gerechteste Leben ist auch das glückseligste]

KLEINIAS: In dem einen scheinen wir wohl, meiner Ansicht nach wenigstens, in dem andern aber keineswegs.

DER ATHENER: Vermag ich also, wenn jemand fortwährend Gesundheit, Reichtum und Herrschgewalt besitzt — ja ich füge außerdem
e noch hinzu, ausgezeichnete Körperkraft und Tapferkeit mit Unsterblichkeit verbunden, und daß von dem, was man sonst Übel nennt, nichts ihm widerfährt, sondern nur Ungerechtigkeit und Frevelmut ihm innewohnt —, nicht euch zu überzeugen, daß er bei einem solchen Leben nicht glücklich, sondern offenbar elend werde?

KLEINIAS: Was du behauptest, ist sehr wahr.

DER ATHENER: Gut. Wie müssen wir uns nun weiter äußern? Der Tapfere und Kräftige und Schöne und Reiche, welcher sein ganzes
662 a Leben hindurch tut, was ihm gelüstet, scheint der euch nicht, wenn er ungerecht und ein Frevler ist, notwendig schimpflich zu leben? Werdet ihr dies vielleicht wohl einräumen, das ‹schimpflich›?

KLEINIAS: Gewiß, in hohem Grade.

DER ATHENER: Doch wie das ‹und schlecht›?

KLEINIAS: Das nicht mehr in gleicher Weise.

DER ATHENER: Und wie das ‹und unerfreulich und ihm selbst nicht ersprießlich›?

KLEINIAS: Wie könnten wir wohl auch das noch einräumen?

b DER ATHENER: Wie? Wenn, scheint es, ein Gott uns, ihr Freunde, zur Übereinstimmung gelangen ließe, da wir jetzt untereinander ziemlich verschiedene Töne anstimmen. Denn, lieber Kleinias, nicht einmal daß Kreta eine Insel ist, scheint mir so notwendig wie das. Und wäre ich Gesetzgeber, dann würde ich versuchen, die Dichter sowie alle im Staate zu zwingen, in dieser Weise sich zu äußern, und würde fast nichts härter bestrafen, als wenn in diesem Lande einer
c behauptete, es gebe jemals gewisse Menschen, die schlecht sind, doch ein angenehmes Leben führten, oder das eine sei ersprießlich und gewinnbringend, ein anderes aber der Gerechtigkeit angemessener. Auch in vielen andern Dingen würde ich meine Bürger zu überreden suchen, in verschiedener Weise von dem sich zu äußern, was jetzt, scheint es, die Kreter und Lakedaimonier sowie fürwahr auch die andern Menschen behaupten. Denn sagt, beim Zeus und Apollon, ihr trefflichsten Männer, wenn wir diese Götter selbst, die Urheber
d eurer Gesetze, fragen wollten: «Ist wohl das gerechteste Leben das angenehmste, oder gibt es zwei verschiedene Lebensweisen, deren eine die angenehmste, die andere aber die gerechteste ist?» Sagten sie aber zwei, dann würden wir vielleicht, wollten wir in geziemender Weise sie weiter befragen, ferner an sie die Frage richten: «Welche von beiden muß man die Glückseligeren nennen, die fortwährend das gerechteste oder die das angenehmste Leben Führenden?» Ent-

schieden sie sich nun für das angenehmste, dann würde ihre Rede seltsam. Doch will ich so etwas nicht von den Göttern sagen, sondern lieber von Vätern und Gesetzgebern, und die vorige Frage sei e an einen Vater und Gesetzgeber gestellt, und dieser erwidere: Wer das angenehmste Leben führe, sei der Glückseligste. Darauf würde ich dann wohl sagen: «Wolltest du nicht, Vater, daß ich das glückseligste Leben führe? Und doch hörtest du nie auf, in mich zu dringen, ein möglichst gerechtes Leben zu führen.» Wenn sich also entweder der Gesetzgeber oder der Vater dahin erklärte, würde er, denke ich, seltsam erscheinen und hinsichtlich seiner Übereinstimmung mit sich selbst in Verlegenheit geraten. Wollte er dagegen das gerechteste Leben für das glückseligste erklären, dann würde wohl jeder, welcher das hörte, nachforschen, als was denn in ihm der Gesetzgeber das die Lust übertreffende Gute und Schöne preise. Denn 663 a welches der Annehmlichkeit entbehrende Gute könnte wohl einem Gerechten zuteil werden? Sprich, ist etwa Lob und Ruhm bei Menschen und Göttern etwas Gutes und Schönes, aber Unangenehmes, ein schlechter Ruf aber umgekehrt? Nichts weniger als das, lieber Gesetzgeber, werden wir sagen. Ist aber wohl weder jemandem ein Unrecht zufügen noch es von jemandem erleiden etwas zwar Unangenehmes, aber Gutes oder Schönes, das andere dagegen zwar angenehm, aber schmachvoll und schlecht?

KLEINIAS: Wie wäre das möglich?

[8. Verpflichtung des Gesetzgebers, diese Überzeugung wachzurufen. Einrichtung der drei Chöre]

DER ATHENER: So ist also die Rede, welche das Angenehme und das Gerechte und Gute und Schöne nicht scheidet, wenigstens, wenn b auch sonst nichts, doch glaubhaft, um jemanden zu bestimmen, ein gottgefälliges und gerechtes Leben zu führen; so daß für den Gesetzgeber die schimpflichste und ihm feindlichste Rede die ist, welche behauptet, daß sich dies nicht so verhalte. Denn niemand möchte wohl zu überreden sein, freiwillig das zu tun, was nicht mehr Lust als Schmerz zur Folge hat.

Ferner erzeugt das aus der Entfernung Gesehene, ich möchte sagen allen, vornehmlich aber den Knaben eine Trübung des Sehens, der Gesetzgeber aber wird durch Wegräumung des Dunkels die Vorstellung zu ihrem Gegenteil umgestalten und irgendwie, durch Gewöh- c nung, Beifallsbezeigungen und Vernunftgründe, andere überreden, daß das Gerechte und das Ungerechte Schattenumrisse seien, indem das Ungerechte in einer dem Gerechten entgegengesetzten Weise, vom Standpunkte des Ungerechten und Schlechten selbst aus gesehen, angenehm erscheint, das Gerechte dagegen höchst unangenehm, von dem des Gerechten aus aber jedem alles in beiden Beziehungen entgegengesetzt.

KLEINIAS: Das ist offenbar.

DER ATHENER: Im Hinblick auf die Wahrheit der Entscheidung, welche von beiden wollen wir da für die zuverlässigere erklären, die der schlechteren oder die der besseren Seele?

d KLEINIAS: Notwendig wohl die der besseren.

DER ATHENER: Notwendig ist also in Wahrheit das ungerechte Leben nicht bloß schimpflicher und kläglicher, sondern auch minder angenehm als das gerechte und gottgefällige.

KLEINIAS: Wenigstens der jetzigen Rede zufolge scheint es so, ihr Freunde.

DER ATHENER: Würde aber der Gesetzgeber, welcher nur irgend etwas taugt — sollte sich das auch nicht so verhalten, wie jetzt unsere Rede es ermittelt hat —, wenn er in guter Absicht auch sonst irgendeine Unwahrheit gegen die Jünglinge sich gestattete, jemals
e eine ersprießlichere sich erlauben, und vermögender, sie zu veranlassen, daß alle alles, was recht ist, freiwillig und nicht gezwungen tun?

KLEINIAS: Die Wahrheit, Gastfreund, ist etwas Schönes und Bleibendes; davon zu überzeugen scheint aber gewiß nicht leicht.

DER ATHENER: Das mag sein. War es denn leicht, die sidonische Fabel, die so unwahrscheinlich ist, als wahr darzustellen, und so tausend anderes?

KLEINIAS: Welche denn?

DER ATHENER: Daß einmal Zähne ausgesät wurden und Schwergerüstete daraus erwuchsen. Und doch ist das für den Gesetzgeber ein
664 a schlagender Beweis, er werde die Seelen der Jünglinge das glauben machen, was irgend er sie glauben zu machen versucht, so daß er nichts anderes umsichtig herauszufinden hat, als durch die Überredung wozu er wohl dem Staate die größte Wohltat zu erweisen vermöchte, hinsichtlich dessen aber auf jeden Kunstgriff zu denken, wie doch ein solcher Menschenverein insgesamt die ganze Lebenszeit hindurch eines und dasselbe soweit nur möglich darüber äußere in Liedern, Sagen und Reden. Ist nun einer irgend anderer als dieser Meinung, dann ist es unbedenklich, Zweifel dagegen zu erheben.

b KLEINIAS: Doch mir leuchtet es nicht ein, wie irgendeiner von uns beiden dagegen Zweifel erheben könnte.

DER ATHENER: So wäre es denn nun wohl meine Sache, das weitere anzugeben. Ich behaupte nämlich, daß die Chöre insgesamt, deren drei sind, mit ihrem Zaubergesange auf die jugendlichen und weichen Gemüter der Knaben einwirken müssen, indem sie alles andere Schöne, was wir bereits besprochen haben und noch besprechen dürften, darstellen, Folgendes aber müsse ihnen die Hauptsache sein: Sagen sie, daß den Göttern das beste Leben zugleich auch das angenehmste heiße, dann werden wir der Wahrheit vollkommen Angec messenes sagen und auch diejenigen, welche zu überzeugen es gilt, besser überzeugen, als wollten wir irgendwie anders uns aussprechen.

KLEINIAS: Was du sagst, muß man zugeben.

DER ATHENER: Am füglichsten trete also zuerst der den Musen geweihte Knabenreigen auf, um öffentlich aus vollem Herzen und vor der ganzen Stadt dergleichen zu singen; als zweiter dann der bis dreißig Jahre Alten, indem er zum Zeugen der Wahrheit seiner Worte den Retter Apollon aufruft und ihn anfleht, daß er sich den Jungen
d huldreich durch überzeugende Einwirkung erweise; als dritter Reigen

müssen fürwahr auch noch die über dreißig bis sechzig Jahre Alten ihre Lieder anstimmen. Die noch Älteren aber sind nicht mehr Gesänge aufzuführen imstande und bleiben als Erzähler von Sagen über dieselben Gesinnungen mit göttlicher Eingebung übrig.

KLEINIAS: Von welchem dritten Reigen sprichst du da, Gastfreund? Denn es wird uns nicht ganz deutlich, was du über sie zu sagen im Sinne hast.

DER ATHENER: Und doch sind fürwahr es ziemlich ausschließlich diese, welche die Veranlassung zu den meisten der vorher geführten Reden gaben.

KLEINIAS: Noch begriffen wir das nicht; versuche vielmehr, noch e deutlicher dich auszusprechen.

[9. Der Chor der Alten. Grund seiner Verbindung mit Dionysos]

DER ATHENER: Wir sagten, wenn wir uns erinnern, beim Beginn unserer Erörterung, daß die Natur aller Jungen, da sie feurig ist, weder ihren Körper noch ihre Stimme in Ruhe zu erhalten vermöge, sondern stets regellos die Stimme erhebe und herumspringe; was aber das Gefühl für das Maß dieser beiden angeht, so erlange es kein anderes Geschöpf, sondern die Natur des Menschen besitze es allein; das Maß der Bewegung führe aber den Namen des Rhythmus, das 665 a der Stimme dagegen, die Verbindung der hohen mit den tiefen Tönen, werde mit dem Namen der Harmonie bezeichnet, beides verbunden endlich Chorreigen genannt. Ferner haben, behaupteten wir, die Götter uns aus Mitleid den Apollon und die Musen zu Reigengenossen und Reigenführern gegeben; ja noch von einem dritten, dem Dionysos, behaupteten wir das, wenn wir uns dessen noch erinnern.

KLEINIAS: Wie sollten wir uns dessen nicht erinnern?

DER ATHENER: Nun wurden die Reigen des Apollon und der Musen besprochen; notwendig ist aber der dritte und letzte als der des b Dionysos zu bezeichnen.

KLEINIAS: Wie doch? Sprich; denn es möchte einem, der so mit einem Male von einem Dionysosreigen der Älteren hört, den nämlich die über dreißig und sogar über fünfzig Jahre Alten bis sechzig aufführen sollen, das höchst seltsam vorkommen.

DER ATHENER: Da hast du freilich sehr recht. Fürwahr, es bedarf einer Erläuterung, inwiefern das, wenn es so geschieht, als vernunftgemäß sich ergeben dürfte.

KLEINIAS: Gewiß.

DER ATHENER: Sind wir nun wenigstens über das im vorigen Behauptete einverstanden?

KLEINIAS: Worüber denn? c

DER ATHENER: Daß jeder, Erwachsener und Knabe, Freier und Sklave, Mann und Weib, ja die ganze Stadt für die ganze Stadt, sie selbst für sich selbst, nicht aufhören dürfe, das, was wir besprochen haben, in Zaubergesängen darzustellen, mit allen möglichen Umwandlungen und der größten Mannigfaltigkeit, so daß daraus für die Sänger eine Art von Gesangsunersättlichkeit und Lust daran erwächst.

KLEINIAS: Wie sollte man nicht einräumen, daß das so geschehen müsse?

d DER ATHENER: Bei welcher Gelegenheit möchte aber wohl dieser beste Teil der Bürgerschaft, der vermöge seiner Jahre und zugleich auch Einsicht unter allen Staatsbürgern der überredendste ist, durch Anstimmung der schönsten Lieder den größten Nutzen schaffen? Oder wollen wir unverständig das aufgeben, was wohl im höchsten Maße über die schönsten und ersprießlichsten Gesänge verfügt?

KLEINIAS: Das aufzugeben ist, nach dem eben Gesagten, unmöglich.

DER ATHENER: Wie dürfte sich das nun wohl geziemend gestalten? Erwägt, ob in folgender Weise.

KLEINIAS: Wie doch?

DER ATHENER: Jeder, welcher in den Jahren vorschritt, fühlt sich
e wohl mit Abneigung gegen das Singen erfüllt; es macht ihm um so weniger Freude, das zu tun, und er dürfte, sähe er sich dazu genötigt, um so größere Scheu empfinden, je mehr er an Jahren und Besonnenheit zunimmt. Verhält es sich nicht so?

KLEINIAS: Fürwahr, so ist es.

DER ATHENER: Würde er nun wohl nicht noch mehr Scheu empfinden, wenn er im Theater aufrecht vor allerlei Menschen dastehend singen sollte? Und wenn sie noch dazu wie die um den Sieg ringenden Chöre bei den Singübungen ausgehungert und abgemagert in solchem Alter zu singen genötigt würden, würden sie da wohl nicht, indem sie durchaus mit Unlust und Verschämtheit sängen, das mit Widerstreben tun?

666 a KLEINIAS: Ganz notwendig ist, was du sagst.

DER ATHENER: Wodurch werden wir sie nun wohl zum Singen bereitwillig machen? Werden wir nicht zuerst das Gesetz geben, welches den Knaben bis zum achtzehnten Jahre den Wein überhaupt nicht zu kosten gestattet, indem wir lehren, man dürfe weder beim Leibe noch bei der Seele Feuer zum Feuer leiten, aus Besorgnis vor dem tollen Sinne der Jugend, bevor diese einer mühevolleren Lebensweise sich zuzuwenden versuchte; daß hierauf bis zum dreißigsten Jahre der Jüngling den Wein bereits mäßig genießen dürfe, aber
b durchaus des Rausches und der Völlerei sich enthalten müsse; trete er in sein vierzigstes Jahr, dann dürfe er bei den gemeinschaftlichen Mahlen schmausend die übrigen Götter anrufen und insbesondere auch den Dionysos herbeirufen, zur Weihelust und heiteren Feier der Bejahrten, die er den Menschen als helfendes Mittel gegen des Alters strengen Ernst verlieh, so daß wir uns neu verjüngen und durch Ver-
c gessen des Unmuts der harte Sinn der Seele weicher wird, wie ins Feuer geworfenes Eisen, und so bildsamer ist? Würde nicht jeder, zuvor in solche Stimmung versetzt, geneigt sein, bereitwilliger und mit minderer Scheu, zwar nicht vor vielen, aber doch vor einer mäßigen Zahl, sowie nicht vor Fremden, sondern vor Bekannten, einen Gesang, und zwar, wie wir oft wiederholten, einen mit Zauberkraft wirkenden Gesang anzustimmen?

KLEINIAS: Sehr geneigt.

Der Athener: So dürfte dieses Verfahren, sie zu bewegen, für uns an dem Gesange sich zu beteiligen, nicht durchaus anstößig sein. d
Kleinias: Nein, durchaus nicht.

[10. Notwendigkeit, die nachahmende Kunst nach der Richtigkeit zu beurteilen]

Der Athener: Welchen Ton oder welchen Musengesang werden also wohl diese Männer anstimmen? Das muß doch offenbar ein wenigstens ihnen selbst geziemender sein.
Kleinias: Wie sollte er nicht?
Der Athener: Welcher sollte sich denn nun wohl für gottverwandte Männer geziemen? Etwa der der Chöre?
Kleinias: Wir wenigstens, Gastfreund, und meine Mitbürger hier, vermöchten keinen andern Gesang anzustimmen als denjenigen, welchen wir lernten, als wir bei den Chören zum Singen uns einübten.
Der Athener: Natürlich. Denn zum schönsten Gesang gelangtet ihr in der Tat nicht. Ist doch eure Verfassung die eines Feldlagers, e nicht die von Städtebewohnern; vielmehr gleichen eure Jünglinge zahlreichen, zur Auffütterung herdenweise weidenden Füllen. Keiner von euch nimmt das seinige, indem er das höchst verwilderte und widerstrebende aus der Mitte seiner Weidegenossen reißt, und zieht es, indem er der Obhut eines besonderen Wächters es übergibt, streichelnd und besänftigend heran; keiner tut alles zu einer guten Erziehung Erforderliche, was den Sohn nicht bloß zu einem guten Streiter machen würde, sondern auch fähig, Staat und Städte zu ver- 667 a walten; zu einem, von dem wir anfangs sagten, er sei ein noch gewaltigerer Streiter als die des Tyrtaios, weil er stets und bei allen Gelegenheiten für einzelne und den ganzen Staat die Tapferkeit nur als die vierte, nicht als die erste Frucht der Tugend in Ehren halte.
Kleinias: Ich weiß nicht, Freund, wie du schon wieder an den Gesetzgebern mäkelst.
Der Athener: Nicht in dieser Absicht tue ich das, mein Guter, wenn ich es tue; sondern wir wollen, wenn es euch gefällt, den Weg, welchen unsere Untersuchung uns führt, einschlagen. Haben wir nämlich einen schöneren Musengesang als den in den Chören und auf den allen zugänglichen Bühnen, dann wollen wir denjenigen ihn b zuzuweisen versuchen, von denen wir behaupten, daß sie jenes sich schämen und nach dem forschen, welcher der schönste ist, um an ihm sich zu beteiligen.
Kleinias: Jawohl!
Der Athener: Muß nun nicht bei allem, dem eine gewisse Anmut nachfolgt, zuerst folgendes der Fall sein, nämlich entweder diese selbst allein das am eifrigsten Erstrebte sein, oder eine gewisse Richtigkeit, oder drittens Nutzbarkeit? Wie ich etwa sage, dem Essen und dem Trinken und der gesamten Ernährung folge die Anmut, die wir wohl mit dem Namen der Lust bezeichnen können; was aber die Richtigkeit und Nutzbarkeit betrifft, so sei von dem Genossenen das, c was wir in den einzelnen Fällen als das Gesunde bezeichnen, eben dieses auch das Richtigste bei ihnen.

Kleinias: Ja, allerdings.

Der Athener: Auch dem Erwerben von Kenntnissen folge fürwahr das der Anmut Eigene, die Lust, seine Richtigkeit und Nutzbarkeit aber und daß es in schöner und guter Weise geschehe, das bewirke die Wahrheit.

Kleinias: So ist es.

Der Athener: Doch wie bei den Künsten, welche vermöge der Darstellung des Ähnlichen nachbildend sind? Wäre es nicht, wenn sie dies erreichen, daß sich darin Lust als Folge erzeuge, das Angemessenste, wenn sie erzeugt wird, sie Anmut zu nennen?

Kleinias: Ja.

Der Athener: Aber die Richtigkeit bei dergleichen Dingen möchte wohl, um über das Ganze mich auszusprechen, eher die Gleichheit in bezug auf Größe und Beschaffenheit bewirken, aber nicht die Lust.

Kleinias: Sehr wahr.

Der Athener: Dürfte also nicht die Lust in Wahrheit den Wert desjenigen allein bestimmen, was weder einen Nutzen noch Wahrheit noch Ähnlichkeit als sein Erzeugnis bietet, noch auch wiederum einen Nachteil, sondern dessen alleiniger Zweck dasjenige wäre, was die anderen nur begleitet, die Anmut, die man fürwahr am richtigsten als Lust bezeichnen könnte, wenn von dem Erwähnten nichts mit ihm verbunden ist?

Kleinias: Da sprichst du also bloß von einer Lust, die keinen Nachteil bringt.

Der Athener: Ja, und eben diese Lust erkläre ich dann für ein Spiel, wenn sie weder Schaden bringt noch einen des Erstrebens und der Rede werten Nutzen.

Kleinias: Was du sagst ist sehr richtig.

Der Athener: Möchten wir also wohl nicht vermöge des eben Gesagten behaupten, bei jeder Nachbildung sei es am wenigsten angemessen, ihren Wert nach der Lust und einer nicht in der Wahrheit begründeten Meinung zu bestimmen, sowie desgleichen auch jede Ähnlichkeit? Denn nicht deshalb, weil jemandem etwas angemessen erscheint oder er daran seine Freude hat, möchte überhaupt wohl das Ähnliche ein Ähnliches, das Ebenmäßige ein Ebenmäßiges sein, sondern vor allem durch seine Wahrheit, am wenigsten aber durch irgendein anderes.

Kleinias: Gewiß, jedenfalls.

Der Athener: Wollen wir nun nicht die gesamte musische Kunst für eine nachahmende und nachbildende erklären?

Kleinias: Für was denn sonst?

Der Athener: Demnach dürfen wir keineswegs, wenn jemand behauptet, die Lust bestimme den Wert der musischen Kunst, diese Behauptung gelten lassen, und keineswegs einer solchen Kunst, sollte es sie auch geben, als einer erstrebenswerten nachforschen, sondern vielmehr derjenigen, welche durch Nachbildung des Schönen Ähnlichkeit besitzt.

Kleinias: Sehr richtig.

Der Athener: Und wer dem schönsten Gesange nachforscht, der

muß natürlich auch nicht einem Musenerzeugnis, welches angenehm, sondern einem, welches richtig ist, nachforschen; für richtig erklärten wir aber eine Nachbildung, wenn sie die Größe und die Beschaffenheit eines Gegenstandes treu wiedergibt.
KLEINIAS: Wie sollten wir nicht?
DER ATHENER: Denn das möchte wohl in bezug auf die musische Kunst jeder einräumen, daß alle ihre Erzeugnisse Nachahmung und Nachbildung sind. Sollten nicht das wenigstens alle Dichter, Zuhö- c rer und Schauspieler einräumen?
KLEINIAS: Allerdings.
DER ATHENER: Bei jedem Werk muß natürlich derjenige, welcher dabei nicht irren will, erkennen, was es ist. Denn wer sein Wesen, was es beabsichtigt und wessen Abbild es wirklich ist, nicht kennt, der wird schwerlich die Richtigkeit der Absicht oder auch ihr Verfehlen erkennen.
KLEINIAS: Schwerlich. Wie sollte das der Fall sein?
DER ATHENER: Wer aber das Richtigsein nicht erkennt, wäre der d wohl imstande, das Gut- oder Schlechtsein zu unterscheiden? Ich drücke mich aber nicht ganz deutlich aus, vielleicht dürfte es so sich deutlicher aussprechen lassen.
KLEINIAS: Wie denn?

[11. Erkenntnis des Nachgebildeten beruht auf dem Wissen, was es ist, inwiefern es richtig ist und inwiefern es schön ist]

DER ATHENER: Es gibt doch wohl in bezug auf das Gesicht für uns tausendfältige Nachbildungen?
KLEINIAS: Ja.
DER ATHENER: Wie nun, wenn auch hierbei jemand nicht wüßte, was in jeder der nachgebildeten Körper ist? Wäre er wohl irgend imstande, das richtig an ihnen Gearbeitete zu erkennen? Ich meine es so, ob sie zum Beispiel die Zahl und die Lage aller Teile eines Körpers enthalten, nämlich wieviele es sind und ob das so oder so e Beschaffene in die richtige Aufeinanderfolge gestellt die angemessene Ordnung erhielt, und so auch Farben und Gestaltungen, oder ob das alles bunt durcheinander nachgebildet ward. Scheint wohl jemand das richtig beurteilen zu können, der durchaus nicht weiß, was der nachgebildete Gegenstand sei?
KLEINIAS: Wie könnte er das?
DER ATHENER: Doch wie, wenn wir nun wüßten, das durch Bildnerei oder Malerei Dargestellte ist ein Mensch, und die Kunst hat diesem Abbilde alle ihm zukommenden Teile und auch Farben und 669 a Stellungen verliehen? Ist es nun auch notwendig, daß dem, der dieses weiß, auch jenes zu erkennen bereitliegt, ob das Bild ein schönes sei oder inwiefern es der Schönheit ermangle?
KLEINIAS: Dann, o Gastfreund, wäre sozusagen wohl jeder ein Kenner des Kunstschönen.
DER ATHENER: Sehr richtig bemerkt. Muß nun nicht bei jeder Nachbildung in der Malerei, in der Musik und überhaupt derjenige, welcher einen vernünftigen Beurteiler abgeben will, diese drei Dinge

b innehaben: zuerst wissen, was da nachgebildet sei, dann wie richtig, sowie drittens, wie schön jede Nachbildung in Worten, Tonweise und Rhythmen ausfiel?

KLEINIAS: So scheint es wenigstens.

DER ATHENER: Laßt uns nun nicht ermüden, an der Tonkunst zu besprechen, inwiefern sie schwierig ist; denn da hier die Kunst höher als bei anderen Nachbildungen gepriesen wird, so bedarf es dabei vor allen Nachbildungen der größten Vorsicht. Denn demjenigen, welcher hier fehlgreift, dürfte es den größten Schaden bringen, in-
c dem er schlechte Gesinnungen liebgewinnt, und das zu bemerken ist sehr schwer, da die Dichter schlechtere Dichter sind als die Musen selbst. Niemals würden nämlich diese einen so großen Fehlgriff begehen, mit der Rede von Männern die Körperwendung und Tonweise von Frauen zu verbinden und umgekehrt mit der Tonweise und Haltung Freigeborener den Taktschritt von Sklaven und Handarbeitern, noch auch, während Taktschritt und Haltung von Freisinnigkeit zeugen, eine solchem Rhythmus widersprechende Tonweise oder Rede den Tanzenden in den Mund zu legen; und sie würden wohl auch niemals die Laute von Tieren und Menschen und Instru-
d menten und alle möglichen Geräusche ineinandertönen lassen, als wenn sie *ein* Ding nachahmen. Menschliche Dichter dagegen dürften wohl, indem sie das bunt ineinanderflechten und unverständig zusammenmengen, vor Menschen sich lächerlich machen, die, wie Orpheus sagt, zur Blütezeit reifen Genusses gelangt sind. Erkennen doch diese das bunte Gemengsel aller Bestandteile. Außerdem trennen auch die Dichter Rhythmus und Worte von der Tonweise, indem
e sie Worte ohne Musik in Metren setzen, sowie umgekehrt von keinen Worten, sondern bloßem Zither- und Flötenspiele begleitete Tonweisen und Rhythmen, bei welchen es höchst schwierig ist, zu erkennen, was die von keinen Worten begleiteten Rhythmen und Zusammenklänge besagen wollen und welchen der Beachtung würdigen Nachbildungen sie zu vergleichen seien. Wir sind vielmehr anzunehmen genötigt, daß viel Rohes in jeder Darstellung der Art liegt, welche sich sehr zur Schnelligkeit, zum anstoßlosen Fließen und zu tierischen Lauten hinneigt, so daß sie ohne Begleitung von
670 a Gesang und Tanz des Zither- und Flötenspiels sich bedient; die Anwendung beider für sich allein dürfte aber wohl etwas durchaus Geschmackloses und Puppenspielhaftes haben.

So ist hier das Verhältnis beschaffen. Unsere Aufmerksamkeit ist aber nicht auf das gerichtet, worin diejenigen unter uns, welche bereits das dreißigste Jahr erreichten, und diejenigen, welche das fünfzigste Jahr überschritten, nicht, sondern worin auch sie wohl zu den Musen ihre Zuflucht nehmen müssen. Nach dem Gesagten scheint mir nun unsere Betrachtung auf folgendes schon hinzuweisen: Die
b Fünfzigjährigen, denen es etwa zukommt, einen Gesang anzustimmen, müssen besser, als der Reigengesang es erheischt, unterrichtet sein; denn für Rhythmus und Harmonie müssen sie notwendig ein feines Gefühl haben und auf beides sich wohl verstehen. Wie sollte einer sonst die richtige Beschaffenheit der Lieder erkennen, für wel-

che die dorische Tonart sich eignet oder nicht, und das Taktmaß, welches der Dichter mit Recht oder Unrecht mit ihnen verband?
KLEINIAS: Offenbar könnte er das in keiner Weise.
DER ATHENER: Erscheint doch der große Haufen lächerlich, welcher glaubt, daß diejenigen, welche zur Flöte zu singen und nach dem Takt einherzuschreiten geübt sind, zur Genüge das erkennen, was wohllautend und taktmäßig ist, ohne zu erwägen, daß diese das tun, c ohne die Beschaffenheit des Einzelnen zu kennen. In Wahrheit aber ist jedes mit dem dazu Passenden verbundene Lied regelrecht, fehlerhaft dagegen, wenn das nicht der Fall ist.
KLEINIAS: Das ist unumgänglich notwendig.
DER ATHENER: Wie nun, wer nicht einmal erkennt, was ein Gesang enthalte? Wird der wohl, wie wir verlangten, daß er es in richtiger Weise enthält, bei irgendeinem Gesang erkennen?
KLEINIAS: Wie wäre das möglich?

[12. Ziel der Erziehung der Alten. Nutzen einer richtigen Durchführung der Symposien]

DER ATHENER: Das also, scheint es, ergibt sich uns nun ferner jetzt, daß es für unsere Sänger, die wir jetzt aufrufen und gewissermaßen mit ihrer Zustimmung zu singen nötigen, fast unerläßlich ist, daß d ihre Bildung so weit reiche, daß jeder imstande sei, den rhythmischen Taktschritten und den Saitenschwingungen der Gesänge zu folgen, damit sie, vermittels ihrer Einsicht in Rhythmus und Harmonie, das Angemessene auszuwählen vermögen, was solchen Männern in solchem Alter zu singen wohl ziemt, und es so singen und, indem sie es singen, selbst für den Augenblick eine harmlose Lust empfinden und die Jüngeren dazu hinleiten, die angemessene Liebe guten e Sitten zuzuwenden. Wenn sie aber soweit ausgebildet sind, dürften sie wohl eine höhere als die der großen Menge zugängliche Bildungsstufe, ja als die Dichter selbst erreicht haben. Denn jenes Dritte ist dem Dichter gar nicht notwendig zu erkennen, nämlich ob das Nachbild schön oder nicht schön ist, die Bekanntschaft mit Rhythmus und Harmonie dagegen ist ihm fast unumgänglich notwendig. Jene Sänger aber müssen jedes der drei für die Auswahl des Schönsten und des diesem Zunächststehenden kennen, soll es ihnen nicht versagt sein, irgend einmal Jünglinge durch ihren Zaubergesang für die 671 a Tugend zu gewinnen.

Und was unsere Rede von vornherein beabsichtigte, nämlich zu zeigen, daß der Beistand für den Chor des Dionysos mit Recht geleistet wurde, das hat sie nach Vermögen ausgeführt; doch erwägen wir, ob das wirklich so geschehen ist. Es ergibt sich, wie wir gleich anfangs als notwendig bei dem annahmen, was wir jetzt besprechen, daß notwendig ein solches Gelage bei weiter fortschreitendem Zechen immer lärmend werde. b
KLEINIAS: Notwendig.
DER ATHENER: Jeder fühlt sich über sich selbst erhoben, von Freude durchdrungen, von Freimütigkeit und Widerspenstigkeit gegen die Umgebung in einem solchen Zustande erfüllt, und er achtet sich

für befähigt, die Herrschaft über sich selbst und die andern zu behaupten.

KLEINIAS: Freilich.

DER ATHENER: Behaupteten wir nun nicht, daß, wenn das geschieht, wie Eisen die von Feuer ergriffenen Gemüter der Zechenden biegsamer werden und jugendlicher, so daß sie sich, wie damals, als sie c noch jung waren, dem lenksam bewähren, welcher sie zu unterweisen und zu gestalten vermag und versteht? Muß aber nicht dieser Bildner derselbe sein wie damals, der weise Gesetzgeber, von dem Zechgesetze ausgehen müssen, um jenen, der hoffnungsfroh und zuversichtlich der Scheu mehr vergaß, als er sollte, und sich nicht in die Ordnung und das ihm zukommende Maß im Schweigen und im Reden, im Trinken und im Singen fügen mag, geneigt zu machen, von diesem allen das Gegenteil zu tun, und kräftig genug, um auf ged setzlichem Wege in ihm die schönste Furcht als Verteidigerin gegen die in ihm erwachende unschöne Keckheit auftreten zu lassen, welche göttliche Furcht wir mit dem Namen der Scheu und Verschämtheit bezeichneten?

KLEINIAS: So ist es.

DER ATHENER: Als Wächter und Mitvollstrecker dieser Gesetze müssen ihnen aber die nicht unruhig Bewegten und Nüchternen als Leiter der Nichtnüchternen zur Seite stehen, ohne welche es schwieriger sein dürfte, gegen die Trunkenheit den Kampf zu bestehen als gegen Feinde unter der Ruhe entbehrenden Anführern; und wer es nicht über sich gewinnen kann, diesen und den über sechzig Jahre e alten Leitern des Dionysos zu gehorchen, dem gereiche das zu gleicher, ja größerer Schmach, als wenn er den unter Ares ihm Gebietenden den Gehorsam verweigert.

KLEINIAS: Richtig.

DER ATHENER: Wäre nun ein Rausch so beschaffen, so beschaffen die Heiterkeit, würden dann nicht solche Zechgenossen dadurch gefördert vom Gelage scheiden und befreundeter untereinander als zu672 a vor, nicht aber, wie jetzt, gegeneinander erbittert, nachdem ihre ganze Zusammenkunft den Gesetzen gemäß stattfand und sie, sobald die Nüchternen den Nichtnüchternen den Weg zeigten, Folge leisteten?

KLEINIAS: Richtig, wenn sie jedenfalls so beschaffen wäre, wie du jetzt sie schilderst.

[13. Abschluß der Erörterung über Musik]

DER ATHENER: Wir wollen also nicht mehr geradezu jenen Tadel gegen die Gabe des Dionysos aussprechen, daß sie schlecht und der Aufnahme in den Staat nicht wert sei. Denn man könnte in seiner Rede noch mehr anführen; doch man trägt Bedenken, selbst des größten Gutes, welches er verleiht, vor der großen Menge zu gedenb ken, da die Menschen es, wenn es ausgesprochen wird, schlecht auffassen und es verkennen.

KLEINIAS: Welches denn?

DER ATHENER: Es hat sich daneben irgendwie eine Sage und Überlieferung verbreitet, wie dieser Gott von seiner Stiefmutter Hera der

Besinnung des Geistes beraubt wurde; darum treibt er, um sich zu rächen, zur Bacchosfeier und allen den tollen Reigentänzen an, und in derselben Absicht hat er auch die Gabe des Weines verliehen. Ich dagegen überlasse so etwas nachzusagen denjenigen, welche dergleichen Dinge von den Göttern zu berichten für unbedenklich halten; doch soviel weiß ich, daß unter allen kein Geschöpf mit dem Maße c von Einsicht geboren wird, welches ihm, sobald es zur Reife gediehn, zukommt. Während der Zeit nun, in welcher es noch nicht zu der ihm eigentümlichen Einsicht gelangte, tollt jegliches, erhebt maßloses Geschrei und macht, sobald es sich nur aufrichten kann, maßlose Sprünge. Erinnern wir uns aber, daß wir dies als den Anfang der Musik und Gymnastik erklärten?

KLEINIAS: Dessen erinnern wir uns; wie sollten wir nicht?

DER ATHENER: Nicht auch, daß das Gefühl für Rhythmus und Harmonie uns Menschen zu diesem Anfang verholfen habe und daß d unter den Göttern Apollon, die Musen und Dionysos Urheber davon sind?

KLEINIAS: Wie sollten wir dessen uns nicht erinnern?

DER ATHENER: Und vom Weine behauptet, scheint es, die Rede der anderen, er sei uns Menschen zur Strafe, um der Besinnung uns zu berauben, verliehen; nach unserer jetzt geltend gemachten Ansicht dagegen ward er als ein Heiltrank im entgegengesetzten Sinne uns gegeben, nämlich um in der Seele heilige Scheu, im Körper Kraft und Gesundheit zu erzeugen.

KLEINIAS: Sehr richtig wiederholtest du, Gastfreund, das Ergebnis unserer Rede.

DER ATHENER: Und mit der einen Hälfte des auf den Chorreigen e Bezüglichen sind wir am Ziele; die zweite Hälfte aber werden wir, nach unserm weiteren Gutbefinden, ausführen oder auch auf sich beruhen lassen.

KLEINIAS: Von welcher sprichst du, und welche Zweiteilung nimmst du an?

DER ATHENER: Der gesamte Chorreigen war uns doch die gesamte Ausbildung; von diesem besteht ferner ein Teil, der auf die Stimme bezügliche, in Rhythmen und Harmonien.

KLEINIAS: Ja.

DER ATHENER: Der auf die Bewegung des Körpers bezügliche aber hat den Rhythmus mit der Bewegung der Stimme gemeinsam, ihm eigentümlich ist aber die Haltung. Dort aber ist die Tonweise die 673 a Bewegung der Stimme.

KLEINIAS: Sehr wahr.

DER ATHENER: Was nun bei der Stimme bis auf die Bildung der Seele zur Tugend sich erstreckt, nannten wir, ich weiß nicht inwiefern, Musik.

KLEINIAS: Gewiß ganz richtig.

DER ATHENER: Was aber die Bewegung des Körpers angeht, die wir als des Tanzes Ergötzlichkeit bezeichneten, wenn eine solche zur Vollkommenheit des Körpers führt, dann wollen wir die kunstgemäße Hinleitung desselben dazu Gymnastik nennen.

Kleinias: Sehr richtig.

b Der Athener: Mit dem musikalischen Teile des Chorreigens, von welcher Hälfte wir eben sagten, daß wir sie so ziemlich besprochen und ausgeführt haben, habe es somit auch jetzt sein Bewenden. Wollen wir nun die andere Hälfte besprechen, oder wie und in welcher Weise sollen wir verfahren?

Kleinias: Bester Freund, da du mit Kretern und Lakedaimoniern dich unterredest, was glaubst du doch wohl, daß, nachdem wir die Musik besprachen und die Gymnastik noch im Rückstand haben, der eine oder der andere von uns auf diese Frage dir antworten werde?

Der Athener: Ich sollte meinen, du habest durch diese Frage eine
c ziemlich deutliche Antwort gegeben, und sehe ein, daß, wie gesagt, deine Frage eine Antwort ist und eine Aufforderung, unsere Besprechung der Gymnastik auszuführen.

Kleinias: Du hast mich gut verstanden. So tue es also.

Der Athener: Das muß ich wohl; ist es doch nicht einmal besonders schwierig, von euch beiden bekannten Dingen zu sprechen. Denn in dieser Kunst seid ihr beide bei weitem erfahrener als in jener.

Kleinias: Du magst wohl recht haben.

[14. Schluß der Rede über den Weingebrauch]

Der Athener: Der Ursprung dieser Ergötzlichkeit liegt also ferner
d darin, daß jedes Geschöpf von Natur gewöhnt ist zum Springen, der Mensch aber, dem, wie wir behaupteten, das Gefühl für Taktmaß zuteil ward, erzeugte den Tanz und rief ihn in das Leben, und indem der Gesang an das Taktmaß gemahnte und dazu aufregte, riefen beide vereint den Chorreigen und die Festlust in das Leben.

Kleinias: Sehr wahr.

Der Athener: Und den einen Teil davon haben wir, unserer Behauptung zufolge, bereits erörtert, den anderen wollen wir darauf zu erörtern versuchen.

Kleinias: Allerdings.

Der Athener: Zuerst wollen wir also, wenn es auch euern Beifall
e hat, die Anwendbarkeit des Rausches zum Schlusse bringen.

Kleinias: Zu welchem, und wie meinst du das?

Der Athener: Wenn ein Staat die eben erwähnte Einrichtung als etwas Ernstes gesetzmäßig und mit Ordnung anwendet, indem er zur Einübung der Mäßigkeit sie benutzt, und auch anderer Genüsse in derselben Weise und in demselben Verhältnisse sich nicht enthält, indem er Einrichtungen trifft, um den Bürgern die Herrschaft über sie zu verleihen, dann steht es allen zu, ihnen in dieser Weise sich hinzugeben; findet dagegen diese Anwendung der Ergötzlichkeit wegen statt und ist es demjenigen, der da will, sooft er will und mit
574 a wem er will und in Verbindung mit irgendwelchen andern Verfahrensweisen zu zechen gestattet, dann möchte ich wohl nicht dafür stimmen, daß ein solcher Staat oder ein solcher Mann je das Berauschen sich erlauben dürfe; lieber aber als dem bei den Lakedaimoniern und Kretern üblichen würde ich dem Gesetze der Karthager meine Zustimmung geben, daß nie jemand im Heereslager von die-

sem Getränke kosten solle, sondern während der ganzen Zeit nur zum Wassertrinken zusammenkommen, und daß zu Hause weder eine Sklavin noch ein Sklave davon kosten dürfe, auch nicht die Regierenden im Jahre ihres Regiments, daß ferner nicht die Steuermänner vom Weine irgend kosten dürfen und nicht die Richter, während sie ihr Geschäft verwalten, auch nicht derjenige, welcher, um Rates zu pflegen, zu irgendeiner wichtigen Beratung sich einfindet, auch überhaupt niemand bei Tage, es sei denn der Leibesübungen oder des Siechtums wegen, oder auch zur Nachtzeit der Mann oder die Frau, welche Kinder zu zeugen beabsichtigten. Und so könnte jemand noch viele andere Fälle anführen, in welchen die Verstand und richtige Gesetze Besitzenden keinen Wein trinken dürften; so daß es, dieser Rede zufolge, auch nicht in einem einzigen Staat vieler Weinpflanzungen bedürfen würde, geordnet aber wären die übrigen Anpflanzungen und die ganze Lebensweise, und so dürfte wohl die Erzeugung des Weines von allem am maßvollsten und am spärlichsten ausfallen.

Das, ihr Gastfreunde, sei für uns, wenn ihr mir beistimmt, der Schluß unserer Rede über den Wein.

KLEINIAS: Schön. Auch wir stimmen bei.

DRITTES BUCH

[1. Suche nach den Anfängen des Staates. Die Sagen von Vernichtungen des Menschen]

676 a Der Athener: Damit wäre es denn so bestellt. Was aber, wollen wir behaupten, sei einst der Anfang des Staates gewesen? Sollte man nicht von folgendem Gesichtspunkte aus ihn am leichtesten und richtigsten erkennen?

Kleinias: Von welchem aus?

Der Athener: Von demselben, von welchem aus es in jedem Fall auch das Voranschreiten der Staaten beim Übergang zum Guten und zum Schlechten zu betrachten gilt.

Kleinias: Von welchem aus meinst du?

Der Athener: Ich denke, von der Betrachtung der Länge und Unb ermeßlichkeit der Zeit und den Übergängen in solcher Zeit.

Kleinias: Wie meinst du das?

Der Athener: Sag an, glaubst du wohl je das Ausmaß der Zeit erforschen zu können, seit welcher es Staaten gibt und in staatlicher Verbindung lebende Menschen?

Kleinias: Das ist keineswegs leicht.

Der Athener: Aber daß es ein unermeßlicher und unberechenbarer Zeitraum sein dürfte?

Kleinias: Das gewiß in hohem Grade.

Der Athener: Entstanden uns nun nicht tausend und aber tausend Staaten in dieser Zeit, und ging nicht nach demselben Zahlenverhältc nis eine nicht geringere Zahl unter? Und traten ferner nicht alle Arten von Staatsverfassungen allerwärts oft in das Leben? Und wurden diese nicht bald aus kleineren zu größeren, bald aus größeren zu kleineren, und zu schlechteren aus besseren und zu besseren aus schlechteren?

Kleinias: Notwendig.

Der Athener: Suchen wir also, wenn wir es vermögen, von diesem Übergang die Ursache zu ermitteln; sie möchte uns vielleicht wohl die erste Entstehung und Umgestaltung der Staaten aufzeigen.

Kleinias: Gut, und wir müssen uns bemühen, du, was du darüber denkst, uns mitzuteilen, wir aber, dir zu folgen.

677 a Der Athener: Scheinen euch nun die alten Sagen etwas Wahres zu enthalten?

Kleinias: Welche denn?

Der Athener: Daß viele Vernichtungen der Menschen geschehen seien, durch Überschwemmungen, durch Seuchen und viel anderes, bei welchen nur ein kleiner Teil der Menschen überlebte.

Kleinias: Gewiß erscheint jedes der Art jedem sehr wahrscheinlich.

Der Athener: Wohlan denn, stellen wir uns eine von den vielen vor, diejenige nämlich, welche einmal durch Überschwemmung stattfand.

Kleinias: Welche Vorstellung wollen wir uns davon machen?

Der Athener: Daß die damals der Vernichtung Entronnenen so ziemlich aus auf Bergen hausenden Hirten bestehen dürften, schwachen auf den Gipfeln der Berge geretteten Funken der menschlichen Gattung.

Kleinias: Offenbar.

Der Athener: Und notwendig ist es, daß dergleichen Menschen in den andern Künsten unerfahren waren und so auch in den bei Städtern untereinander üblichen Kunstgriffen zur Übervorteilung und bei Zwistigkeiten, und was sie sonst, sich gegenseitig zu schaden, aussinnen.

Kleinias: Das läßt sich gewiß erwarten.

Der Athener: Wollen wir nun annehmen, daß die in den Ebenen und an der See erbauten Städte in damaliger Zeit gänzlich untergegangen seien?

Kleinias: Das wollen wir.

Der Athener: Werden wir nicht auch behaupten, daß alle Werkzeuge untergegangen seien, und wenn es etwas mühsam Erfundenes, auf die Kunst der Staatsverwaltung oder irgendein anderes Wissen Bezügliches gab, daß das alles in damaliger Zeit verlorenging? Denn wie wäre doch, Bester, irgend das geringste von Neuem erfunden worden, wenn das immerdar so sich erhielt, wie es jetzt eingerichtet ist?

Kleinias: Das geschah, weil dieses offenbar tausendmal Tausende von Jahren den damals Lebenden verborgen blieb, tausend oder doppelt so viel Jahre, aber von seiner Erfindung an kam das eine zur Kenntnis des Daidalos, anderes zu der des Orpheus oder des Palamedes, das auf Musik Bezügliche zu der des Marsyas und Olympos, das auf die Leier zu der des Amphions, sowie vieles andere, gestern sozusagen und neulich Erfundenes, zu der anderer.

Der Athener: Sehr hübsch, lieber Kleinias, daß du den Freund unerwähnt ließest, der entschieden vor kurzem erst lebte.

Kleinias: Meinst du den Epimenides?

Der Athener: Ja ihn, denn er überflügelte bei euch durch seine Erfindsamkeit bei weitem alle insgesamt; was Hesiodos vor alters in Worten vorausverkündete, das führte er, wie ihr behauptet, durch die Tat aus.

Kleinias: Allerdings behaupten wir das.

[2. Die Zustände nach einer Überschwemmung]

Der Athener: Wollen wir also nicht erklären, daß damals, als der Untergang stattfand, es so um das Schicksal der Menschen bestellt war, daß eine unermeßliche, grauenvolle Verlassenheit herrschte, aber ein großer Überfluß an reichen Ländereien, sowie daß nach dem Dahinsterben der anderen Tiere einige Rinderherden und etwa einige Ziegen zufällig sich erhielten, jedoch selbst diese ihren Hütern damals anfänglich einen spärlichen Lebensunterhalt boten?

Kleinias: Wie anders?

Der Athener: Können wir aber glauben, daß an Staatsverfassung und Gesetzgebung, über die wir jetzt zu sprechen haben, auch nur überhaupt eine Erinnerung, möchte ich sagen, sich erhielt?

Kleinias: Keineswegs.

Der Athener: Erwuchsen uns aber nicht aus jenen so beschaffenen Zuständen die gegenwärtigen insgesamt, Staaten und Staatsverfassungen, Künste und Gesetze sowie große Laster und große Tugenden?

Kleinias: Wie meinst du das?

b Der Athener: Glauben wir denn, du Wunderbarer, daß die Menschen damals, unbekannt mit vielem in den Städten sich findenden Schönen sowie mit dessen Gegenteile, vollkommen gewesen sein im Guten oder im Bösen?

Kleinias: Richtig bemerkt, und wir begreifen, wo du hinauswillst.

Der Athener: Ist nun nicht, mit dem Fortschreiten der Zeit und dem Zahlreichwerden unserer Gattung, alles zu allen jetzt bestehenden Zuständen vorgeschritten?

Kleinias: Sehr richtig.

Der Athener: Natürlich nicht mit einem Mal, sondern nach und nach, in sehr langer Zeit.

c Kleinias: Sehr angemessen in dieser Weise.

Der Athener: Denn von den Höhen nach den Ebenen herabzusteigen, das verhinderte eine noch in den Ohren widertönende Bangigkeit.

Kleinias: Wie sollte sie das nicht?

Der Athener: War ihnen nicht in ihrer damaligen Lage ihr gegenseitiger Anblick der Seltenheit wegen etwas Angenehmes, die Fahrzeuge aber, um damals zu Lande oder zu Wasser zueinanderzukommen, waren fast alle, möchte ich sagen, zugleich mit den Künsten verlorengegangen? Miteinander zu verkehren war ihnen daher,
d denke ich, nicht leicht möglich. Denn Eisen und Erz und alle Metalle waren durch Verschüttung dahingeschwunden, so daß man dergleichen durchaus nicht wieder auszuscheiden vermochte, und das Holzfällen gelang ihnen selten. Denn hatte auch irgendein Werkzeug auf den Bergen sich erhalten, so ging das durch Abnutzung bald wieder verloren, durch andere aber ließ es sich nicht ersetzen, bevor etwa die Kunst der Metallbearbeitung wieder unter die Menschen gelangte.

Kleinias: Wie ließe es sich wohl?

Der Athener: Um wieviele Menschenalter später glauben wir wohl, daß das stattgefunden habe?

e Kleinias: Offenbar um sehr viele.

Der Athener: So dürften auch die Künste, welche des Eisens bedürfen und des Erzes und alles Derartigen, in damaliger Zeit ebensolange und noch länger verschwunden gewesen sein.

Kleinias: Wie sollten sie nicht?

Der Athener: Demnach waren auch Zerwürfnisse und Krieg zu damaliger Zeit aus vielen Ursachen verschwunden.

Kleinias: Wieso?

Der Athener: Zuerst hegten sie des Menschenmangels wegen Liebe und Wohlwollen zueinander, dann gab auch der Lebensunterhalt ihnen keine Veranlassung zu Kämpfen. Denn an Herden hatten sie, wenige etwa im Anfang ausgenommen, keinen Mangel, die 679 a ihnen größtenteils fortwährend Unterhalt boten. Denn es fehlte ihnen durchaus nicht an Milch und Fleisch, und außerdem verschafften sie sich durch die Jagd keine schlechte oder dürftige Nahrung. Auch an Gewändern, Decken, Wohnungen und an das Feuer vertragenden und es nicht vertragenden Gerätschaften hatten sie die Fülle; denn die Künste des Formens sowie alle mit Flechten sich beschäftigenden bedürfen im geringsten nicht des Eisens. Diese beiden Arten der Kunst verlieh aber Gott den Menschen, alles Erwähnte sich zu verschaffen, damit das Menschengeschlecht, wenn es in eine solche Notlage käme, des Gedeihens und der Zunahme sich erfreue. In solcher Lage waren sie daher nicht besonders bedürftig, noch durch Dürftigkeit untereinander in Streit zu geraten genötigt; reich jedoch wurden sie wohl, als Gold- und Silberlose, was damals bei ihnen der Fall war, nicht. Eine Vereinigung aber, mit der weder Reichtum noch Dürftigkeit verbunden ist, diese dürfte wohl ziemlich der ehrenwertesten Gesinnungen sich erfreuen, denn in ihr erzeugen sich weder Frevel noch Ungerechtigkeit, weder Scheelsucht noch Mißgunst. Gut c also waren sie aus diesen Gründen und wegen ihrer sogenannten Einfältigkeit; hielten die Einfältigen doch das, was da für schön und was für verwerflich erklärt wurde, in Wirklichkeit dafür und fügten sich diesem Glauben. Denn keiner hegte aus Schlauheit, wie jetzt, den Argwohn einer Täuschung, sondern indem sie das über Menschen und Götter Ausgesagte für wahr hielten, richteten sie danach ihr Leben ein; darum waren sie durchaus so beschaffen, wie wir eben sie schilderten.

Kleinias: Dem stimme auch ich und unser Freund da bei. d

[3. Entstehung der ersten Staatsverfassung]

Der Athener: Wollen wir nun nicht behaupten, daß viele Generationen in dieser Weise ihr Leben verbringen und daß sie zwar unerfahrener und unwissender sein mögen als die vor einer Überschwemmung Geborenen und die jetzt Lebenden, so in den übrigen Künsten als in denen des Krieges, wie sie jetzt zu Wasser und zu Lande sowie auch bloß in den Städten geübt werden, wo sie den Namen von Rechtshändeln und Entzweiungen führen und mit allen Kunstgriffen verbunden sind, durch Wort und Tat einander Böses e und Unrecht zuzufügen, aber dafür einfältiger und tapferer und zugleich auch besonnener und in allem gerechter? Die Ursachen davon haben wir bereits entwickelt.

Kleinias: Du hast recht.

Der Athener: Das und alles daraus Hervorgehende sei von uns in der Absicht ausgesprochen, damit wir erkennen, inwiefern sie damals der Gesetze bedurften und wie ihr Gesetzgeber beschaffen war. 680 a

Kleinias: Das hast du richtig dargelegt.

Der Athener: Bedurften nun jene Menschen gar keiner Gesetzgeber, und pflegte in solchen Zeiten so etwas gar nicht stattzufinden? Denn die in diesem Teil eines Zeitumlaufs Geborenen haben noch keine Buchstabenschrift, sondern sie leben den Gewohnheiten und den Gesetzen des Herkommens, wie man sie nennt, gehorsam.

KLEINIAS: Gewiß, ganz natürlich.

DER ATHENER: Doch ist auch das bereits eine Art von Staatsverfassung.

KLEINIAS: Was denn?

b DER ATHENER: Mir scheinen alle die Staatsverfassung in dieser Zeit eine Machthaberschaft zu nennen, welche auch jetzt noch vielerorts unter Hellenen wie unter Barbaren besteht. Auch Homeros berichtet wohl, daß sie in den Wohnsitzen der Kyklopen geherrscht habe, indem er sagt:

«Dort ist weder Gesetz, noch Ratsversammlung des Volkes,
Sondern diese bewohnen die Felsenhöhn der Gebirge
Rings in gewölbten Grotten, und Recht spricht jeder alleine
c Über Kind und Weib, und niemand achtet des andern.

KLEINIAS: An dem ward euch, scheint es, ein anmutiger Dichter. Denn auch anderes gar Feines haben wir bei ihm, von dem wir doch nur weniges lasen, gefunden. Denn wir Kreter beschäftigen uns nur wenig mit ausländischen Gedichten.

MEGILLOS: Doch wir beschäftigen uns mit ihm, und unter den derartigen Dichtern scheint ihm der Preis zu gebühren; aber er schildert
d bei allen Gelegenheiten mehr eine ionische als lakonische Lebensweise. Jetzt erscheint er fürwahr als ein guter Gewährsmann deiner Rede, indem er in seiner Erzählung das Altertümliche bei ihnen auf ihre Roheit zurückführt.

DER ATHENER: Ja, diese Gewähr leistet er, und wir wollen ihn als Zeugen dafür betrachten, daß dergleichen Verfassungen irgendeinmal sich bilden.

KLEINIAS: Richtig.

DER ATHENER: Tun sie das nun etwa nicht bei jenen Menschen, die in einzelnen Wohnungen familienweise zerstreut sind auf Grund der bei den Vernichtungen entstehenden Not, unter denen das Äl-
e teste herrscht, weil ihre Herrschaft vom Vater und der Mutter sich her schreibt, denen nachfolgend sie nach Art der Vögel eine Schar bilden werden, in der sie unter der Herrschaft der Hausväter und unter der gerechtesten aller königlichen Gewalten stehen?

KLEINIAS: Ja, allerdings.

DER ATHENER: Darauf versammeln sich mehrere an gemeinsamer Stelle und bilden größere Vereine und wenden sich dem ersten An-
681 a bau des Bodens an Bergabhängen zu und schaffen, als Mauerschutz, der wilden Tiere wegen, heckenartige Umzäunungen, indem sie eine gemeinsame und große Wohnstätte zustande bringen.

KLEINIAS: Wahrscheinlich ist es, daß das so sich begebe.

DER ATHENER: Wie nun? Ist Folgendes etwa nicht wahrscheinlich?

KLEINIAS: Was denn?

DER ATHENER: Daß, indem diese größeren Wohnplätze durch die kleineren und anfänglichen sich erweitern, jeder der kleineren sich anschließe, wobei er in seinem Stamm den Ältesten an der Spitze mitbringe und, da sie voneinander abgesondert wohnen, manche ihm eigentümliche Gewohnheiten habe, weil andere, die sie in bezug auf b die Götter und den eigenen Verkehr annahmen, eben von anderen Erzeugern und Erziehern, gemäßigtere von gemäßigteren, mannhaftere von mannhaften herrührten; und indem so in geziemender Weise jegliche ihre Kinder und Enkel zu Abdrücken der eigenen Lebensweise machen, schließen sie sich, wie wir sagen, mit ihren eigentümlichen Gebräuchen dem größeren Vereine an.

KLEINIAS: Wie sollten sie das nicht?

DER ATHENER: Und gewiß war es wohl notwendig, daß die eigen- c tümlichen Gesetze jedem besser behagten, minder aber die der anderen.

KLEINIAS: So ist es.

DER ATHENER: So haben wir, scheint es, unvermerkt die ersten Stufen der Gesetzgebung betreten.

KLEINIAS: Ja, in entschiedener Weise.

[4. Auftreten von Gesetzgebern und zweite Staatsverfassung: die Aristokratie. Gründung und Zerstörung Trojas]

DER ATHENER: Darauf trat die Notwendigkeit ein, daß diese Zusammengetretenen einige gemeinsame Vertreter unter sich auswählen mußten, welche sich mit dem bei jedem Herkömmlichen bekannt machten und das ihnen am besten Gefallende für die Gemeinschaft den Häuptern und gleich Königen die Menge Leitenden deutlich d darlegten und ihrer Wahl einheimstellten; diese werden selbst den Namen der Gesetzgeber führen, und indem sie durch Einsetzung von Obrigkeiten aus den Machthaberschaften eine Aristokratie oder auch ein Königtum bilden, dem Staat durch solche Umgestaltung der Verfassung seine Einrichtung erteilen.

KLEINIAS: So und in dieser Weise mochte sich das wohl nacheinander begeben.

DER ATHENER: Nun wollen wir noch die Entstehung einer dritten Art der Staatsverfassung angeben, bei welcher, wie sich ergibt, alle Gattungen und Umbildungen der Staatsverfassungen und der Staaten hervortreten.

KLEINIAS: Welche Gattung ist denn das?

DER ATHENER: Auf welche auch Homeros nach der zweiten hindeu- e tet, indem er berichtet, die dritte sei folgende. Er gründete, sagt er nämlich irgendwo,

«Dardanien, noch nicht stand Ilios' heilige Feste,
In der Ebne Gefild, bewohnt von redenden Menschen,
Sondern am Abhang wohnten sie noch des quelligen Ida.»

Diese Verse nämlich, und jene, welche von den Zyklopen berich- 682 a ten, sind Eingebungen eines Gottes und der Natur gemäß; indem nämlich göttlich also auch das Dichtergeschlecht als gottbegeistertes ist, berührt es in seinen Gesängen mit Beistand der Charitinnen und Musen oftmals vieles in Wahrheit Geschehene.

KLEINIAS: Jawohl.

Der Athener: Wir wollen doch noch weiter die uns jetzt sich darbietende Sage verfolgen; denn sie dürfte wohl etwas über die von uns beabsichtigte Untersuchung andeuten. Sollen wir das nicht tun?
Kleinias: Ja, allerdings.
Der Athener: Von hohen Bergen aus also wurde, behaupten wir, Ilion in einer großen und schönen Ebene gegründet, auf einer nicht besonders hervorragenden Anhöhe, bewässert von vielen höher auf dem Ida entspringenden Flüssen.
Kleinias: So sagt man wenigstens.
Der Athener: Glauben wir nun nicht, daß das lange Zeit nach der Überschwemmung geschehen sei?
Kleinias: Wann sonst als lange Zeit nachher?
Der Athener: Damals scheint also ein fast gänzliches Vergessen des jetzt erwähnten Untergangs bei ihnen stattgefunden zu haben, als sie so unterhalb zahlreicher, von hohen Bergen herabfließender Ströme eine Stadt gründeten, indem sie auf nicht hoch emporragende Höhen ein großes Vertrauen setzten.
Kleinias: Demnach ist es offenbar, daß ihnen eine lange Zeit seit jenem Unglücksereignisse vergangen war.
Der Athener: Auch viele andere Städte entstanden, denke ich, damals bereits, bei wachsender Menschenmenge.
Kleinias: Gewiß.
Der Athener: Welche wohl auch gegen sie zu Felde zogen, vielleicht sogar zu Schiffe, da bereits alle sonder Furcht das Meer befuhren.
Kleinias: Das liegt zutage.
Der Athener: Und indem die Achaier gegen zehn Jahre hier verweilten, verwüsteten sie Troja.
Kleinias: Jawohl.
Der Athener: Ereigneten sich nun nicht in dieser Zeit von zehn Jahren, während welcher Ilion belagert wurde, in der Heimat jedes der Belagerer viel Unheil durch die Entzweiungen der Jüngeren, welche sogar die in ihre Vaterstädte und Wohnungen zurückkehrenden Krieger nicht wohl noch wie es recht war aufnahmen, sondern so, daß sehr viele Mordtaten, Blutbäder und Landesvertreibungen erfolgten? Die Vertriebenen aber kehrten unter anderem Namen wieder zurück, indem sie nicht mehr Achaier, sondern Dorier hießen, weil derjenige, welcher die Vertriebenen sammelte, ein Dorier war. Und alle diese Sagen führt nun von da an ihr, Lakedaimonier, weiter und zum Schlusse.
Megillos: Wie anders?

[5. Die Einrichtung der drei dorischen Staaten]
Der Athener: So sind wir jetzt, wie durch eines Gottes Leitung, wieder eben dahin gekommen, wovon wir, über die Gesetze uns besprechend, am Beginne ablenkten, indem wir auf die musische Kunst und das Berauschen gerieten, und unsere Rede gibt uns dazu gewissermaßen die Veranlassung. Sie führt uns nämlich auf die Nieder-

lassung in Lakedaimon selbst, von der ihr mit Recht behauptet, daß 683 a sie nach verwandten Gesetzen stattgefunden habe wie in Kreta. Jetzt gewährt uns das Umherschweifen unserer Rede, mit der wir mancherlei Staatsverfassungen und Niederlassungen durchgingen, folgenden Gewinn: Wir erkannten einen ersten, zweiten und dritten Staat, deren Gründungen, wie wir glauben, in unermeßlichen Zeiträumen auseinander hervorgehen; jetzt aber bietet sich uns dieser Staat oder, wollt ihr lieber, dieses Volk als ein vierter dar, der einst gegründet wurde und jetzt es ist. Vermögen wir nun aus diesem allen b irgend einzusehen, welche Einrichtung schön getroffen wurde oder nicht, und welche Gesetze das Bestehende bestehen, welche das Untergehende untergehen lassen, und an die Stelle welcher andere treten und wie diese beschaffen sein müssen, lieber Megillos und Kleinias, um das Glück eines Staates zu begründen, dann müssen wir das alles, wie von Anfang an, noch einmal besprechen, es wäre denn, daß wir etwas an dem bisher Gesagten auszusetzen hätten.

MEGILLOS: Verhieße uns, o Gastfreund, ein Gott, daß, wenn wir uns ein zweites Mal der Betrachtung der Gesetze unterzögen, wir c weder diesen nachstehende noch spärlichere Reden als die jetzt geführten zu hören bekommen würden, dann würde eine weite Wanderung mich nicht verdrießen, und der gegenwärtige Tag würde mich zu kurz bedünken, obschon es fast derjenige ist, an welchem sich der Gott von der Sommerseite der Winterseite zuwendet.

DER ATHENER: So müssen wir denn, scheint es, das erwägen.

MEGILLOS: Allerdings.

DER ATHENER: Versetzen wir uns also in Gedanken in die Zeit, wo Lakonien, Argos, Messenien und das daran Grenzende in die volle Gewalt eurer Vorfahren, Megillos, gekommen war. Darauf bedünk- d te es ihnen angemessen, wie die Sage berichtet, ihre Heeresmacht in drei Teile zu teilen und drei Städte zu gründen: Argos, Messene und Lakedaimon.

MEGILLOS: So ist es allerdings.

DER ATHENER: Und König von Argos wurde Temenos, von Messene Kresphontes, von Lakedaimon Prokles und Eurysthenes.

MEGILLOS: Wie denn sonst?

DER ATHENER: Und alle damals Lebenden gelobten ihnen eidlich Beistand, wenn jemand ihre Herrschaft mit Verderben bedrohe. e

MEGILLOS: Gewiß.

DER ATHENER: Wird aber, beim Zeus, das Königtum, oder wurde irgendeine Herrschaft jemals von anderen als von diesen selbst aufgelöst? Oder nahmen wir, als wir vor kurzem auf diese Untersuchung gerieten, damals so es an, sind aber dessen nicht mehr eingedenk?

MEGILLOS: Wie sollten wir nicht?

DER ATHENER: Wollen wir das nun nicht jetzt noch bestimmter aussprechen? Denn Tatsachen, auf die wir stießen, haben uns, scheint es, zu derselben Behauptung geführt, so daß wir nicht auf ein Leeres, sondern auf ein Geschehenes und Wahres hin nachforschen wer- 684 a den. Folgendes aber begab sich: Drei Königsgewalten und drei von

Königen beherrschte Staaten schwuren je beide einander zu, zufolge der Gesetze, die sie für die Herrscher und Beherrschten gemeinsam bindend feststellten, die einen, im Fortschritte der Zeit und des Herrscherstammes ihre Herrschaft zu keiner gewalttätigeren machen zu wollen, die anderen, wenn die Herrscher dies treu hielten, weder selbst je die Königsgewalt zu stürzen, noch es anderen, die es ver-
b suchten, zu gestatten; die Könige schwuren Beistand den Königen, geschähe ihnen und ihren Völkern Unrecht, und die Völker, geschähe es den Völkern und ihren Königen. War es nicht so?

MEGILLOS: Gewiß.

DER ATHENER: Fand sich nicht bei den in den drei Staaten durch die Gesetze festgestellten Staatseinrichtungen, ob nun die Könige oder andere die Gesetze gaben, dieses Wichtigste vor?

MEGILLOS: Was denn?

DER ATHENER: Daß jedesmal zwei Staaten sich einander gegen den einen beistehen sollten, welcher den gegebenen Gesetzen ungehorsam sei.

MEGILLOS: Offenbar.

c DER ATHENER: Und gewiß ist das eine Anforderung, welche die Mehrzahl an die Gesetzgeber macht, solche Gesetze zu geben, daß die Völker und die große Menge willig sie aufnehmen; gleich als wenn etwa jemand von den Ringmeistern und Ärzten die Heilung und Pflege der ihnen anvertrauten Körper in angenehmer Weise begehrte.

MEGILLOS: Das ist durchaus der Fall.

DER ATHENER: Doch hier muß man oft auch damit sich begnügen, wenn jemand die Körper nur ohne großes Schmerzgefühl in einen behaglichen und gesunden Zustand zu versetzen versteht.

MEGILLOS: Jawohl.

[6. Erwartungen über die Beständigkeit der dorischen Verfassung]
d DER ATHENER: Auch folgender nicht geringfügiger Umstand erleichterte den damals Lebenden die Gesetzgebung.

MEGILLOS: Welcher denn?

DER ATHENER: Die Gesetzgeber, welche eine Gleichmäßigkeit des Besitzes ihnen bereiteten, traf nicht der nachdrücklichste Tadel, welcher in vielen andern Staaten, welchen Gesetze gegeben werden, sie trifft, wenn einer darauf denkt, an dem Grundbesitz zu rütteln und die Schulden aufzuheben, weil er erkennt, daß ohne diese Maßregeln eine vollständige Gleichheit wohl nicht zustande kommen könne; da einem Gesetzgeber, der hier eine Änderung unternimmt, jeder ent-
e gegentritt und verlangt, er solle an dem Unabänderlichen nichts ändern, und denjenigen verwünscht, welcher auf Ackerverteilung und Schuldbüchervernichtung anträgt, so daß er jeden dadurch in Verlegenheit setzt. Bei den Doriern dagegen fand auch das in schöner, keinem Vorwurf unterliegenden Weise statt, daß man unbedenklich die Ländereien verteilte, und bedeutende, aus alter Zeit herrührende Schulden gab es nicht.

MEGILLOS: Sehr wahr.

Der Athener: Wie kam es nun, beste Männer, daß Staatseinrichtung und Gesetzgebung bei ihnen so schlecht ablief?
Megillos: Wieso? Und was hast du an ihnen auszusetzen, um 685 a das zu sagen?
Der Athener: Daß von den drei Niederlassungen, die es gab, zwei Drittel bald ihre Staatseinrichtung und Gesetze untergehen ließen und nur bei einem Drittel, bei euerm Staate, beides Bestand hatte.
Megillos: Du stellst eine Frage auf, die eben nicht leicht zu beantworten ist.
Der Athener: Wir müssen aber doch, indem wir dies jetzt untersuchen und prüfen und über Gesetze ein unserem Alter angemessenes besonnenes Spiel treiben, unseren Weg angenehm zurücklegen, wie wir uns vornahmen, als wir ihn antraten. b
Megillos: Freilich; wir müssen es so machen, wie du sagst.
Der Athener: Welche schönere Betrachtung über Gesetze könnten wir nun wohl anstellen als über diejenigen, die diese Staaten geordnet haben? Oder über welche Gründungen von angeseheneren und größeren Staaten vermöchten wir nachzudenken?
Megillos: Andere vor diesen anzugeben ist nicht leicht.
Der Athener: Es ist nun ziemlich offenbar, daß die damaligen Gesetzgeber erwarteten, diese Einrichtung werde nicht bloß für den Peloponnes vollkommen hilfreich sich erweisen, sondern sogar für c alle Hellenen, sollte einer der Barbaren ein Unrecht ihnen zufügen, wie damals Ilion und dessen Umwohner, welche in keckem Vertrauen auf die den Ninos umgebende Macht der Assyrier den Krieg gegen Troja herbeiführten. Denn nicht gering war das noch sich erhaltende Ansehen jenes Reiches. Wie wir jetzt den Großkönig fürchten, so fürchteten die damals Lebenden die damals zusammengetretene Staatenverbindung, denn einen gewichtigen Grund zur Klage über sie gab diesen die zum zweiten Male erfolgte Eroberung Tro- d jas, machte dasselbe doch ein Teilchen ihres Reiches aus. Gegen das alles war gerichtet die Einrichtung *einer* damals in drei Staaten verteilten Heeresmacht, unter verschwisterten Königen, den Söhnen des Herakles, gut, wie es schien, ausgedacht und ausgerüstet und ausgezeichnet vor der gegen Troja gezogenen. Denn erstens meinten sie, an den Herakleiden bessere Anführer zu haben als die Anführer aus Pelops' Stamme, sowie ferner, daß dieses Heer durch Tapferkeit vor dem gegen Troja gezogenen sich auszeichne; haben sie e doch den Preis vor jenen davongetragen und seien jene von diesen, als Achaier von Doriern, überwunden worden. Glauben wir nicht, daß die damaligen Gesetzgeber so und in dieser Absicht ihre Einrichtungen trafen?
Megillos: Allerdings.
Der Athener: War nun nicht auch natürlich, daß sie annahmen, dieses werde mit Sicherheit standhalten und eine lange Zeit bleiben, 686 a da sie miteinander viele Anstrengungen und Gefahren geteilt hatten, von *einem* Herrschergeschlechte, indem ihre Könige Brüder waren, ihre Einrichtung empfingen und außerdem viele Wahrsager befragt hatten, so andere, als auch den delphischen Apollon?

MEGILLOS: Wie sollte es nicht natürlich gewesen sein?

DER ATHENER: Doch, wie es scheint, verflogen diese großen Erwartungen damals bald, den kleinen Teil um eure Heimat. dessen b wir eben erwähnten, ausgenommen; und dieser Teil hat bis jetzt niemals gegen die beiden andern Krieg zu führen aufgehört, während die damals erzeugte und in Übereinstimmung gebrachte Gesinnung wohl eine im Kriege unwiderstehliche Gewalt erlangt haben würde.

MEGILLOS: Wie sollte sie das nicht?

[7. Irrtum der Menschen über den Grund alles Mißlingens und das am meisten zu Wünschende]

DER ATHENER: Wie und in welcher Weise ging sie nun unter? Verdient es nicht in Betrachtung gezogen zu werden, welches Geschick eine so beschaffene und so mächtige Verbindung auflöste?

MEGILLOS: Würde doch wohl kaum jemand, richtete er auf ein anderes seine Aufmerksamkeit, andere Gesetze oder Verfassungen finden, c geeignet, einen blühenden und umfangreichen Staat zu erhalten oder umgekehrt ihn gänzlich zu verderben, wollte er das ganz außer acht lassen.

DER ATHENER: Da haben wir also, scheint es, glücklicherweise den Weg zu einer unserm Zwecke entsprechenden Untersuchung eingeschlagen.

MEGILLOS: Ja, allerdings.

DER ATHENER: Täuschten sich etwa, du Vortrefflicher, alle Menschen und insbesondere jetzt auch wir, indem wir glaubten, stets ein schönes Werk entstehen und Wundervolles hervorbringen zu sehen, d verstände jemand in gewisser Weise die richtige Anwendung davon zu machen, und sollten vielleicht etwa jetzt wenigstens unsere Gedanken darüber nicht die richtigen und naturgemäßen sein sowie die aller über alles andere, über das sie diese Gedanken hegen?

MEGILLOS: Was meinst du denn, und worauf sollen wir sagen, daß diese deine Rede sich beziehe?

DER ATHENER: Mußte ich doch, mein Guter, jetzt über mich selbst lachen. Indem ich nämlich auf diesen Heereszug, über den wir sprechen, meine Aufmerksamkeit richtete, bedünkte er mich ein herrlicher und, wie ich sagte, ein bewundernswürdiger den Hellenen sich darbietender Gewinn, wenn damals jemand die richtige Anwendung e davon gemacht hätte.

MEGILLOS: Ist denn nicht alles gut und verständig, was du gesagt hast und wir gebilligt haben?

DER ATHENER: Vielleicht. Wenigstens denke ich, daß auf jeden, der etwas Großes, mit vieler Macht und Kraft Ausgestattetes sieht, das sogleich den Eindruck macht, daß, wenn der Inhaber etwas so Beschaffenes und so Mächtiges recht zu gebrauchen verstehe, derselbe wohl nach Ausführung vieler bewundernswürdiger Taten glücklich sein werde.

687 a MEGILLOS: Hat denn nicht das auch seine Richtigkeit, oder wie meinst du?

DER ATHENER: Erwäge nun, was der ins Auge faßt, der über jedes mit Recht dieses Lob ausspricht. Zuerst, was das eben jetzt Besprochene anbetrifft, wie wohl, wenn die damals an der Spitze Stehenden verstanden hätten, in geziemender Weise ihr Heer anzuordnen, hätten sie die Gelegenheit recht benutzt? Nicht, wenn sie es fest zusammengefügt hätten und für alle Zeiten es erhalten, so daß sie selbst frei blieben und Herrschaft über wen sie wollten übten, und überhaupt in bezug auf alle Menschen, so Hellenen wie Barbaren, tun b konnten, was ihnen gelüstete, sie selbst und ihre Nachkommenschaft? Würde ihnen das wohl nicht Lob erworben haben?

Megillos: Ja, allerdings.

Der Athener: Würde nicht auch der, welcher beim Anblick großen Reichtums oder ausgezeichneter Ehrenrechte auf Grund der Familie oder sonst irgendeines Vorzugs der Art, dasselbe behauptete, in der Hinsicht es behaupten, daß dadurch diesem alles oder das Meiste und Beachtenswerteste von dem, was er wünscht, zuteil werden werde?

Megillos: So scheint es fürwahr.

Der Athener: Sprich nun, gibt es *einen* gemeinschaftlichen Wunsch c aller Menschen, der jetzt, wie unsere Rede selbst sagt, von ihr deutlich gemacht wurde?

Megillos: Und der wäre?

Der Athener: Daß, was da geschieht, nach seines eigenen Sinnes Anordnung geschehe, am liebsten alles, oder doch wenigstens die menschlichen Dinge.

Megillos: Wie anders?

Der Athener: Da wir nun so etwas alle stets begehren, als Knaben und als Greise, so dürften wir notwendig wohl auch eben das fortwährend im Gebet erflehen?

Megillos: Wie sollten wir nicht?

Der Athener: Und gewiß würden wir wohl auch den Freunden d das, was diese sich selbst erflehen, miterflehen.

Megillos: Ja, freilich.

Der Athener: Der liebende Sohn dem Vater, als Knabe dem Manne.

Megillos: Wie sollte er nicht?

Der Athener: Gewiß möchte aber wohl der Vater durch sein Gebet zu den Göttern gar manches von dem, was der Sohn sich erfleht, abzuwenden suchen, daß es keineswegs nach den Wünschen des Sohnes geschieht.

Megillos: Meinst du, wenn dieser unverständig und in jugendlichem Sinne betet?

Der Athener: Auch wenn der Vater, ob er nun ein Greis oder noch sehr jung ist, ohne Einsicht in das, was schön und recht ist, sehr e inständig betet, in verwandter Lage mit der sich befindend, in welcher Theseus zu dem unglücklich dahinsterbenden Hippolytos sich befand, der Sohn aber das weiß, wird dann wohl, glaubst du, der Sohn sein Gebet mit dem des Vaters vereinigen?

Megillos: Ich begreife, wo du hinauswillst. Du scheinst mir nämlich zu behaupten, nicht das sei zu ersehnen und anzustreben, daß alles unserm eigenen Wollen, das Wollen aber darum nicht williger der eigenen Weisheit gehorche; sondern darum habe ein Staat und jeder einzelne von uns zu beten und danach zu ringen, daß Einsicht ihm zuteil werde.

[8. Erinnerung an die alten Thesen und Ziel der folgenden Untersuchung]

688 a DER ATHENER: Ja, und daß ein staatsmännischer Gesetzgeber seine Gesetzesvorschriften aufstellen muß, indem er stets darauf hinblickt, rief ich mir selbst in das Gedächtnis, und ich bringe euch in Erinnerung, wenn uns das am Anfang Gesagte erinnerlich blieb, daß eure Aufforderung dahin ging, der gute Gesetzgeber solle alle gesetzlichen Einrichtungen in bezug auf den Krieg treffen, meinerseits aber ich behauptete, das heiße die Gesetze mit Berücksichtigung *einer* Tugend, deren doch vier seien, aufstellen; man müsse dagegen ihre Gesamt-
b heit ins Auge fassen, und vor allen die erste und die Leiterin dieser Gesamtheit, das sei aber Weisheit und Einsicht und Meinung, verbunden mit Lust und Verlangen, das ihnen sich fügt. Nun kehrte fürwahr unsere Rede wieder zur selben Stelle zurück, und ich, der Wortführer, sage jetzt wieder, was ich damals sagte, zum Spiel, wenn ihr wollt, oder auch in ernster Absicht, daß ich nämlich entschieden behaupte, es sei für den der Einsicht Entbehrenden bedenklich, seinen Wunsch zu erlangen, ihm möge vielmehr das seinen Wünschen Ent-
c gegengesetzte begegnen. Wollt ihr nun annehmen, ich rede im Ernst, so nehmt das an. Denn ich erwarte sicher, daß ihr jetzt, wenn ihr der Untersuchung folgen wollt, die wir kurz zuvor einleiteten, finden werdet, daß die Ursache des Untergangs jener Könige und ihrer ganzen Unternehmung nicht in Feigheit lag, noch darin, daß die Herrscher und diejenigen, denen es zu gehorchen zukam, das auf den Krieg Bezügliche nicht verstanden, sondern daß ihre Herrschaft durch ihre übrige Schlechtigkeit in jeder Hinsicht, vorzüglich aber durch
d ihre Unwissenheit hinsichtlich der wichtigsten menschlichen Angelegenheiten unterging. Daß nun das hinsichtlich der damaligen Ereignisse sich so begab, und jetzt, wenn irgend, sich begibt und in Zukunft in keiner andern Weise sich zutragen wird, das will ich, gefällt es euch, durch weiteres Verfolgen unserer Untersuchung zu entwickeln und euch als Freunden nach bestem Vermögen deutlich zu machen versuchen.

KLEINIAS: In Worten dein Lob, o Gastfreund, zu verkünden, wäre unzart, entschieden soll es aber durch die Tat geschehen; aufmerksam nämlich wollen wir deinem Vortrage folgen, in welcher Aufmerksamkeit es sich am deutlichsten zeigt, wer aufrichtig lobt und wer nicht.

e MEGILLOS: Sehr gut, Kleinias, und wir wollen tun, wie du sagst.
KLEINIAS: Das soll, so Gott will, geschehen. Beginne nur.

[9. Erklärung der größten Unwissenheit und der größten Weisheit]

DER ATHENER: Wir behaupten also jetzt, indem wir auf der noch übrigen Wegesstrecke unserer Untersuchung fortschreiten, damals habe die größte Unwissenheit jene Macht gebrochen, und es liege in ihrer Natur, auch jetzt dasselbe zu bewirken, so daß der Gesetzgeber, wenn dem so ist, es versuchen müsse, in den Staaten soviel Weisheit wie möglich zu erzeugen und den Unverstand möglichst daraus zu verbannen.

KLEINIAS: Offenbar.

DER ATHENER: Was könnte man nun wohl mit Recht für die größ- 689 a te Unwissenheit erklären? Erwägt, ob auch ihr beide dem Gesagten beistimmt; ich nehme nämlich folgende dafür an.

KLEINIAS: Welche denn?

DER ATHENER: Diejenige, wenn einer etwas, das ihm als schön und gut erscheint, dennoch nicht liebt, sondern es haßt, aber das ihm schlecht und ungerecht Erscheinende liebt und werthält. Diesen Widerspruch des Lust- und Schmerzgefühls mit der vernunftgemäßen Meinung halte ich für die höchste Unwissenheit, und für die größte, weil sie der Masse des Seelischen zukommt; denn das für Lust und Schmerz Empfängliche der Seele entspricht dem Volke und der b großen Masse im Staate. Wenn nun die Seele den ihrer Natur nach zur Herrschaft bestimmten Kenntnissen oder Meinungen oder der Überlegung widerstrebt, so nenne ich das Unwissenheit; beim Staate, wenn die große Menge den Herrschenden und den Gesetzen nicht gehorcht, in derselben Weise, und so auch bei dem einzelnen Menschen, wenn die seiner Seele innewohnenden schönen Grundsätze von keinem ihnen entsprechenden, sondern durchaus widersprechenden Erfolge sind: Alle diese Äußerungen von Unwissenheit würde ich für die tadelnswertesten sowohl beim Staate als bei jedem einzelnen sei- c ner Bürger halten, nicht aber die der Handwerker, wenn ihr, Gastfreunde, begreift, was ich damit sagen will.

KLEINIAS: Das, Freund, begreifen wir und stimmen dem, was du sagst, bei.

DER ATHENER: Das also gelte in dieser Weise für unsere Ansicht und Aussage, denjenigen Bürgern, die darin unwissend sind, nichts mit der Staatsverwaltung in Verbindung Stehendes anzuvertrauen, und ihnen den Vorwurf der Unwissenheit zu machen, obgleich sie sehr scharfsinnig sein und alle Anlagen der Seele zu Witz und Geistesgewandtheit wohl ausgebildet haben mögen; diejenigen dagegen, d bei denen das Gegenteil davon stattfindet, als Weise anzureden, wenn sie auch, wie es im Sprichwort heißt, weder schwimmen noch lesen können, und daß man ihnen, als Verständigen, die Staatsämter übertragen müsse. Denn wie, ihr Freunde, möchte wohl ohne Übereinstimmung auch der geringste Grad von Weisheit entstehen? Das ist unmöglich. Vielmehr dürfte mit dem vollsten Recht die schönste und größte Übereinstimmung für die größte Weisheit erklärt werden. Dieser ist der vernunftgemäß Lebende teilhaftig, der ihrer Ermangelnde dagegen wird als ein Zerstörer seines Hausstandes und in bezug auf den Staat in keinem Falle als heilbringend, sondern durch seine Unwissenheit darin durchaus stets als dessen Gegenteil erscheinen. Das also sei, wie wir eben darüber uns erklärten, als aus- e gesprochen festgestellt.

KLEINIAS: Das sei demnach so.

[10. Sieben Arten der Berechtigung zur Herrschaft als Quelle von Entzweiungen]

DER ATHENER: Daß es in den Staaten Herrschende und Beherrschte gebe, ist doch wohl notwendig?

KLEINIAS: Wie anders?

690 a DER ATHENER: Zugegeben. Wie viele und wie beschaffene Berechtigungen für das Herrschen und Beherrschtwerden gibt es denn in großen und kleinen Staaten sowie desgleichen auch im Hauswesen? Ist nicht eine die des Vaters und der Mutter, und dürfte es nicht überhaupt immer für eine wohlbegründete Berechtigung gelten, daß die Erzeuger über ihre Abkömmlinge herrschen?

KLEINIAS: Jawohl.

DER ATHENER: Dem zunächst, daß die Wackeren über die Nichtwackeren herrschen, und als ein drittes schließt den beiden sich an, daß es den Älteren zu herrschen, den Jüngeren sich beherrschen zu lassen zukommt.

KLEINIAS: Freilich.

b DER ATHENER: Als viertes ferner, daß die Sklaven beherrscht werden, ihre Herrn aber herrschen.

KLEINIAS: Wie sollten sie nicht?

DER ATHENER: Als fünftes, denke ich, daß die Stärkeren herrschen, die Schwächeren aber beherrscht werden.

KLEINIAS: Da hast du eine sehr unabweisliche Herrschaft angegeben.

DER ATHENER: Auch die unter allen Geschöpfen zumeist und der Natur gemäß waltende, wie einmal der Thebaner Pindaros sagt. Die stärkste Berechtigung aber dürfte wohl, scheint es, die sechste sein, welche verlangt, daß der Unkundige gehorche, der Verständige aber c der Leitende und Herrschende sei. Doch möchte ich, hochweiser Pindaros, behaupten, daß das wenigstens wohl nicht der Natur zuwider geschehe und daß der Natur gemäß die Herrschaft des Gesetzes nicht durch Zwang, sondern über Freiwillige gebiete.

KLEINIAS: Du drückst dich sehr richtig aus.

DER ATHENER: Indem wir aber die siebente Gattung der Herrschaft eine von dem Glücke und den Göttern begünstigte nennen, unterwerfen wir sie einer Art von Verlosung und erklären es für das Rechtmäßigste, daß der beim Losen Gewinnende diese Herrschaft übernehme, wer aber verliert, zurücktritt und der Herrschaft sich unterwerfe.

KLEINIAS: Sehr wahr gesprochen.

d DER ATHENER: Siehst du also, Gesetzgeber — so würden wir wohl scherzend zu einem sprechen, der leichtsinnig sich anschickt, Gesetze zu geben —, wie zahlreiche Berechtigungen zur Herrschaft es gibt und worin sie ihrer Natur nach einander widersprechen? Denn wir haben jetzt eine Quelle von Entzweiungen aufgefunden, die du verstopfen mußt. Zuerst erwäge nun mit uns, wie und durch welchen Verstoß dagegen die die Umgegend von Argos und Messene beherrschenden Könige so sich selbst wie die zur damaligen Zeit bewundernswürdige e Macht der Hellenen zugrunde richteten. Geschah es nicht, weil es ihnen unbekannt blieb, daß Hesiodos ganz richtig behauptet, daß die Hälfte häufig mehr ist als das Ganze?

KLEINIAS: Sehr richtig.

DER ATHENER: Glauben wir nun, daß dies eher zum Verderben führe, wenn es in Verbindung mit den Königen entsteht, oder wenn beim Volke?

KLEINIAS: Wahrscheinlich und häufig ist, daß dieses Gebrechen Kö- 691 a nige trifft, wenn sie durch Üppigkeit übermütig leben.

DER ATHENER: Ist es nun nicht offenbar, daß zuerst die damaligen Könige an dem Gebrechen litten, einen Vorzug vor den aufgestellten Gesetzen zu beanspruchen, und daß sie in dem, was sie durch Wort und Eidschwur gutgeheißen hatten, nicht mit sich selbst übereinstimmten, sondern dieses Sichselbstwidersprechen, welches, unserer Behauptung zufolge, die größte Unwissenheit ist, aber für Weisheit gilt, das richtete jenes alles durch Fahrlässigkeit und die herbe Früchte tragende Wissensscheu zugrunde?

KLEINIAS: So scheint es wenigstens.

DER ATHENER: Gut. Welche Vorsicht mußte nun den Gesetzgeber b bei seiner damaligen Gesetzgebung, dem Entstehen jenes Übels vorzubeugen, leiten? Zeugt es nicht, bei den Göttern, jetzt von keiner Weisheit, das zu erkennen, und hat keine Schwierigkeit, es auszusprechen; ließ es sich aber damals voraussehen, wäre dann nicht derjenige, der es voraussah, weiser gewesen als wir?

MEGILLOS: Was meinst du doch?

DER ATHENER: Auf das bei euch Geschehene, Megillos, kann man jetzt jedenfalls hinblicken und so erkennen, und hat man es erkannt, das leicht in Worte fassen, was damals hätte geschehen sollen.

MEGILLOS: Drücke dich noch deutlicher aus.

DER ATHENER: Am deutlichsten ließ es wohl so sich ausdrücken.

MEGILLOS: Wie denn?

[11. Maßnahmen zur Beschränkung der Königsgewalt in Sparta auf das rechte Maß]

DER ATHENER: Wenn jemand dem Geringeren, mit Vernachlässi- c gung des rechten Maßes, zu Gewaltiges zuteilt, wie Segel den Booten, Nahrung dem Körper, Herrschermacht der Seele, dann überstürzt sich irgendwie alles, und das eine eilt frevelmütig Krankheiten entgegen, das andere dem Erzeugnis des Frevelmutes, der Ungerechtigkeit. Wohin führt also nun unsere Rede? Etwa dahin, daß es, ihr lieben Freunde, nicht in der Natur der Seele eines Sterblichen liegt, wenn er noch jung und keiner Verantwortung unterworfen ist, die höchste Würde unter den Menschen zu ertragen, ohne daß seine Gesinnung, von der größten Krankheit, dem Unverstande, durchdrun- d gen, den Haß seiner nächsten Freunde ihm zuzieht, was, wenn es geschieht, bald ihn zugrunde richtet und seine ganze Macht dahinschwinden läßt? Das nun durch die Erkenntnis des rechten Maßes zu verhüten, kommt großen Gesetzgebern zu. Als damals also geschehen ist es jetzt sehr leicht zu erraten. Es scheint aber zu sein …

MEGILLOS: Was denn?

DER ATHENER: Irgendein Gott, der für euch Sorge trug; dieser sah das Zukünftige voraus und beschränkte die Königsgewalt mehr auf e das rechte Maß, indem er euch aus dem eingeborenen ein doppeltes Geschlecht von Königen erwachsen ließ. Und später noch vermischte ein als Mensch Geborener, aber mit einer göttlichen Kraft Ausgerüsteter, weil er den noch fieberhaften Zustand eurer Regierung erkannte, des Greisenalters besonnene Fähigkeit mit der Herkunft trotziger Stärke, indem er der Gewalt der achtundzwanzig Greise in den wichtigsten Angelegenheiten das gleiche Stimmrecht mit dem der Könige verlieh. Als aber euer dritter Retter eure Regierung noch in Jugendkraft strotzend und leidenschaftlich bewegt sah, warf er wie einen Zügel die Gewalt der Ephoren über sie, indem er sie nahezu durch das Los erwählen ließ. Und durch solche Einrichtung wurde bei euch das Königtum, aus den geziemenden Bestandteilen zusammengesetzt und auf das rechte Maß zurückgeführt, selbst erhalten und für andere das Werkzeug der Erhaltung, da jedenfalls unter Temenos und Kresphontes und den damaligen Gesetzgebern, wer da irgend die Gesetzgebenden waren, auch wohl der Anteil des Aristodemos nie erhalten worden wäre. Denn sie waren der Gesetzgebung nicht zur Genüge kundig, sonst hätten sie nämlich wohl nicht eben geglaubt, ein jugendlicher Geist sei durch Eide zu zügeln, gelangte er zu einer Herrschaft, aus der leicht Gewaltherrschaft erwachsen konnte. Jetzt aber zeigte der Gott, wie die am längsten dauernde Herrschaft beschaffen sein mußte und muß. Daß aber das von uns c erkannt wird, zeugt, wie ich sagte, zur jetzigen Zeit von keiner Weisheit; denn aus einem ähnlichen Falle, der sich begab, es zu erkennen ist nicht schwierig. Gab es aber einen, der das damals voraussah und die Regierungen zu zügeln und die drei zu *einer* zu vereinigen vermochte, dann hätte er alle schönen damals ausgedachten Einrichtungen erhalten, und niemals wäre der persische oder irgendein anderer Heereszug gegen Hellas gezogen, indem jene uns als Menschen, die nicht viel wert seien, verachteten.

KLEINIAS: Was du sagst, ist wahr.

d DER ATHENER: Wenigstens, Kleinias, war ihre Verteidigung gegen dieselben eine schimpfliche. Schimpflich nenne ich sie aber nicht, als ob die damals Lebenden nicht in rühmlichen Schlachten zu Wasser und zu Lande gesiegt hätten; sondern was ich das Schimpfliche ihres damaligen Benehmens nenne, setze ich darin, daß erstens von jenen Staaten, deren doch drei waren, nur einer für Hellas auftrat, die beiden andern aber so tief gesunken waren, daß der eine sogar Lakedaimon zu verhindern suchte, Hellas Beistand zu leisten, indem er einen hitzigen Krieg gegen dasselbe erhob, der andere aber, der in e jenen Zeiten der Teilung die erste Stelle einnahm, Argos nämlich, der Aufforderung, gegen den Barbarenkönig zu fechten, weder Gehör gab noch gegen ihn focht. Wollte aber jemand sich über das damals in bezug auf jenen Krieg Geschehene verbreiten, dann könnte er wohl Hellas vieler keineswegs rühmlicher Dinge beschuldigen, ja wollte er sagen, Hellas habe sich verteidigt, würde das wohl nicht richtig sein. Hätte nicht vielmehr der Athener und Lakedaimonier gemeinsamer Entschluß die heranziehende Sklaverei abgewehrt, dann 693 a befänden sich wohl bereits alle Völkerstämme der Hellenen untereinander in bunter Mischung und barbarische unter den Hellenen und hellenische unter den Barbaren, gleichwie diejenigen, über welche jetzt die Perser die Gewaltherrschaft üben, auseinandergerissen und zusammengerafft, hier und da zerstreut, in schlechter Verfassung leben. Diese Vorwürfe, Kleinias und Megillos, können wir denen machen, die vor alters für Staatskundige und Gesetzgeber galten, sowie den jetzt lebenden, damit wir, den Gründen dieser Vorwürfe nachforschend, auffinden, wie sie statt dessen sonst hätten verfahren b sollen; wie wir zum Beispiel auch jetzt erklärten, man müsse durch das Gesetz nicht zu hohe und auch nicht unvermischte Staatswürden anordnen, indem man erwäge, der Staat müsse ein freier, verständiger und unter sich befreundeter sein, und der Gesetzgeber müsse bei seiner Gesetzgebung darauf sein Augenmerk richten. Wir wollen uns aber nicht wundern, wenn wir schon oft unter gewissen Vorausbestimmungen erklärt haben, der Gesetzgeber müsse mit Rücksicht auf dieselben seine Gesetze geben, diese Vorausbestimmungen c uns aber nicht jedesmal als dieselben erscheinen. Vielmehr müssen wir erwägen, daß, wenn wir behaupten, der Gesetzgeber müsse Besonnenheit im Auge haben oder Weisheit oder gegenseitige Liebe, diese Richtungen keine verschiedenen, sondern dieselben sind, und es darf uns fürwahr nicht beunruhigen, wenn sich uns viele derartige Bezeichnungen darbieten.

[12. Grund des Untergangs der persischen Macht unter den Söhnen des Kyros und Xerxes: die schlechte Erziehung der Könige]

KLEINIAS: So wollen wir es, indem wir auf unsere Reden zurückgehen, zu machen versuchen. Und jetzt also führe das über die gegenseitige Liebe und Weisheit und Freiheit aus, nämlich auf was du denn sagen wolltest, daß der Gesetzgeber zielen müsse. d

DER ATHENER: Höre denn also jetzt. Es gibt gewissermaßen zwei Mütter der Staatsverfassungen. Wollte jemand behaupten, daß die andern diesen beiden entsprossen seien, so möchte er wohl recht haben, und es ist richtig, die eine Allein-, die andere Volksherrschaft zu nennen, und den Vorrang in der einen, den Persern, in der andern uns zuzugestehen. Fast alle andern sind, wie ich sagte, aus diesen zusammengesetzt. Angemessen und notwendig ist es nun, an diesen beiden teilzuhaben, soll Freiheit bestehen und mit Weisheit verbundene wechselseitige Liebe; das aber ist die Forderung, die unsere Re- e de an uns stellt, welche behauptet, es könne wohl niemals die Verwaltung eines Staates eine gute sein, die dieser Vorzüge beraubt sei.

KLEINIAS: Wie könnte sie es auch?

DER ATHENER: Indem nun die eine mehr, als sie sollte, bloß der Alleinherrschaft, die andere der Freiheit den Vorzug gibt, erfreut sich keine des rechten Maßes darin; bei den eurigen, der lakonischen und kretischen, ist das mehr der Fall, bei den Athenern und Persern aber vor alters etwa, doch jetzt weniger. Die Gründe davon wollen 694 a wir aufzählen. Nicht wahr?

75

KLEINIAS: Durchaus, wenigstens wenn wir das, was wir uns zur Aufgabe machten, ausführen wollen.

DER ATHENER: Hören wir also. Die Perser nämlich, als sie unter Kyros mehr die Mitte zwischen Sklaverei und Freiheit hielten, wurden zuerst selbst frei und dann auch Herren vieler anderer Völker. Denn indem die Herrscher die Beherrschten an der Freiheit teilnehmen ließen und der Gleichheit sie entgegenführten, waren die Krieger ihren Feldherrn befreundeter und zeigten bei Bestehung von
b Gefahren größere Bereitwilligkeit; und wenn es ferner unter ihnen einen Verständigen, Rat zu erteilen Fähigen gab, so machte der König, der nicht mißgünstig war, sondern Freimut der Rede gestattete und diejenigen auszeichnete, die über etwas Rat zu erteilen wußten, die Fähigkeit des Denkens zu einer für alle gemeinsamen, und alles gedieh bei ihnen durch Freiheit, wechselseitige Liebe und Gemeinsamkeit der Überlegung.

KLEINIAS: So etwa scheint sich das, was du sagst, begeben zu haben.

c DER ATHENER: Wodurch ging das nun wohl unter Kambyses unter und gedieh einigermaßen wieder unter Dareios? Sollen wir uns darüber durch eine Art göttlicher Eingebung leiten lassen?

KLEINIAS: Das führt wenigstens unsere Untersuchung auf das, was wir uns zur Aufgabe gesetzt haben.

DER ATHENER: Ihr nach stelle ich jetzt über den Kyros die Vermutung auf, daß er im übrigen zwar ein guter Feldherr war und seinen Staat liebte, daß er aber der richtigen Bildung durchaus ermangelte und seine Pflichten als Hausverwalter unbeachtet ließ.

KLEINIAS: Wie können wir also so etwas behaupten?

d DER ATHENER: Vom Jünglingsalter an war er sein Leben hindurch, scheint es, zu Felde und überließ seinen Frauen die Erziehung seiner Kinder; diese aber erzogen sie als von Kindesbeinen auf sogleich Begünstigte und Hochbeglückte, denen es an nichts dazu Gehörigem fehlte. Indem sie es aber nicht geschehen ließen, daß irgend jemand ihnen, als ausreichend Glücklichen, in etwas sich widersetze und alle nötigten, was diese sagten oder taten, lobpreisend zu erheben, erzogen sie sie zu solchen Menschen.

KLEINIAS: Du erwähntest da, scheint es, eine saubere Erziehung.

e DER ATHENER: Eine weibliche eben, ausgehend von dem Königshause angehörigen Frauen, die vor kurzem reich geworden waren und die Söhne in Abwesenheit der Männer auferzogen, denen es der Kriege und der vielen Gefahren wegen an Zeit dazu gebrach.

KLEINIAS: Das läßt sich hören.

DER ATHENER: Der Vater aber erkämpfte ihnen Schaf- und Rinderherden und große Haufen von Menschen und vielem anderen; es
695 a entging ihm aber, daß diejenigen, denen er das zu übergeben beabsichtigte, in der Lebensweise des Vaters nicht unterwiesen wurden, welche als persische, da die Perser Hirten und Sprößlinge eines rauhen Bodens waren, hart war und vollkommen ausreichend, um recht kräftige Hirten aus ihnen zu machen, imstande im Freien zu leben, des Schlafs zu entbehren und, wenn es dessen bedurfte, zu Felde zu ziehen; er übersah es, daß seine Söhne die durch die vermeinte

Glückseligkeit verderbte, medische Erziehung durch die Frauen und Verschnittenen erhielten, wodurch sie, bei einer aller Zurechtweisung entbehrenden Erziehung aufgewachsen, zu Männern wurden, wie sich erwarten ließ. Als nun nach Kyros' Tode seine Söhne, verweichlicht und zügellos über die Maßen, die Herrschaft übernahmen, tötete zuerst der eine den andern, unwillig, diesem sich gleichgestellt zu sehen; dann büßte dieser selbst, vermöge seiner Trunksucht und verkehrten Erziehung in Raserei versetzt, durch die Meder und den sogenannten Verschnittenen, der den Kambyses seines Unverstandes wegen verachtete, seine Herrschaft ein.

KLEINIAS: Gewiß, so erzählt man und so etwa scheint es sich wohl zugetragen zu haben.

DER ATHENER: Auch erzählt man, daß die Herrschaft durch den Dareios und die Sieben wieder an die Perser gelangte.

KLEINIAS: Wie anders?

DER ATHENER: Sehen wir also zu, indem wir unserer Untersuchung folgen. Dareios nämlich war kein Königssohn und hatte keine verweichlichende Erziehung erhalten, und nachdem er nach der Herrschaft getrachtet und sie als einer der Sieben erlangt hatte, teilte er sein Reich in sieben Teile, von welcher Einteilung auch jetzt noch traumähnliche Spuren geblieben sind, und suchte durch seine Gesetze es einzurichten, indem er eine gewisse, allen gemeinsame Gleichheit einführte; und er machte die von Kyros den Persern verheißene Abgabenverteilung gesetzmäßig, wodurch er Freundschaft und Verbundenheit unter allen Persern hervorrief und durch Schätze und Geschenke der Perser Volk gewann. Darum erweiterten seine Heere willig sein Reich um nicht geringere Länder als die vom Kyros hinterlassenen. Dem Dareiros folgte Xerxes, der wieder die verweichlichende Erziehung der Königssöhne erhalten hatte. «Ach, Dareios», kann man vielleicht mit vollem Rechte ihm zurufen, «du erkanntest wohl nicht den Fehler des Kyros und ließest den Xerxes in denselben Gewohnheiten heranwachsen, wie Kyros den Kambyses!» Dieser aber, als Zögling derselben Erziehungsweise, führte ähnliches wie die Leidenschaften des Kambyses aus, und seit so langer Zeit herrschte unter den Persern kein wahrhaft, nicht bloß dem Namen nach großer König. Davon trägt aber, meiner Rede zufolge, nicht das Glück die Schuld, sondern das schlechte Leben, welches gewöhnlich die Söhne der ausgezeichnet Reichen und Herrschgewaltigen führen; denn niemals dürfte aus solcher Erziehung ein durch Tugend ausgezeichneter Jüngling, Mann oder Greis hervorgehen. Darauf muß, behaupten wir, der Gesetzgeber Rücksicht nehmen, so wie wir bei unserer jetzigen Erörterung.

Gewiß aber heischt es die Gerechtigkeit, das wenigstens eurer Staatseinrichtung, ihr Lakedaimonier, zuzugestehen, daß ihr weder der Armut noch dem Reichtum, weder dem Privatstande noch dem Königtum eine besondere Auszeichnung oder Lebensweise zuteilt, welche euch nicht euer göttlicher Gründer als eines Gottes Eingebung verkündete. Denn im Staate dürfen nicht besondere Auszeichnungen stattfinden, weil jemand durch Reichtum hervorragt, ebensowenig, weil er schnell oder schön oder kräftig ist, wenn damit nicht eine Tugend verbunden ist, noch darf eine Tugend ausgezeichnet werden, wenn ihr die Besonnenheit fehlt.

MEGILLOS: Wie meinst du das, Gastfreund?

[13. Schätzung der Güter nach ihrem Wert und ihre Dreiteilung]
DER ATHENER: Tapferkeit ist doch wohl ein Teil der Tugend?

MEGILLOS: Wie wäre sie das nicht?

DER ATHENER: Fälle du nun selbst, nachdem du die Rede gehört hast, ein Urteil, ob du wohl jemanden zum Hausgenossen oder Nachbarn haben möchtest, der zwar sehr tapfer, aber nicht besonnen, sondern zügellos ist?

MEGILLOS: Traue mir das nicht zu!

c DER ATHENER: Doch wie? Einen Kunstgeübten und darin Tüchtigen, aber Ungerechten?

MEGILLOS: Keineswegs.

DER ATHENER: Aber Gerechtigkeit besteht ihrer Natur nach nicht ohne Besonnenheit.

MEGILLOS: Wie könnte sie das wohl?

DER ATHENER: Auch gewiß derjenige nicht, den wir jetzt als einen Weisen aufstellten, dessen Lust- und Schmerzgefühle mit den richtigen Vernunftgründen in Einklang sind und diesen folgen.

MEGILLOS: Freilich nicht.

DER ATHENER: Auch das noch wollen wir in Erwägung ziehen, was d die Wertschätzungen in den verschiedenen Staaten betrifft, wie sie in jedem Falle richtig geschehen oder nicht.

MEGILLOS: Wie denn?

DER ATHENER: Dürfte wohl die ohne die übrigen Tugenden insgesamt in einer Seele vereinzelte Besonnenheit mit Recht für etwas Wertvolles oder Wertloses gelten?

MEGILLOS: Ich weiß nicht, was ich antworten soll.

DER ATHENER: Und du hast fürwahr ganz gut geantwortet; denn hättest du meine Frage entweder bejaht oder verneint, dann schienst du mir etwas Ungehöriges zu sagen.

MEGILLOS: So hätte sich also das recht gut gefügt.

DER ATHENER: Wohl. Für das zu dem Wertvollen oder Wertlosen Hinzutretende aber scheint mir nicht ein Erwähnen, sondern eher ein e es unerwähnt lassendes Stillschweigen angemessen.

MEGILLOS: Es ist mir offenbar, daß du die Besonnenheit meinst.

DER ATHENER: Ja. Welches der übrigen aber uns mit dieser Zugabe den meisten Nutzen bringt, dem dürfte wohl mit dem größten Rechte der höchste Wert zuerkannt werden, dem Zunächstkommenden der zweite; und so dürfte wohl, wenn jedes nach fortgesetztem Verhältnis seine Schätzung erlangt, es mit Recht sie erlangen.

697 a MEGILLOS: So verhält es sich.

DER ATHENER: Wie nun? Wollen wir es nicht für die Pflicht des Gesetzgebers erklären, auch das zu bestimmen?

MEGILLOS: Jawohl.

DER ATHENER: Willst du nun, daß wir es ihm anheimstellen, alles auf jedes Tun und nach allen Einzelheiten zu verteilen, und wollen wir, da auch unser Sinn auf Gesetzgebung gerichtet ist, versuchen, eine dreifache Einteilung vorzunehmen, nämlich das Größte, das den zweiten und das den dritten Rang Einnehmende voneinander scheiden?

MEGILLOS: Allerdings.

DER ATHENER: Wir erklären es also für erforderlich und notwendig, daß ein Staat, welcher Bestand haben und glücklich sein soll, soweit es Menschen möglich ist, Ehre und Schmach richtig verteile. Richtig ist es nun, für das Wertvollste und Erste die auf die Seele bezüglichen Güter anzunehmen, wenn diese der Besonnenheit teilhaftig ist, als das zweite das auf den Körper bezügliche Schöne und Gute, und als das dritte das, was man als Vermögen und Besitztümer anführt. Wenn aber ein Gesetzgeber oder Staat etwa einen andern Weg einschlägt, indem er entweder Besitztümer in der Schätzung voranbringt oder einem Nachstehenden durch Ehren den Vorrang zuerkennt, dann dürfte sein Verfahren weder ein gottgefälliges noch ein staatskluges sein. Wollen wir so, oder wie wollen wir uns aussprechen?

MEGILLOS: Ganz unumwunden sei das nun ausgesprochen.

DER ATHENER: Darüber also uns weiter zu verbreiten, dazu veranlaßte uns die Betrachtung der persischen Staatsverfassung. Wir finden nun, daß diese von Jahr zu Jahr schlechter wurden; als Grund davon geben wir aber an, daß sie, indem sie dem Volke die Freiheit zu sehr entzogen und die Gewaltherrschaft weiter ausdehnten, als sie sollten, das Befreundete und Gemeinsame im Staate aufhoben. Ist aber das aufgehoben, dann bezweckt auch der Herrschenden Beratung nicht das Wohl der Beherrschten und des Volkes, sondern ihrer eigenen Herrschaft wegen zerstören sie, wenn sie glauben, daß auch nur ein geringer Vorteil ihnen jedesmal daraus erwachsen werde, ihnen befreundete Städte und Völker mit Feuer und Schwert, und hassen und werden gehaßt in feindseliger und unbarmherziger Weise. Tut es ihnen aber not, daß die Völker für sie kämpfen, dann finden sie kein gemeinsames Interesse bei ihnen, um bereitwillig in Gefahren und Kämpfe sich wagen zu wollen; sondern sie sind im Besitz von der Zahl nach unzähligen Myriaden, doch diese sind zum Kriege unbrauchbar, und sie dingen, als ob es ihnen an Menschen fehle, Söldner, und hoffen von Söldnern und ausländischen Männern Rettung. Außerdem sehen sie sich zu dem Unsinn gezwungen, durch die Tat zu erklären, daß das, was im Staate für ehrenwert und schön gilt, in allen Fällen, mit Gold und Silber verglichen, leerer Tand sei.

MEGILLOS: Ja, allerdings.

[*14. Das gesetzmäßige Verhalten der Athener zur Zeit der Perserkriege*]

DER ATHENER: Damit sei unser Nachweis, daß das persische Reich jetzt wegen übermäßiger Sklaverei und Gewaltherrschaft schlecht verwaltet wird, zum Schluß gebracht.

MEGILLOS: Ja, das sei er.

DER ATHENER: Darauf müssen wir nun ferner das auf die Staatsverwaltung Attikas Bezügliche ebenso besprechen, daß die vollständige, von allen Obrigkeiten entbundene Freiheit nicht um ein weniges der maßhaltenden Regierung durch andere nachsteht; denn wir hatten zu jener Zeit, als der Angriff der Perser auf die Hellenen, ja beinahe auf alle Bewohner Europas erfolgte, eine von alters her bestehende Verfassung und Obrigkeit auf Grund der vier Vermögensklassen, und in uns wohnte eine mächtig über uns waltende Scheu, die uns willig machte, unser Leben nach den damals bestehenden Gesetzen einzurichten. Und außerdem vermochte uns die Größe des Heereszuges zu Wasser und zu Lande, die eine verzweifelnde Furcht uns einjagte, zu einer noch größeren Unterwürfigkeit gegen die Obrigkeiten und Gesetze, und aus diesem allen erwuchs uns eine innige Liebe untereinander. Denn ungefähr zehn Jahre vor der Seeschlacht bei Salamis war an der Spitze eines persischen Heereszuges Datis erschienen, vom Dareios ausdrücklich gegen die Athener und Eretrier gesendet, um als Sklaven sie ihm zuzuführen, wobei er ihn, führe er das nicht aus, mit dem Tode bedrohte. Und Datis bezwang in kurzer Zeit, an der Spitze vieler Myriaden, mit Gewalt die Eretrier gänzlich und setzte unsere Stadt durch ein furchterregendes Gerücht in Schrecken, als sei kein einziger Eretrier ihm entkommen: denn die Hände sich reichend hätten die Soldaten des Datis das ganze eretrische Land wie mit einem Fangnetz umgarnt. Das ob nun als wahr oder wie auch eintreffende Gerücht setzte die übrigen Hellenen, vorzüglich aber die Athener, in Schrecken, und als sie allerwärtshin Gesandte schickten, wollte niemand ihnen beistehen, mit Ausnahme der Lakedaimonier. Diese aber kamen wegen des damaligen Kampfes gegen Messene, und wenn sonst etwas sie aufhielt — denn wir wissen nicht, daß so etwas genannt wird —, sie kamen also um einen Tag, nachdem die Schlacht bei Marathon geschlagen war, zu spät. Nach diesem Ereignis verlauteten große Zurüstungen und tausend Drohungen vom Könige. Im Laufe der Zeit hieß es dann, Dareios sei gestorben, sein jugendlicher und heftiger Sohn aber habe die Regierung übernommen und gebe das Unternehmen keineswegs auf. Die Athener glaubten nun, die ganze Rüstung gelte ihnen, wegen ihres Sieges bei Marathon, und als sie hörten, der Athos werde durchstochen und eine Brücke über den Hellespont geschlagen, sowie von der Menge der Schiffe, da meinten sie, weder zu Wasser noch zu Land sei für sie Rettung. Denn teils werde niemand ihnen beistehen — war ihnen doch erinnerlich, daß damals, als jene zum erstenmal kamen und ihr Unternehmen gegen Eretria ausführten, keiner ihnen beistand und der Gefahr ihrer Bundesgenossenschaft sich unterzog; dasselbe, erwarteten sie, werde auch jetzt, zu Lande wenigstens, geschehen — teils verzweifelten sie auch zur See an jeder Rettung, da tausend Schiffe und noch darüber gegen sie heranzogen. Nur *eine* Hoffnung hegten sie noch, eine schwache und verzweifelte, doch die alleinige, vermöge des Hinblicks auf das früher Geschehene, indem bei einer auch damals verzweifelten Lage der Sieg in der Schlacht ihnen zuteil ward. Von dieser Hoffnung getragen erkannten sie, daß sie selbst an sich selbst und den Göttern die einzige Zuflucht hätten. Das alles erzeugte in ihnen gegenseitige Liebe; die damals herrschen- c de Furcht nämlich sowie die durch die Gesetze früher erzeugte, die sie, den bisherigen Gesetzen untertänig, gewannen, die wir in unseren früheren Reden häufig als Scheu bezeichneten, von der wir behaupteten, ihr müßten auch diejenigen untertänig sein, die sich als tapfere Männer bewähren wollten, und von welcher der Feige frei und furchtlos ist. Hätte ihn aber damals nicht Furcht ergriffen, er hätte niemals vereint sich verteidigt, noch Tempel und Grabmäler und Vaterland und was sonst ihm angehörig und zugleich lieb war, so verteidigt, wie er damals ihnen zu Hilfe eilte, sondern jeder von uns d wäre damals, zu kleinen Häuflein vereinzelt, der eine dahin, der andere dorthin zerstoben.

MEGILLOS: Das, Gastfreund, hast du sehr richtig und in einer deiner selbst und deines Vaterlandes würdigen Weise dargestellt.

[*15. Der Anfang der athenischen Zügellosigkeit in der Musik*]

DER ATHENER: So ist es, Megillos; denn vor dir kommt es mir zu, das zu damaliger Zeit Geschehene zu berichten, da auch dir die Sinnesart deiner Väter zuteil ward. Erwägt aber, du und Kleinias, ob, was wir berichten, einen Bezug auf die Gesetzgebung hat; denn nicht der Unterhaltung, sondern des Gegenstandes meiner Rede wegen be- e spreche ich das. Denn seht nur: da gewissermaßen derselbe Unfall uns begegnet ist wie den Persern, indem jene das Volk jeder Art von Sklaverei zuführten, wir dagegen die große Menge zu jeder Art von Freiheit antrieben, was wollen wir nun und wie uns weiter erklären? Die vorher von uns aufgestellten Behauptungen finden gewissermaßen eine schöne Bestätigung.

MEGILLOS: Wohl bemerkt; doch versuche es, was du jetzt sagst, 700 a uns noch deutlicher darzulegen.

DER ATHENER: Das soll geschehen. Unser Volk, ihr Freunde, hatte, den alten Gesetzen zufolge, über nichts Gewalt, sondern bewies gewissermaßen gegen die Gesetze eine freiwillige Unterwürfigkeit.

MEGILLOS: Gegen welche, meinst du?

DER ATHENER: Zuerst gegen die auf die damalige Tonkunst bezüglichen, um vom Anbeginn an das Zunehmen einer allzu freien Lebensweise darzulegen. Damals zerfiel nämlich unsere Tonkunst in gewisse Gattungen und Darstellungsweisen, und eine Gattung des b Gesanges enthielt Gebete an die Götter, welche Hymnen genannt wurden; dieser Gattung stand eine andere entgegen, die man hauptsächlich als Klagegesänge bezeichnete, und Siegesgesänge waren wieder eine andere, und eine andere ein Erzeugnis des Dionysos, wie ich glaube, Dithyrambos geheißen. Und sie nannten auch, mit eben diesem Namen, ‹Gesetze› eine andere Gesangsweise und setzten ‹lautenschlägerische› hinzu. Nach Feststellung dieser und einiger anderen Unterschiede war die ungehörige Anwendung der einen zu einer andern Gesangsweise nicht gestattet. Aber die Entscheidung darüber, c nämlich sie zu erkennen, vermöge dieser Erkenntnis ein Urteil zu fällen und dann die sich nicht Fügenden zu bestrafen, die hatte nicht

die Pfeife, noch der Menge unverständiges Geschrei, wie jetzt, noch Lob erteilendes Beifallklatschen, sondern bei denen, die erzogen worden waren, stand es fest, selbst schweigend bis zum Ende zuzuhören; bei den Knaben, ihren Aufsehern und der großen Menge aber erfolgte vermittels der Zuchtrute die Zurechtweisung. Darin also sich in so
d wohlgeordneter Weise leiten zu lassen, zeigte sich die große Menge geneigt und wagte es nicht, lärmend ihr Urteil abzugeben. Später wurden jedoch im Laufe der Zeit Urheber der unkünstlerischen Gesetzwidrigkeit Dichter, von Natur zwar begabt, aber des den Musen Gebührenden und vom Gesetz Vorgeschriebenen unkundig, in bakchischem Taumel und mehr als sie sollten der Lust sich hingebend, indem sie Hymnen mit Klagegesängen und Siegeslieder mit Dithyramben verbanden, im Lautenschlagen das Flötenspiel nachbildeten
e und alles mit allem vereinigten; wider Willen aus Unverstand die Musik verleumdend, als ob es in der musischen Kunst auch nicht die geringste Richtigkeit gebe und sie am richtigsten nach der Lust des dadurch Erfreuten, sei es nun ein Besserer oder ein Schlechterer, beurteilt werde. Indem sie derartige Lieder dichteten und solche Reden dabei führten, erzeugten sie im Volke eine Gesetzlosigkeit hinsichtlich der Musik und eine Keckheit, als sei es sie zu beurteilen fähig.
701 a So wurden die Schauspielhäuser aus stummen zu lauten, als verständen sie das vor den Musen Schöne und Nichtschöne, und statt der Herrschaft der Besseren bildete sich hier eine schlechte Zuschauerherrschaft. Denn hätte sich nur in ihr eine Volksherrschaft freier Männer gebildet, so wäre dieses Ergebnis wohl kein besonders schlimmes gewesen; nun aber ging für uns von der Musik ein auf alles sich erstreckender Weisheitsdünkel und Gesetzlosigkeit aus und in ihrem Gefolge die Freiheit. Denn als vermeinte Kenner wurden sie sicher, und diese Sicherheit erzeugte in ihnen Unverschämtheit; in keckem Mute nämlich vermöge einer allzu zügellosen Freiheit die
b Meinung der Besseren nicht zu scheuen, darin eben besteht die arge Schamlosigkeit.

MEGILLOS: Du sprichst sehr wahr.

[16. Zusammenfassung der bisherigen Untersuchung. Vorschlag des Kleinias, in der Rede einen Staat zu gründen]

DER ATHENER: Nach dieser Freiheit dürfte wohl die sich erzeugen, nicht Sklave der Obrigkeiten sein zu wollen; an diese aber schließt sich der Widerwille gegen das von Vater und Mutter und Bejahrteren ausgehende Sklaventum und die Zurechtweisung dieser an, und bereits der äußersten Grenze nahe das Bestreben, den Gesetzen nicht
c untertan zu sein; ja, sind sie bereits an der Grenze selbst angelangt, sich nicht zu kümmern um Schwüre und Versprechungen und überhaupt nicht um die Götter, indem sie die alte Titanennatur, von der die Sage berichtet, hervorkehren und nachahmen und so, wieder zu jenen Zuständen zurückkehrend, ein trauriges Leben führend des Ungemachs kein Ende sehen.

Was veranlaßte uns aber zu dieser Auseinandersetzung? Wir müssen, wie mir offenbar ist, die Rede, wie ein Roß, immer im Zügel halten und nicht, als ob kein Gebiß ihren Mund zügele, durch der Rede Gewalt fortgerissen etwa bügellos, wie man zu sagen pflegt, d werden, vielmehr die eben ausgesprochene Frage: Was veranlaßte uns zu dieser Auseinandersetzung? uns wiederholen.

Megillos: Sehr gut.

Der Athener: Diese Auseinandersetzung erfolgte also deshalb.

Megillos: Weshalb denn?

Der Athener: Wir behaupteten, der Gesetzgeber müsse bei seiner Gesetzgebung dreierlei im Auge haben: daß der von ihm mit Gesetzen ausgestattete Staat ein freier, daß er unter sich befreundet und daß er einsichtsvoll sei. Das war es; nicht wahr?

Megillos: Ja, allerdings.

Der Athener: Das also veranlaßte uns, indem wir als Staaten den e der strengsten Gewaltherrschaft unterworfenen und den der größten Freiheit genießenden auswählten, jetzt zu erwägen, welcher von den beiden recht verwaltet wird; indem wir nun bei beiden eine gewisse Beschränkung annahmen, der Gewaltherrschaft auf der einen und der Freiheit auf der andern Seite, fanden wir, daß dann beide eines ausgezeichneten Gedeihens sich erfreuten, trieben aber beide, die eine das Sklaventum, die andere das Gegenteil auf die Spitze, dann brachte das weder diesen noch jenen Heil.

Megillos: Sehr wahr gesprochen. 702 a

Der Athener: Dasselbe veranlaßte uns auch, die Niederlassung des dorischen Heereszugs zu betrachten und die an den Bergabhängen des Dardanos und die an der Seeküste sowie die zuerst beim Untergange Erhaltenen; desgleichen auch zu der diesen vorausgegangenen Unterredung über die musische Kunst und den Rausch und dem noch früher Besprochenen. Das alles wurde nämlich erörtert, um zu erkennen, wie doch am zweckmäßigsten ein Staat einzurichten sei, und wie jemand am besten das eigene Leben zu führen habe. Ob wir aber b dadurch etwas ermittelten, o Megillos und Kleinias, wie vermöchten wir das wohl einer von uns selbst angestellten Prüfung zu unterwerfen?

Kleinias: Mir, Gastfreund, scheint eine solche sich darzubieten. Denn auf alle diese von uns geführten Reden scheinen wir durch einen Glücksfall geraten zu sein; bin ich doch fast ihrer jetzt bedürftig geworden, und zur gelegensten Stunde erschienst du und mit dir unser Freund Megillos da. Ich will euch beiden nämlich kein Geheim- c nis aus meiner jetzigen Lage machen, sondern sehe vielmehr unser Zusammentreffen als eine günstige Vorbedeutung an. Es gedenkt nämlich der größte Teil der Bewohner Kretas, eine Ansiedelung zu veranstalten, und beauftragte die Knossier, der Angelegenheit sich anzunehmen, der Staat der Knossier aber mich und neun andere; daneben befiehlt er uns, wenn von den hier bestehenden Gesetzen manche uns zusagen, diese aufzustellen, oder auch von den anderwärts geltenden, ohne das Ausländische, sobald sie uns besser erscheinen, zu berücksichtigen. Nun wollen wir also mir und euch diesen Vorteil zuwenden: wir wollen durch eine Auswahl aus dem Gesagten in d unserer Rede einen Staat zusammenzimmern, den wir gewissermaßen vom Anbeginn an gründen, und teils wird uns dabei eine Prüfung dessen, dem wir nachforschen, zuteil werden, teils könnte wohl auch ich mich dieser Zusammenstellung für den in Aussicht stehenden Staat bedienen.

DER ATHENER: Das ist wenigstens keine Kriegserklärung, Kleinias; glaube vielmehr, daß ich, wenn Megillos nichts dagegen hat, so gut ich es vermag, deinen Wünschen entsprechen werde.

KLEINIAS: Gut gesagt.

MEGILLOS: Auch ich stehe so zur Verfügung.

KLEINIAS: Ihr äußert euch beide in sehr erfreulicher Weise. Versuchen wir aber, zuerst in unserer Rede den Staat zu gründen.

VIERTES BUCH

[1. Lage des zu gründenden Staates und Beschaffenheit des Landes]

DER ATHENER: Wohlan, wie müssen wir uns denken, daß dieser Staat einst beschaffen sein werde? Ich frage hier nicht nach dem Namen, den er jetzt etwa führt oder den man in Zukunft ihm wird geben müssen; denn was diesen anbetrifft, da dürfte vielleicht wohl seine Gründung, oder irgendeine Gegend, oder der Beiname irgendeines Flusses, oder einer Quelle oder eines Gottes jener Gegend seine Benennung dem neu entstandenen Staate verleihen. Sondern dies von ihm ist es, was ich lieber fragen möchte, ob es ein Küsten- oder ein Binnenstaat sein werde?

KLEINIAS: Die Stadt, Gastfreund, auf die sich unsere jetzigen Reden beziehen, ist etwa gegen achtzig Stadien von der See entfernt.

DER ATHENER: Wie weiter? Hat die Küste an der Stelle Häfen, oder ist sie ganz hafenlos?

KLEINIAS: An der Stelle, Gastfreund, ist sie so gut wie möglich mit Häfen versehen.

DER ATHENER: Ach, was du da sagst! Und wie? Gibt die sie umgebende Gegend alle Erzeugnisse, oder entbehrt sie auch manche?

KLEINIAS: Sie entbehrt beinahe keines.

DER ATHENER: Befindet sich denn eine Nachbarstadt in ihrer Nähe?

KLEINIAS: Nicht sehr; eben darum wird sie gegründet. Denn eine alte, in der Gegend stattfindende Auswanderung hat dieses Land seit undenklicher Zeit verödet.

DER ATHENER: Wie aber steht es mit Ebenen, Gebirgshöhen und Waldungen? In welcher Weise hat sie an jedem davon teil?

KLEINIAS: Die Gegend gleicht, ihrer Beschaffenheit nach, dem ganzen übrigen Kreta.

DER ATHENER: Da möchte sie, deiner Aussage nach, wohl mehr bergig als eben sein?

KLEINIAS: Ja, in hohem Grade.

DER ATHENER: Sonach wären wohl ihre Mängel zur Erlangung der Tugend nicht unheilbar. Denn sollte es eine Seestadt sein, mit Häfen wohl ausgerüstet und nicht alle Erzeugnisse liefernd, sondern viele entbehrend, dann täte ihr ein gewaltiger Retter not und Gesetzgeber göttlicher Art, wenn sich bei solcher Beschaffenheit in ihr nicht vielfältige, abgefeimte und schlechte Sitten erzeugen sollten; jetzt aber bieten ihr die achtzig Stadien noch einigen Trost. Doch liegt sie der Küste näher als sie sollte, um so mehr wohl, da du sagst, daß diese mit Häfen reich ausgestattet sei; dessenungeachtet muß man auch damit zufrieden sein. Denn das eine Gegend bespülende Meer ist zwar für das tägliche Bedürfnis eine angenehme, in der Tat aber gewiß herbe und bittere Nachbarschaft. Indem es nämlich hier den

Handel und vermittels des Kleinverkehrs den Gelderwerb gedeihen läßt und in den Seelen eine veränderliche und unzuverlässige Gesinnung erzeugt, macht es die Bürger unzuverlässig und lieblos gegeneinander sowie desgleichen auch gegen andere Menschen. Einen Trost
b dagegen bietet ihr ihre Allergiebigkeit, und da sie bergig ist, liegt es zutage, daß sie wohl nicht zugleich neben dem Allergiebig auch vielergiebig sein dürfte; wäre sie nämlich das, dann würde sie auch, wegen dadurch ermöglichter reicher Ausfuhr, wiederum von Silber- und Goldgeld überschwemmt — ein größeres Unheil, möchte ich sagen, Einzelnes dem Einzelnen verglichen, als irgendeines für das Erlangen einer edlen und redlichen Gesinnung entstehen könnte, wie wir, wenn es uns erinnerlich ist, im Vorigen behaupteten.

KLEINIAS: Wohl ist es uns erinnerlich, und wir gestehen zu, daß wir damals das Rechte behaupteten so wie jetzt.

c DER ATHENER: Doch sage weiter, wie steht es in unserer Gegend mit dem Ertrage an Schiffsbauholz?

KLEINIAS: Tannen sowie auch Fichten gibt es nicht viel, desgleichen wenige Zypressen; einige Föhren und Platanen finden sich wohl, die den Schiffsbauern zur Anfertigung der inneren Teile eines Schiffes bei jedem Baue unentbehrlich sind.

DER ATHENER: Auch diese natürliche Beschaffenheit dürfte wohl für die Gegend nicht unersprießlich sein.

KLEINIAS: Wieso denn?

DER ATHENER: Daß ein Staat schlechte Einrichtungen seiner Feinde
d nicht allzuleicht nachzuahmen vermag, ist vorteilhaft.

KLEINIAS: Was wurde denn früher gesagt, dessen Berücksichtigung zu dieser Bemerkung dich veranlaßt?

[2. Bedenklichkeit einer Seemacht]

DER ATHENER: Hab acht auf mich, Vortrefflicher, indem du zurückschaust auf das zu Anfang in bezug auf die kretischen Gesetze Gesagte, welche auf *eines* Rücksicht nähmen, und das sei eben, wie ihr beide sagtet, der Krieg; ich aber entgegnete darauf, daß dergleichen bestehende Satzungen einigermaßen die Tugend berücksichtigten, sei richtig, daß aber ihr Augenmerk nicht so ziemlich auf die gesamte, sondern nur auf einen kleinen Teil derselben gerichtet sei,
e gab ich durchaus nicht zu. Darum habt jetzt ihr, meiner Rede folgend, wiederum auf die gegenwärtige Gesetzgebung acht, ob ich ein Gesetz aufstelle, was sich nicht auf die Tugend oder nur einen Teil derselben bezieht. Denn nur von demjenigen Gesetze nehme ich an, daß es mit Recht aufgestellt werde, welches, in der Weise eines Bo-
706 a genschützen, stets auf das zielt, was allein durchgängig etwas von dem unvergänglich Schönen zur Folge hat, alles andere insgesamt aber geringachtet, ob es nun in einem gewissen Reichtum oder in sonst etwas derartigem ohne das Vorhererwähnte bestehe. Die schlechte Nachahmung der Feinde aber finde, meinte ich, dann statt, wenn jemand an der See wohne, von den Feinden beunruhigt werde, wie zum Beispiel — ich will es nur sagen, ohne die Absicht, eurer im Bösen zu gedenken —, Minos nämlich nötigte die Bewohner Attikas

zur Entrichtung einer lästigen Buße, da er eine große Seemacht, die- b
se aber noch keine Kriegsfahrzeuge, wie jetzt, besaßen noch auch
ein an Schiffsbauholz reiches Land, ihnen ohne Schwierigkeit zu einer
Seemacht zu verhelfen. Darum sahen sie sich nicht imstande, dadurch, daß sie das Seewesen jenen nachahmten und zu Seefahrern
wurden, damals sogleich die Feinde zurückzuweisen. Denn noch
mehrmals hatten sie den Verlust von sieben Knaben zu erleiden,
bevor sie, aus standhaltenden, schwergerüsteten Fußgängern zu See- c
soldaten geworden, sich gewöhnt hatten, häufig an das Land zu
springen und dann wieder eiligen Laufes schnell nach den Schiffen
sich zurückzuziehen und es nicht für etwas Schimpfliches anzusehen,
wenn sie es nicht wagten, in fester Stellung der Feinde Andrang erwartend, den Tod zu bestehen, sondern ihnen zusagende und leicht
sich darbietende Vorwände aufzufinden für den Verlust der Schirmwaffen und das Ergreifen mancher, wie sie sagen, nicht zur Schande
gereichenden Flucht. Denn Ausdrücke der Art gehen aus der seemännischen Streitweise hervor, welche oft nicht das tausendfältige Lob,
sondern das Gegenteil verdienen. Ziemt es sich doch niemals, schlech- d
te Gewohnheiten anzunehmen, noch dazu für den besten Teil der
Bürger. Daß eine solche Verfahrensweise keine rühmliche war, ließ
sich wohl auch dem Homeros entnehmen; denn Odysseus schilt bei
ihm den Agamemnon, welcher, als damals die Achaier von den Troern im Kampfe bedrängt waren, die Schiffe flottzumachen befiehlt.
Jener aber zürnt ihm und sagt:

«Mitten in Schlacht und Getümmel die schöngebordeten Schiffe   e
Nieder ins Meer zu ziehen, ermahnst du: damit um so eher,
Wie sie es wünschen, den Troern geschieht, die sehr darauf hoffen,
Und uns Tod und Verderben zerschmettere. Denn es bestehn nicht
Argos' Söhne die Schlacht, wenn ins Meer wir die Schiffe hinabziehn,
Sondern in Angst umschauend, vergessen sie alle der Streitlust.   707 a
Dann wohl würde dein Rat vernichtend sein, was du da redest.»

Sonach erkannte auch er es für schlecht, wenn den an der Küste im
Kampfe begriffenen Schwergerüsteten Kriegsschiffe zur Seite stehen;
ja, selbst Löwen würden bei solchen Angewöhnungen gewohnt werden, die Flucht vor Hirschen zu ergreifen. Außerdem erkennen die
durch ihre Flotte Mächtigen zugleich auch nicht dem schönsten Teile
ihrer Streitmacht für ihre Rettung Ehrenbezeigungen zu; denn obwohl die Rettung durch die Steuerkunst, Schiffshauptmannschaft
und Ruderfertigkeit und durch verschiedenartige und nicht beson- b
ders wackere Männer geschieht, könnte mit Recht wohl niemand
den einzelnen Ehrenbezeigungen zuteilen. Wie könnte aber wohl
eine Staatsverfassung die richtige sein, in welcher das nicht stattfindet?
KLEINIAS: Das ist fast unmöglich. Dennoch, Gastfreund, behaupten wir Kreter wenigstens, daß die Seeschlacht der Hellenen gegen
die Barbaren bei Salamis Hellas rettete.

DER ATHENER: Auch die meisten der Hellenen und Barbaren sagen dasselbe. Wir aber, Freund, ich und Megillos da, behaupten, von den beiden Landschlachten bei Marathon und bei Plataiai habe die eine die Rettung der Hellenen begonnen, die andere sie vollendet, und diese haben die Hellenen tapferer gemacht, die andern nicht, um uns dieses Ausdrucks über die Schlachten zu bedienen, welche damals zu unserer Rettung beitrugen. Denn der Schlacht bei Salamis will ich dir noch die Seeschlacht bei Artemision beifügen. Aber indem jetzt unser Augenmerk auf die Vorzüglichkeit der Staatsverfassung gerichtet ist, ziehen wir sowohl des Landes natürliche Beschaffenheit als auch die Anordnung der Gesetze in Betracht, da wir nicht, gleich der großen Menge, bloß die Rettung und das Fortbestehen als das Ehrenvollste für die Menschen erachten, sondern daß sie zu möglichst guten werden und das bleiben, solange sie leben. Das wurde, denke ich, auch in dem vorher Gesagten ausgesprochen.

KLEINIAS: Freilich!

DER ATHENER: Bloß das wollen wir also beachten, ob wir denselben Weg einschlagen, der für die Staaten der beste ist, sowohl bei der Gründung als bei der Gesetzgebung.

KLEINIAS: Und zwar bei weitem.

[3. Herkunft der Ansiedler]

DER ATHENER: Berichte mir nun das Weitere. Aus welcher Volksmenge wird eure Ansiedlung bestehen? Etwa wer aus der gesamten Kreta Lust hat, indem in jedem der einzelnen Staaten eine größere Volksmenge erwuchs, als der Boden sie zu ernähren vermag? Denn ihr laßt doch nicht jeden Hellenen, wer da will, sich anschließen. Obschon ich sehe, daß manche aus Argos und Aigina und sonstwoher stammende Hellenen als Ansiedler in euerm Lande Aufnahme fanden. Aber sprich, woher wird jetzt der gegenwärtige Völkerzug der Ansiedler kommen?

KLEINIAS: Natürlich wird er aus der ganzen Kreta sich versammeln; von den übrigen Hellenen werden sie offenbar vor allen die aus dem Peloponnes als Mitansiedler aufnehmen. Denn darin, was du eben sagst, hast du recht; es gibt welche aus Argos, und so auch den hier in Kreta des größten Ansehens sich erfreuenden Völkerstamm, den gortynischen, denn er wanderte von jener bekannten Stadt des Peloponneses, von Gortyn, aus.

DER ATHENER: Nun dürfte die Ansiedlung der Staaten nicht gleichermaßen leicht werden, wenn sie nicht in der Weise der Bienenschwärme stattfindet, nicht *ein* Volksstamm von *einem* Lande ausziehend sich ansiedelt, Befreundetes von Befreundetem, eingeengt durch das Unzureichende des Grundbesitzes oder durch andere Unannehmlichkeiten der Art dazu genötigt. Bisweilen könnte auch wohl ein von Zerwürfnissen bedrängter, kleiner Teil des Staates sich anderswohin auszuwandern gedrungen sehen; ja, es verließ schon die gesamte Bewohnerschaft manches Staates, einem überlegenen Angriff ganz unterliegend, ihre Heimat. Diese Umstände insgesamt machen die Ansiedlung und Gesetzgebung eines Staates in mancher

Beziehung leichter, in anderer schwieriger. Der Umstand nämlich, daß es ein durch gleiche Sprache und Gesetze verbundener Stamm ist, erzeugt eine gewisse Befreundung, da er an denselben Opferhandlungen und allem derartigen teilnimmt; andere Gesetze aber und von den heimatlichen verschiedene Staatseinrichtungen läßt er sich so leicht nicht gefallen. Dagegen macht ein bisweilen durch schlechte Gesetze entzweiter und aus Gewöhnung auch ferner dieselbe Lebensweise, durch die er früher unterging, fortzusetzen begehrender Völkerstamm dem Führer der Ansiedlung und dem Gesetzgeber Not und wird widerspenstig; aber verschiedenartige, zu d *einer* Niederlassung zusammengeströmte Völkerschaften dürften vielleicht wohl geneigter sein, manchen neuen Gesetzen zu gehorchen; diese jedoch in Einklang zu bringen und zu bewirken, daß sie, wie man zu sagen pflegt, wie ein Zwiegespann an *einem* Strange ziehen, das ist eine langwierige und höchst schwierige Aufgabe. Aber in Wahrheit sind Gesetzgebung und Gründung von Niederlassungen das für die Tugend der Staatsbürger Allerwirksamste.

KLEINIAS: Natürlich. Erkläre dich aber noch deutlicher, in welcher weiteren Beziehung du das behauptetest.

[4. Die Bedingtheit des menschlichen Tuns. Gewaltherrschaft als günstigster Ausgangspunkt für eine Umgestaltung der Gesetze]

DER ATHENER: Lieber Freund, indem ich auf die Gesetzgeber zurück- e gehe und meiner Betrachtung sie unterwerfe, scheine ich zugleich auch etwas wie Herabsetzendes äußern zu wollen. Erklären wir uns aber nur auf eine angemessene Weise, dann dürfte auch das weiter nichts verschlagen. Doch weshalb beunruhige ich mich? Scheint es doch fast um alle menschlichen Angelegenheiten ebenso bestellt.

KLEINIAS: Wovon sprichst du denn?

DER ATHENER: Ich war im Begriff zu sagen, daß niemals irgendein 709 a Mensch Gesetze gibt, sondern daß Zufälligkeiten und Ereignisse aller Art in aller Weise alle Gesetze uns geben. Denn entweder warf ein Krieg gewalttätig Staatsverfassungen über den Haufen und gestaltete Gesetze um, oder drückender Armut Not; oft nötigen auch Krankheit, indem Seuchen uns überfallen, zu Neuerungen und das häufig auf die lange Dauer vieler Jahre sich erstreckende Mißraten vieler Dinge. Indem jemand das alles bevorstehen sieht, dürfte er wohl zu derselben Äußerung, welche ich jetzt tat, sich getrieben fühlen, daß kein Sterblicher irgend Gesetze gebe und daß fast alles b menschliche Tun Zufall sei. Wer das alles von der Schiffahrt, der Steuerkunst, Heilkunde, Heerführerschaft behauptet, wird das Richtige zu behaupten scheinen; aber in gleicher Weise wird auch bei denselben Gegenständen folgende Behauptung als die richtige erscheinen.

KLEINIAS: Welche denn?

DER ATHENER: Daß Gott alles ist, und neben Gott Zufall und Gelegenheit die menschlichen Angelegenheiten insgesamt durchgängig leiten. Doch ist es fürwahr minder schroff, einzuräumen, daß an beides ein drittes, die Kunst, sich anschließen müsse. Denn ob bei Ge- c legenheit eines Sturmes die Steuerkunst eingreife oder nicht, das möchte ich wohl für sehr einflußreich ansehen. Oder wie?

KLEINIAS: So ist es.

DER ATHENER: Demnach möchte wohl in gleicher Weise so in andern Dingen dasselbe Verhältnis stattfinden, insbesondere aber auch der Gesetzgebung ebendasselbe einzuräumen sein. Treten die anderen Umstände ein, welche bei einem Lande eintreten müssen, soll es glückselig leben, dann müsse einem solchen Staate ein an dem Wahren festhaltender Gesetzgeber zuteil werden.

KLEINIAS: Da hast du sehr recht.

d DER ATHENER: Könnte nun wohl nicht derjenige, welcher in Hinsicht auf jedes der Erwähnten die Kunst besitzt, mit Fug etwas wünschen, was, wenn es ihm der Zufall gewährt, nur noch seine Kunst erforderlich machen würde?

KLEINIAS: Allerdings.

DER ATHENER: Nun würden auch alle jetzt Erwähnten auf die Aufforderung, ihren Wunsch auszusprechen, denselben wohl aussprechen. Nicht wahr?

KLEINIAS: Wie anders?

DER ATHENER: Dasselbe würde, denke ich, wohl auch der Gesetzgeber tun.

KLEINIAS: Ich denke wenigstens.

DER ATHENER: «Sag an, Gesetzgeber», könnten wir zu ihm sagen,
e «was sollen wir dir zuweisen, und in welchem Zustand soll der Staat sich befinden, um dich in den Stand zu setzen, denselben künftig wohl einzurichten?»

KLEINIAS: Was läßt sich also darauf mit Fug antworten?

DER ATHENER: Wir geben die Antwort des Gesetzgebers, nicht wahr?

KLEINIAS: Ja.

DER ATHENER: So nämlich: «Gebt mir einen unter einem Gewaltherrscher stehenden Staat», wird er sagen, «der Gewaltherrscher aber sei jung und von Natur merksam und leicht fassend und tapfer und prachtliebend. Das aber, wovon wir im vorigen sagten, es müsse mit allen Teilen der Tugend verbunden sein, das sei auch jetzt mit
710 a der Gesinnung des Gewaltherrschers verbunden, soll das Vorhandensein des Übrigen von einigem Nutzen sein.»

KLEINIAS: Unser Gastfreund, Megillos, scheint mir zu meinen, die Besonnenheit müsse die mit den übrigen verbundene Tugend sein. Nicht wahr?

DER ATHENER: Die gewöhnliche allerdings, Kleinias, nicht die, von welcher jemand in vornehmem Tone sprechen dürfte, indem er noch nachweist, daß besonnen sein auch Weisheit besitzen heiße, vielmehr das, was als ein Angeborenes sogleich in Kindern und Tieren hervorbricht, so daß die einen der Lust unterliegen, die andern sie beherrschen; wovon wir auch behaupteten, daß es, von dem vielen,
b was man Güter nennt, getrennt, nicht viel wert sei. Euch ist ja doch wohl erinnerlich, was ich meine.

KLEINIAS: Ja, vollkommen.

Der Athener: Diese Naturanlage sei also unserm Gewaltherrscher nebst jenen anderen Gaben angeboren, soll ein Staat so schnell und gut wie möglich zu einer Verfassung kommen, durch die er fortwährend des glücklichsten Zustandes sich erfreuen wird. Denn eine raschere und bessere Einrichtung der Verfassung als diese gibt es weder, noch dürfte es sie jemals geben.

Kleinias: Wie und durch welche Gründe dürfte wohl, Gastfreund, c jemand sich selbst überzeugen, daß er recht habe, wenn er das behauptet?

Der Athener: Daß das von Natur sich so verhalte, ist wohl leicht einzusehen, Kleinias.

Kleinias: Wie meinst du? Wenn, behauptest du, ein Gewaltherrscher jung, besonnen, leicht fassend, merksam, tapfer und prachtliebend wäre?

Der Athener: Vom Glück begünstigt, setze noch hinzu, wenn auch in sonst nichts, doch darin, daß es zu seiner Zeit einen preiswürdigen Gesetzgeber gebe und daß ein Glücksfall denselben mit ihm zusammenführe. Denn wenn das geschieht, dann hat Gott so ziemlich alles d getan, was er tut, beabsichtigt er, daß ein Staat in ausgezeichneter Weise wohl gedeihe. Das Zweitbeste ist, wenn einmal irgend zwei solche Herrscher entstehen, das dritte wiederum, und nach dem Verhältnis so fort, um soviel schwieriger, als es mehr sind, und umgekehrt soviel weniger.

Kleinias: Aus einer Gewaltherrschaft, behauptest du offenbar, werde wohl mit Hilfe eines ausgezeichneten Gesetzgebers und eines verständigen Gewaltherrschers der beste Staat hervorgehen, und der Übergang in diesen aus einer solchen werde wohl der leichteste und schnellste sein; zweitens aber aus einer Herrschaft Weniger — oder e wie meinst du? — und drittens aus einer Volksherrschaft.

Der Athener: Keineswegs; sondern erstens aus einer Gewaltherrschaft, zweitens aus einem von einem Könige beherrschten Staate, drittens aus mancher Volksherrschaft; viertens wäre wohl die Herrschaft Weniger für die Erzeugung eines solchen Staates am wenigsten geeignet, denn in ihr sind die Machthaber am zahlreichsten. Das begebe sich aber, behaupten wir, wenn ein wahrer Gesetzgeber von Natur entsteht und ihm zufällig eine Macht mit den im Staate das meiste Vermögenden gemeinsam ist. Doch wo dieser Teil der Zahl nach am beschränktesten ist, aber wie bei der Gewaltherrschaft am 711 a kräftigsten hervortritt, hier und dann pflegt auch die Umgestaltung leicht und schnell vor sich zu gehen.

Kleinias: Wieso? Denn uns ist es nicht klar.

Der Athener: Und doch habt ihr nicht einmal, sondern oft es vernommen. Vielleicht habt ihr aber nicht einmal einen einem Gewaltherrscher unterworfenen Staat gesehen.

Kleinias: Ich wenigstens bin auch gar nicht begierig auf solch ein Schauspiel.

Der Athener: Und doch würdest du in demselben wohl das er- b kennen, was wir jetzt behaupten.

Kleinias: Was denn?

Der Athener: Nicht der Anstrengungen und nicht einer besonders langen Zeit bedarf der Gewaltherrscher, will er die Sitten seines Staates umgestalten; zuerst muß er selbst den Weg, den er etwa eingeschlagen wissen will, einschlagen: wenn etwa zur Ausübung der Tugend, dann muß er die Staatsbürger antreiben, oder wenn zum Entgegengesetzten, dann muß er zuerst durch seine eigene Handlungsweise alles vorschreiben, indem er das eine lobt und ehrt, das andere dem Tadel unterwirft, und in jedem einzelnen Falle den Ungehorsam mit Schmach überhäuft.

Kleinias: Wie können wir denn glauben, daß die übrigen Bürger schnell in die Fußstapfen dessen treten, dem solche Überredungsmittel und daneben solche Gewalt verliehen sind?

Der Athener: Von niemandem, ihr Freunde, laßt euch überreden, daß wohl auf anderem Wege leichter und schneller ein Staat seine Gesetze wechsle als unter der Leitung der Mächtigen, noch daß sich das jetzt anderswie begebe noch in Zukunft je begeben werde. Denn nicht etwa dieses ist unmöglich oder würde schwerlich geschehen, sondern daß Folgendes geschieht, ist schwierig und hat sich im Verlaufe langer Zeit gewiß selten begeben; wenn es sich aber zutragen sollte, dann bewirkt es in dem Staate, in welchem es etwa einmal sich erzeugt, tausendfältiges, ja, jegliches Gute.

Kleinias: Was meinst du doch?

Der Athener: Wenn sich eine göttliche Liebe zu verständigen und der Gerechtigkeit entsprechenden Einrichtungen in manchen mit großer Gewalt bekleideten Männern erzeugt, ob nun diese Gewalt vermöge ihrer Alleinherrschaft ihnen zuteil ward, oder ob sie dieselbe vermöge ihres Übergewichts an Reichtum und edler Herkunft besitzen oder ob jemand als ein zweiter Nestor auftritt, von dem man sagt, daß er vor allen Menschen durch seiner Rede Gewalt, aber mehr noch durch seine Besonnenheit sich auszeichnete. Dies nun geschah zu der Troer Zeiten, sagt man, in unseren Tagen aber in keinerlei Weise. Wenn es also einen solchen Mann gab oder noch geben wird oder jetzt unter uns einen gibt, dieser lebt selbst hochbeglückt und hochbeglückt auch diejenigen, welche die dem verständigen Munde entströmenden Reden mitvernehmen. Ebenso gilt dieselbe Rede von jeder Macht überhaupt, daß, wenn in demselben Menschen die größte Macht mit einem vernünftigen und besonnenen Geiste sich vereinigt, dann der vollkommenste Staat und demselben entsprechende Gesetze sich erzeugen, daß sie aber wohl niemals in anderer Weise sich erzeugen dürften. Das gelte uns also, gleich einer überlieferten Sage, für einen Götterspruch, und es gelte für bewiesen, daß es einerseits schwierig sei, daß ein Staat gute Gesetze erhalte, andererseits aber, wenn nur das, was wir sagen, geschieht, sei es bei weitem schneller und leichter als irgend etwas zu bewerkstelligen.

Kleinias: Wie denn?

Der Athener: Wir wollen versuchen, indem wir sie deinem Staate anpassen, greisen Kindern vergleichbar, in der Rede die Gesetze zu bilden.

Kleinias: Wohlan denn, und laß uns nicht länger säumen!

[5. Unangemessenheit der gebräuchlichen Namen für Verfassungen]

DER ATHENER: Der Gottheit Beistand aber wollen wir bei Einrichtung des Staats erflehen, und diese höre unser Flehen und stehe uns bei Anordnung des Staats und der Gesetze wohlwollend und huldvoll mit zur Seite.

KLEINIAS: Das möge sie.

DER ATHENER: Aber welche Verfassung sind wir wohl unserem Staate zu geben gesonnen?

KLEINIAS: Was willst du denn damit sagen? Drücke dich noch deutlicher aus. Etwa ob eine Herrschaft des Volks, oder Weniger, oder der Besten, oder eine königliche? Denn von einer Gewaltherrschaft dürftest du doch wohl, unserm Dafürhalten nach wenigstens, nicht sprechen.

DER ATHENER: Wohlan denn! Welcher von euch beiden will mir wohl zuerst die Frage beantworten und mir sagen, welcher von diesen die Staatseinrichtung in seiner Heimat angehört?

MEGILLOS: Kommt es nun etwa mir als dem Älteren zu, zuerst zu antworten?

KLEINIAS: Doch wohl.

MEGILLOS: Fürwahr, Gastfreund, indem ich die Staatsverfassung von Lakedaimon in Betracht ziehe, vermag ich so aus dem Stegreif nicht anzugeben, für was man sie zu erklären habe. Denn selbst mit einer Gewaltherrschaft scheint sie mir Ähnlichkeit zu haben, hat doch das Amt der Ephoren in ihr etwas zum Verwundern Gewaltherrschaftähnliches; obschon es bisweilen mir vorkommt, unser Staat gleiche unter allen zumeist einem der Volksherrschaft unterworfenen. Ganz seltsam ist es ferner, zu behaupten, daß hier keine Herrschaft der Besseren bestehe. Aber gewiß gibt es in demselben auch eine lebenslängliche Königsherrschaft, die älteste von allen, die von allen Menschen und von uns selbst so genannt wird. So weiß ich jetzt, wie gesagt, auf deine plötzlich an mich getane Frage wirklich nicht zu bestimmen, welcher von diesen Verfassungen sie angehöre.

KLEINIAS: Offenbar geht es mir ebenso wie dir, Megillos, denn ich schwanke sehr, für welche von diesen ich mit Bestimmtheit die Verfassung in Knossos erklären soll.

DER ATHENER: Ihr nehmt eben, Vortrefflichste, in der Tat an Verfassungen teil; diejenigen aber, deren wir eben erwähnten, sind keine Verfassungen, sondern Einrichtungen von Staaten, die von gewissen Teilen ihrer selbst beherrscht werden und ihnen als Sklaven gehorchen, und jeder Staat wird nach der Gewalt der Gebietenden benannt. Ziemte es sich aber, einen Staat nach etwas Derartigem zu benennen, dann sollte man ihm den Namen des den Verständigen in Wahrheit gebietenden Gottes beilegen.

KLEINIAS: Welcher Gott ist das aber?

DER ATHENER: Dürfen wir wohl noch ein wenig die Sage zu Hilfe nehmen, um eine dieser Frage einigermaßen genügende Antwort zu erteilen?

KLEINIAS: Müssen wir das nicht tun?

[6. Der am besten verwaltete Staat als Nachbildung der Herrschaft unter Kronos. Das Recht eine Setzung des Mächtigen?]

Der Athener: Allerdings. Früher nämlich, als die Staaten, deren erste Einrichtung wir im vorigen besprachen, weit früher noch als diese, soll eine sehr glückliche Herrschaft und Staatseinrichtung unter Kronos bestanden haben, von welcher die unter den jetzt bestehenden am besten verwaltete eine Nachbildung ist.

Kleinias: Sehr angemessen dürfte, scheint es, sein, von dieser etwas zu vernehmen.

Der Athener: So stellt es fürwahr sich mir dar, darum brachte ich sie auch zur Sprache.

Kleinias: Das hast du recht gemacht, und du würdest wohl sehr zweckmäßig verfahren, wenn du die weitere Sage, paßt sie hierher, zum Schlusse führen wolltest.

Der Athener: Ich muß tun, wie ihr sagt. Wir haben also eine Kunde empfangen von dem hochbeglückten Leben der Menschen damals, wie es alles reichlich und sonder Mühe gewährte. Folgendes aber wird als der Grund davon angeführt. Indem nämlich Kronos einsah, daß, wie wir nachgewiesen haben, keine menschliche Natur, wenn sie unumschränkt alle menschlichen Angelegenheiten verwalte, ein Übermaß von Übermut und Ungerechtigkeit zu vermeiden imstande sei; indem er also das erwog, setzte er damals als Könige und Herrscher über unsere Staaten nicht Menschen, sondern Dämonen, gottähnlicheren und besseren Ursprungs, gleichwie wir jetzt mit den Herden der Schafe und anderer zahmer Tiere es machen: wir bestellen ihnen nicht Rinder zu Leitern der Rinder-, nicht Ziegen zu denen der Ziegenherden, sondern wir, ein edleres Geschlecht als sie, gebieten ihnen. Ebenso setzte damals der Gott, den Menschen wohlwollend, ein edleres Geschlecht, das der Dämonen, über uns, welches, mit großer Leichtigkeit von ihrer und von unserer Seite, für uns Sorge trug und durch Gewährung von Frieden, heiliger Scheu, weisen Gesetzen und Fülle des Rechtes die Geschlechter der Menschen zu einträchtigen und hochbeglückten machte. Auch jetzt versichert, der Wahrheit gemäß, diese Sage, daß es für die Staaten, welche nicht Gott, sondern ein Sterblicher lenkt, daß es für diese keine Rettung von Unheil und Mühsalen gebe; sie meint vielmehr, wir müßten mit Aufbietung aller Mittel die Lebensart, wie sie unter Kronos bestanden haben soll, nachahmen und dem gehorsam, was sich an Unsterblichem in uns befindet, unser häusliches und öffentliches Leben gestalten und das vom Nachdenken Festgesetzte als Gesetz bezeichnen. Wenn aber ein einzelner Mensch oder eine Herrschaft Weniger oder auch des Volkes, in welcher eine den Lüsten und Begierden ergebene und der Befriedigung derselben bedürftige Seele waltet, die nichts festzuhalten vermag, sondern die von einem endlosen und unersättlichen Übel beherrscht wird; wenn also ein solcher Mensch, der die Gesetze mit Füßen trat, über einen Staat oder irgendeinen einzelnen zu gebieten hat: dann gibt es, wie wir sagten, kein Mittel zur Rettung. Wir aber, Kleinias, müssen diese Rede unserer Betrachtung unterwerfen, ob wir ihr Gehör geben oder wie wir es machen wollen.

KLEINIAS: Notwendig müssen wir ihr wohl Gehör geben.

DER ATHENER: Erwägst du nun, daß manche behaupten, es gebe so viele Gattungen von Gesetzen wie von Staaten? Wie viele Gattungen von Staaten aber die meisten annehmen, das haben wir eben besprochen. Und glaube nicht etwa, daß unsere jetzige Ungewißheit etwas Geringfügiges betreffe, sondern das Allerwichtigste. Denn das, worauf wir unser Augenmerk richten sollen, was recht oder unrecht sei, ist uns wieder als zweifelhaft erschienen. Nicht auf den Krieg nämlich, noch auf die gesamte Tugend, müssen sich, behauptet man, c die Gesetze beziehen; sondern in einem Staate, der eine feste Einrichtung erhielt, müsse man das für diesen Nützliche im Auge haben, daß er nämlich stets herrsche und nicht aufgehoben werde, und die natürliche Bestimmung des Rechts werde auf diese Weise am richtigsten getroffen.

KLEINIAS: Wie denn?

DER ATHENER: Daß es das für den Mächtigeren Nützliche ist.

KLEINIAS: Erkläre dich noch deutlicher.

DER ATHENER: So: Wer die Oberhand im Staate hat, so sagt man, gibt doch wohl in jedem Falle die Gesetze. Nicht wahr?

KLEINIAS: Das ist richtig.

DER ATHENER: Glaubst du also, sagen sie, daß je das Volk, wenn d es siegte, oder eine andere Verfassung, oder selbst der Gewaltherrscher aus freiem Antriebe zuerst im Hinblick auf etwas anderes Gesetze geben werde als auf das ihm selbst Nützliche des Bleibens seiner Herrschaft?

KLEINIAS: Wie sollten sie wohl?

DER ATHENER: Wird nun nicht, wer sie gab, denjenigen, welcher sie übertritt, bestrafen, als handle er unrecht, indem er das für recht erklärt?

KLEINIAS: So scheint es fürwahr.

DER ATHENER: Demnach bestände wohl stets darin und so und in dieser Weise das Recht.

KLEINIAS: Das behauptet wenigstens unsere gegenwärtige Rede.

DER ATHENER: Das nämlich ist *eine* von jenen Berechtigungen zur Herrschaft. e

KLEINIAS: Von welchen denn?

DER ATHENER: Von denjenigen, welche wir oben in Erwägung zogen, wem es zu herrschen zukomme und über wen. Und es stellte sich heraus, den Eltern über ihre Kinder, den Bejahrteren über die Jüngeren, den Wackeren über die Nichtwackeren; und so gab es noch viele andere, wenn es uns erinnerlich ist, manche derselben mit der andern im Widerspruch. Eine derselben war gewiß vorzüglich auch diese, und wir behaupteten, daß Pindaros wohl der Natur gemäß 715 a «herbeiführe rechtfertigend das Gewaltsamste», wie er sage.

KLEINIAS: Ja, das war es, was oben gesagt wurde.

DER ATHENER: Erwäge ferner, welchen von beiden wir den Staat zu geben haben. Denn bereits zu tausend Malen hat dieses in den Staaten sich zugetragen.

KLEINIAS: Was denn?

[7. Notwendigkeit, allein den wahren Gesetzen zu dienen. Anfang der Rede an die Ansiedler: Gott und Gerechtigkeit]

Der Athener: Nachdem es zu einem Kampfe um die Staatswürden kam, bemächtigten sich die Obsiegenden der Staatsangelegenheiten so ausschließend, daß sie den Besiegten — diesen selbst und den Nachkommen derselben — nicht den geringsten Anteil an der Herrschaft gestatten, und sie leben auf der Hut gegeneinander, damit b nicht einmal einer, sollte er zu einer Staatswürde gelangen, sich gegen sie erhebe, der früheren Unbill eingedenk. Von diesen Einrichtungen erklären wir jetzt sicherlich, daß es gar keine Staatsverfassungen sind und daß die Gesetze nicht richtig sind, welche nicht des Gemeinwohls des gesamten Staates wegen festgestellt wurden; welche aber mit Berücksichtigung einiger es wurden, da erklären wir diese nicht für Staatsbürger, sondern für Aufrührer, und was diese ihre Rechtsansprüche nennen, das verdient nicht diesen Namen. Wir äußern uns aber deshalb in dieser Weise, weil wir in deinem Staate die Staatswürden nicht deshalb jemandem verleihen werden, weil er c reich oder im Besitz von etwas Derartigem ist, wie Kraft oder Körpergröße oder edle Herkunft; sondern wer den bestehenden Gesetzen den willigsten Gehorsam leistet und darin den Sieg im Staate davonträgt, dem, behaupten wir, muß man die erste und einflußreichste Stelle im Dienste der Götter verleihen, die zweite aber dem zunächst Obsiegenden, und nach diesem Verhältnisse den Nachfolgenden die darauf folgenden Würden. Die jetzt sogenannten Obrigkeiten nannte d ich Diener der Gesetze nicht des neugeprägten Ausdrucks wegen, sondern ich glaube, mehr als in irgend etwas liege darin des Staates Heil und das Gegenteil. Denn demjenigen Staate, in welchem das Gesetz etwas Abhängiges und Geltungsloses ist, einem solchen sehe ich den Untergang bereitet; in welchem es aber Herr der Obrigkeiten und diese Sklaven der Gesetze sind, da erkenne ich, daß Fortbestehen und alle Güter, welche irgend die Götter dem Staate verliehen, demselben zuteil werden.

Kleinias: Ja, Gastfreund, hast du doch, deinen Jahren gemäß, einen scharfen Blick.

Der Athener: In dergleichen Dingen überbietet ja jeder Mensch e als Jüngling sich selbst an Schwachsichtigkeit und ist am scharfsichtigsten als Greis.

Kleinias: Sehr wahr.

Der Athener: Wie nun weiter? Wollen wir nicht annehmen, die Ansiedler seien erschienen und eingetroffen, und müssen wir nicht unsere weitere Rede für sie vollenden?

Kleinias: Wie sollten wir denn nicht?

Der Athener: «Ihr Männer», möchten wir also zu ihnen sprechen, «der Gott, wie auch die alte Rede sagt, welcher Anfang und Ende 716 a und Mitte alles dessen innehat, was da ist, kommt auf geradem Wege zum Ziel, indem er der Natur gemäß herumgeht; ihm aber folgt stets die Gerechtigkeit nach, welche diejenigen, die hinter dem göttlichen Gesetze zurückbleiben, es büßen läßt. Wer nun ein glückseliges Leben führen will, der hält an ihr fest und folgt ihr demütigen und geregelten Sinnes; wenn sich dagegen jemand in stolzem Dünkel erhebt, nämlich entweder durch Reichtümer oder Ehrenstellen hochmütig wird oder seiner Wohlgestalt wegen verbunden mit Jugend und Torheit, und in der Seele vor Übermut entbrennt, als bedürfe er keiner Obrigkeit und keines Führers, sondern sei imstande, selbst der Führer anderer zu werden: dann bleibt er, von Gott verlassen, zurück; und indem er zurückbleibt und noch andere Gleich- b gesinnte sich zugesellt, gebärdet er sich, alles dabei verwirrend, keck und erscheint gar vielen als ein Mann von Bedeutung; doch nach nicht langer Frist richtet er, der Gerechtigkeit in nicht geringer Weise büßend, sich selbst und sein Hauswesen und den Staat durchaus zugrunde. Da das nun so bestellt ist, was soll der Verständige tun oder worauf sinnen, und was nicht?»

KLEINIAS: Das wenigstens ist offenbar: Jeder muß darauf sinnen, unter denen zu sein, die dem Gotte folgen.

[8. Bestimmung des dem Gotte folgenden Tuns und des frommen Verhaltens gegen Götter und Menschen]

DER ATHENER: «Welches Tun ist nun dem Gotte angenehm und c folgt ihm nach? Eines, dem auch *eine* alte Rede zur Seite steht, daß nämlich das Ähnliche dem Ähnlichen, wenn es Maß hält, befreundet sei, das Maßlose aber weder sich untereinander noch dem Maßhaltenden. Der Gott aber möchte uns wohl am meisten als das Maß aller Dinge sein, und das weit mehr als, wie sie sagen, irgendein Mensch. Wer nun einem solchen wohlgefällig zu werden begehrt, der muß notwendig, soweit er es vermag, möglichst auch selbst ein solcher werden, und so ist, dieser Rede zufolge, unter uns Menschen d der Besonnene dem Gotte wohlgefällig, denn er ist ihm ähnlich; der Nichtbesonnene dagegen ist ihm unähnlich, ist mit ihm in Zwiespalt und ungerecht und hat so nach demselben Verhältnis auch die übrigen Schlechtigkeiten. Laßt uns aber bedenken, daß aus solchen Reden auch folgende hervorgeht, die schönste, denke ich, und der Wahrheit entsprechendste aller, daß es für den Tugendhaften zu einem glückseligen Leben das Schönste, Beste und Förderndste sei, zu opfern und immer mit den Göttern durch Gebete, Weihgeschenke, kurz alles auf ihre Verehrung Bezügliche zu verkehren, sowie etwas vor allem ihm Geziemendes; für den Schlechten findet natürlich von die- e sem das Gegenteil statt. Denn unrein an der Seele ist der Schlechte, rein aber der Entgegengesetzte, und nicht recht ist es, weder daß ein tugendhafter Mensch noch daß ein Gott je von einem Befleckten Ga- 717 a ben annehme. Darum ist das eifrige Bemühen um die Götter für die Unfrommen ein vergebliches, für alle Frommen aber ein höchst zweckmäßiges. Das ist also das Ziel, welches wir in das Auge fassen müssen. Wie nennt man aber wohl am richtigsten die Geschosse und die Richtung, die ihnen gegeben wird? Das Ziel der Frömmigkeit dürfte wohl derjenige am sichersten erreichen, welcher erstens nach den olympischen und den die Stadt beschirmenden Göttern als Ehrenbezeigungen den unterirdischen das Gerade und Zweite und Linke b zuteilt, das höher als dieses Stehende und Entgegengesetzte aber den

eben vorher Genannten. Nach diesen Göttern möchte der Verständige wohl auch den Dämonen seine Verehrung weihen und nach ihnen den Heroen. An diese möchten wohl die dem Gesetze gemäß verehrten häuslichen Weihebilder der Familiengötter sich anschließen; dann die den lebenden Eltern schuldigen Ehrenbezeigungen, an die man, nach der Götter Willen, als Schuldner die ersten und größten Schulden, die ehrwürdigsten aller Verpflichtungen, abzutragen hat, sowie zu glauben, alles, was man hat und besitzt, gehöre denen, die uns
c erzeugten und auferzogen, damit man nach allen Kräften alles ihrem Dienste widme, angefangen von dem Vermögen, zweitens in bezug auf den Körper, drittens auf die Seele, und dadurch den Vorschuß ihrer Sorgen und alten mühevollen Geburtsschmerzen, die sie auf Junges ausliehen, zurückerstatte, und zwar den Alten und im Alter dessen sehr Bedürftigen. Sein ganzes Leben hindurch muß und mußte er gegen seine Eltern besonders geziemender Ausdrücke sich bedie-
d nen, da der leichten und geflügelten Reden die schwerste Strafe harrt; denn über dieses alles ward Nemesis, die Botin der Gerechtigkeit, zur Hüterin bestellt. Demnach muß man ihnen nachgeben und, wenn sie zürnen und ihrem Unwillen ob nun in Worten oder tätlich Raum geben, das ihnen zugute halten; denn am füglichsten dürfte wohl ein Vater, der sich beleidigt glaubt, vor allen dem Sohne zürnen. Sterben die Eltern, dann ist die maßhaltendste Bestattung die beste, indem man weder das herkömmliche Gepränge überbietet noch hinter dem
e zurückbleibt, was unsere Vorfahren auf ihre Väter wendeten. Ferner muß man in gleicher Weise auch den bereits Dahingeschiedenen die jährlich ihnen gebührende Aufmerksamkeit, die diesen Ehre bringt, widmen und muß vor allem dadurch stets ihnen Achtung zollen, daß
718 a man nicht aufhört, ihr Andenken dauernd zu erhalten und ihnen einen angemessenen Anteil des vom Glücke uns gestatteten Aufwandes zuzuwenden. Wenn wir das tun und nach solchen Grundsätzen leben, dann dürften wohl wir alle in allen Fällen das von den Göttern und denen, die höher sind als wir, erlangen, was wir verdienen, indem wir des Lebens größten Teil unter frohen Hoffnungen verbringen.»

Was aber das angeht, was man gegen seine Nachkommen, Verwandten, Freunde, Mitbürger, was man durch von den Göttern eingerichtete Dienstleistungen der Gastfreundschaft und im Verkehr mit allen diesen zu erfüllen hat, um dem Gesetze gemäß sein Leben zu
b reinigen und zu schmücken, so wird die Darlegung der Gesetze selbst, teils durch Überredung, teils indem sie die der Überredung nicht zugänglichen Gemüter durch Rechtsspruch und Gewalt bestraft, unsern Staat unter Mithilfe der Götter zu einem gedeihlichen und glückseligen machen. Was aber der Gesetzgeber, der meines Sinnes ist, sagen soll und sagen muß, was in der Form des Gesetzes jedoch gesagt unpassend ist, nachdem ich davon, wie mir scheint, eine Probe für ihn
c und diejenigen gab, welchen er Gesetze geben soll, scheint es gut, nach einer meinen Kräften angemessenen Erörterung alles übrigen nun die Aufstellung der Gesetze selbst zu beginnen. Welches ist aber die dergleichen vorzüglich angemessene Form? Das zu sagen, indem

wir es in *eins* wie in ein Vorbild zusammenfassen, ist nicht ganz leicht; doch wollen wir in gewisser Weise es so anfassen, ob wir darüber etwas festzustellen vermögen.

Kleinias: Was denn? Sprich.

Der Athener: Ich wünschte wohl, daß die Staatsbürger hinsichtlich der Tugend so folgsam wie möglich sind, und der Gesetzgeber wird offenbar bei der gesamten Gesetzgebung das zu bewerkstelligen versuchen.

Kleinias: Wie sollte er das nicht? d

[*9. Nutzen des Gesagten für die Tugend. Der Gesetzgeber und die Dichter*]

Der Athener: Darum schien es mir, daß das Gesagte von einigem Nutzen sei, damit das, wozu er sie ermahnt, wenn nicht ein ganz roher Sinn es vernimmt, in willigerer und freundlicherer Weise vernommen werde; so daß es schon genügt, wenn er den, welcher es hört, werde derselbe auch nicht um vieles, doch um etwas freundlicher dagegen gesinnt, für Belehrung empfänglicher macht. Denn diejenigen, welche vor allem und so schnell wie möglich möglichst gut zu werden trachten, sind weder leicht aufzufinden noch besonders zahlreich, und die meisten erklären den Hesiodos für einen Weisen, e wenn er sagt: Der Weg zur Schlechtigkeit ist eben und läßt, als sehr kurz, ohne Schweiß sich zurücklegen; vor die Tugend aber, sagte er,

«setzten den Schweiß die unsterblichen Götter,

Lang aufwindet und steil die Bahn zur Tugend sich aufwärts

Und sehr rauh im Beginn; doch wenn du zur Höhe gelangt bist, 719 a

Leicht dann wird sie hinfort und bequem, wie schwer sie zuvor war.»

Kleinias: Und was er sagt, scheint sehr richtig.

Der Athener: Ja, allerdings. Was aber die vorangehende Rede erlangt hat, das will ich euch vorlegen.

Kleinias: Das tue ja.

Der Athener: Wir wollen doch, indem wir an den Gesetzgeber unsere Rede richten, so zu ihm sprechen: «Sag uns, Gesetzgeber, würdest du nicht offenbar, wenn du wüßtest, was uns zu tun und zu b reden geziemt, es uns auch sagen?»

Kleinias: Notwendig.

Der Athener: «Hörten wir aber nicht kurz zuvor von dir die Äußerung, der Gesetzgeber müsse den Dichtern nicht was ihnen beliebe zu dichten gestatten? Wüßten sie doch nicht, welchen Schaden sie dem Staate brächten, widersprächen ihre Worte den Gesetzen.»

Kleinias: Ja, was du sagst, ist richtig.

Der Athener: Wenn wir uns aber so über die Dichter gegen ihn erklärten, wäre dann wohl unsere Rede eine billige?

Kleinias: Welche?

Der Athener: Folgende: «Es ist, Gesetzgeber, eine alte, von uns c selbst immer erzählte und auch von allen andern anerkannte Überlieferung, daß der Dichter dann, wenn er auf der Muse Dreifuß sitzt, seiner Besinnung nicht mächtig ist, sondern gleich einer Quelle das auf ihn Eindringende willig ausströmen läßt. Und da seine Kunst

eine Nachahmung ist, so sieht er sich genötigt, indem er uns Menschen von einander widersprechender Gesinnung vorführt, oftmals ihm selbst Widersprechendes zu sagen, weiß aber nicht, ob das eine
d oder das andere des Gesagten wahr ist. Der Gesetzgeber dagegen darf in seinen Gesetzen das nicht machen, zwei Reden über eines, sondern muß stets *eine* Rede über eines kundtun. Betrachte es an dem eben von dir Gesagten. Da es nämlich eine übermäßig prunkvolle, eine mangelhafte und eine maßhaltende Bestattung gibt, ziehst du die eine, die Mitte haltende, vor, ordnest diese an und gibst ihr ohne Einschränkung den Vorzug; ich dagegen, wenn ich ein über die Maßen reiches Weib zu schildern hätte und diese in dem Gedichte ihre Bestattung anbeföhle, würde wohl der das Maß überschreiten-
e den den Vorzug geben; dagegen würde wohl ein karger und dürftiger Mann die mangelhafte, der Besitzer einer mäßigen Habe, selbst mäßigen Sinnes, eine ebenso beschaffene vorziehen. Aber du darfst dich nicht so ausdrücken, wie du jetzt tatest, indem du eine maßhaltende vorschriebst; du mußt vielmehr angeben, was und welchen Umfangs das Maßhaltende sei, sonst erwarte nicht, daß aus solcher Rede ein Gesetz dir hervorgehen werde.»

KLEINIAS: Was du da sagst, ist sehr richtig.

[10. Zwei mögliche Verfahrensweisen des Gesetzgebers. Beispiel der Ärzte]

DER ATHENER: Sollte uns nun wohl der mit der Gesetzgebung Betraute nichts Derartiges am Beginn seiner Gesetze vorausschicken, sondern sogleich aussprechen, was man tun müsse und was nicht, und sich, nach Androhung der Strafe, einem anderen Gesetze zuwen-
720 a den, ohne ein einziges begütigendes und überredendes Wort seinen gesetzlichen Anordnungen beizufügen? Gleich wie der Arzt, der eine in dieser, der andere in jener Weise uns bei jeder Gelegenheit zu behandeln pflegt — wir wollen uns aber das verschiedene Verfahren beider in das Gedächtnis zurückrufen, um den Gesetzgeber zu bitten, wie etwa Kinder den Arzt bitten, sie auf die sanfteste Weise zu behandeln. Wie also meinen wir das? Es gibt doch wohl, sagen wir, gewisse Ärzte und auch Gehilfen der Ärzte, und auch diese nennen wir wohl Ärzte.

b KLEINIAS: Ja, gewiß.

DER ATHENER: Ob es nun Freie sind oder Sklaven, welche nach Anordnung ihrer Herren und nach dem Zusehen und durch Erfahrung die Kunstfertigkeit erlangen, aber nicht der Natur gemäß, wie die Freien selbst sie erlernten und in dieser Weise auch ihren Kindern sie lehren: wolltest du wohl nicht diese beiden Gattungen der sogenannten Ärzte annehmen?

KLEINIAS: Warum sollte ich nicht?

DER ATHENER: Bemerkst du nun auch, daß, da sich in den Städten
c kranke Sklaven und Freie finden, die Sklaven fast durchgängig die Sklaven, bei denen sie umherlaufen und die sie in den Arztstuben erwarten, ärztlich behandeln und daß von diesen Ärzten keiner über jede Krankheit jedes der Sklaven Rechenschaft gibt oder sie ihm ab-

fordert, sondern nachdem er, wie ein genau Unterrichteter, ihm trotzig, gleich einem Gewaltherrscher, das vorschrieb, was seiner Erfahrung nach ihm gut dünkte, springt er auf und begibt sich zu einem andern erkrankten Sklaven und erleichtert so seinem Herrn die Fürsorge für die Kranken; der Freie dagegen behandelt und beobachtet d meistens die Krankheiten der Freien, und indem er denselben vom Anbeginn an und ihrer Natur nach nachspürt und sich mit dem Kranken selbst und dessen Freunden bespricht, erweitert er teils selbst an dem Kranken seine Kenntnisse, teils belehrt er, soweit er es vermag, diesen selbst und schreibt ihm nicht eher etwas vor, bis er irgendwie dazu ihn überredete, dann aber, nachdem er durch Überredung den Kranken folgsam machte, versucht er ihn der Gesundheit entgegen- e zuführen und seinen Zweck zu erreichen. Heilt nicht ein Arzt so, ordnet nicht ein Ringmeister seine Leibesübungen so besser an, als auf jene Weise, indem er die eine Wirkung auf doppelte Weise erreicht, als wenn er sie in einseitiger und der von beiden schlechteren und roheren Weise hervorbringt?

KLEINIAS: Da, Gastfreund, hat die doppelte Weise einen großen Vorzug.

DER ATHENER: Willst du nun, daß wir auch in Betrachtung ziehen, wie dieses Doppelte und Einfache auch bei der Gesetzgebung stattfindet?

KLEINIAS: Wie sollte ich das nicht wollen?

[11. Beispiel zweier Ehegesetze. Mensch, Zeit und Unsterblichkeit]

DER ATHENER: Wohlan denn, bei den Göttern! Welches Gesetz möchte wohl der Gesetzgeber zuerst geben? Wird er nicht der Natur gemäß den Anfang der Erzeugung als ersten in den Staaten durch 721 a seine Anordnungen regeln?

KLEINIAS: Wie anders?

DER ATHENER: Ist aber nicht in allen Staaten der Anfang der Erzeugungen die eheliche Gemeinschaft und Vereinigung?

KLEINIAS: Wie auch nicht?

DER ATHENER: Wenn also Ehegesetze als erste gegeben werden, dürfte die Einrichtung nach der Richtigkeit schön sein für jeden Staat.

KLEINIAS: Ja, jedenfalls.

DER ATHENER: Sprechen wir das Gesetz zuerst nach der einfachen Weise aus. Es dürfte vielleicht etwa so lauten:

Zu heiraten, wenn jemand dreißig Jahre alt ist und bis fünfund- b dreißig; wo nicht, das durch Geldstrafen und den Verlust bürgerlicher Rechte zu büßen, und zwar durch Bußen von so oder so großer Höhe und den Verlust dieses oder jenes Rechts.

So laute das einfache Gesetz über die Ehe; das doppelte aber so:

Zu heiraten, wenn jemand dreißig Jahre alt ist und bis fünfunddreißig, in Erwägung, daß in gewissem Sinne vermöge einer Einrichtung der Natur das Menschengeschlecht der Unsterblichkeit teilhaftig wurde, wonach von Natur alle Wünsche aller streben; denn Ruhm c zu erlangen und nicht namenlos im Grabe zu liegen ist ein Streben

danach. Nun ist das Menschengeschlecht etwas eng mit der gesamten Zeit Zusammengewachsenes, welches bis ans Ende ihr mitfolgt und mitfolgen wird, indem es auf diese Weise unsterblich ist, nämlich Kinder und Kindeskinder hinterlassend, aber immer als dasselbe und eins, durch Erzeugung an der Unsterblichkeit teilhat. Doch nie ist es etwas Gottgefälliges, sich dessen aus freier Willkür zu berauben; wer aber nicht auf Kindererzeugung und eine Ehegenossin denkt, der beraubt sich mit Vorbedacht dessen. Fügt er sich also dem
d Gesetze, dann dürfte er wohl der Buße entgehen; fügt er sich dagegen nicht, heiratet er bis zum fünfunddreißigsten Jahre nicht, dann büße er es jährlich mit so oder soviel, damit ihm nicht das Einzelleben zum Gewinn oder zur Erleichterung zu gereichen scheine, und habe an den Vorrechten keinen Teil, welche die Jüngeren öffentlich bei jeder Gelegenheit denen einräumen, welche älter sind als sie.

Indem man nun diese Art der Gesetzesvorschrift neben jener hört, läßt es bei jeder einzelnen sich erwägen, ob es nötig sei, daß sie in solcher Weise, um sowohl zu überreden als zu drohen, dem Umfang
e nach wenigstens zur doppelten werden oder ob sie, auf die bloße Drohung sich beschränkend, ihrem Umfange nach einfach bleiben sollen.

MEGILLOS: Zwar ist es, Gastfreund, der lakonischen Weise angemessen, stets dem Kürzeren den Vorzug zu geben; forderte mich aber jemand auf, über diese Aufzeichnungen mich zu entscheiden, von welcher von beiden ich wohl eher wünsche, daß sie im Staate mir aufgestellt werde, so würde ich dennoch wohl die längere vor-
722 a ziehen, ja sogar hinsichtlich jedes Gesetzes, wenn beides geschah, nach diesem Vorbild für dasselbe mich erklären. Doch nein, auch den Beifall unseres Kleinias da muß die jetzt vorgeschlagene Gesetzgebung haben; denn ihm gehört der Staat an, welcher jetzt dergleichen Gesetzen sich zu unterwerfen gesonnen ist.

KLEINIAS: Deine Entscheidung, Megillos, ist die richtige.

[12. Notwendigkeit, daß jedes Gesetz einen Eingang haben muß. Abschluß der bisherigen Untersuchung]

DER ATHENER: Das Viel oder Wenig der Worte zum Gegenstande der Besprechung zu machen, ist wohl töricht; denn das Beste, nicht
b aber das Kürzeste oder die Ausführlichkeit, muß man wert achten. Was aber die Abfassung der jetzt besprochenen Gesetze anbetrifft, da übertrifft die eine die andere hinsichtlich der Vorzüglichkeit ihrer Anwendung nicht bloß um das Doppelte, sondern es wurde die doppelte Gattung von Ärzten, von welcher eben die Rede war, mit allem Rechte damit verglichen. Daran aber scheint keiner der Gesetzgeber je gedacht zu haben, daß, obwohl es ihnen bei der Gesetzgebung gestattet ist, zweier Mittel sich zu bedienen, der Überredung und der Gewalt, soweit das bei der Bildung ermangelnden großen Haufen möglich ist, sie nur das eine anwendeten; denn sie geben ihre
c Gesetze nicht, indem sie den Zwang mit Überredung vermischen, sondern bloß durch die reine Gewalt. Ich aber, vortreffliche Freunde, erkenne, hinsichtlich der Gesetze müsse auch noch ein Drittes geschehen, was jetzt nirgendwo geschieht.

KLEINIAS: Was verstehst du darunter?

DER ATHENER: Was uns ein Gott eben aus dem, was jetzt unsere Unterhaltung ausmachte, hervorgehen ließ. Denn seitdem wir über die Gesetze zu sprechen begannen, ist der frühe Morgen ziemlich zum Mittag geworden, und wir sind zu diesem höchst anmutigen Ruheplätzchen gelangt, ohne von etwas anderem als von Gesetzen zu sprechen; Gesetze aber auszusprechen, damit scheinen wir eben *d* erst den Anfang zu machen, alles Vorhergehende aber war uns nur ein Eingang zu den Gesetzen. Weshalb führte ich das aber an? In der Absicht, die Bemerkung daran zu knüpfen, daß es zu allen Reden, ja zu allem, woran die Stimme Teil hat, Eingänge und gleichsam gewisse Anregungen gibt, in welchen eine kunstvolle, für das, was ausgeführt werden soll, nützliche Inangriffnahme enthalten ist. Auch die sogenannten ‹Gesetze› des Lautenspielergesangs und aller Musik heben mit sorgfältig ausgearbeiteten Eingängen an; zu den wirklichen Gesetzen dagegen, die wir Staatsgesetze nennen, *e* hat niemand je weder einen Eingang mitgeteilt noch ihn, wenn er denselben ausarbeitete, veröffentlicht, als ob es der Natur der Sache nach keinen gebe. Doch läßt uns, wie mich bedünkt, die jetzt stattgefundene Unterredung erkennen, daß es einen solchen gibt; die Gesetze aber, die ich eben doppelte nannte, scheinen mir nicht so einfach doppelte zu sein, sondern aus zwei Bestandteilen zu bestehen, dem Gesetze und dem Eingange des Gesetzes. Was aber, mit den Vorschriften der Ärzte verglichen, die wir unfreie nannten, für ein 723 *a* gewaltherrscherisches Gebot erklärt wurde, das sei das reine Gesetz; das demselben Vorausgeschickte jedoch, von diesem das Überrednerische genannt, enthalte zwar in der Tat etwas Überredendes, besitze aber dieselbe Kraft wie bei Reden den Eingang. Damit nämlich derjenige, dem der Gesetzgeber das Gesetz aufstellt, geneigter, und dieser Geneigtheit wegen gelehriger, die Vorschrift, aus welcher doch das Gesetz besteht, aufnehme, deswegen, so stellte sich mir heraus, wurde die ganze Rede geführt, durch die ihr Urheber zu überreden suchte. Darum dürfte, meiner Ansicht nach, eben das wohl mit Recht ein Eingang, nicht aber eine Rede des Gesetzes heißen. Nach- *b* dem ich also dahin mich erklärte, welche Vorschrift wünschte ich nun wohl weiter von mir aufgestellt? Folgende: daß der Gesetzgeber stets beim Beginn aller Gesetze die Verpflichtung habe, des Eingangs sie nicht entbehren zu lassen, und auch bei jedem einzelnen, wodurch sie dann um so viel sich selbst übertreffen werden, wie es die beiden eben angeführten zeigten.

KLEINIAS: Ich jedenfalls möchte nicht den dieser Dinge Kundigen auffordern, in anderer Weise uns Gesetze zu geben.

DER ATHENER: Soviel, Kleinias, scheinst du mir demnach richtig *c* zu bemerken, daß es für alle Gesetze Eingänge gibt und daß man beim Beginn jeder Gesetzgebung den ihrer Natur angemessenen Eingang der ganzen Rede jeder vorauszuschicken habe; denn das, was er einleiten soll, ist nichts Geringfügiges noch verschlägt es wenig, ob es deutlich oder nicht deutlich im Gedächtnis behalten werde. Wollten wir jedoch verlangen, daß Gesetze, die für wichtig, und

solche, die für geringfügig gelten, in gleicher Weise eingeleitet würden, dann begehrten wir wohl Ungehöriges. Denn auch nicht bei
d jedem Gesange und jeder Rede muß man so etwas tun. Gibt es gleich für alle ihrer Natur angemessene, so sind doch nicht alle anzuwenden; das muß dem Redner, dem Liederdichter, dem Gesetzgeber selbst in jedem einzelnen Falle überlassen bleiben.

KLEINIAS: Was du da sagst, scheint mir sehr richtig. Aber nicht länger laß uns, o Gastfreund, verzögernd es hinausschieben; sondern laß uns auf unsere Rede zurückkommen und damit, wenn es dir genehm ist, den Anfang machen, was du damals nicht des Eingangs wegen sagtest. Wir wollen also, da, wie man im Spiele sagt,
e die zweiten Würfe besser gelingen als die ersten, wiederum auf den Anfang zurückgehen, um einen Eingang, nicht, wie bisher, eine zufällige Rede zu vollenden: Laßt uns damit einen Anfang machen, indem wir uns einig sind, den Eingang zu sprechen. Und zwar ist das bereits über die Verehrung der Götter und die den Vorfahren zu widmende Sorgfalt Gesagte schon ausreichend. Laßt uns nun das Weitere zu erörtern versuchen, bis es dir bedünkt, die ganze Einleitung sei zur Genüge abgehandelt; dann wende dich in deiner Rede zu den Gesetzen selbst.

724 a DER ATHENER: Vorhin also haben wir das auf die Götter und die nach den Göttern sowie das auf die Eltern während ihres Lebens und nach ihrem Tode Bezügliche zur Genüge vorausgeschickt, wie wir jetzt erklären. Offenbar verlangst du aber, das bisher noch nicht in Betrachtung Gezogene jetzt sozusagen an das Licht zu ziehen.

KLEINIAS: Ja, allerdings.

DER ATHENER: Ferner aber ist es nach diesem angemessen und von allgemeinem Interesse, indem wir überdenken, wie sich das auf die eigenen Seelen und Körper und Besitztümer Bezügliche in Hinsicht
b auf Anstrengung und Nachlassen verhalten müsse, als Redender und Hörende der Bildung soviel wie möglich teilhaftig zu werden; diesen Gegenstand müssen wir also nach jenem wirklich besprechen und vor uns besprechen lassen.

KLEINIAS: Deine Bemerkung ist sehr richtig.

FÜNFTES BUCH

[1. Die Göttlichkeit der Seele als Grund, sie am meisten hochzuschätzen]

DER ATHENER: Vernehme es denn jeder, welcher eben das über die 726 a Götter und unsere lieben Voreltern Gesagte vernahm. Von allen seinen Besitztümern ist nämlich nach den Göttern die Seele das Göttlichste, indem sie zugleich das Eigenste ist. Das Seinige ist aber alles zwiefach für jeden. Und zwar ist das Mächtigere und Bessere herrschend, das Geringere und Schlechtere dienend. Daher ist von dem Seinigen das Herrschende immer höher zu schätzen als das Dienende. Indem ich also sonach behaupte, man müsse seine Seele nach den Göttern, welche die Herrschenden sind, und den diesen Zunächst- 727 a stehenden als zweite schätzen, fordere ich mit Recht dazu auf. Es schätzt sie jedoch sozusagen keiner von uns richtig, glaubt es aber. Denn ein göttliches Gut ist die Schätzung, von dem Schlechten aber ist nichts schätzbar, und wer sie durch gewisse Reden oder Geschenke oder manches Nachgeben zu erhöhen meint, ohne sie dadurch aus einer schlechteren zu einer besseren zu machen, der glaubt sie zu schätzen, tut das aber keineswegs. So erachtet sich zum Beispiel jeder Mensch, sogleich vom Knabenalter an, für tüchtig, alles einzusehen, und meint seine Seele zu schätzen, indem er sie lobpreist, und ge- b stattet ihr bereitwillig, alles zu tun, was ihr gefällt. Unsere jetzige Behauptung geht aber dahin, daß er durch ein solches Verfahren sie schädigt und nicht sie schätzt, und doch soll er sie dies, wie wir sagen, als Zweites nach den Göttern. Auch nicht, wenn ein Mensch nicht sich selbst, sondern andern die Schuld an seinen jedesmaligen Fehltritten und den meisten und bedeutendsten seiner Mängel beimißt und sich selbst als unschuldig ausnimmt, um dadurch, wie er meint, seine Seele zu schätzen, er erreicht das aber bei weitem nicht, denn c er schadet ihr. Auch dann schätzt er sie keineswegs hoch, wenn er, den Worten und dem Beifall des Gesetzgebers zuwider, seinen Lüsten huldigt; sondern er mißachtet sie, indem er sie mit Schlechtigkeit und Reue erfüllt. Auch wenn er umgekehrt nicht durch lobenswürdige Anstrengungen bei Gefahren, Schmerzgefühlen und Bekümmernissen ausharrend sich durchkämpft, sondern von ihnen sich zurückzieht, schätzt er sie durch ein solches Zurückziehen nicht hoch; denn wer irgend Derartiges tut, macht sie wertlos. Noch macht er sie schätzbar, wenn er das Leben für etwas unbedingt Gutes hält, d sondern entwertet sie auch dadurch; denn hält die Seele alles, was im Reiche des Hades sie erwartet, für Unheil, dann weicht er zurück und strebt nicht dagegen an durch Belehrung und den Nachweis, daß sie nicht wisse, ob nicht umgekehrt die Verhältnisse bei den dortigen Göttern für uns ihrer Natur nach das größte Heil seien. Auch wenn ferner jemand Schönheit höher schätzt als Tugend, ist das nichts anderes als eine wirkliche und entschiedene Geringschätzung der Seele. Denn eine solche Ansicht betrachtet den Körper für schätzbarer als e die Seele, doch sie lügt. Nichts Erdentsprossenes ist nämlich hochgeschätzter als das Olympische; vielmehr weiß derjenige, welcher über die Seele eine andere Meinung hegt, nicht, daß er dieses wundervolle Besitztum mißachtet. Auch nicht, wenn jemand in unrühmlicher 728 a Weise Schätze zu erwerben sucht oder sich nicht, wenn er sie so erwarb, unbehaglich fühlt, erhöht er dann durch Gaben die eigene Seele — er bleibt vielmehr ganz dahinter zurück —, das Schöne und Schätzenswerte an ihr gibt er nämlich um geringes Gold weg, aber durch alles Gold auf und unter der Erde wird die Tugend nicht aufgewogen. Nein, um alles in eins zusammenzufassen, wer das, was der Gesetzgeber als schimpflich und schlecht aufzählt und feststellt und umgekehrt als gut und schön, wer jenes nicht auf alle Weise zu vermeiden, dieses mit Aufbietung aller Kräfte zu üben begehrt: jeder b Mensch weiß in allen diesen Fällen nicht, daß er dadurch die Seele, welche das Göttlichste ist, in den unwürdigsten und schmachvollsten Zustand versetzt. Was nämlich die sogenannte Rechtsstrafe für Schlechtigkeit angeht, so zieht die größte sozusagen kein einziger in Erwägung; die größte besteht aber darin, daß man den schlechten Menschen ähnlich wird, vermöge dieser Ähnlichkeit aber gute Menschen und Reden meidet und von ihnen sich losreißt, an jene aber, ihren Umgang suchend, sich anschließt. In enger Verbindung mit solchen Menschen muß er notwendig tun und erdulden, was ihrem c Wesen nach solche Menschen gegeneinander tun und sagen. Dieses zu Erduldende ist aber keine Rechtsstrafe, denn Recht und Gerechtigkeit ist etwas Schönes, sondern eine Vergeltung, ein aus der Ungerechtigkeit hervorgehendes Leiden, und derjenige ist unglücklich, den es trifft und den es nicht trifft: der eine, indem er der ärztlichen Behandlung entbehrt, der andere dagegen, indem er, vielen andern zum Heile, untergeht. Für uns aber ist es, um alles zusammenzufassen, Hochschätzung, dem Besseren zu folgen und das Schlechtere, des Besserwerdens jedoch Fähige, eben dadurch aufs beste zu vollenden.

[2. Das notwendige Verhalten gegenüber Körper und Besitz und gegen Verwandtschaft, Mitbürger und Gastfreunde]

Demnach ist von dem, was der Mensch besitzt, nichts von Natur d geeigneter, das Schlechte zu meiden und das Beste von allem aufzuspüren, zu erfassen und, nachdem man es erfaßte, in Gemeinschaft mit demselben das übrige Leben zu verbringen, als die Seele; darum nimmt sie ihrer Schätzung nach die zweite Stelle ein. Das Dritte aber — jeder dürfte das wohl erkennen — sei die naturgemäße Schätzung des Körpers. Dessen Schätzungen gilt es nun in Erwägung zu ziehen, und welche von ihnen echte, welche vermeintliche sind; das ist aber die Sache des Gesetzgebers. Er scheint mir aber anzudeuten, daß sie folgende und folgendermaßen beschaffene sind: Schätzbar sei nicht der schöne, nicht der kräftige Körper, noch der mit Schnellige keit und Größe ausgestattete, auch nicht der gesunde — obgleich dafür wenigstens viele sich erklären dürften – und gewiß ebensowenig der diesen entgegengesetzte; sondern was in der Mittellage mit dieser ganzen Verfassung in Berührung steht, sei bei weitem das Besonnenste zugleich und das Sicherste. Denn das eine macht die Seele aufgeblasen und verwegen, das andere dagegen niedrigen und knechtischen Sinnes.

In gleicher Weise aber das Erlangen von Geld und Vieh, und es steht in demselben Verhältnis der Schätzung. Denn das Übermaß in diesem allen schafft in den Staaten und bei den einzelnen Zerwürfnisse und Feindschaften, der Mangel dagegen in den meisten Fällen sklavische Abhängigkeiten. Auch strebe nicht etwa jemand seiner Kinder wegen nach Schätzen, um diese in höchstem Reichtum zu hinterlassen, denn das ist weder besser für sie noch auch für den Staat. Gibt doch der keine Schmeichler anlockende, aber auch des Notwendigen nicht ermangelnde Vermögenszustand im Jünglingsalter von allen den schönsten Einklang und ist der beste; denn er schafft, indem er zusammenklingt und übereinstimmt in bezug auf alles, uns ein leidloses Leben. Seinen Kindern aber ziemt es sich in Fülle sittliche Scheu, nicht Gold zu hinterlassen. Wir glauben aber, diese Jünglinge, welche sich schamlos zeigen, durch tadelnde Zurechtweisung zu hinterlassen; sie erwächst denselben aber nicht durch die jetzt übliche Ermahnung, welche an sie ergeht, wenn man sagt: der Jüngling müsse vor jedem sittliche Scheu zeigen. Der verständige Gesetzgeber dürfte vielmehr die Älteren auffordern, Scheu vor den Jünglingen zu beweisen und mit der größten Vorsicht zu vermeiden, daß nicht irgendeinmal einer der Jünglinge sie etwas Schimpfliches tun oder sagen sehe oder höre, weil notwendig da, wo die Greise der Scheu vergessen, auch die Jünglinge höchst schamlos sind. Denn die hervorragende Erziehung der Jünglinge und zugleich ihrer selbst besteht nicht in Ermahnungen, sondern darin, daß man jemanden sein ganzes Leben hindurch das tun sieht, was er, einen andern ermahnend, sagt.

Wenn jemand ferner seine Verwandtschaft in Ehren hält und achtet sowie alles, was mit ihm, einem Blute derselben Beschaffenheit entsprossen, dieselben Familiengötter verehrt, dann dürfte er mit Fug die Huld der über die Geburten waltenden Götter beim Kindererzeugen erlangen. Und gewiß dürfte jemand die Geneigtheit der Freunde und Genossen zum Verkehr im Umgange gewinnen, wenn er die ihm bewiesenen Dienstleistungen derselben für bedeutender und ehrwürdiger ansieht als jene, die eigenen Gefälligkeiten gegen die Freunde dagegen für geringfügiger als die Freunde und Genossen selbst.

Gegen den Staat und seine Mitbürger ist gewiß derjenige bei weitem der Beste, welcher dem Siege zu Olympia und in allen friedlichen und kriegerischen Wettkämpfen es vorzieht, obzusiegen durch den Ruhm des Gehorsams gegen die vaterländischen Gesetze, als einer, der vor allen Menschen am schönsten im Leben ihnen gehorsam sich erwies.

Zu bedenken ist ferner, daß die Pflichten gegen Gastfreunde die heiligsten sind; denn fast alle Vergehungen der Gastfreunde und die gegen sie sind vor denen unter Mitbürgern Gott als größerem Rächer unterworfen. Erregt doch der ohne Freunde und Verwandte dastehende Gastfreund mehr das Mitleid der Menschen und der Götter. Derjenige also, welcher in größerem Maße als Rächer aufzutreten vermag, leistet ihm bereitwilliger Beistand; das vermag aber vor 730 a allem der gastliche Dämon und Gott eines jeden, welche Zeus, dem gastlichen, nachfolgen. Wem also auch nur einige Überlegung innewohnt, der muß sehr achtsam sein, das Ziel seines Lebens zu erreichen, ohne daß er in demselben ein Vergehen gegen Gastfreunde sich zuschulden kommen ließ. Aber unter den Vergehen gegen Fremde und Einheimische ist für jegliche das gegen Schutzflehende das größte; denn der Gott, mit dessen Beistand als Zeuge anflehend der Schutzflehende die Zusagen erlangte, dieser wird vor allen Hüter des Beleidigten, so daß, wer eine Zusage erlangte, die Beleidigung, die er empfing, nicht, ohne gerächt zu werden, empfangen haben dürfte.

[3. Die Beschaffenheit des vollkommenen Menschen]

b So haben wir denn so ziemlich die Weisen des Umgangs mit den Eltern, uns selbst und unserem Besitz, mit der Vaterstadt, Freunden und Verwandten, mit Gastfreunden und Einheimischen erörtert. Wie aber jemand selbst beschaffen sein müsse, um sein Leben auf das schönste zu verbringen, ist hiernach durchzugehen: worin nicht das Gesetz, sondern die Erziehung durch Lob und Tadel jeden lenksamer und bereitwilliger gegen die zu gebenden Gesetze macht, das müssen wir darauf erörtern.

c Wahrheit nun ist in allen Gütern den Göttern Führerin, in allen den Menschen. Dieser möge, wer gesegnet und glückselig werden will, gleich vom Anfange an teilhaftig sein, damit er die möglichst längste Zeit hindurch wahr seiend lebe. Denn er ist beständig; der aber unbeständig, dem absichtliche Täuschung angenehm ist, wem aber unabsichtliche, der ist ohne Verstand. Doch weder dem Einen noch dem Anderen muß man nacheifern. Denn freundlos ist jeder Unbeständige und Einsichtslose, wird er aber im Laufe der Zeit dafür erkannt, dann schuf er sich für das beschwerliche Alter am Ende seines Lebens ein gänzliches Verlassensein, so daß sein Leben fast d in gleicher Weise zu einem verwaisten wird, ob seine Genossen und Kinder noch am Leben sind oder nicht.

Schätzbar ist gewiß auch, wer kein Unrecht tut; wer aber nicht einmal dem Unrecht Tuenden es gestattet, der ist vor jenem mehr als zwiefacher Schätzung wert. Denn jener wiegt einen, dieser dagegen viele andere auf, indem er das Unrecht anderer den Herrschenden anzeigt. Wer endlich die Herrschenden auch bei des Unrechts Bestrafung nach Vermögen unterstützt, der große und vollkommene Mann im Staate, dieser werde für den erklärt, der im Tugendkampfe den Sieg errang.

e Eben dasselbe Lob aber muß man der Besonnenheit und der Weisheit erteilen und allen Vorzügen sonst, die jemand besitzt und die geeignet sind, nicht bloß von jemandem selbst besessen, sondern auch andern mitgeteilt zu werden. Und denjenigen, der sie mitteilt, muß man am höchsten in Ehren halten; demjenigen ferner, der es beabsichtigt, aber nicht vermag, die zweite Stelle einräumen; dem Mißgünstigen endlich, der absichtlich niemanden aus Freundschaft an gewissen Vorzügen teilnehmen läßt, diesen selbst tadeln, das 731 a Gute aber seines Besitzers wegen nicht geringer achten, sondern so gut man kann sich aneignen. Wetteifernd aber strebe jeder von uns ohne Mißgunst der Tugend nach. Wer das tut, schafft dem Staate Gedeihen, indem er selber wetteifert und andere nicht durch Verleumdungen verkleinert. Der Mißgünstige dagegen strebt, in der Meinung, durch das Verkleinern anderer sich selbst mehr hervortun zu müssen, selbst minder eifrig der wahren Tugend nach und macht die mit ihm Wetteifernden durch seinen ungerechten Tadel mutlos, und indem er so den gesamten Staat ungeübt im Wettkampf b um die Tugend macht, läßt er sie nach seinem Anteil geringer an Ruhm sein.

Jedermann muß aber zornmütig sein und auch milde im höchsten Grade. Denn den argen und entweder schwer zu heilenden oder ganz unheilbaren Freveln anderer kann man nicht anders entgehen, als indem man im Kampfe dagegen und in der Abwehr obsiegt und in ihrer Bestrafung nicht nachläßt, das zu tun ist aber jede Seele, wenn sie eines edlen Zornmutes entbehrt, unfähig. Was die Frevel derjenigen dagegen anbetrifft, welche zwar Unrecht tun, c jedoch heilbares, so gilt es zuerst einzusehen, daß kein Ungerechter freiwillig ungerecht ist. Erstrebte doch niemand irgendeines der größten Übel jemals mit Absicht, und am allerwenigsten, wenn es das an ihm Schätzbarste betrifft. Die Seele aber, wie wir sagten, ist nach der Wahrheit allen das Schätzbarste; demnach dürfte wohl niemand mit Absicht das größte Übel in dem an ihm Schätzbarsten empfangen und sein ganzes Leben damit behaftet verbringen. Vielmehr verdient der Ungerechte und mit Schlechtem Behaftete durchaus Mitleid, bemitleiden aber darf man den an heilbaren Übeln Lei- d denden und darf den Unwillen, den man fühlt, mäßigen und besänftigen und nicht, weibisch hochzürnend, fortwährend erbittert bleiben. Gegen denjenigen aber, welcher völlig und unverbesserlich frevelhaft und schlecht ist, muß man seinem Zorne Raum geben. Deshalb behaupten wir, es zieme dem Guten, jeweils zornmütig und auch milde zu sein.

[4. Das größte Übel für die Menschen: die Selbstliebe. Weitere Vorschriften]

Als das größte von allen Übeln ist aber den meisten Menschen das in seiner Seele eingepflanzt, wofür jeder sich selbst Verzeihung gewährt und darum auf keine Ausflucht bedacht ist. Es besteht dar- e in, daß, wie man sagt, jeder Mensch von Natur sich selbst liebt und daß es in der Ordnung ist, daß er so gesinnt sein müsse. In Wahrheit aber wird das von allen Vergehungen, wegen der starken Liebe zu sich selbst, die Ursache für jeden in jedem Fall. Denn der Liebende wird gegen das, was er liebt, verblendet, so daß er das Gerechte und Gute und Schöne schlecht herausfindet, weil er statt des

732 a Wahren stets das ihm Angehörige achten zu müssen meint; denn weder sich selbst noch dem Seinigen muß derjenige den Vorzug geben, welcher sich auszuzeichnen begehrt, sondern dem Gerechten, ob es nun von ihm selbst oder einem anderen mehr geübt werde. Eben derselbe Fehler bewirkt auch bei allen, daß die eigene Unwissenheit ihnen als Weisheit erscheint; so daß wir, während wir sozusagen nichts wissen, alles zu wissen glauben und, indem wir b nicht anderen das, was wir nicht verstehen, auszuführen überlassen, uns dadurch, daß wir es selbst ausführen, Fehler zu begehen genötigt sehen. Darum hat jeder Mensch die starke Selbstliebe zu meiden und muß immer demjenigen nachstreben, welcher besser ist als er, ohne durch irgendeine Scham sich dabei abhalten zu lassen.

Was aber geringfügiger als diese Vorschriften und oft schon gesagt ist, doch nicht minder nützlich ist als sie, das muß man aussprechen, um es sich selbst in das Gedächtnis zurückzurufen. Denn gleich als ob etwas abfließt, muß stets im Gegenteil etwas nachströmen, und Wiedererinnerung ist das Nachströmen von Einsicht, die c schwindet. Also: Es ziemt sich, übermäßigen Lachens und Weinens sich zu enthalten — dazu muß jeder jeden ermahnen — und jede ausgelassene Freude, jeden übertriebenen Schmerz zu verbergen und sich zu bemühen, das Wohlanständige zu beobachten, ob nun der Dämon eines jeden im Glücke feststeht oder ob im Unglück wie gegen Hohes und Steiles die Dämonen gewissen Unternehmungen gegenüberstehen. Ferner immer die Hoffnung zu hegen, daß Gott durch das Gute, welches er spendet, wenn Beschwerden hereinbred chen, sie aus größeren zu kleineren machen wird und unsere gegenwärtige Lage zum Besseren umgestalten, in bezug auf das Gute aber stets ganz das Gegenteil davon ihnen mit gutem Glück zuteil werden werde. Mit solchen Hoffnungen also muß jeder leben und mit den Erinnerungen an alles dieses, indem er in nichts zurückweicht, sondern immer im Scherz und im Ernst den anderen und sich selbst deutlich daran erinnert.

[5. Die Gebundenheit des menschlichen Lebens an Lust und Schmerz]
Über die Beschäftigungen also, die man zu betreiben hat, und e über jeden selbst, wie er beschaffen sein soll, haben wir jetzt so ziemlich das erschöpft, was göttlicher Art ist; das Menschliche aber haben wir jetzt nicht besprochen, doch tut es not, sprechen wir doch zu Menschen, nicht zu Göttern. Seiner Natur nach am meisten menschlich sind aber Lust- und Schmerzgefühle und Begierden. An sie muß notwendig jedes sterbliche Geschöpf gerade wie festgeknüpft und daran aufgehängt sein mit den ernstesten Bestrebungen. Man muß aber das schönste Leben preisen, nicht bloß, weil es we733 a gen seiner Erscheinung den Preis des Rühmlichen davonträgt, sondern auch weil es, wenn jemand davon zu kosten bereit ist und nicht schon als Jüngling dasselbe meidet, auch durch das den Vorzug hat, was wir alle zu erreichen suchen, nämlich durch das Mehrsich-Freuen, aber Weniger-betrübt-Sein während des ganzen Le-

bens. Wie deutlich das, wenn jemand in rechter Weise es genießt, zutage liegt, das wird sich leicht und augenscheinlich zeigen. Welches aber ist die richtige Weise? Das muß man jetzt, indem man es von der Untersuchung aufnimmt, betrachten: ob es so der Natur gemäß sich verhält oder im anderen Falle der Natur widersprechend, man muß Leben im Vergleich mit Leben, angenehmeres und schmerzvolleres, in folgender Weise betrachten. Wir wünschen, daß Lust uns zuteil werde; den Schmerz aber wählen wir weder, noch b begehren wir ihn. Das Entferntsein beider begehren wir nicht an Stelle der Lust, wohl aber begehren wir, es für Schmerz einzutauschen; geringeren Schmerz verbunden mit größerer Lust begehren wir, nicht aber geringere Lust mit größerem Schmerze; wie wir aber Gleiches von beiden gegenüber von Gleichem beider begehren, das vermögen wir nicht deutlich nachzuweisen. Alle diese Zustände aber sind nach Menge, Größe, Heftigkeit und Gleichförmigkeit und nach dem, was allen diesen im Verhältnis zum Begehren entgegengesetzt ist, unterschieden und auch nicht unterschieden hinsichtlich der Wahl eines jeden von ihnen. Da nun notwendig diese Ordnung c hierbei stattfindet, so begehren wir ein Leben, in welchem beides zahlreich und heftig und in hohem Maße vorhanden ist, die Lustgefühle aber überwiegen, nicht aber dasjenige, wo der umgekehrte Fall eintritt; dasjenige dagegen, in welchem beides in geringer Anzahl und beschränkt und mäßig vorhanden ist, das Schmerzliche aber das Überwiegende ist, begehren wir nicht, doch beim umgekehrten Verhältnisse begehren wir es. Bei einem Leben aber, wo ein Gleichgewicht obwaltet, müssen wir es uns wie eben bemerkt wurde vorstellen: daß wir das gleichgewichtige Leben begehren, wenn die eine Seite durch das uns Angenehme überwiegt, wenn aber die andere d durch das Widrige, dann es nicht begehren. Gewiß aber müssen wir überzeugt sein, daß alle unsere Lebensrichtungen von Natur an diese gebunden sind, und müssen überlegen, welche wir der Natur nach begehren; wenn wir aber behaupten, daß wir irgend etwas außer diesem begehren, dann sagen wir das vermöge einer gewissen Unwissenheit und Unerfahrenheit in den bestehenden Lebenseinrichtungen.

[6. Prüfung der Lebensrichtungen in Hinsicht auf Glückseligkeit]
Welche und wie viele Lebensrichtungen gibt es nun aber, in bezug auf die man auswählend das Erwünschte und Freiwillige sowie das Unerwünschte und Unfreiwillige erkennen und sich das Angenehme und Erfreuliche und das Beste und Schönste zum Gesetz machen e muß, um so nach getroffener Wahl das glückseligste Leben zu führen, dessen der Mensch fähig ist? Für eine derselben wollen wir das besonnene Leben erklären und das weise für eine und für eine das tapfere, und auch das gesunde Leben wollen wir für eine annehmen; und diesen vieren vier andere entgegengesetzte, das unverständige, verzagte, zügellose und kranke. Wer nun das besonnene Leben kennt, der wird es für mild in allem erklären, für ruhige Lust- und ruhige Schmerzgefühle schaffend, gelinde Begierden 734 a

und keine an Wahnsinn grenzenden Liebesregungen; das zügellose dagegen für heftig in allem und gewaltige Schmerz-, gewaltige Lustgefühle, mächtige und aufstachelnde Begierden und dem Wahnsinn möglichst nahe verwandte Liebesregungen schaffend; und er wird erklären, daß im besonnenen Leben die Leiden von den Freuden, im zügellosen aber das Erfreuliche von dem Schmerzlichen an Umfang, Menge und Dichtigkeit überwogen werde. Daraus folgt, daß notwendig die eine Lebensrichtung ihrer Natur gemäß für uns
b erfreulicher, die andere widerwärtiger ist, und daß es dem, welcher ein angenehmes Leben zu führen begehrt, nicht frei steht, mit Absicht zügellos zu leben, sondern daß es nun offenbar ist, daß, wenn es mit dem eben Behaupteten seine Richtigkeit hat, jeder notwendig wider seinen Willen zügellos ist; denn entweder aus Unwissenheit oder aus Unbeherrschtheit oder aus beiden lebt der Besonnenheit ermangelnd die ganze menschliche Masse.

Dieselbe Ansicht muß man über das kranke und gesunde Leben hegen: beide bringen Freuden und Leiden, im gesunden Zustande aber überwiegen die Freuden die Leiden, in der Krankheit die Lei-
c den die Freuden. Das Streben nach Auswahl der Lebensrichtung geht uns aber nicht darauf, daß das Unangenehme überwiege, sondern wir haben das Leben für das angenehmere erkannt, wo es überwogen wird.

Weil aber die besonnene Lebensrichtung vor der zügellosen und die weise vor der unverständigen, dürfen wir wohl behaupten, sowie die der Tapferkeit vor der der Feigheit beides in geringerer Zahl, in geringerem Maße und minder heftig hat, wobei die eine von beiden die andere auf der Seite der Lustgefühle übertrifft, während auf der Seite der Schmerzgefühle jene sie übertreffen — trägt also der Tapfere
d über den Verzagten, der Weise über den Unverständigen den Sieg davon, so daß die einen Lebensrichtungen angenehmer sind als die andern, die besonnene, tapfere, weise und gesunde vor der verzagten, unverständigen, zügellosen und kranken; und überhaupt ist das der Tugend verbundene Leben, in bezug auf den Leib oder auch auf die Seele, angenehmer als das dem Schlechten verbundene und behauptet auch durch anderes, durch Schönheit, Richtigkeit, Tüchtigkeit und Ruhmwürdigkeit einen entschiedenen Vorzug, so daß es
e bewirkt, daß man in seinem Besitz im einzelnen und im ganzen glückseliger lebt als der entgegengesetzte.

[7. Übergang zu den Gesetzen. Die notwendigen Reinigungen des Staates]

Nachdem nun der Eingang der Gesetze bis hierhin abgehandelt wurde, finde er das Ende seiner Ausführung; an den Eingang aber muß notwendig das Gesetz sich anschließen, oder wir müssen vielmehr, der Wahrheit gemäß uns auszudrücken, einen Umriß der Gesetze des Staats geben. Wie es nun hinsichtlich eines Gewebes oder sonst eines derartigen Geflechtes nicht möglich ist, daß Einschlag und Aufzug aus demselben Faden gefertigt werde, sondern notwendig das zum Aufzug Verwendete durch seine Vorzüglichkeit sich unterscheiden muß — ist es doch stark und hat in seiner Beschaffenheit eine gewisse Festigkeit erlangt, das andere dagegen ist 735 a weicher und besitzt eine angemessene Dehnbarkeit: ebenso muß man gewissermaßen in dieser Weise die zur Herrschaft im Staate Bestimmten von denjenigen unterscheiden, die entsprechend jeweils nur durch eine geringe Erziehung erprobt sind; gibt es doch zwei Bestandteile der Staatsverwaltung, einerseits die Einsetzung der Obrigkeiten für jegliches, andererseits die den Obrigkeiten zugewiesenen Gesetze.

Früher als all das gilt es aber noch folgendes zu erwägen: Ein Schaf- oder Rinderhirt, oder ein Pferdezüchter und was es sonst der- b gleichen gibt, welcher irgendeine Herde übernimmt, dürfte wohl niemals in anderer Weise die Wartung derselben übernehmen, als nachdem er die jeglicher Vereinigung zukommende Reinigung vornahm, und nachdem er die gesunden und ungesunden, die edlen und unedlen voneinander schied, wird er die einen anderen Herden zuteilen, die andern aber in seine Pflege nehmen, in Erwägung, daß die auf die Leiber und Seelen gewendete Bemühung eine vergebliche und endlose sein würde, wo eine angeborene Verderbtheit und eine schlechte Wartung sie schon zerrüttet hat und noch dazu auch die c Gattung der an Körper und Sinnesart Gesunden und Unversehrten bei jeder der Herden verdirbt, wenn man die vorhandenen nicht aussondert. Weniger zu beachten ist das hinsichtlich der anderen Geschöpfe und verdient hier nur des Beispiels halber Erwähnung; hinsichtlich der Menschen dagegen hat der Gesetzgeber dem mit dem größten Eifer nachzuforschen und das jedem Zukommende, was ihre Läuterung und die sonstigen Maßregeln anbetrifft, anzugeben. So dürfte es sich zum Beispiel in betreff der Läuterung ei- d nes Staates wohl folgendermaßen verhalten: da es der durchgreifenden Läuterungen viele gibt, so sind die einen derselben leichter, die anderen schwieriger; und zwar vermöchte diejenigen, welche schwierig und die besten sind, derjenige anzuwenden, welcher Gewaltherrscher und Gesetzgeber in einer Person vereinigt; der Gesetzgeber aber, welcher ohne Gewaltherrschaft einen neuen Staat einrichtet und Gesetze aufstellt, möchte wohl sogar damit sich begnügen, der mildesten sich zu bedienen. Die beste ist eine schmerzliche, gleichwie diejenigen Heilmittel, welche von derselben Beschaffenheit sind. Sie führt, wie es recht ist, durch Vergeltung die Strafe her- e bei und läßt diese Vergeltung mit Tod oder Verbannung enden; denn diejenigen, welche am ärgsten sich vergangen haben, aber unheilbar sind und des Staates größtes Verderben, pflegt sie fortzuschaffen. Die mildere Läuterung aber besteht für uns darin: diejenigen, welche aus Mangel des Unterhalts, des Besitzes entbehrend, sich bereitwillig zeigen, denen zu folgen, welche gegen die Habe der im Besitz Befindlichen sie führen wollen; diese, als einen im Staate 736 a haftenden Krankheitsstoff, entsendet sie in möglichst freundlicher Weise, indem sie ihnen den Namen Niederlassung beilegt, ein Fortschaffen mit schöner Bezeichnung. Das hat also jeder Gesetzgeber im Anfange irgendwie zu bewerkstelligen, für uns aber stellt sich das

fürwahr jetzt noch seltsamer heraus. Denn für den gegenwärtigen Zweck haben wir nicht auf eine Niederlassung oder eine Auswahl der Läuterung zu sinnen, sondern wie beim Zusammenströmen vieler
b Quellen und Sturzbäche in *einen* See ist es nötig, daß wir mit Aufmerksamkeit darauf achten, daß das zusammenströmende Wasser möglichst rein bleibe, indem wir das eine herausschöpfen, das andere ableiten und seitwärts lenken. Aber Mühe, wie es scheint, und Gefahr ist mit jeder Einrichtung eines Staates verbunden. Doch da wir diese Einrichtung jetzt in Worten, nicht in der Tat treffen, so gelte die Auswahl uns für zustande gebracht und ihre Reinheit für nach unserem Sinne beschaffen; denn die Schlechten unter denjenigen,
c welche sich, um an dem neuen Staate teilzunehmen, in ihr zu vereinigen wünschen, wollen wir, nachdem wir durch alle Mittel der Überredung und eine genügende Zeit lang genau sie prüften, abhalten, dahin sich zu begeben, die Guten dagegen nach Kräften durch freundliches Wohlwollen dort zusammenbringen.

[8. Verteilung des Landes: Die angemessene Zahl der Bürger]
Folgender Glücksumstand aber, der uns begünstigt, entgehe nicht unserer Aufmerksamkeit, daß nämlich, wie wir die Niederlassung der Herakleiden glücklich nannten, weil sie dem argen und gefährlichen Zwiespalt über Grundbesitz, Schuldenaufhebung und Verteilung entging — für einen der alten Staaten, der genötigt ist, diesen durch Gesetze sich einzurichten, ist es weder möglich, ihn ru-
d hen zu lassen, noch tunlich, ihn in Gang zu bringen, sondern nur ein frommer Wunsch sozusagen bleibt übrig und eine allmähliche, vorsichtige Änderung für die in langer Zeit langsam Ändernden, nämlich diese: daß immer eine Anzahl von Änderungen Treffenden vorhanden ist, welche selbst Ländereien in reicher Fülle besitzen sowie auch viele haben, die ihnen schuldig sind, und geneigt sind, aus Nachgiebigkeit irgendwie die Mangel Leidenden an die-
e sem Besitze dadurch teilnehmen zu lassen, daß sie Schulden ihnen erlassen und Ländereien unter sie verteilen, da sie, weshalb es auch sei, an Mäßigkeit festhalten und glauben, Armut bestehe nicht darin, daß man den Besitz verkleinere, sondern daß man die Unersättlichkeit vergrößere. Denn damit beginnt am entschiedensten des Staates Rettung, und auf dieser dauernden Grundlage sozusagen ist es möglich, später irgendeinen, einer solchen Anlage angemessenen staatlichen Kunstbau aufzuführen; ist aber diese Veränderung feh-
737 a lerhaft, dann dürfte in keinem Staate das weitere staatsmännische Vorgehen leicht sein. Ihr also sind wir, unserer Behauptung zufolge, entgangen; dessenungeachtet dürfte es angemessen sein, anzugeben, wie wir, wären wir ihr nicht entgangen, es wohl bewerkstelligt haben würden, ihr zu entkommen. Unsere Angabe sei nun, es geschehe, indem man nicht durch Ungerechtigkeit nach Bereicherung strebt; kein anderer, weder breiter noch schmaler Weg des Entkommens ist da als dieses Mittel. Das sei von uns jetzt gewissermaßen als Grundpfeiler des Staates festgestellt. Denn die Besitz-
b tümer müssen wie auch immer eingerichtet werden, ohne Grund zu

Vorwürfen gegeneinander zu geben, oder diejenigen, die auch nur wenig Verstand haben, dürfen freiwillig nicht weiter voranschreiten in der übrigen Einrichtung für solche, die alte Anschuldigungen gegeneinander haben. Doch für diejenigen, denen es, wie jetzt uns, ein Gott gewährte, daß sie einen neuen Staat gründen und daß keine Feindschaften gegeneinander bestehen, für diese zeugte es wohl von einer des Menschen unwürdigen, mit aller Schlechtigkeit verbundenen Unkunde, wollten sie selbst vermittels der Verteilung der Ländereien und Wohnungen Zerwürfnisse herbeiführen.

Wie wäre denn nun also wohl bei einer richtigen Einteilung zu c verfahren? Zuerst gilt es zu bestimmen, wie groß der Umfang ihrer Zahl sein soll; dann über die Einteilung der Bürger, in wieviele Teile der Menge nach und in wie große sie einzuteilen seien, sich zu vereinigen; auf diese dann den Grund und Boden und die Wohnungen möglichst gleich zu verteilen. Eine genügende Anzahl von Bewohnern dürfte sich nun wohl nicht ohne Berücksichtigung des Grund und Bodens und der Nachbarstaaten auswählen lassen. An Grund und Boden nun ist erforderlich, wieviel ausreicht, eine be- d stimmte Anzahl bei mäßiger Lebensweise zu ernähren, mehr dazu aber nicht, an Bewohnern aber, wieviele vermögend sind, gegen die sie selbst angreifenden Anwohnenden sich zu verteidigen, und nicht ganz außerstande, ihren Nachbarn, wenn diese angegriffen werden, beizustehen: das wollen wir, wenn wir das Land und die Nachbarstaaten sahen, durch die Tat und mit Gründen bestimmen; jetzt aber wende sich, damit Gestaltung und Umriß zustande kommen, unsere Rede zur Gesetzgebung.

Fünftausendundvierzig nun seien es, um eine passende Zahl an- e zugeben, welche Grundbesitzer sind und das Land verteidigen. In ebensoviele Teile werden die Ländereien und Wohnungen geteilt, indem Bürger und Ackerlos ein Zusammengehöriges bilden. Zuerst werde die gesamte Zahl in zwei Teile geteilt, dann ebenso in drei, denn sie läßt sich ihrer Natur nach auch in vier, fünf und in steter Aufeinanderfolge bis in zehn Teile teilen. Gewiß muß aber jeder Gesetzgebende soviel über die Zahlen erkannt haben, von welcher 738 a Größe und Beschaffenheit eine Zahl sein müsse, um sich für jeden Staat als die brauchbarste zu bewähren. Wir wollen nun diejenige wählen, welche die meisten und am nächsten aufeinander folgenden Teile in sich schließt. Denn die Zahl insgesamt ist zu jedem Behuf in alle Teile zerlegbar, die Zahl 5040 aber läßt sich wohl für den Krieg und für alle Handelsgeschäfte und Verbindungen im Frieden, sowie hinsichtlich der Beisteuern und Verteilungen, durch nicht mehr als 59 Teiler zerlegen, die von eins bis zehn unmittelbar aufeinan- b der folgen.

[9. Die Zuweisungen an die Götter. Fortrücken zur ‹zweiten› Verfassung]

Dieses also müssen in aller Muße und gründlich diejenigen erfassen, denen das Gesetz es zur Pflicht macht; verhält es sich doch nicht anders als so, und es muß dem, der einen Staat gründet, aus folgenden Gründen mitgeteilt werden. Weder wenn jemand einen neuen Staat gründen, noch wenn er einen alten, verderbten wieder einrichten wollte, dürfte er, wenn es ihm nicht an Einsicht fehlt, es versuchen, hinsichtlich der Götter und der Tempel, welche im Staate den einzelnen errichtet werden und nach welchen Göttern und Dämonen sie benannt werden sollen, an dem zu rütteln, was von Delc phi oder Dodona oder vom Ammon aus geboten wurde, oder wovon gewisse alte Sagen irgendwie manche überzeugten, indem Wundererscheinungen stattfanden oder vom Anhauch von Göttern berichtet wurde; womit Glauben findend sie mit Weihungen verbundene Opferfeste einrichteten, ob nun einheimische oder tyrrhenische oder kyprische oder irgendwoher sonst entlehnte, und, solchen Belehrungen zufolge, Orakel, Götterbilder, Altäre und Tempel weihten und für alle diese Weihbezirke abgrenzten. An diesem allen d muß der Gesetzgeber auch nicht im geringsten rütteln, er muß den einzelnen Abteilungen einen Gott, Dämon oder Heros zuweisen und diesen als ersten bei der Ländereiverteilung ausgewählte Weihbezirke und alles Gebührende zuteilen, damit die zu angeordneten Zeiten stattfindenden Versammlungen jeglicher Abteilung für die einzelnen Nöte Erleichterung gewähren und damit sie vermittels der Opferfeier gegenseitiges Wohlwollen gewinnen und untereinander e bekannt und vertraut werden. Ein größeres Gut gibt es aber für die Bürger eines Staates nicht als die Bekanntschaft untereinander selbst; denn wo nicht gegenseitig Klarheit über die Denkweisen herrscht, sondern Dunkel, da dürfte wohl niemand in rechter Weise zu den ihm gebührenden Ehren und Ehrenstellen sowie dem Rechte, welches ihm zukommt, gelangen. Vor allem aber muß jeder Bürger in jedem Staate dahin streben, immer als zuverlässig und wahr, nicht aber irgendeinmal jemandem als trügerisch zu erscheinen noch von einem, welcher so beschaffen ist, sich täuschen zu lassen.

739 a Das hierauf folgende weitere Fortrücken beim Anordnen der Gesetze — gleich dem der Steine im Brettspiel von der heiligen Linie weg — dürfte wohl, als ein Ungewohntes, anfangs die Verwunderung des davon Hörenden erregen; erwägt er es aber genauer und macht den Versuch, dann wird es sich zeigen, daß ein Staat im Vergleich mit dem besten wohl nur in der zweiten Ordnung eingerichtet werden dürfte. Vielleicht möchte wohl jemand ihn nicht annehmen, weil ein nicht mit Gewaltherrschaft ausgestatteter Gesetzgeber ihm etwas Ungewohntes ist. Das richtigste aber ist, man schildert die beste Verfassung, die zweiten und die dritten Ranges und b überläßt, nachdem man das tat, jedem an der Spitze einer Ansiedlung Stehenden die Wahl. Dieser Erwägung gemäß wollen auch wir jetzt verfahren, indem wir die ihrer Vorzüglichkeit nach erste, zweite und dritte Verfassung darstellen und die Wahl jetzt dem Kleinias anheimgeben, sowie demjenigen, der sonst jeweils den Wunsch hegt, indem er eine Auswahl unter dergleichen Einrichtungen trifft, seiner Sinnesart gemäß das ihm Zusagende des eigenen Vaterlands sich zuzuteilen.

[10. Schilderung der besten Verfassung. Notwendigkeit der Verteilung des Landes und Maßnahmen zur Erhaltung der Zahl der Bürger]

Der erste Staat, die erste Verfassung und die besten Gesetze sind da, wo möglichst im ganzen Staate der alte Spruch in Erfüllung c geht; dieser lautet aber, daß der Freunde Besitz in Wahrheit ein gemeinsamer ist. Ob nun das jetzt irgendwo stattfindet oder irgendeinmal stattfinden wird — daß die Frauen gemeinsam sind, die Kinder gemeinsam und gemeinsam aller Geldbesitz —, und wenn mit allen Mitteln das sogenannte Eigentum in jeder Beziehung aus dem Leben verbannt ist, nach Möglichkeit aber bewerkstelligt ist, daß auch das von Natur Eigene irgendwie ein Gemeinsames wird, so daß z. B. Augen und Ohren und Hände gemeinsam zu sehen scheinen und zu hören und zu schaffen, und daß auch alle insgesamt d soviel wie möglich gemeinsam loben und tadeln, indem dasselbe ihnen Freude macht und Verdruß erregt; wenn endlich Gesetze so weit irgend möglich den Staat zu *einem* gestalten: dann wird niemals jemand, indem er ihrer Vorzüglichkeit in Hinsicht auf Tugend einen anderen Maßstab setzt, einen richtigeren oder besseren setzen.

Was also den so beschaffenen Staat angeht, ob nun Götter oder Göttersöhne in größerer Zahl ihn bewohnen, sie bewohnen ihn, so ihr Leben verbringend, in Freude. Darum darf man nicht anderswo e das Urbild eines Staates suchen, sondern muß an diesem festhalten und nach Kräften den ihm zumeist entsprechenden erstreben. Derjenige aber, dessen Gründung wir jetzt unternommen haben, dürfte wohl, wenn er entstünde, der Unsterblichkeit am nächsten kommen und der *eine* in der zweiten Ordnung sein; den dritten aber wollen wir, so Gott will, danach beschreiben. Wie ist nun aber dieser Staat, von dem wir sprachen, beschaffen, und wie gelangt er wohl zu solcher Beschaffenheit?

Zuerst sollen sie die Ländereien und Wohnsitze *verteilen*, nicht aber als Gemeingut das Land bebauen, da eine solche Forderung 740 a etwas Größeres ist, als es dem jetzigen Geschlechte, der jetzigen Erziehung und Ausbildung entspricht; demnach mögen sie dieselben etwa in der Gesinnung unter sich verteilen, daß derjenige, welcher einen solchen Anteil durch das Los erhält, ihn als etwas dem Gesamtstaat Angehöriges anzusehen hat und daß, da die Scholle sein Vaterland ist, er sie mehr in Ehren zu halten hat als Kinder ihre Mutter, weil sie auch, als Göttin, der Sterblichen Herrin geworden ist; und ebenso seien auch die einheimischen Götter und Dämonen b zu betrachten. Damit aber diese Einrichtung eine für immerdar bestehende sei, muß man auch darauf noch sein Augenmerk richten, daß die Anzahl der jetzt von uns verteilten Wohnstätten stets dieselbe bleibe und weder größer noch kleiner werden dürfe. So etwas dürfte nun wohl in bezug auf den ganzen Staat in folgender Weise mit Sicherheit zu erreichen sein. Der Inhaber eines Loses hinterlasse nur *eines* seiner Kinder, welches er will, als Erben dieser Wohnstätte, als seinen Nachfolger und als Diener der Götter der Sippe c und der des Staates, sowohl der Lebenden als derjenigen, welche zu der Zeit schon das Ziel ihres Lebens erreichten; von den übrigen Kindern aber, wenn jemand mehr als eines hat, werden die Töchter, einem noch aufzustellenden Gesetze gemäß, ausgestattet, die männlichen aber als Söhne unter diejenigen Mitbürger verteilt, denen es an Nachkommenschaft fehlt, vorzüglich nach dem Verhältnis der Freundschaft; fehlt es aber manchen an freundschaftlichen Beziehungen oder bekommen die einzelnen zu zahlreiche Töchter oder Söhne oder fehlt es auch umgekehrt bei eintretender Unfruchtd barkeit daran — für dieses alles sei diejenige Obrigkeit, der wir den höchsten Rang und das größte Ansehen zuschreiben, indem sie erwägt, was bei Überfluß oder Mangel anzufangen sei, eifrigst auf Mittel bedacht, damit es stets nur bei 5040 Wohnstätten bleibe. Mittel aber gibt es viele. Denn sowohl ein Hemmen der Fortpflanzung, wo ein Überfluß derselben stattfindet, wie umgekehrt ein eifriges Befördern zahlreicher Geburten gibt es: indem beides mit Hilfe von Auszeichnungen und Zurücksetzungen und Zurechtweisungen, gegeben von Älteren in zurechtweisenden Reden gegen Jüngere, vore geht, vermag es das, wovon wir sprechen, zu bewirken. Zuletzt aber, wenn die größte Verlegenheit hinsichtlich des Beibehaltens der Zahl von 5040 Wohnstätten eintritt, wenn vermittels gegenseitiger Zuneigung der Zusammenlebenden ein maßüberschreitender Überfluß an Bürgern entsteht und wir Mangel leiden, dann bleibt uns der alte, von uns oft erwähnte Ausweg, die Aussendung von Kolonien, in Freundschaft von Befreundeten, bestehend aus solchen, wie es etwa zweckmäßig erscheint. Überkommt sie dagegen irgendein741 a mal umgekehrt eine Woge, welche mit Seuchen sie überflutet, oder im Kriege Verluste, und kommen sie durch Verwaisungen weit unter die festgestellte Zahl herab, dann darf man zwar nicht ohne Nötigung Bürger, welche nicht die rechte Erziehung erhielten, einschieben, aber die Notwendigkeit soll ja doch nicht einmal Gott zu bezwingen vermögend sein.

[11. Mahnung, an dem zugemessenen Anteil festzuhalten]

Dazu also, wollen wir behaupten, rufe die jetzt von uns gesprochene Rede ermahnend auf: «Laßt nicht ab, ihr trefflichsten der Männer, die Ähnlichkeit und Gleichheit, das Selbe und Übereinstimmung der Natur gemäß zu ehren sowohl bei der Zahl als auch
b bei dem gesamten Vermögen zu dem, was da schön und gut ist. Insbesondere haltet auch jetzt zuerst das ganze Leben hindurch an der angegebenen Zahl fest; ferner mißachtet nicht die Größe und den Umfang der Habe, wie ihr sie anfangs in rechtem Maße unter euch verteiltet, durch ein wechselseitiges Kaufen und Verkaufen; denn weder das Los, welches als ein Gott den Anteil zuwies, ist euch Beistand, noch der Gesetzgeber. Jetzt nämlich gebietet dem Widerspenstigen zuerst das Gesetz, nachdem es vorschrieb, nur unter dieser Bedingung solle, wer da wolle, an der Verlosung teilnehmen,
c sonst aber nicht: daß, da erstens die Scholle etwas allen Göttern Geheiligtes sei, ferner Priester und Priesterinnen unter Darbringung eines ersten, zweiten, ja dritten Opfers im Gebete es erflehten,

den Käufer oder den Verkäufer des ihm zugefallenen Haus- oder Ackergrundstücks die angemessene Strafe treffen solle. Auch werden sie auf Tafeln von Zypressenholz geschriebene Erinnerungen für die künftige Zeit in den Tempeln niederlegen und außerdem die Wacht darüber, daß es so geschieht, derjenigen Obrigkeit d übertragen, welcher sie den größten Scharfblick zutrauen, damit ihnen nicht die in jedem einzelnen Falle stattfindenden Übertretungen entgehen und damit sie, unterstützt von Gott und dem Gesetze, den Ungehorsamen bestrafen. Denn welch ein Heil diese Anordnung, durch die entsprechenden Einrichtungen unterstützt, für alle Staaten sei, die sich ihr fügen, das wird, einem alten Spruche zufolge, dem Schlechten nimmer, nur dem erfahrenen Manne von geregelter Lebensweise klar. Ist doch ein großer Gelderwerb mit einer e solchen Einrichtung unvereinbar, vielmehr geht aus derselben hervor, daß niemand nötig hat, auf unedlem Wege sich zu bereichern, noch es darf, insofern ein für schimpflich geltender Handwerkssinn eine edle Gesinnung abstößt, welche durchaus auf solchem Wege Schätze zu sammeln verschmäht.»

[12. Verbot von Gold und Silber und Absicht des Gesetzgebers dabei]

An dieses alles knüpft sich außerdem ein Gesetz, welches keinem Nichtbeamten es gestattet, irgend Gold und Silber zu besitzen, wohl 742 a aber die Landesmünze des täglichen Umsatzes wegen, den zu betreiben für Handwerker fast unumgänglich ist sowie für alle, deren Geschäft es ist, Lohn darin an gemietete Sklaven und Fremde zu bezahlen. Aus diesen Gründen müssen sie, behaupten wir, die Landesmünze sich erwerben, welche für sie Geltung hat, für andere Menschen aber wertlos ist; unter allen Hellenen gültiges Geld aber muß, der Heereszüge und Reisen in fremde Länder wegen, wie bei Gesandtschaften oder bei einer andern für den Staat notwendigen b Botschaft, wenn man jemand ausschicken muß – zu jedem dieser Zwecke muß der Staat notwendig hellenisches Geld besitzen. Hat dagegen ein Nichtbeamter irgendeinmal nötig, eine Reise zu machen, dann unternehme er sie nach bei der Obrigkeit eingeholtem Urlaub, doch kehrt er mit irgenwoher erhaltenem, ihm übrig gebliebenem fremdem Gelde heim, dann zahle er es gegen eine verhältnismäßige Summe des einheimischen an den Staatsschatz; kommt es aber zutage, daß er jenes für sich behielt, dann falle es dem Staatsschatze anheim; wer ferner darum weiß und es nicht anzeigt, den treffe so gut wie den, welcher es in das Land brachte, Fluch und Schande und außerdem eine Geldstrafe, welche nicht ge- c ringer ist als das eingebrachte Geld.

Verheiratet jemand sich oder eine Tochter, dann soll er durchaus auch nicht die geringste Mitgift weder geben noch annehmen; noch soll jemand einem, dem er nicht traut, Geld verpfänden noch gegen Zinsen es ausleihen, indem es dem, welcher es auf Zinsen lieh, verstattet ist, überhaupt dem Darleiher weder das Kapital zurückzuzahlen noch die Zinsen zu entrichten. Von folgendem Gesichts-

punkte aus aber dürfte wohl jemand richtig beurteilen, daß es für den Staat das beste sei solche Einrichtungen zu treffen, wenn er
d nämlich stets auf ihren Ursprung und ihre Absicht zurückgeht. Die Absicht des verständigen Staatsmannes ist aber nicht die, sagen wir, von welcher etwa der große Haufe behaupten dürfte, daß sie der gute Gesetzgeber haben müsse, nämlich daß der Staat, zu dessen Bestem er wohlwollend seine Gesetze gibt, so groß wie möglich sei sowie, im Besitze von Gold- und Silberbergwerken, vor allen reich und zu Wasser und zu Lande möglichst vielen gebiete; sie könnten aber wohl auch hinzufügen, der rechte Gesetzgeber müsse die Absicht haben, seinen Staat zu dem besten und glückseligsten
e zu machen. Doch von diesen Absichten sind die einen erreichbar, die andern aber nicht. So dürfte demnach der Ordner des Staates nur die erreichbaren hegen, die nicht erreichbaren dagegen möchte er wohl weder in eitlen Wünschen hegen noch sie zu verwirklichen suchen. Fast unumgänglich notwendig nämlich ist es, daß die Bürger zugleich glückselig und gut werden, das möchte er also wohl beabsichtigen; sehr reich dagegen, was die Menge reich nennt, und gut zu werden ist unmöglich; so nennt sie nämlich diejenigen, welche, wie nur wenige, zu Besitztümern von größtem Geldwerte gelangten, die wohl auch ein Schlechter besitzen könnte. Hat das aber
743 a seine Richtigkeit, dann möchte ich ihnen nicht einräumen, daß der Reiche in Wahrheit glückselig werden könne, ohne zugleich gut zu sein; daß aber ein ausgezeichnet Guter auch ausgezeichnet reich ist, ist unmöglich. «Weshalb denn?» dürfte wohl jemand fragen. Weil, möchten wir etwa erwidern, der rechtmäßige *und* ungerechte Erwerb mehr als doppelt so groß ist wie der bloß rechtmäßige und die Ausgaben, welche weder zu guten noch zu schlechten Zwecken verwendet werden wollen, um das Doppelte geringer als die guten,
b welche für gute Zwecke aufzuwenden bereit sind. Nimmermehr dürfte also wohl einer reicher werden als die mit doppeltem Erwerb und den halben Ausgaben, wenn er im entgegengesetzten Falle sich befindet. Von diesen ist der eine gut, der andere nicht schlecht, wenn er sparsam ist, manchmal aber auch ganz schlecht, gut aber, wie eben gesagt wurde, in keinem Falle. Denn wer rechtmäßiges und unrechtmäßiges Gut erwirbt, es aber weder in rechtmäßiger noch unrechtmäßiger Weise anwendet, der wird, wenn er dabei sparsam ist, reich, der ganz Schlechte, gewöhnlich auch Verschwenderische dagegen sehr arm. Wer aber nur zu guten Zwecken etwas verwen-
c det und nur auf rechtmäßige Weise etwas erwirbt, der dürfte wohl nicht so leicht vorzüglich reich noch auch sehr arm werden; so daß unsere Behauptung richtig ist, daß die sehr Reichen nicht gut, wenn aber nicht gut, auch nicht glücklich sind.

[13. Aufstellung von vier Vermögensklassen und Begrenzung des Reichtums und der Armut]

Für uns war aber die Grundabsicht unserer Gesetze darauf gerichtet, daß die Bürger so glücklich und so befreundet untereinander werden wie möglich; befreundet dürften sie jedoch wohl niemals werden, wenn unter ihnen viele Rechtshändel und Verletzungen des Rechts stattfinden, sondern wenn beide möglichst geringfügig und selten sind. Wir verlangen aber, daß weder Gold und Silber im Staate sei noch auch ein eifriger Erwerb durch ein handwerksmäßiges Treiben und Wucher und auch nicht durch schimpfliches Aushalten, sondern durch das, was der Landbau hergibt und erzeugt, und davon soviel den Erwerbenden nicht nötigen wird, das zu vernachlässigen, dessentwegen man Erwerb sucht; das ist aber die Seele und der Leib, die ohne Leibesübungen und den übrigen Unterricht kaum einigen Wert bekommen dürften. Deshalb haben wir wiederholt es ausgesprochen, daß der Sorge für den Gelderwerb in der Schätzung die letzte Stelle gebührt; denn unter den drei Gegenständen insgesamt, auf welche das Streben jedes Menschen gerichtet ist, ist das richtig betriebene Streben nach Erwerb das dritte und letzte, das zweite das auf den Körper, das erste das auf die Seele gerichtete. Gewiß beruht daher auch in unserm Falle die Staatsverfassung, die wir entwerfen, auf richtigen Gesetzen, wenn sie diese Rangordnung festsetzt. Wenn es aber offenbar ist, daß eines der vorgeschriebenen Gesetze im Staate die Gesundheit höher schätzt als die Besonnenheit oder den Reichtum höher als die Gesundheit und das Besonnensein, dann gibt es als ein nicht richtig aufgestelltes sich kund. Das also muß der Gesetzgeber wiederholt bei sich herausstellen: was ist mein Streben, und werde ich es erreichen oder meinen Zweck verfehlen? Und so möchte vielleicht wohl jemand mit seiner Gesetzgebung selbst zustande kommen und auch die andern derselben überheben, nimmermehr aber auf irgendeine andere Weise.

So besitze denn, sagen wir, derjenige, dem es durch das Los zufiel, unter den von uns angegebenen Bedingungen das Erloste. Gewiß wäre es nun schön, wenn jeder einzelne mit einem auch im übrigen gleichen Besitze in die Niederlassung käme; da das aber unmöglich ist, vielmehr der eine mit größerer, der andere mit geringerer Habe sich einfinden wird, so ist es aus vielen andern Gründen, vornehmlich aber um eine Gleichheit der Verhältnisse im Staate herzustellen, nötig, daß eine Verschiedenheit der Vermögensklassen eintrete, damit Staatswürden, Beisteuern und Verteilungen nach Schätzung des jedem Gebührenden bestimmt werden, nicht bloß der Tugend seiner Ahnen und der eigenen oder seiner Körperkraft und Schönheit gemäß, sondern auch mit Berücksichtigung seines Reichtums und seiner Armut, und damit sie, Ehren und Staatswürden auf das gleichförmigste in zwar ungleicher, aber verhältnismäßiger Weise erhaltend, nicht in Zwistigkeiten geraten. Deshalb geziemt es sich, daß der Größe des Besitzes nach vier Vermögensklassen eingerichtet werden, eine erste, zweite, dritte und vierte, oder was sonst für Namen er ihnen geben mag, sowohl wenn sie in derselben Klasse verharren, als auch wenn sie, aus Armen zu Reicheren oder aus Reichen zu Armen geworden, in die den einzelnen zukommende Klasse übertreten.

Darauf möchte ich ferner folgenden Entwurf eines Gesetzes, als

daran sich anschließend, aufstellen. In einem Staate, behaupten wir, der von der größten Krankheit, welche wir richtiger Auflösung als Aufruhr nennen, frei bleiben soll, darf sich weder bei einigen Bürgern drückende Armut noch dagegen auch Reichtum finden, da beide jene beiden erzeugen; der Gesetzgeber muß daher jetzt eine Begrenzung jedes dieser beiden bezeichnen. Die Grenze der Armut be-
e stimme also der Wert eines Loses, welches jedem bleiben muß und dessen Verringerung keine Obrigkeit jemals gestatten wird, so wenig wie irgendeiner der übrigen Bürger, welcher den Ruhm der Tugend erstrebt. Indem der Gesetzgeber dieses als Maßstab annimmt, wird er das Doppelte, Dreifache, ja Vierfache davon zu besitzen gestatten; erlangt einer aber mehr als das, indem er es fand oder irgendwoher geschenkt bekam oder es verdiente oder durch einen an-
745 a deren Glücksfall der Art das das Maß Überschreitende gewann, der dürfte wohl, wenn er an den Staat und die über ihn waltenden Götter es abgibt, einen guten Ruf erlangen und keiner Strafe unterliegen; ist dagegen jemand ungehorsam gegen dieses Gesetz, dann möge, wer da Lust hat, gegen die Hälfte der Summe ihn anzeigen, der Schuldige aber entrichte noch ebensoviel von der eigenen Habe, und die Hälfte gehöre den Göttern. Der ganze Besitz aller aber, mit Ausnahme des Loses, werde öffentlich bei den darüber wachenden, vom Gesetz damit beauftragten Staatsbeamten
b aufgezeichnet, damit die Rechtshändel über alles auf Geld sich Beziehende leicht zu schlichten und völlig klar sind.

[14. Art und Weise der Landesverteilung]

Dem zunächst muß zuerst der Gesetzgeber die Stadt soviel wie möglich in des Landes Mitte gründen, nachdem er eine Stelle ausgewählt hat, die auch die übrigen Verhältnisse aufweist, wie sie dem Staate zuträglich sind, welche zu erkennen und nachzuweisen nicht schwierig ist. Darauf muß er das Land in zwölf Teile zerlegen, nachdem er zuerst ein Heiligtum der Hestia, des Zeus und der Athene errichtete, welches er die Burg nennt, und eine Ringmauer
c um sie führt, von der aus er die Stadt selbst und das ganze Land in die zwölf Teile zu teilen hat. Diese Teile müssen aber dadurch, daß die des guten Bodens klein, die des schlechteren größer ausfallen, einander gleich werden. Er hat ferner 5040 Lose zu machen, jedes derselben in zwei Teile zu teilen und in einem Los zwei Teile zu verbinden, die jeweils an dem Nahen und dem Fernen teilhaben: Der zunächst an die Stadt grenzende Teil bilde mit dem am äußersten Umfange liegenden *ein* Los, sowie der von der Stadt aus zwei-
d te mit dem vom äußersten Umfange aus zweiten, und so die andern alle in demselben Verhältnisse. Wir müssen aber auch bei der Doppelteilung das eben erwähnte Verhältnis der Geringhaltigkeit und Vorzüglichkeit des Bodens beachten, indem wir es durch den größeren oder geringeren Umfang der Zuteilung ausgleichen. Auch die Bürger muß der Gesetzgeber in zwölf Teile teilen, wobei er, nachdem eine Aufzeichnung von allem stattgefunden hat, den Anteil des übrigen Besitzes so zuweist, daß die zwölf Teile möglichst gleich

werden. Ferner müssen sie zwölf Göttern zwölf Lose zuteilen, den jedem Gotte zugefallenen Teil nach ihm benennen, denselben ihm e weihen und ihn als Stammesgenossenschaft bezeichnen. Weiter haben sie auch die Stadt in derselben Weise, wie sie den übrigen Grund und Boden zerlegten, in zwölf Teile zu teilen. Jeder besitze aber zwei Wohnstätten, die eine in der Nähe der Mitte, die andere dagegen in der des äußersten Randes. Und die Ansiedlung habe damit ihr Ende.

[15. Einwände gegen die Ausführbarkeit des Plans und ihre Widerlegung]

Wir müssen aber in jeder Weise Folgendes bedenken, daß wohl nicht alles jetzt Gesagte auf solche Gelegenheiten treffen wird, daß völlig unserer Rede gemäß alles insgesamt vorhanden ist, nämlich Menschen, welche einem solchen Zusammenwohnen nicht wider- 746 a streben, sondern es sich gefallen lassen, auf einen vorgeschriebenen und mäßigen Geldbesitz während des ganzen Lebens und auf eine Kindererzeugung, wie wir sie ihnen angegeben haben, sich zu beschränken sowie des Goldes und vieler anderer Dinge zu entbehren, bei denen es offenbar, dem Gesagten zufolge, der Gesetzgeber noch dazu verlangen wird; ferner beim Lande und der Stadt die Mittellage und das Ganz-im-Kreise-herum-Wohnen, wie er sie vorschrieb, indem er fast Traumbilder aussprach oder Stadt und Bürger gleichwie aus Wachs sich gestaltete. Gewiß ist nun eine solche Aufstellung in gewisser Hinsicht gar nicht übel, man muß aber b folgendes sich in das Gedächtnis zurückrufen. Der Gesetzgeber wiederum sagt uns also dieses: «Glaubt nicht, ihr Freunde, daß es bei diesen Reden mir selbst entgangen sei, daß der jetzt gemachte Einwurf in gewisser Weise richtig vorgebracht wird. Bei allem aber, was künftig sein soll, halte ich es für das angemessenste, daß derjenige, welcher das Musterbild aufzeigt, wie das in Angriff Genommene werden soll, in nichts von dem abgehe, was das Schönste und Wahrste ist. Wem aber etwas davon als unausführbar sich ergibt, c der möge dieses selbst umgehen und nicht in Ausführung bringen, was von dem übrigen aber dem am nächsten kommt und dem, was ausgeführt werden sollte, seiner Natur nach am verwandtesten ist, dessen Ausführung möge er ins Werk setzen. Er gestatte aber dem Gesetzgeber, seine Absicht bis zum Ende durchzuführen, wenn das aber geschehen ist, dann erwäge er gemeinschaftlich mit ihm, was von dem Gesagten zuträglich ist und was an der Gesetzgebung widersprechend ausgeführt wurde; denn das selbst mit sich selbst in jeder Hinsicht Übereinstimmende muß wohl auch der Urheber des geringfügigsten Werkes zustande bringen, wenn er der Rede wert d sein will.»

[16. Weitere Einteilung und Nutzen der Zahlen. Der Einfluß der Örtlichkeit auf die Gesinnung]

Nun also, nach dem Entschluß zur Einteilung in die zwölf Teile, müssen wir eben dieses zu sehen uns bemühen, in welcher Weise

diese zwölf Teile einzuteilen seien, welche wiederum sehr viele Teilungen des in ihnen Enthaltenen zulassen, ferner das an dieses sich Anschließende und daraus Hervorgehende, bis zu den 5040 — woher ihnen die Sippschaften und Bezirke und Flecken entstehen, und außerdem die Aufstellungen im Kampf und die Marschordnungen,
e dazu die Geldmünzen, die Maße des Trocknen und Flüssigen und die Gewichte —, das alles muß das Gesetz ebenmäßig und unter sich übereinstimmend festsetzen. Außerdem darf ein Gesetzgeber auch jenes nicht scheuen, was als Kleinigkeitskrämerei erscheinen könnte, wenn er vorschreibt, bei allen Gerätschaften, die einer sich anschafft, keines ohne das rechte Maß sein zu lassen, und daß er einem allgemeinen Grundsatz zufolge glaubt, die Teilungen und Ver-
747 a änderungen der Zahlen seien in jeder Beziehung von Nutzen, sowohl diejenigen, in denen sie unter sich verändert werden, als auch die Veränderungen hinsichtlich der Länge und Tiefe sowie auch in den Tönen und Bewegungen, sowohl in gerader Richtung nach oben und unten als in den kreisförmigen; denn auf das alles muß der Gesetzgeber seine Aufmerksamkeit richten und allen Bürgern anbefehlen, soviel sie vermögen von der Ordnung der Zahlen nicht
b abzulassen. Denn auf Haushaltung und auf Staatsverwaltung und auf alle Künste hat kein einziger Unterrichtsgegenstand so großen Einfluß wie die Beschäftigung mit den Zahlen; das wichtigste aber ist, daß sie den Schläfrigen und von Natur Unbegabten aufweckt und ihn, indem er durch diese göttliche Kunst seiner Natur zuwider fortschreitet, lernbegierig, merksam und scharfsichtig macht. Alle diese Bildungsmittel werden sich, wenn man durch andere Gesetze und Einrichtungen die unfreie und geldgierige Gesinnung aus den
c Seelen derjenigen entfernt, welche das in geeigneter und nutzbringender Weise auffassen sollen, als schön und angemessen bewähren; wo aber nicht, dann möchte jemand wohl, ohne es innezuwerden, statt der Weisheit das erzeugen, was man Verschlagenheit nennt, wie sie jetzt, wie man sehen kann, in den Ägyptern, Phoinikern und vielen andern Völkern durch das Unfreie ihrer übrigen Einrichtungen und Erwerbsarten sich erzeugte, sei es nun, daß etwa ein schlechter Gesetzgeber, der ihnen zuteil ward, das bewirkte oder
d ein Mißgeschick, welches sie betraf, oder sonst etwas Derartiges, in der Natur Begründetes.

Denn auch das, Kleinias und Megillos, entgehe unserer Aufmerksamkeit nicht, daß manche Gegenden vor anderen geeignet sind, bessere oder schlechtere Menschen zu erzeugen, welchen man nicht Zuwiderlaufendes verordnen darf; einige derselben sind infolge der Stürme aller Art und der Hitze unzuträglich oder günstig, andere infolge des Wassers; wieder andere infolge der aus dem Boden kommenden Nahrung selbst, welche nicht bloß den Körpern
e Besseres oder Schlechteres gewährt, sondern auch nicht minder in den Seelen dergleichen hervorzubringen vermag. Ferner dürften sich wohl von allen diesen am meisten diejenigen Gegenden eines Landes unterscheiden, in denen ein göttlicher Anhauch waltet und von Dämonen Erlostes sich befindet, welche die jedesmaligen An-

siedler gnädig oder in entgegengesetzter Weise aufnehmen. Erst nachdem der verständige Gesetzgeber dergleichen Umstände, insofern ein Mensch sie zu durchschauen vermag, in Erwägung zog, dürfte er ihnen wohl seine Gesetze zu geben versuchen. Und so mußt auch du es machen, o Kleinias; auf dergleichen Dinge mußt du zuerst deine Aufmerksamkeit richten, wenn du eine Niederlassung gründen willst.

Kleinias: Was du sagst, athenischer Gastfreund, ist sehr schön, und so will ich es machen.

SECHSTES BUCH

[1. Die Schwierigkeit beim Wählen der ersten Obrigkeiten]

751 a   DER ATHENER: Gewiß hättest du nun wohl nach allem jetzt Besprochenen die Obrigkeiten für den Staat einzusetzen.

KLEINIAS: Allerdings verhält es sich so.

DER ATHENER: Diese zwei Bestandteile gibt es nun bei der Einrichtung des Staates: Zuerst die Bestimmung der Ämter und der Beamten, wieviele deren sein müssen und in welcher Weise sie anzuordnen seien; ferner gilt es dann, den einzelnen Obrigkeiten die
b Gesetze zuzuweisen, welche ihnen und in welcher Anzahl und Beschaffenheit es ihnen angemessen sein dürfte. Indem wir aber vor der Wahl ein wenig innehalten, wollen wir einige angemessene Bemerkungen über sie vorausschicken.

KLEINIAS: Welche also?

DER ATHENER: Folgende: Jedem ist wohl dieses klar, daß, weil es eine große Schwierigkeit für die Gesetzgebung ist, wenn ein wohleingerichteter Staat die Verwaltung zweckmäßiger Gesetze untauglichen Obrigkeiten überträgt, nicht nur kein Vorteil herausspringen kann, obwohl die Gesetze gut sind, und ein großes Gelächter sich
c erheben möchte, sondern daß auch wohl fast der größte Nachteil und Schaden aus ihnen erwachsen dürfte.

KLEINIAS: Wie sollte das nicht der Fall sein?

DER ATHENER: Erwägen wir nun, daß Folgendes dir, o Freund, hinsichtlich des jetzt zu gründenden Staates und seiner Verfassung begegnet. Du siehst nämlich ein, daß erstens diejenigen, welche mit Fug um die mit den höchsten Staatswürden verbundene Gewalt sich bewerben wollen, von ihrer Kindheit an bis zum Tage der Wahl sowohl selbst als ihre Voreltern eine ausreichende Prüfung abgelegt haben müssen, sowie ferner, daß die zu Wählern Bestimmten aufgewachsen sein müssen in der Gewohnheit der Gesetze als wohl
d dazu Erzogene, daß sie fähig werden, durch Zurückweisung und Billigung diejenigen richtig zu wählen und zu verwerfen, welche das eine oder das andere verdienen. Wie vermöchten daher wohl diejenigen, welche vor kurzem erst, ohne einander zu kennen, und noch ununterrichtet zusammenkamen, die Obrigkeiten in untadeliger Weise zu wählen?

KLEINIAS: Das dürften sie wohl kaum vermögen.

DER ATHENER: Doch bei einem Kampfe, heißt es, gelten keine Ausflüchte; und gewiß müssen jetzt auch du und ich danach verfahren,
e da ja du, wie du sagst, dem Volke der Kreter versprachst, bereitwillig mit neun Amtsgenossen jetzt den neuen Staat zu gründen,
752 a sowie ich, dir vermöge unserer jetzigen Erzählung beizustehen. Gewiß nur ungern möchte ich nun meine Rede ohne Kopf zurücklassen,

dürfte sie doch, wenn sie etwa nach allen Richtungen umherschweift, dann als mißgestaltet erscheinen.

KLEINIAS: Sehr wohl gesprochen, Gastfreund.

DER ATHENER: Das genügt nicht, vielmehr will ich es auch nach Kräften so ausführen.

KLEINIAS: Allerdings wollen wir so verfahren, wie wir da sagen.

DER ATHENER: Das soll geschehen, wenn es Gott gefällt und wir unserem Alter noch soviel abgewinnen.

KLEINIAS: Es ist wahrscheinlich, daß es ihm gefalle.

DER ATHENER: Wahrscheinlich allerdings; und indem wir ihm folgen, wollen wir auch das auffassen.

KLEINIAS: Was denn?

DER ATHENER: Daß mutvoll und unter Gefahren jetzt der Staat von uns eingerichtet werden wird.

KLEINIAS: In bezug auf was und in welcher Hinsicht behauptest du das jetzt?

DER ATHENER: In Hinsicht darauf, daß wir leichthin daran nicht gewöhnten Menschen Gesetze geben, unbekümmert, wie sie wohl die jetzt aufgestellten Gesetze hinnehmen werden. Soviel aber, Kleinias, begreift wohl jeder, auch der nicht besonders Einsichtsvolle, daß sie am Anfang keine derselben bereitwillig annehmen werden, wohl aber, wenn wir so lange bei ihnen ausharren, bis diejenigen, welche als Kinder die Gesetze erprobten, unter ihnen aufwuchsen und mit ihnen zur Genüge vertraut wurden, an den Wahlen für den gesamten Staat teilnehmen. Geschieht aber, was wir sagen, und geschieht es irgendwie und durch irgendwelche Maßregeln auf die rechte Weise, dann wird, glaube ich, eine große Sicherheit eintreten, daß auch in der darauf folgenden Zeit der also herangebildete Staat fortbestehen werde.

KLEINIAS: Das hat allerdings guten Grund.

DER ATHENER: Laßt uns also außerdem erwägen, ob wir wohl auf folgende Weise einen geeigneten Weg dazu ausfindig machen. Ich, o Kleinias, behaupte nämlich, ihr Knossier müßt vor allen andern Kretern nicht bloß Reinigungsopfer für den Landesstrich, welchen ihr jetzt besiedeln wollt, darbringen, sondern auch eifrig darauf bedacht sein, daß die ersten Obrigkeiten auf das zuverlässigste und beste eingerichtet sind. Bei den andern kostet es nun nur geringerer Mühe, höchst notwendig dagegen ist, daß die ersten Gesetzeswächter mit der größten Sorgfalt gewählt werden.

KLEINIAS: Welchen Weg und welche Vorschrift sinnen wir dazu wohl aus?

DER ATHENER: Folgende. Ich behaupte, ihr Söhne der Kreter, es zieme den Knossiern, weil sie hervorragen unter den vielen Staaten, gemeinschaftlich mit den zu dieser Niederlassung sich Versammelnden aus diesen und aus ihnen selber zusammengenommen 37 Männer zu wählen, 19 aus den zur Niederlassung bestimmten, die übrigen aber aus Knossos selbst; diese mögen die Knossier durch Überredung oder Anwendung mäßigen Zwanges deinem Staate überlassen, und auch dich selbst, damit du ein Bürger der Niederlassung seist und einer der achtzehn.

KLEINIAS: Doch wie? Beteiligt nicht auch ihr, du, Gastfreund, und Megillos, euch an unserem Staat?

[2. Der Vorgang der Wahl]

DER ATHENER: Einen stolzen Sinn, o Kleinias, hegt Athen, einen stolzen auch Sparta, und groß ist die Entfernung beider; für dich aber steht es in allem gut, und für die übrigen Gründer ebenso, wie b jetzt von dir gesagt wird. Und wie es bei den uns jetzt zu Gebote stehenden Mitteln am zweckmäßigsten geschehen könnte, darüber genüge das Gesagte; in der Folgezeit aber, und wenn die Staatsverfassung von Bestand ist, finde die Wahl derselben etwa in folgender Weise statt. An der Wahl der Staatsoberhäupter sollen alle teilnehmen, welche als Reiter oder Fußgänger Waffen tragen und in der Kraft ihres Mannesalters am Kriege teilgenommen haben; veranstalten soll man aber die Wahl in dem Tempel, welchen der c Staat für den ehrwürdigsten ansieht, und jeder soll seine Stimme auf dem Altar des Gottes niederlegen, indem er auf einem Täfelchen den Namen des von ihm Vorgeschlagenen, den Vater, den Stamm und den Bezirk verzeichnet, dem er angehört, den eigenen Namen aber mit denselben Angaben daneben schreibt. Und jedem, wer da will, sei es gestattet, von den Täfelchen dasjenige, welches er nicht nach seinem Sinne beschrieben findet, aufzunehmen und es dreißig Tage wenigstens auf dem Markte niederzulegen. Von den als die vorzüglichsten anerkannten Stimmen sollen die Staatsoberhäupter bis zu dreihundert der ganzen Stadt vorzeigen und zu ihd rer Kenntnis bringen; und unter diesen sollen wieder die Bürger für denjenigen stimmen, den jeder irgend will, und die hundert bei der zweiten Abstimmung Vorgezogenen sollen jene wiederum allen vorzeigen. Bei der dritten Abstimmung möge, wer da will, indem er durch geopferte Eingeweide schreitet, für wen er will unter den hundert stimmen, und die siebenunddreißig, welche die meisten Stimmen davontragen, mögen sie, nachdem sie sie geprüft haben, zu Staatsoberhäuptern ernennen.

Welche Männer werden nun, Kleinias und Megillos, das alles, e was die Staatswürden und die Prüfungen dazu betrifft, in unserem Staate einrichten? Bedenken wir wohl, daß es für die zuerst so verbundenen Staaten notwendig einige geben muß, aber solche, die früher als alle Obrigkeiten vorhanden wären, nicht gibt? Gewiß muß es aber diese geben, und noch dazu keine Unfähigen, sondern vor allen Hervorragende. Denn das Sprichwort nennt den Anfang die Hälfte jedes Unternehmens, und einen guten Anfang preisen bei jeder Sache alle, ja dieser ist, wie mir es sich herausstellt, noch 754 a mehr als die Hälfte, und niemand hat ihn, wenn er in schöner Weise stattfand, nach Gebühr gepriesen.

KLEINIAS: Da hast du sehr recht.

DER ATHENER: Übergehen wir also, da wir das wissen, es nicht mit Stillschweigen, ohne uns selbst deutlich zu machen, in welcher

Weise es stattfinden muß. Ich meinerseits weiß nun keineswegs guten Rat, außer *einem* Vorschlag, den für den gegenwärtigen Fall zu nennen notwendig und zuträglich ist.

KLEINIAS: Welchen denn?

[3. Einrichtung der ersten Obrigkeit. Das Amt der Gesetzeswächter]

DER ATHENER: Ich behaupte, bei dem Staate, welchen wir zu gründen im Begriff sind, vertrete nichts anderes gleichsam den Vater und die Mutter als der die Ansiedlung entsendende Staat, obschon es mir nicht unbekannt blieb, daß viele von den Staaten, welche durch Ansiedlung entstanden, gar oft mit denjenigen in Zwist gerieten, von welchen sie auszogen, und es weiterhin werden. Jetzt im Augenblick aber liebt er wie ein Kind, sollte es auch irgendeinmal mit seinen Erzeugern in Zwiespalt geraten, bei dem gegenwärtigen Mangel an Ausbildung seine Erzeuger und wird von ihnen geliebt und findet, stets zu den Angehörigen seine Zuflucht nehmend, in den Verwandten allein seine Helfer. Solche Gesinnungen werden jetzt, behaupte ich, bereitwillig die Knossier, vermöge ihrer Fürsorge, gegen den neuen Staat und der neue Staat gegen die Knossier hegen. Ich behaupte also, wie ich eben sagte — schadet es doch nicht, das Schöne zweimal zu sagen —, die Knossier müssen gemeinsam mit ihnen für dieses alles Sorge tragen, indem sie sich von den in die Ansiedlung Gekommenen nicht weniger als hundert dazuwählen und dabei nach Möglichkeit die bedeutendsten und besten nehmen: und von den Knossiern selbst sollen es weitere hundert sein. Diese nun, sage ich, sollen in die neue Stadt kommen und gemeinsam dafür Sorge tragen, daß den Gesetzen gemäß die Oberhäupter eingesetzt und die Eingesetzten geprüft werden. Nachdem das geschehen ist, mögen die Knossier Knossos verwalten, der neue Staat aber versuche sich selbst zu erhalten und wohl zu gedeihen.

Ferner mögen die unter die 37 Aufgenommenen für jetzt und die ganze Folgezeit dazu von uns gewählt werden: zuerst seien sie Wächter der Gesetze und dann der Eingaben, in welchen jeder den Staatsoberhäuptern die Größe seines Vermögens anzugeben hat, und zwar der der höchsten Vermögensklasse Angehörende das über vier Minen, der der zweiten das über drei, der dritte das über zwei Minen und der vierte das über eine. Ergibt es sich aber, daß jemand außer dem Angegebenen noch etwas besitzt, dann falle das alles dem Staate anheim, außerdem gewähre er dem, der ihn gerichtlich belangen will, eine nicht rühmliche noch günstige, sondern schimpfliche Buße, wenn er überführt wird, daß er aus Gewinnsucht der Gesetze nicht achtete. Wer also Lust hat, belange ihn schimpflicher Gewinnsucht wegen vor den Gesetzeswächtern selbst; wird aber der Angeklagte für schuldig erkannt, dann habe er am gemeinsamen Besitztume keinen Teil, gehe, wenn im Staate eine Verteilung stattfindet, mit Ausnahme seines Loses leer aus und stehe, solange er lebt, an einer Stelle aufgezeichnet, wo, wer da will, seinen Namen lesen kann.

Ein Gesetzeswächter sei aber nicht über zwanzig Jahre in diesem Amt und erhalte die Stimme zu dieser Würde nicht, wenn er unter fünfzig Jahre alt ist; ward er aber als ein Sechzigjähriger gewählt, dann herrsche er nur zehn Jahre, und nach diesem Verhältnis, so-
b wie einer länger lebt, indem er die Siebzig überschreitet, denke er nicht mehr daran, unter diesen Oberhäuptern ein solches Amt auszuüben.

[4. Die Wahl für die militärischen Ämter]

Das seien die drei an die Gesetzeswächter gestellten Anforderungen; doch wenn die Gesetze weiter voranschreiten, dann wird jedes diesen Männern die Sorge auferlegen, welche sie außer dem bis jetzt Angeführten noch zu übernehmen haben. Jetzt aber wäre es wohl an der Reihe, über die Wahl zu den übrigen Staatsämtern zu sprechen; denn es müssen hierauf die Heerführer gewählt werden und die diesen für die Kriegsführung gewissermaßen unterstellte Die-
c nerschaft, Reitereiführer und Rittmeister und die Anordner der Heeresabteilungen zu Fuß, denen am füglichsten wohl eben dieser Name zukommen dürfte, den auch das Volk ihnen erteilt, der Hauptleute. Von diesen nun mögen die Heerführer aus unserem Staate selbst die Gesetzeswächter vorschlagen, die Wahl aus den Vorgeschlagenen aber alle treffen, welche in dem angemessenen Lebensalter am Kampfe teilnahmen und jedesmal noch nehmen. Meint jedoch jemand, einer der Nichtvorgeschlagenen sei einem der
d Vorgeschlagenen vorzuziehen, der nenne, wen und statt wessen er einen vorschlägt, und bringe, nachdem er eben dieses eidlich bekräftigte, den andern in Vorschlag; für wen sich nun die Stimmenmehrheit entscheidet, der werde unter die Wählbaren aufgenommen. Die drei aber, für welche die meisten Stimmen sich erklären, daß diese Heerführer und Obwalter des auf den Krieg Bezüglichen sein sollen, die mögen geprüft werden wie die Gesetzeswächter. Die zu Heerführern Erwählten mögen sich untereinander selbst zwölf
e Hauptleute, einen für jeden Stamm, vorschlagen; der Gegenvorschlag aber, die Nachabstimmung und Entscheidung sei dieselbe bei den Hauptleuten, wie sie bei den Heerführern stattfand. Gegenwärtig, bevor Prytanen und der Rat gewählt werden, mögen die Gesetzeswächter die Versammlung an einem möglichst heiligen und passenden Orte veranstalten und eine besondere Stelle den Schwergerüsteten anweisen, eine besondere den Reitern und eine dritte allen nach diesen zum Kriege Gehörigen. Alle sollen aber die Heer-
756 a führer wählen, die Schwergerüsteten dagegen die Hauptleute, die gesamte Reiterei sich selbst die Rittmeister; die Anführer der Leichtbewaffneten, der Bogenschützen oder sonst einer Gattung von Streitern mögen die Heerführer sich selbst bestimmen. Nun wäre uns wohl noch die Ernennung der Reitereiführer übrig, und diese mögen dieselben in Vorschlag bringen, welche auch die Heerführer in Vorschlag brachten, und ihre Wahl sowie die Gegenvorschläge dabei finden in derselben Weise statt, wie sie bei den Heerführern
b stattfanden. Es wähle sie aber die Reiterei angesichts des Fußvolks.

und die zwei, welchen die meisten Stimmen zuteil wurden, seien die Anführer der gesamten Reiterei. Das Schwanken der Wahl beschränke sich auf ein zweimaliges; schwankt sie zum drittenmal, dann mögen stets diejenigen entscheiden, welchen jeweils die jedesmalige Leitung der Wahl zufiel.

[5. Wahl des Rats. Die zwei Arten der Gleichheit und das Wesen der wahren von ihnen]

Der Rat bestehe aus dreißig mal zwölfen, denn 360 möchte wohl eine zur Teilung geeignete Zahl sein. Indem wir aber die Anzahl der Ratsmänner zu je 90 in vier Teile teilen, wollen wir aus jeder c Vermögensklasse deren 90 wählen. Zuerst nun sollen alle Männer aus der begütertsten Klasse ihre Stimme zu geben genötigt sein; wer aber nicht Folge leistet, büße es mit der festgesetzten Strafe. Hat die Abstimmung stattgefunden, dann zeichne man die Vorgezogenen auf und stimme tags darauf für Bürger der zweiten Klasse in derselben Weise wie tags zuvor. Am dritten Tage stimme, wer da will, für Bürger der dritten Klasse, dazu genötigt aber seien die der drei ersten Klassen; in der vierten und unvermögendsten Klas- d se bleibe von der Strafe frei, wer von ihnen nicht mitstimmen will. Am vierten Tage seien alle, welche Stimmen erhalten, aus der vierten und unvermögendsten Klasse; wer aber aus der dritten und vierten Klasse nicht mitstimmen will, den treffe keine Strafe. Gestraft dagegen wird, wer aus der zweiten oder ersten Klasse nicht mitstimmt, der aus der zweiten um das Dreifache, der aus der er- e sten um das Vierfache der anfänglichen Buße. Am fünften Tage bringen die Staatsoberhäupter die aufgezeichneten Namen vor die Augen aller Bürger; ein jeglicher gebe aber wieder einem unter diesen seine Stimme oder büße es mit der anfänglichen Strafe. Nachdem sie nun aus jeder Vermögensklasse 180 ausgewählt haben, werde die Hälfte derselben durch das Los ausgeschieden und der Prüfung unterworfen; diese seien dann die Ratsmänner für dieses Jahr.

Eine so veranstaltete Wahl dürfte wohl den Mittelweg zwischen einer allein- und einer volksherrschaftlichen Verfassung einhalten, welche Mitte die Verfassung stets bewahren muß; denn Sklaven und Herren möchten sich wohl nie befreunden, und auch nicht Wak- 757 a kere und Untüchtige, denen man gleiche Ehren verkündigt. Wird doch für Ungleiche das Gleiche, wenn es das Maß nicht trifft, zum Ungleichen, und durch beides werden häufige Aufstände in den Staaten erzeugt. Zwar wird nämlich sehr richtig und angemessen eine alte, wahre Rede angeführt: daß Gleichheit Freundschaft erzeuge, aber welche Gleichheit es ist, die das zu bewirken vermag, das macht uns, weil sie nicht sehr deutlich ist, sehr viel Schwierig- b keit. Denn da es zwei Gleichheiten gibt, die zwar mit demselben Namen bezeichnet werden, in der Tat aber in vielen Hinsichten einander fast entgegengesetzt sind, so ist jeder Staat und Gesetzgeber vermögend, die eine derselben, die auf Maß, Gewicht und Zahl begründete, bei den Ehrungen einzuführen, indem er bei ihrer Verteilung das Los entscheiden läßt; aber die wahrhafteste und beste

Gleichheit vermag nicht mehr mit Leichtigkeit jeder zu erkennen. Denn sie ist die Scheidung des Zeus, und den Menschen steht sie immer nur in geringem Maß zu Gebot, alles aber, was davon etc wa den Staaten oder auch einzelnen zu Gebote steht, bewirkt alles Gute. Dem Überlegenen nämlich teilt sie mehr, dem Schwächeren weniger zu und gibt so jedem der beiden Angemessenes im Verhältnis zu ihrer Natur. Insbesondere erhebt sie daher auch die durch Tugend Ausgezeichneten zu höheren Ehren, denjenigen aber, bei denen hinsichtlich ihrer Tugend und Ausbildung das Gegenteil stattfindet — beiden teilt sie das nach Verhältnis ihnen Zukommende zu. Denn es ist doch wohl auch das, was den Staatsmann ausmacht, für uns immer eben dieses Gerechte. Danach auch jetzt strebend und auf diese Gleichheit, o Kleinias, unser Augenmerk richd tend, müssen wir den jetzt im Entstehen begriffenen Staat einrichten; und will etwa jemand einmal einen anderen gründen, dann geziemt es ihm, bei seiner Gesetzgebung auf ebendasselbe Rücksicht zu nehmen, nicht aber auf wenige oder einen Gewaltherrscher oder auf ein gewisses Übergewicht des Volkes, sondern stets auf das Gerechte, das aber ist das eben Ausgesprochene, nämlich das der Natur gemäß Gleiche, welches jeweils den Ungleichen zugeteilt wird. Gewiß muß aber notwendig bisweilen der ganze Staat auch zu diesen in abgewandeltem Sinn seine Zuflucht nehmen, will er nicht teilweise mit sich selbst in Zerwürfnis geraten — die Billige keit und Nachsicht des Vollkommenen und Genauen nämlich wird wider das gerade Recht verletzt, wenn das stattfindet —, darum muß man sich notwendig, der schwer zufriedenzustellenden Menge wegen, daneben der Gleichheit des Loses bedienen, indem wir auch hier die Gottheit und den guten Zufall anrufen, damit diese in der gerechtesten Weise das Los leiten. So müssen wir also notwendig
758 a beide Gleichheiten verwenden, aber in möglichst wenigen Fällen die des Zufalls bedürftige.

[6. Einrichtung des monatlich wechselnden Wächterdienstes]
Deshalb, ihr Freunde, muß notwendig der Staat, wenn er bestehen will, darin so verfahren; da aber ein im Meere dahinsegelndes Schiff stets, bei Tag und bei Nacht, der Obhut bedarf und ebenso ein Staat, im Wogendrang der anderen Staaten sich befindend, in Gefahr ist, Nachstellungen aller Art zu erliegen: so müssen hier immer Obrigkeiten andern Obrigkeiten vom Tage bis zur Nacht und von b der Nacht bis zum Tage die Hand bieten, und Wächter dürfen nie aufhören, an der Wächter Stelle zu treten und ihr Geschäft anderen Wächtern zu übergeben. Eine Menge aber ist niemals imstande, etwas davon rasch auszuführen, und es ist notwendig, den größten Teil der Zeit die Mehrzahl der Ratsmänner auf ihrem eigenen Besitztume verharren und die Geschäfte ihres Hauswesens verwalten zu lassen; der zwölfte Teil derselben aber muß auf die zwölf Monate verteilt werden und ein Teil nach dem andern zu Wächtern sich hergeben, um bereitwillig einem Gehör zu geben, der entweder anc derswoher oder aus der Stadt selbst kommt, ob er nun eine Nach-

richt bringen oder umgekehrt etwas fragen will in Angelegenheiten, in welchen es einem Staate zukommt, andern Staaten Bescheid zu erteilen, oder um, wenn der Staat anderen Fragen stellte, den Bescheid dieser entgegenzunehmen; insbesondere aber auch der jedesmaligen Bewegungen im Staate selbst wegen, die sich in jeder Art fortwährend zu erheben pflegen, damit sie entweder, was das beste ist, sich nicht erheben, oder, erheben sie sich, damit dieser Erhebung, nachdem der Staat ihrer innewurd, möglichst schnell begegnet werde.

Darum muß stets in den Händen dieser Vorsitzenden des Staates die Zusammenberufung des Volks und dessen Entlassung liegen, sowohl die nach Gesetzesvorschrift wie die unerwartet im Staate stattfindende. Das alles etwa hätte der zwölfte Teil des Rates anzuordnen, während er elf Teile des Jahres ruht. Aber immer gemeinschaftlich mit den übrigen Obrigkeiten muß dieser Teil des Rates den angedeuteten Wachtdienst im Staate versehen.

[*7. Die Bestellung zu den sakralen Ämtern*]

Und in der Weise möchten wohl die Verhältnisse in der Stadt angemessen eingerichtet sein; welche Anordnung und Fürsorge geziemt aber dem ganzen übrigen Lande? Müssen nicht nun, nachdem die ganze Stadt und das gesamte Land in zwölf Teile geteilt ist, Männer ernannt sein, welche für die Straßen der Stadt selbst und die Wohnhäuser und öffentlichen Gebäude, für die Häfen, den Markt und die Brunnen sowie auch für die Weihbezirke und Tempel und für alles derartige Sorge tragen?

Kleinias: Wie wäre das nicht notwendig?

Der Athener: Bestimmen wir also, daß Tempeldiener, Priester und Priesterinnen für die Tempel zu bestellen seien; für die Straßen und öffentlichen Gebäude aber und die Ordnung derselben, für die Menschen, damit sie kein Unrecht tun, und auch für die anderen Geschöpfe, damit im Umfange der Stadt selbst und der Vorstadt die den Städten geziemende Ordnung bestehe, hat man drei Gattungen von Obrigkeiten zu wählen, indem man die für das eben Erwähnte Bestimmten Stadtaufseher, die für die Marktordnung Marktaufseher nennt. Was aber die Priester der Tempel angeht, so treffe man, wenn es bei Priestern und Priesterinnen erbliche Priesterschaften gibt, keine Veränderungen; wenn es aber, wie es wahrscheinlich ist, daß es in neu gegründeten Staaten sich damit verhält, bei keinem oder nur wenigen solche gibt, dann gilt es, für die Tempel, bei denen keine besteht, Priester und Priesterinnen als Aufseher für die Götter anzustellen. Die Anstellungen dieser aller müssen teils durch Wahlen, teils durch das Los erfolgen, wobei man in jedem Teil des Landes und der Stadt die der Gemeinde Angehörigen und Nichtangehörigen zum Zweck des Wohlwollens gegeneinander vermischt, auf daß in ihr die größte Eintracht herrsche. Den Tempeldienst betreffend ziemt es sich, dem Gotte selbst es anheimzustellen, daß das ihm Wohlgefällige geschehe, und vermittels des Loses der göttlichen Fügung es zu überlassen, dann aber den jedesmal durch das Los Bestimmten zu

prüfen, erstens ob er an keinem Gebrechen leide und echter Herkunft sei, dann ob seine Wohnung eine von keiner Schuld entweihte sei und er selbst durch keinen Mord oder eine ähnliche Vergehung gegen der Götter Verbote sich verunreinigte, sowie ob Vater und Mutter ein gleich makelloses Leben führten. Man muß ferner die auf alles Göttliche bezüglichen Gesetze aus Delphi sich holen, Ausleger für sie
d einrichten und sie verwenden. Die Dauer jedes Priesteramtes erstrecke sich auf ein Jahr, und nicht auf längere Zeit; aber nicht unter 60 Jahre alt sei der, welcher bestimmt ist, den heiligen Gesetzen zufolge in genügender Weise die Gebräuche zu erfüllen, welche auf das Göttliche sich beziehen. Dieselben Gesetzesvorschriften seien auch für die Priesterinnen gültig. Je vier Stämme mögen aber, jeder aus seiner Mitte, dreimal vier Ausleger wählen, und nachdem sie die drei, für welche die Stimmenmehrheit sich entschied, prüften, sollen sie neun nach Delphi senden, damit von je dreien *einer* durch das Orakel bezeichnet werde. Ihre Prüfung aber und die Zahl ihrer Le-
e bensjahre sei dieselbe wie bei den Priestern. Diese bleiben aber Ausleger auf Lebenszeit, und den Ausgeschiedenen ergänze die Wahl der vier Stämme, denen er angehörte.

Zu Verwaltern, welche über die heiligen Gelder jedes Tempels, über die Weihbezirke, den Fruchtertrag und die Pachtgelder derselben zu verfügen haben, wähle man aus der ersten Vermögensklasse
760 a für die größten Tempel drei, für die kleineren zwei, und einen für die bescheidensten. Ihre Wahl und Prüfung erfolge, wie sie bei den Feldherren stattfand. Das werde hinsichtlich der heiligen Angelegenheiten beobachtet.

[8. Die Bewachung des Landes]

Ferner bleibe, soweit möglich, nichts unbewacht. Die Bewachung der Stadt finde nun in der Weise statt, daß die Feldherren und Hauptleute dafür Sorge tragen, die Reitereiführer und die Rittmeister, die
b Prytanen und insbesondere auch die Stadt- und Marktaufseher, wenn solche in genügender Weise von uns gewählt und angestellt wurden; das gesamte übrige Land aber werde in folgender Weise bewacht. Das ganze Land ward uns in zwölf möglichst gleiche Teile geteilt; der einzelne jedem Teile durch das Los zugeteilte Stamm liefere jährlich fünf gleichsam Fluraufseher und Wachtführer; jedem dieser fünf aber sei es gestattet, aus den jungen Leuten seines Stam-
c mes zwölf, die nicht jünger als 25 und nicht älter als 30 Jahre sind, sich auszuwählen. Unter diese alle werden durch das Los alle Teile des Landes für einen Monat verteilt, damit sie insgesamt mit dem ganzen Lande bekannt und dessen kundig werden; die Aufseherschaft und das Wächteramt dauere für die Fluraufseher und Wächter zwei Jahre. In welcher Weise sie aber zuerst die Teile erlosten, so mögen die Wachtführer, indem sie immer in jedem Monate den
d nächsten Bezirk eintauschen, im Kreise nach rechts sie herumführen. Das ‹nach rechts› geschehe aber nach Osten zu. Nach Ablauf eines Jahres mögen im zweiten, damit möglichst viele der Wächter nicht bloß des Landes zu *einer* Jahreszeit kundig werden, sondern außer

dem Lande möglichst viele auch kennenlernen, was an jeder Stelle zu jeder Jahreszeit sich begibt, diejenigen, welche damals sie führten, wiederum mit fortwährender Veränderung ihrer Stellung sie links führen, bis sie das zweite Jahr verbrachten. Im dritten Jahre aber wähle man andere Fluraufseher und Wachtführer. Während ihres Verweilens an jeder Stelle sei ihre Fürsorge etwa auf Folgendes gerichtet: Erstens, daß das Land gegen Feinde möglichst gut verschanzt sei, indem sie, wo es nötig ist, Gräben und Dämme aufwerfen und durch aufgeführte Bollwerke so gut wie möglich diejenigen abhalten, welche dem Lande und den Besitztümern irgend zu schaden versuchen, und sich auch der an jedem Ort befindlichen Sklaven und Lasttiere dazu bedienen, indem sie mit diesen die Arbeit verrichten, über jene, so gut es sich tun läßt, mit Auswahl der Zeit, wo dieselben von eigener Arbeit frei sind, verfügen. Alles also müssen sie den Feinden unzugänglich, den Freunden aber, Menschen, Zugtieren und Viehherden, dadurch möglichst zugänglich machen, daß sie den Wegen, damit alle möglichst gangbar werden, ihre Sorgfalt widmen sowie der dem Himmel entströmenden Bewässerung, daß diese dem Lande keinen Schaden, sondern vielmehr Nutzen bringe, indem sie von den Höhen in die tiefliegenden Waldschluchten sich ergießt, deren Ausflüsse sie durch Grabenzüge und Vorbauten abschließen, damit dieselben, durch Aufnehmen und Einsaugen der vom Zeus entsandten Gewässer, in allen tiefer gelegenen Fluren und Gegenden Feuchtigkeit und Quellen erzeugen und die trockensten Landstriche zu wohlbewässerten und wasserreichen machen; ferner müssen sie die Quellgewässer, mögen sie nun in Flüssen oder Brunnen bestehen, durch Anpflanzungen und Anbauten anmutiger gestalten und alle Zuflüsse, vermöge der Verbindung derselben durch Kanäle, zu reichlichen machen, auch durch Bewässerungen zu jeder Jahreszeit, wenn etwa in ihrer Nähe ein Hain oder ein heiliger Bezirk geweiht ist, diesen Schmuck verleihen, indem sie die Ströme hinleiten zu den Tempeln der Götter selbst.

Allerwärts an solchen Stellen müssen die Jünglinge Turnschulen anlegen zu ihrem eigenen Nutzen und auch dem der Greise, indem sie durch Herbeischaffung eines reichen Vorrats an trockenem und dürrem Holz für warme, dem Greisenalter zusagende Bäder sorgen, zum Vorteil an Krankheiten Leidender und freundlich die durch die Anstrengungen des Ackerbaues Angegriffenen aufnehmend — eine weit gedeihlichere Aufnahme als die eines nicht besonders geschickten Arztes.

[9. Die Rechtsprechung der Fluraufseher und die über sie. Ihre Lebensweise]

Dies also und alles Derartige dürfte solchen Stellen zum Schmuck und Nutzen gereichen mit nicht unergötzlicher Kurzweil; das Ernste dabei aber sei dieses. Jede Sechzigerschar muß ihren Bezirk nicht bloß der Feinde wegen bewachen, sondern auch wegen derjenigen, die sich Freunde nennen. Wenn ein Nachbar oder sonst ein Mitbürger, ein Freier oder Sklave, dem andern Unrecht zufügt, mögen bei geringfügigen Klagen die fünf Befehlenden selbst dem, welcher Unrecht erlitten zu haben behauptet, Recht sprechen; bei bedeutenderen bis zu drei Minen aber, die der eine von dem andern beansprucht, mögen es, mit Zuziehung von zwölfen, siebzehn tun. Kein Richter und Befehlender richte und gebiete von aller Verantwortlichkeit frei, mit Ausnahme derjenigen, welche, gleich Königen, die letzte Entscheidung geben. Insbesondere mögen auch diese Fluraufseher, wenn sie sich gegen diejenigen, für die sie Sorge tragen sollen, dadurch etwas zuschulden kommen lassen, daß sie Ungleiches ihnen anbefehlen und es versuchen, etwas von dem zum Ackerbau Gehörigen ohne Zustimmung der Besitzer fortzunehmen und zu rauben, und wenn sie Geschenke annehmen, die ihnen, um sie zu gewinnen, dargeboten werden, oder auch Rechtshändel in ungerechter Weise entscheiden, deshalb als der Bestechlichkeit schuldig im ganzen Staate verrufen sein; anderer Ungerechtigkeiten wegen aber, welche sie etwa den Bewohnern ihres Bezirks zufügten, sich bei denen bis zu einer Mine, wenn sie wollen, dem Richtspruche der Dorfbewohner und Nachbarn unterwerfen, im Falle bedeutenderer Ungerechtigkeiten dagegen, oder auch geringfügiger, wenn sie sich jenem nicht unterwerfen wollen, im Vertrauen, durch das fortwährende monatliche Überwechseln in eine andere Gegend mit der Verteidigung durchzukommen — hierbei soll der in seinen Rechten Verletzte bei den gemeinsamen Rechtsverhandlungen durch das Los seine Richter erhalten und, wenn er gewinnt, von dem, der zu entkommen versuchte, indem er nicht freiwillig Buße geben wollte, die doppelte Strafe zu beanspruchen haben.

Die Wachtführer und Fluraufseher aber mögen die beiden Jahre etwa in folgender Weise verbringen: Zuerst müssen sich in jedem Bezirke Speisesäle befinden, wo alle gemeinschaftlich ihre Mahlzeiten zu halten haben; wer aber, ohne den Befehl der Wachtführer oder nicht getrieben von einer unabweislichen Notwendigkeit, auch nur einen einzigen Tag an dem gemeinschaftlichen Mahle nicht teilnimmt oder eine Nacht ein besonderes Nachtlager sucht, den treffe, wenn die Fünf ihn für schuldig erklären und in einer auf dem Markte aufgestellten Anklage der Verletzung seiner Wachtpflichten ihn zeihen, die Schmach, soweit es auf ihn ankommt, den Staat verraten zu haben, und er werde ungestraft von dem, der ihm begegnet und ihn züchtigen will, mit Schlägen gezüchtigt. Wenn aber einer von den Befehlenden selbst so etwas tut, dann kommt es den Sechzigern insgesamt zu, um dergleichen sich zu bekümmern; wer es aber bemerkte und erfuhr und keine Anklage erhebt, der verfalle denselben Gesetzen und büße es härter als die jungen Leute, er bleibe nämlich von allen Ehrenämtern über junge Leute ausgeschlossen. Darüber sollen aber die Gesetzeswächter eine genaue Aufsicht führen, daß so etwas entweder gar nicht vorfalle oder, wenn es vorfällt, der geziemenden Strafe verfalle. Jeder muß aber über jeden Menschen die Ansicht hegen, daß, wer nicht Diener war, auch niemals zu einem Herrn werden dürfte, der Lob verdient, und daß man sich mehr des guten Dienens als des guten Herrschens wegen zu rühmen habe, zuerst den Gesetzen, da das ein Dienst an den Göttern ist, dann, von seiten der Jünglinge, stets den Älteren, die ein ehrenvolles Leben verbrachten. Ferner muß derjenige, welcher unter den Fluraufsehern eine Stelle fand, die zwei Jahre hindurch täglich eine geringe und dürftige Lebensweise gekostet haben. Nachdem nämlich die Zwölf auserwählt wurden, mögen sie in einer Zusammenkunft mit den Fünfen erwägen, daß sie, weil selbst Diener, keine anderen zu Die- 763 a nern und Sklaven haben werden und auch nicht von den Ackerbauern und Dorfbewohnern *deren* Gehilfen zu Dienstleistungen für sie selbst, sondern allein für öffentliche Zwecke benutzen werden: Hinsichtlich der übrigen Dienste aber mögen sie bedenken, daß sie leben werden, indem sie selbst aus eigener Kraft sie leisten und sich leisten lassen, und außerdem im Winter und Sommer bewaffnet, der Bewachung und genauen Kenntnis aller Örtlichkeiten wegen, das ganze Land durchforschen. Denn für alle möchte wohl ihr eigenes b Land genau zu kennen eine keiner andern nachstehende Kenntnis sein. Nicht minder in dieser Absicht als des übrigen Ergötzens und zugleich Nutzens wegen, welcher aus dergleichen für alle erwächst, muß der heranwachsende Jüngling auch die Hetzjagd und die übrige Jägerei betreiben. — Diese nun, sie selbst und ihr Treiben, ob man sie die Geheimen oder die Fluraufseher oder wie sonst man sie lieber nennen will, so sie nennend mögen nach Kräften alle es för- c dern, die den eigenen Staat in ausreichender Weise zu erhalten wünschen.

[10. Wahl und Befugnis der Stadt- und Marktaufseher]
Als nächstes bei der Wahl der Obrigkeiten folgte uns die der Stadt- und Marktaufseher. An die Fluraufseher, 60 an der Zahl, dürften sich wohl die drei Stadtaufseher anschließen, welche nach drei Abteilungen die zwölf Teile der Stadt zerlegen und, nach dem Beispiele jener, für die Straßen der Stadt und für alle vom Lande jeweils nach der Stadt führenden Landstraßen sowie für die Gebäude Sorge tragen, damit alle den Gesetzen gemäß aufgeführt werden; desglei- d chen auch vorzüglich für das Wasser, welches die Wächter ihnen wohlgepflegt zusenden und übermitteln, daß es, reichlich und lauter zu den Brunnen fließend, der Stadt sowohl zur Zierde als zum Nutzen gereiche. Auch diese müssen fähig sein und Zeit haben, um für das Gemeinsame Sorge zu tragen. Darum schlage jeder Bürger als Stadtaufseher wen er will aus der ersten Vermögensklasse vor; nach erfolgter Abstimmung aber und nachdem bis zu sechsen, welchen e die meisten Stimmen zufielen, gediehen ist, mögen diejenigen, welchen das obliegt, jene drei herauslosen; diese mögen, nach bestandener Prüfung, nach den ihnen gegebenen Gesetzen herrschen.

Nach diesen sind fünf Marktaufseher aus der ersten und zweiten Vermögensklasse zu wählen; im übrigen ist aber ihre Wahl wie die der Stadtaufseher zu veranstalten; unter den zehn vor den andern Gewählten sind die Fünf herauszulosen und nach bestandener Prüfung für Obrigkeiten zu erklären. Es stimme aber jeder bei jeder Wahl; jeder, wer nicht will, büße es, wird er bei der Obrigkeit ange- 764 a zeigt, sowohl mit dem Rufe eines schlechten Bürgers als auch mit 50 Drachmen.

Die Volksversammlung und gemeinschaftliche Zusammenkünfte kann besuchen, wer da will; dazu genötigt sei der aus der ersten und zweiten Vermögensklasse, den eine Buße von 10 Drachmen trifft, wenn die Nachforschung ergibt, daß er der Versammlung nicht beiwohnte; die dritte und vierte Vermögensklasse sei dazu nicht genötigt, sondern bleibe unbestraft, wenn nicht die Staatsoberhäupter
b aus einer zwingenden Veranlassung allen sich einzufinden geboten.

Die Marktaufseher nun haben die für den Markt durch die Gesetze festgelegte Ordnung aufrechtzuerhalten und für die auf dem Markte befindlichen Tempel und Brunnen Sorge zu tragen, damit niemand irgend etwas beschädige, denjenigen aber, welcher es tut, zu bestrafen, den Sklaven und Fremden mit Schlägen und Gefängnis; gegen den Einheimischen aber, wenn er in dergleichen Dingen sich vergeht, sei es ihnen selbst anheimgestellt, bis auf 100 Drachmen zu erkennen, eine Buße bis auf das Doppelte dagegen dem Schuldi-
c gen gemeinschaftlich mit den Stadtaufsehern durch ihren Richterspruch aufzuerlegen. Das Auferlegen derselben Geldbußen und Bestrafungen sei auch den Stadtaufsehern in ihrem Amtskreise gestattet, ihnen selbst bis zu einer Mine, das Doppelte aber gemeinschaftlich mit den Marktaufsehern.

[11. Die Aufseher für Musik und Gymnastik]

Hiernach dürfte es wohl angemessen sein, Aufseher der Musik und Gymnastik anzustellen, doppelte für beide: die einen zur Unterweisung in denselben, die andern für Wettkämpfe. Unter den Aufsehern der Unterweisung versteht das Gesetz die der Übungsplätze
d und der Schulen, nämlich der Zucht und des Unterrichts und zugleich die darauf bezügliche Beaufsichtigung des Schulbesuchs und der Übungen der Knaben und Mädchen; unter denen der Wettkämpfe aber die Preisrichter der körperlichen und musischen Wettkämpfe, auch hier doppelte, die einen der in der Musik, die andern der in den Leibesübungen. Bei den Wettkämpfen der Menschen und denen der Pferde mögen nun dieselben entscheiden; bei der Musik dagegen möchten wohl andere Kampfrichter bei dem Einzelgesang und
e der Nachahmungskunst, wie zum Beispiel bei den Rhapsoden, Zither- und Flötenspielern und allen Künstlern der Art andere, andere aber beim Chorgesange angemessen sein. Zuerst dürfte es wohl gelten, für die bei dem Festspiele des Chorreigens der Knaben, Männer und Mädchen in Tänzen und aller Geordnetheit stattfindende Musik Vorsteher zu wählen. Doch ist für diese *ein* Vorsteher hin-
765 a reichend, welcher nicht unter vierzig Jahre alt ist, sowie auch einer, nicht unter dreißig Jahre zählend, für den Einzelgesang, damit er die Wettkämpfenden bestimme und in genügender Weise über sie entscheide. Den Vorsteher und Anordner der Chöre muß man ungefähr in folgender Weise wählen: diejenigen, welche eine Vorliebe zu dergleichen Dingen hegen, sollen sich bei der Versammlung einfinden und seien, wenn sie es nicht tun, einer Buße unterworfen,

worüber die Gesetzeswächter zu entscheiden haben; die andern aber seien, wenn sie nicht wollen, nicht dazu genötigt. Der Wählende muß freilich einen von den Kundigen in Vorschlag bringen, und bei b der Prüfung unterscheide allein über das Annehmen oder Ablehnen, für dieses, daß er ein Unkundiger, für jenes, daß er ein Kundiger ist. Der *eine* aber unter den zehn durch Stimmenmehrheit Bevorzugten, für den das Los entscheidet, beaufsichtige für dieses Jahr, nach bestandener Prüfung, dem Gesetze gemäß die Chöre. Der nach Verfahren wie diese und in derselben Weise unter denen, die zur Prüfung gelangten, durch das Los dazu Bestimmte beaufsichtige dann für das Jahr, indem er seine Bestätigung den Richtern anheimstellt, die Einzelgesänge und die Instrumentalvorführungen. c

Ferner ist es nötig, aus der dritten und auch noch der zweiten Vermögensklasse Preisrichter für die körperlichen Wettkämpfe der Menschen wie der Pferde zu wählen. Bei der Wahl sich zu beteiligen seien die drei ersten Klassen genötigt, die geringste aber treffe keine Buße. Der durch das Los Bestimmten seien drei, nachdem vorher durch Stimmenmehrheit zwanzig gewählt, unter den zwanzig aber drei herausgelost wurden, für die sich auch die Abstimmung der Prüfenden entschied. Wird aber einer bei irgendeiner Auswahl d und Prüfung zu seinem Amte verworfen, dann werden statt seiner ebenso andere gewählt und desgleichen einer Prüfung unterworfen.

[12. Wahl des Aufsehers für die Erziehung und seine Wichtigkeit. Die Nachwahl bei Todesfällen]

Eine Obrigkeit ist uns noch für das eben Erwähnte übrig, diejenige, welche für die gesamte Erziehung der Knaben und Mädchen Sorge trägt. Ein einziger leite auch das den Gesetzen gemäß, nicht unter fünfzig Jahre alt, Vater vollbürtiger Kinder, am besten beider, Söhne und Töchter, oder wenigstens einer der beiden. Es bedenke aber der Gewählte selbst sowie die ihn Wählenden, daß diese Staatsge- e walt vor allen höchsten Staatsgewalten die bei weitem bedeutendste sei. Denn gewiß, bei allem, was da wächst, ist der erste Keim, wenn er sich schön zu entwickeln begann in Richtung auf die Trefflichkeit der eigenen Natur, das Wirksamste, um ihm die angemessene Vollendung zu verleihen, sowohl bei andern Gewächsen als auch bei wilden und zahmen Tieren und bei Menschen. Der Mensch aber 766 a ist, wie wir sagen, ein zahmes Geschöpf; dessenungeachtet pflegt er zwar, wird ihm eine richtige, mit glücklicher Naturanlage verbundene Erziehung zuteil, zu dem gottähnlichsten und zahmsten Geschöpf zu werden, zu dem wildesten aber, was die Erde erzeugt, wenn seine Erziehung keine genügende oder keine passende war. Deshalb darf der Gesetzgeber es nicht geschehen lassen, daß die Erziehung der Kinder als ein Zweites und als Nebensache betrachtet werde. Insofern man aber damit den Anfang machen muß, daß der dafür zu sorgen Bestimmte zweckmäßig gewählt werde, so muß der Gesetzgeber nach bestem Vermögen denjenigen zum Aufseher einsetzen und bestimmen, welcher unter den Bewohnern der Stadt in je-

b der Beziehung der Tüchtigste ist. Demnach mögen sich alle Obrigkeiten, mit Ausnahme des Rats und der Prytanen, im Apollontempel versammeln und ihre Stimmen in geheimer Wahl für denjenigen der Gesetzeswächter abgeben, von welchem jeder glaubt, daß er am besten das auf Erziehung Bezügliche leiten werde. Wem aber die meisten Stimmen zufielen, der übe, nachdem er von den übrigen Staatsbehörden, die ihn wählten, mit Ausnahme der Gesetzeswächter, geprüft ward, fünf Jahre lang die Gewalt; im sechsten Jah-
c re aber wähle man ebenso einen andern zu dieser Staatswürde.

Stirbt aber jemand, während er ein öffentliches Amt verwaltet, wenn mehr als dreißig Tage an der Zeit seiner Amtsverwaltung fehlen, dann mögen auf dieselbe Weise diejenigen, denen von Rechts wegen dafür zu sorgen obliegt, einen andern zu diesem Amte bestellen. Stirbt aber ein Vormund Verwaister, dann mögen die im Lande befindlichen Verwandten bis zu den Geschwisterkindern vom Vater und der Mutter her binnen zehn Tagen einen andern
d bestellen oder jeder für den Tag mit einer Drachme büßen, bis sie den Kindern einen Vormund bestellten.

[13. Einrichtung der Gerichtshöfe]

Gewiß würde aber doch wohl jeder Staat ein Staat zu sein aufhören, in welchem die Gerichtshöfe nicht in geziemender Weise bestellt wären; ferner dürfte ein der Rede nicht mächtiger Richter, der bei den Voruntersuchungen sich nicht beredter zeigte als die Gegenparteien, wie bei den schiedsrichterlichen Verhandlungen, zur Entscheidung über das Gerechte wohl nicht befähigt sein. Darum ist es weder für viele Richter leicht, gut Recht zu sprechen, noch für wenige schlechte. Es ist aber nötig, daß das, worüber beide Parteien
e streiten, immer klar werde; dazu aber, daß der strittige Punkt zur Klarheit gelange, ist Zeit und langsames Fortschreiten und wiederholtes Nachforschen nützlich. Darum müssen diejenigen, welche Klage gegen einander erheben, zuerst an ihre Nachbarn und Freunde und die am besten von den dem Streite unterworfenen Tatsachen
767 a Unterrichteten sich wenden. Erlangt aber jemand von diesen keine ihn befriedigende Entscheidung, dann wende er sich an einen andern Gerichtshof; der dritte Gerichtshof endlich, vermögen die beiden andern keine Schlichtung herbeizuführen, gebe dem Rechtshandel die letzte Entscheidung.

Gewissermaßen gehört aber auch die Einrichtung von Gerichtshöfen zu der Wahl von Obrigkeiten, denn jede Obrigkeit muß notwendig auch Richter mancher Streitfragen sein; der Richter aber wird, ohne eine obrigkeitliche Würde zu bekleiden, an dem Tage, an welchem er einen Rechtshandel durch seinen Ausspruch entscheidet, gewissermaßen auch zu einer gar nicht unbedeutenden Obrig-
b keit. Indem wir also auch die Richter als Obrigkeiten betrachten, wollen wir angeben, welches wohl die angemessenen Richter, worüber und für jeden Fall in welcher Anzahl sie es sein dürften. Für den angemessensten Gerichtshof gelte also derjenige, welchen die jedesmaligen Parteien durch gemeinschaftliche Wahl sich selbst er-

koren; für die übrigen aber gebe es zweierlei Gerichte, das eine, wenn ein gewöhnlicher Bürger einen andern, welchen er wegen von ihm erlittenen Unrechts beschuldigt, zur Entscheidung vor Gericht führen will; das andere dagegen, wenn jemand das Gemeinwesen von einem Bürger beeinträchtigt glaubt und dem Gemeinsamen zu c Hilfe zu kommen wünscht. Wir haben nun anzugeben, wer da wohl die Richter und wie sie beschaffen sein müssen. Zuerst also trete bei uns ein allen gewöhnlichen Bürgern, die zum drittenmal sich befehden wollen, gemeinsamer Gerichtshof in das Leben, der in folgender Weise etwa sich bildet. Alle Obrigkeiten, welche ihr Amt auf ein Jahr und welche es länger bekleiden, müssen, wenn der Anfang eines neuen Jahres in dem auf die Sommersonnenwende folgenden Monate bevorsteht, diese Obrigkeiten insgesamt müssen also an dem dem Jahresanfang vorausgehenden Tage in *einem* Tempel sich versammeln und, nachdem sie dem Gotte einen Eid leisteten, *einen* Richter aus jeder Amtsgenossenschaft gleichsam als d Erstlingsopfer darbringen, welcher bei der Verwaltung seines Amtes als der Beste erschien und von dem es offenbar sei, daß er in bester und gottgefälligster Weise die Rechtshändel seiner Mitbürger im folgenden Jahre schlichten werde. Wenn diese gewählt sind, finde ihre Prüfung durch die, welche sie wählten, statt, wird aber einer verworfen, dann wähle man ebenso statt seiner einen andern; die in der Prüfung Bewährten dagegen mögen über diejenigen Recht sprechen, welche den andern Gerichtshöfen sich entziehen wollen, und ihre Stimmen offen abgegeben. Augen- und Ohrenzeugen dieser Rechtsverhandlungen seien von Amts wegen die Ratsmänner und e die andern Obrigkeiten, welche sie wählten, von den übrigen aber wer da Lust hat. Beschuldigt nun jemand einen, wissentlich den Rechtshandel ungerecht entschieden zu haben, dann klage er ihn vor den Gesetzeswächtern an, und der schuldig Befundene soll die Strafe erleiden, die Hälfte der Beeinträchtigung an den Beeinträchtigten zu entrichten; scheint er aber eine größere Buße zu verdienen, dann mögen diejenigen, welche die Rechtssache entschieden, die Strafe um das erhöhen, was er außerdem zu erdulden oder an das Gemeinwesen und denjenigen zu zahlen hat, welcher die Sache vor das Gericht brachte. Bei Anklagen das Gemeinwesen betreffend ist es zuerst notwendig, daß das Volk an deren Entscheidung teilnehme; denn wenn jemand gegen den Staat sich vergeht, dann widerfährt das Unrecht allen, und mit Recht würden die Bürger es übel empfinden, wären sie von der Teilnahme an solchen Entscheidungen ausgeschlossen. Vielmehr muß Anfang und Ende eines solchen Rechtshandels dem Volke anheimgestellt werden, die Untersuchung aber dreien von den höchsten Amtsträgern, über die sich Kläger und Angeklagter vereinigen; können diese jedoch darüber sich selbst nicht vereinigen, dann mag der Rat über die von beiden getroffene Wahl entscheiden. Auch an den Rechtshändeln zwischen b einzelnen müssen aber soviel wie möglich alle teilnehmen; denn wer an der Befugnis, Mitrichter zu sein, nicht teilhat, der sieht sich überhaupt nicht als Teilnehmer des Staates an. Deshalb ist es

768 a

141

also nötig, daß auch in den Stämmen Gerichtshöfe sich bilden und allen Bitten unzugängliche Richter, auf der Stelle durch das Los erkoren, Recht sprechen. Doch die letzte Entscheidung in allen dergleichen Fällen gebe der Gerichtshof, von dem wir behaupten, daß er, soweit menschliche Kräfte das zu erreichen vermögen, am unbestechlichsten eingerichtet ist für diejenigen, welche nicht imstan-
c de sind, bei der Entscheidung der Nachbarn oder bei der der Stammgenossen sich zu beruhigen.

[14. Übergang zur Gesetzgebung selbst]
Über die Gerichtshöfe nun, von denen wir behaupten, es sei nicht leicht, sie unbestritten für zu den Obrigkeiten gehörig oder nicht dazu gehörig zu erklären, über diese hat gleichsam ein außen herum gezogener Umriß einiges uns eröffnet; anderes aber läßt er fast unberührt, denn bei weitem am richtigsten wäre es wohl, die genaue Gesetzesaufstellung und zugleich Einteilung für die gerichtlichen Verhandlungen am Schlusse der Gesetzgebung zu bewerkstelligen.
d Am Schlusse also mögen diese Aufgaben unserer harren; hinsichtlich der Einsetzung der übrigen Obrigkeiten aber sind so ziemlich die meisten gesetzlichen Anordnungen aufgestellt. Doch das Gesamte und Genaue über eins und alles der Verhältnisse im Staate und seiner ganzen Einrichtung läßt sich nicht deutlich darstellen, bevor eine vom Anbeginn anhebende Auseinandersetzung, welche das Nächstfolgende, das in der Mitte Liegende und alle ihr zugehörigen Teile umfaßt, ihren Abschluß gefunden hat; für jetzt dagegen,
e nachdem sie bis zur Wahl der Obrigkeiten gedieh, dürfte dies gewiß für das bisher Gesagte ein angemessener Schluß, für die Gesetzgebung aber ein solcher Anfang sein und kein weiteres Hinausschieben und Verzögern erheischen.

KLEINIAS: Das bisher von dir, o Gastfreund, Gesagte hat meinen ganzen Beifall; doch noch willkommener ist es uns, daß du jetzt den Anfang dessen, was du zu besprechen im Begriff bist, an den Schluß des bereits Besprochenen knüpftest.

769 a DER ATHENER: So hätten wir denn wohl das verständige Spiel Bejahrter bis hierher wohl durchgespielt.

KLEINIAS: Da scheinst du mir für solche Männer eine recht schöne Beschäftigung nachzuweisen.

DER ATHENER: Ganz natürlich. Erwägen wir aber, ob du in folgendem meiner Meinung bist.

KLEINIAS: Worin und worüber denn?

DER ATHENER: Du weißt, daß, gleichwie das Ausüben der Malerkunst bei keinem Gemälde zur Vollendung zu gelangen, sondern nicht aufzuhören scheint, die Schönheit eines jeglichen, durch Auftragen und Abschwächen der Farben, oder mit welchen sonstigen Na-
b men die Malerzunft dergleichen Kunstgriffe bezeichnet, so zu erhöhen, daß fürder nichts geschehen könne, das Bild schöner und sprechender zu machen.

KLEINIAS: Vom Hörensagen denke auch ich mir so ziemlich, was du meinst, sonst bin ich keineswegs in dieser Kunst erfahren.

Der Athener: Dabei verlierst du auch nichts; doch wollen wir von der sich uns jetzt zufällig darbietenden Bemerkung über sie folgenden Gebrauch machen: Wenn einmal jemand den Gedanken faßt, ein möglichst schönes Gemälde zu entwerfen, und dieses auch c in der Folgezeit niemals die Richtung auf das Schlechtere, sondern immer die auf das Bessere nehmen soll, so begreifst du, daß er als Sterblicher, wenn er keinen Nachfolger hinterläßt, um, wenn das Gemälde im Laufe der Zeit irgendeinen Schaden leidet, dem nachzuhelfen, und welcher imstande sein wird, das von ihm wegen mangelnder eigener Kunstfertigkeit Versäumte durch glänzendere Gestaltung nachzuholen und seinen Fortschritt zu bewirken —, daß ihn eine für eine kurze Zeit schwierige Aufgabe erwartet.

Kleinias: Sehr wahr.

Der Athener: Wie nun? Scheint dir nicht auch der Gesetzgeber d das zu beabsichtigen? Zuerst, die Gesetze in Hinsicht auf Genauigkeit möglichst angemessen abzufassen; ferner, wenn die Zeit fortschreitet und nachdem er durch die Erfahrung das prüfte, was ihm gut dünkte, glaubst du wohl, daß es einen so unverständigen Gesetzgeber gab, daß er verkannte, es sei unvermeidlich, sehr viele Dinge übrig zu lassen, welche ein Nachfolgender ausbessern muß, damit die Verfassung und Ordnung in dem von ihm gegründeten e Staat nie schlechter, sondern fortwährend besser werde?

Kleinias: Natürlich wird — wie auch nicht? — jeder so etwas beabsichtigen.

Der Athener: Würde nun nicht jemand, wenn er dazu ein Mittel wüßte, in welcher Weise wohl durch Wort und Tat ein anderer zu belehren sei, darauf größere oder geringere Sorgfalt zu wenden, wie er die Gesetze aufrechtzuerhalten und zu berichtigen habe, nicht aufhören darüber zu sprechen, bis er seinen Zweck erreichte?

Kleinias: Wie sollte er wohl? 770 a

Der Athener: Müssen also im gegenwärtigen Falle nicht ich und ihr beide das tun?

Kleinias: Was meinst du denn?

Der Athener: Da wir im Begriff sind, Gesetze zu geben, und auch Gesetzeswächter von uns gewählt wurden, wir aber in der Neige des Lebens stehen, diese dagegen, mit uns verglichen, Jünglinge sind; so müssem wir, wie gesagt, sowohl Gesetze geben als auch zugleich versuchen, auch jene soweit möglich zu Gesetzgebern sowie zu Gesetzeswächtern zu machen.

Kleinias: Gewiß, wenn wir das in genügender Weise zu tun im- b stande sind.

Der Athener: Versuchen müssen wir es doch wenigstens und darum uns bemühen.

Kleinias: Wie sollten wir nicht?

[15. Auftrag an die Gesetzeswächter, das Übergangene nachzuholen. Erneute Betrachtung der Zahl 5040]

Der Athener: Wir wollen also zu ihnen sagen: «Ihr werten Schirmer der Gesetze, wir werden bei allen Gegenständen, über die

wir Gesetze geben, gar manches übergehen, denn das ist unvermeidlich; doch gewiß werden wir nach Kräften das nicht Geringe sowie das Ganze nicht unumschrieben lassen gleichsam durch einen Umriß; ihr aber werdet diese Umgrenzung auszufüllen haben. Hören
c müßt ihr nun, worauf ihr, wenn ihr das tun sollt, euer Augenmerk zu richten habt. Nicht wenigemal nämlich haben Megillos und ich und Kleinias das gegeneinander ausgesprochen und sind über die Richtigkeit desselben einverstanden; von euch aber wünschen wir, daß ihr uns sowohl beistimmt als unsere Schüler werdet, indem ihr auf das euer Augenmerk richtet, worauf unserer Übereinkunft zufolge der Gesetzgeber und der Gesetzeswächter es richten muß. Unser Übereinkommen aber betraf *einen* Hauptpunkt: Wie wohl zum
d guten Menschen werden könne, welcher die dem Menschen zukommende Vorzüglichkeit der Seele auf Grund einer Beschäftigung oder einer Gewohnheit oder einer Art Besitz oder Streben oder Meinung oder auch gewisser Kenntnisse innehat, sei es nun eine männliche Natur unter den Ansiedlern oder eine weibliche, eine von Jungen oder von Alten — daß auf eben dieses, was wir nennen, das ganze Bemühen das ganze Leben hindurch gerichtet sei und daß kein einziger sich merken lasse, daß er irgend etwas anderem, was
e dem im Wege steht, den Vorzug gebe, ja schließlich sogar vor dem Staate selbst, wenn etwa die Notwendigkeit sich ergibt, eher vertrieben zu werden, als ihn dem Sklavenjoche sich beugend von Schlechteren beherrscht werden zu lassen, oder den Staat als Auswanderer aufzugeben; denn alles Derartige muß man eher über sich ergehen lassen, als daß man eine andere Verfassung annimmt, in deren Wesen es liegt, die Menschen schlechter zu machen. Darüber verständigten *wir* uns früher, *ihr* aber lobt jetzt mit Rücksicht auf
771 a dieses beides unsere Gesetze und tadelt diejenigen, welche das nicht zu leisten imstande sind, die es aber vermögen, heißt willkommen und lebt, indem ihr freudig sie annehmt, ihnen gehorsam. Den andern Einrichtungen dagegen, die ein anderes sogenanntes Gut bezwecken, diesen ziemt es sich ein ‹Bleibt uns fern!› zuzurufen.»

Folgendes etwa sei nun der Anfang unserer weiteren Gesetze, welcher mit dem Heiligen beginnt. Zuerst müssen wir nämlich wohl auf jene Zahl 5040 zurückkommen, in wieviel angemessene Teile
b sowohl die ganze zerfiel und zerfällt, als auch die der Zahl der Stämme entsprechende, welche wir als ein Zwölftel der ganzen bezeichneten, welches genau durch zwanzig mal einundzwanzig erzeugt wird. Wir haben aber zwölf Teile der ganzen Zahl und auch zwölf Teile der des Stammes. Jeden Teil haben wir uns ferner als heilig zu denken, als eine Gabe des Gottes, indem er an die Zahl der Monate sich anschließt und an den Kreislauf des Weltalls. Darum leitet auch das ihm Angeborene jeden Staat, indem es sie weiht, einige aber trafen vielleicht eine richtigere Einteilung als andere und
c weihten sie mit mehr Glück; doch wir behaupten jetzt, der Zahl 5040 am richtigsten den Vorzug gegeben zu haben, die sich durch alle Zahlen von der eins bis zur zwölf, mit Ausnahme der elf, teilen läßt, und auch für diese gibt es ein ganz leichtes Heilmittel, denn

durch Wegnahme zweier Familien wird sie auf die *eine* Weise in Ordnung gebracht. Daß sich das in Wahrheit so verhalte, das vermöchte wohl ganz bequem eine nicht allzu lange Auseinandersetzung nachzuweisen.

Indem wir nun jetzt dem sich uns darbietenden Ausspruch und der Rede vertrauen, wollen wir unseren Staat danach einteilen und jedem Teil den Namen eines Gottes oder Göttersohnes beilegen, indem wir Altäre sowie was sonst ihnen zukommt ihnen weihen, monatlich aber wegen der Opfer zwei Festversammlungen bei ihnen veranstalten, zwölf der Einteilung in Stämme und zwölf der Einteilung der Stadt selbst gemäß: erstens um der Gunst der Götter willen und der des Göttlichen, zweitens aber wegen der Freundschaft unter uns selbst und wegen des gegenseitigen Kennenlernens, wie wir sagen möchten, und zum Zwecke des gesamten Verkehrs. Denn für die eheliche Verbindung und Geschlechtsvereinigung ist es notwendig, die Unwissenheit darüber zu beseitigen, von wo und welch ein Weib jemand heimführt, und wem er seine Tochter zur Frau gibt, indem er vor allem darauf Wert legt, daß in solchen Dingen soweit möglich durchaus keine Täuschung stattfinde. So ernsten Zweckes wegen müssen auch Knaben und Mädchen mit Reigentänzen die Festspiele begehen, indem sie also zugleich sehen und sich sehen lassen, wenn ein Grund und ein gewisses Alter vorhanden ist, das passende Veranlassung bietet, beide Geschlechter entkleidet, soweit es besonnene Scheu bei allen erlaubt. Aufseher und Anordner aller dieser Dinge müssen die Reigenführer sein, und, mit Zuziehung der Gesetzeswächter, Gesetzgeber dessen, was wir anzuordnen unterließen. Es ist aber, wie wir schon sagten, notwendig, daß der Gesetzgeber in allen derartigen Dingen das minder Bedeutende und viele übergehe und daß diejenigen, die jeweils im Laufe des Jahres es gewahren, indem sie von der Erfahrung lernen, Anordnungen treffen und alljährlich nachbessernde Veränderungen vornehmen, bis solche Gesetzesbestimmungen und Einrichtungen eine angemessene Grenze erreicht zu haben scheinen. Eine zugleich beschränkte und ausreichende Zeit nun für die Erfahrung in den Opfern und Reigentänzen dürfte die Frist von zehn Jahren sein, wenn die Zeit für alle und jede Einzelheit bestimmt wird: solange der anordnende Gesetzgeber lebt, mit ihm gemeinsam, wenn er aber verstarb, dann sollen die einzelnen Obrigkeiten selbst, indem sie den Gesetzeswächtern es vortragen, das in ihrem Bereiche Übergangene nachholen, bis jegliches das Ziel einer zweckmäßigen Durcharbeitung erreicht zu haben scheint. Dann aber mögen sie es als unabänderlich feststellen und neben den übrigen Gesetzen in Anwendung bringen, welche der Gesetzgeber am Anfang ihnen gab, an denen niemals etwas aus freier Willkür geändert werden darf. Wenn aber einmal irgendeine Nötigung einzutreten scheint, dann mögen sie alle Obrigkeiten zu Rate ziehen, ferner das ganze Volk und alle Sprüche der Götter, und wenn alles übereinstimmt, die Veränderung vornehmen, sonst aber nie und in keiner Weise, sondern es trage nach dem Gesetz stets der den Sieg davon, welcher Widerspruch erhebt.

[16. Die Auswahl des Ehepartners]

Woher und zu welcher Zeit nun jemand unter denjenigen, welche das fünfundzwanzigste Jahr überschritten, nachdem er in Augenschein nahm und von andern genommen wurde, etwas nach seinem Sinne und für ihn zum Gemeinbesitz und der Erzeugung von Kindern Passendes gefunden zu haben überzeugt ist, dann heirate jeder in der Zwischenzeit bis zum fünfunddreißigsten Jahre; zuerst vernehme er aber, wie er das für ihn Passende und Angemessene aufzusuchen habe. Denn es ziemt sich, wie Kleinias sagt, dem Gesetz ein jedem eigentümliches Vorwort vorauszuschicken.

KLEINIAS: Sehr passend, Gastfreund, erwähntest du das und trafst eine Gelegenheit für die Rede, die auch mir höchst angemessen scheint.

DER ATHENER: Wohl bemerkt! Lieber Sohn, wollen wir also zu dem von wackeren Eltern Entsprossenen sprechen, du mußt eine in den Augen der Verständigen vernünftige Wahl treffen, welche dir raten dürften, weder vor allem die Eheverbindung mit Armen zu vermeiden noch der mit Reichen nachzustreben, sondern unter übrigens gleichen Verhältnissen stets der geringeren Heirat bei der Vereinigung den Vorzug zu geben; denn so möchte es wohl für den Staat und die in Verbindung tretenden Familien zuträglich sein. Ist doch das Gleichmäßige und Übereinstimmende für die Tugend unendlich mehr geeignet als das Übermäßige. Auch muß derjenige, welcher sich eines keckeren Sinnes bewußt ist, sowie daß er bei jeder Handlung rascher als er sollte verfährt, der Schwiegersohn besonnener Eltern zu werden suchen, der von Natur in entgegengesetzter Weise Beschaffene dagegen einer jener entgegengesetzten Verbindung sich zuwenden. Und bei jeder Eheverbindung gelte *eine* Vorschrift: Jeder muß die für den Staat zuträgliche, nicht die ihm selbst am meisten angenehme Wahl treffen. Jeder fühlt sich aber von Natur stets zu dem ihm selbst Ähnlichsten hingezogen, wodurch die ganze Stadt ungleichartig wird an Besitz und Gesinnungsart, woraus ganz vorzüglich den meisten Staaten das widerfährt, wovon wir nicht wünschen, daß es *uns* widerfahre. Doch dieses vermöge des Gesetzes in Worten anzubefehlen, daß der Reiche nicht die Tochter des Reichen, der Mächtige nicht die eines darin ihm Gleichen heirate, sowie die Leidenschaftlichen zu nötigen, an Gemäßigte, die Gemäßigten an Leidenschaftliche durch das Band der Ehe sich anzuschließen, das dürfte nicht bloß lächerlich erscheinen, sondern auch den Unwillen vieler erregen. Ist es doch nicht leicht zu begreifen, daß ein Staat in der Weise eines Mischkrugs gemischt sein müsse, dessen schwärmender Wein beim Hineingießen aufbraust, wird er aber von einem andern, ernüchternden Gotte gemäßigt und erhält eine richtige Beimischung, ein gutes und angemessenes Getränk gewährt. Daß das aber bei der Verheiratung der Kinder erfolge, das ist fast niemand einzusehen imstande. Darum ist es notwendig, auf gesetzlichem Wege zwar dergleichen zu lassen, aber zu versuchen, durch Besprechungen dazu zu überreden, daß jeder die Gleichmäßigkeit der Kinder selbst mit sich selbst höher achtet als die Gleichheit der Ehen, die unersättlich nach Geld ist und durch das Schmachvolle, nicht durch den Zwang eines niedergeschriebenen Gesetzes, den vermittels der Heirat nach Geld Trachtenden davon abzuhalten.

[17. Strafen für Nichtverheiratete. Mitgift und Feierlichkeiten]

So seien denn diese Aufforderungen zur Ehe aufgestellt, und auch das früher Ausgesprochene, daß man dadurch am unvergänglichen Wesen festhalten müsse, daß man durch Hinterlassung von Kindern und Kindeskindern stets der Gottheit Diener an seiner Statt übergebe. Das alles nun und noch mehr als das könnte jemand über die Ehe sagen, daß man heiraten *müsse*, indem er mit Fug den Eingang spricht; wenn aber jemand nicht freiwillig gehorcht, sondern sich als dem abgeneigt und daran nicht teilnehmend im Staate verhalte und, ohne verheiratet zu sein, fünfunddreißig Jahre alt wird, der büße es in jedem Jahre, der der ersten Vermögensklasse Angehörige mit hundert Drachmen, der der zweiten mit siebzig, der der dritten mit sechzig, der der vierten Angehörige mit dreißig. Das aber sei der Hera geweiht, und wer es nicht entrichtet, der schulde nach Jahresfrist das Zehnfache. Der Schatzmeister der Göttin treibe aber die Buße ein und schulde es selbst, wenn er es nicht eintrieb, und jeder gebe bei den Rechnungsablegungen davon Rechenschaft. Soviel büße an Geld, wer nicht heiraten will; aller Ehrenbezeigung der Jüngeren aber entbehre er, und keiner der Jünglinge leiste freiwillig in etwas ihm Gehorsam. Wagt er es aber, einen zu züchtigen, dann leiste jeder dem Beleidigten Hilfe und Beistand; versagt ihm diesen der Dazukommende, dann erkläre ihn das Gesetz für einen zaghaften und schlechten Bürger.

774 a

b

c

Was die Mitgift anbetrifft, so wurde es schon früher ausgesprochen und werde noch einmal gesagt, daß sich Gleiches gegen Gleiches die Waage hält, wenn weder auf der Seite des Bräutigams noch auf der Seite des Ausstattenden die Armen wegen Geldmangels ihre Kräfte erschöpfen. Denn in einem so eingerichteten Staate haben alle das Notwendige; die Frauen aber dürften minder durch das Geld übermütig werden, und die Männer, die sich verheirateten, nicht dadurch einer unfreien und erniedrigenden Knechtschaft anheimfallen. Wer nun dem Folge leistete, würde sehr wohl daran tun; wer es aber nicht tut und zur Beschaffung der Kleidung mehr gibt oder empfängt, der eine als den Wert von fünfzig Drachmen, der andere als den einer Mine, der nächste von anderthalb und der der höchsten Vermögensklasse Angehörende von zwei Minen, der zahle die gleiche Summe an den öffentlichen Schatz; was er aber gab oder empfing, werde der Hera und dem Zeus geweiht. Eintreiben mögen es die Schatzmeister dieser beiden Götter, gerade wie bemerkt wurde, daß die Schatzmeister der Hera jeweils von den Nichtheiratenden es einzutreiben oder die Buße selbst aus eigenen Mitteln zu entrichten haben.

d

e

Gültig sei die Verlobung zuerst des Vaters, dann die des Großvaters und drittens der von demselben Vater erzeugten Brüder; ist aber von diesen allen keiner vorhanden, dann habe die von mütterlicher

Seite in derselben Aufeinanderfolge Gültigkeit; sollte jedoch ein ungewöhnlicher Fall eintreten, dann seien jeweils die nächsten Verwandten in Verbindung mit den Vormündern dazu berechtigt.

Was die Vorfeier einer Hochzeit angeht oder welche Feierlichkeit 775 a sonst vor oder während oder nach derselben angemessen ist zu begehen, so soll jeder glauben, wenn er darüber die Ausleger befragt und ihnen folgt, werde alles in ordentlicher Weise geschehen.

[18. Hochzeitsfeier und Wohnung der Neuvermählten]

Was die Hochzeitsschmäuse anbetrifft, soll man an Freunden und Freundinnen nicht mehr als je fünf einladen, und desgleichen an Angehörigen und Verwandten von jeden ebensoviel. Der Aufwand betrage aber bei keinem mehr als das seinem Vermögen Angemessene, bei dem Reichsten eine Mine, dann die Hälfte derselben, in gleichem
b Verhältnis bei dem Folgenden, je nachdem die Schätzung des einen der des andern nachsteht. Und wer dem Gesetze gehorsam ist, dem sollen alle Beifall geben, den Ungehorsamen aber die Gesetzeswächter bestrafen als einen im Schönen Unerfahrenen und einen Unkundigen der auf die hochzeitlichen Musen bezüglichen Weisen. Bis zum Rausche zu trinken, ist aber weder bei anderen Gelegenheiten, mit Ausnahme der Feste des Gottes, der den Wein uns gab, wohlanständig und gefahrlos noch gewiß auch für den, welcher seine Hochzeit zu begehen gedenkt, bei welcher Bräutigam und Braut vorzüglich
c besonnen sein müssen, da sie an einem nicht unwichtigen Wendepunkte ihres Lebens stehen und zugleich, damit stets das zu Erzeugende möglichst besonnenen Eltern entstamme; ist es doch ziemlich ungewiß, welche Nacht oder welcher Tag diesem mit der Gottheit Beistand das Leben geben wird. Außerdem muß das Kindererzeugen nicht von durch Trunkenheit aufgelösten Menschen vollzogen werden, sondern die Frucht wohlgefügt, unbeirrt, ruhig im Mutterleibe sich bilden. Der vom Wein Erfüllte aber wird in der Tollheit des Lei-
d bes und der Seele überallhin fortgerissen und reißt mit sich fort. Abirrend und schlecht geeignet zur Kinderzeugung ist daher der Trunkene, so daß er wohl, der Wahrscheinlichkeit nach, fehlerhafte, unbeständige und weder der Gesinnung noch dem Körper nach gerade Kinder erzeugen dürfte. Darum muß jemand lieber das ganze Jahr und Leben hindurch, vornehmlich aber während der Dauer des Kindererzeugens vorsichtig sein und nichts tun, soweit es vom Willen abhängt, was entweder Krankheiten herbeiführt oder Frevel und Ungerechtigkeit zur Folge hat; denn notwendig drückt er das in den Seelen und Körpern der Kinder ab und prägt es aus und er-
e zeugt in jeder Hinsicht Schlechteres. Vorzüglich aber muß er an jenem Tage und in jener Nacht in allem dergleichen enthaltsam sein; denn der in den Menschen gegründete Anfang und Gott erhält alles, wenn er von jedem, der mit ihm umgeht, die ihm gebührende Ehre empfängt.

Wer sich verheiraten will, muß aber von den beiden seiner Familie 776 a durch das Los zugefallenen Wohnungen die eine als die Geburts- und Fütterungsstätte seiner jungen Brut betrachten, dort, von Vater und Mutter getrennt, seine Ehe vollziehen, und sie zu seinem Aufenthaltsort und zur Erziehungsstätte seiner Kinder machen. Denn wenn es bei den Freundschaften eine Sehnsucht gibt, dann verknüpft und verbindet diese alle Gemüter; ein Zusammensein bis zum Überdruß aber, bei dem die durch die Zeit herbeigeführte Sehnsucht nicht eintritt, entfernt sie durch der Übersättigung Übermaß beiderseits voneinander. Darum müssen die jungen Eheleute dem Vater und der Mutter und den Angehörigen der Frau ihre bisherigen Wohnungen lassen und, als ob sie in eine Ansiedelung kämen, indem sie selbst b jene besuchen und ihre Besuche empfangen, sich niederlassen und Kinder erzeugen und auferziehen, indem sie wie eine Fackel das Leben von andern an andere weiterreichen und stets den Gesetzen gemäß die Götter verehren.

[19. Die Schwierigkeit beim Besitz von Sklaven]
Durch welche Besitztümer möchte aber wohl ferner jemand den angemessensten Besitzstand sich verschaffen? Bei den meisten Besitztümern hat das Erkennen und Erlangen derselben keine Schwierigkeit, bei den Sklaven aber ist es in jeder Beziehung schwierig. Der Grund davon ist, daß wir nicht ganz richtig und doch auch in gewis- c ser Hinsicht richtig über die Sklaven uns äußern. Denn gegensätzlich zu der Art, wie wir sie gebrauchen, und auch wieder der Art des Gebrauchs entsprechend tun wir auch unsere Äußerungen über Sklaven.

MEGILLOS: Wie meinen wir nun das wieder? Denn noch verstehen wir nicht, was du, Gastfreund, jetzt sagst.

DER ATHENER: Und ganz natürlich, Megillos. Möchte doch wohl das Helotenwesen der Lakedaimonier unter den Hellenen die meisten Zweifel und Streitigkeiten erregen, indem die einen es gutheißen, die andern aber nicht. Minderen Streit dürfte wohl bei den Herakleoten die Knechtschaft der unterjochten Mariandynen veranlas- d sen sowie auch bei den Thessalern der Stamm der Penesten. Was sollen nun wir, indem wir darauf und auf alles Derartige unsere Aufmerksamkeit richten, hinsichtlich unseres Besitzes an Sklaven tun? Was ich aber im Vorbeigehen in meiner Rede äußerte und worüber du ganz natürlich mich befragtest, wie ich es wohl meine, ist folgendes. Wir wissen, daß wir wohl alle dahin uns erklären dürften, man müsse sich Sklaven verschaffen, so wohlwollend gegen uns und so rechtschaffen wie möglich; denn gar viele Sklaven, die sich in jeglicher Tugend manchen besser bewährten als deren Brüder und Söhne, retteten schon ihre Gebieter und deren Habe und gesamte Wohnun- e gen. Wissen wir doch, daß das von Sklaven gesagt wird.

MEGILLOS: Gewiß.

DER ATHENER: Nicht aber auch das Gegenteil, daß an der Sklavenseele nichts Gesundes sei und daß der Verständige nie in irgend etwas dieser Menschenklasse vertrauen dürfe? Das tut uns der weiseste der Dichter, indem er vom Zeus spricht, deutlich kund:

«Denn der Gesinnung Hälfte — sagt er — entreißt mit dem schwei- 777 a fenden Blick Zeus
Männern, sobald nur sie der Tag der Knechtschaft ereilet.»

Indem so die einzelnen diese verschiedenen Ansichten teilten, trauen die einen dem Geschlechte der Sklaven in nichts und machen die Seelen ihrer Sklaven, die sie, wie die Tiere, mit Stacheln und Geißelhieben behandeln, nicht allein dreifach, sondern vielfach sklavischben; andere dagegen tun von diesem allen das Gegenteil.

MEGILLOS: Allerdings.

b KLEINIAS: Wie müssen nun wir, Gastfreund, hinsichtlich des Besitzes und der Bestrafung der Sklaven in unserm Lande es machen, da die Meinungen so verschieden sind?

DER ATHENER: Wie nun, Kleinias? Es ist deutlich, daß, da das Geschöpf Mensch ein störrisches ist und zu der notwendigen Unterscheidung, nämlich in der Tat den Sklaven, den Freien und den Gebieter zu unterscheiden, offenbar keineswegs bereit ist dienlich zu sein und zu werden, dieses Besitztum wahrlich schwierig ist. Denn in der Erc fahrung hat es sich oft gezeigt bei den häufigen Abfällen der Messenier und bei den Staaten, die viele Sklaven *einer* Zunge besitzen, wieviele Widrigkeiten entstehen sowie ferner bei dem von den mannigfachen Räubertaten der sogenannten, in der Gegend von Italien auftauchenden Piraten herbeigeführten Unheil. Zieht jemand das alles in Erwägung, dann möchte er wohl unschlüssig werden, wie er in allem Derartigen zu verfahren habe. Nur zwei Mittel bleiben übrig, teils daß diejenigen, welche leicht der Sklaverei sich unterwerd fen sollen, nicht Landsleute und soviel wie möglich durch die Sprache geschieden seien, und daß man sie nicht allein ihret- als vielmehr des eigenen Vorteils wegen gut behandle. Die richtige Behandlung solcher Menschen besteht aber darin, daß man nicht irgendwie übermütig gegen seine Sklaven verfahre, sondern ihnen wo möglich noch weniger als den Gleichgestellten ein Unrecht zufüge. Denn derjenige, welcher seiner Natur nach und nicht zum Scheine das Recht ehrt und wahrhaft das Unrecht haßt, gibt unter solchen Menschen, gegen die es ihm leicht ist, ungerecht zu verfahren, sich kund. Wer also in seinem Verhalten und Handeln gegenüber den Sklaven von aller Unfrommheit und Ungerechtigkeit sich rein erhält, e der dürfte wohl am geschicktesten sein, eine Saat auszustreuen, aus der die Tugend hervorwächst. Eben dasselbe läßt sich mit Recht auch von dem Herrn, dem Gewaltherrscher und von jedem sagen, der eine gewisse Gewalt ausübt über einen, der schwächer ist als er selbst.

Bestrafen muß man, wenn das Recht es heischt, allerdings die Sklaven und nicht etwa, indem man sie wie Freie ermahnt, sie zum Übermute reizen. Fast jedes an einen Sklaven gerichtete Wort muß 778 a aber ein Befehl sein, und scherzen darf man durchaus nicht mit Sklaven, weder männlichen noch weiblichen, wodurch viele höchst unbesonnen, indem sie in ihrem Verhältnis zu den Sklaven übertrieben milde sind, das Leben schwieriger machen, nämlich für jene sich beherrschen zu lassen, sich selbst aber sie zu beherrschen.

KLEINIAS: Da hast du recht.

DER ATHENER: Müssen wir nun nicht, wenn jemand so gut wie möglich mit Sklaven versehen ist sowohl der Menge als auch der

Brauchbarkeit zur Hilfeleistung in allen Geschäften nach, zunächst in unserer Rede die Gebäude entwerfen?
KLEINIAS: Freilich.

[20. Die Errichtung der Gebäude]

DER ATHENER: Und bei dem ganzen Aufbau sozusagen muß die neue und vorher noch unbewohnte Stadt Sorge tragen, in welcher Weise sie dabei jegliches Tempel und Mauern Betreffende einrichten will. Das, Kleinias, ging aber den Verheiratungen voraus, doch da es jetzt nur in der Rede geschieht, ist es wohl völlig zulässig, daß das jetzt in dieser Ordnung geschehe. Wenn es nämlich in Wirklichkeit zur Ausführung kommt, wollen wir es, wenn Gott will, vor den Eheverbindungen bewerkstelligen und dann nach diesem allen jene vollenden. Jetzt dagegen wollen wir in der Kürze gewissermaßen nur einen Abriß jener geben.

KLEINIAS: Ja, allerdings.

DER ATHENER: Die Tempel also müssen wir um den ganzen Markt und rings über die ganze Stadt hin an hochgelegenen Stellen aufbauen, der Sicherheit und Reinlichkeit wegen; daneben aber die Gebäude für die Obrigkeiten und für die Gerichte, um da, als an heiligster Stelle, Rechtsaussprüche zu erteilen und zu vernehmen, da es teils hochheilige Dinge gilt, teils es solchen Göttern geweihte Stätten sind; und unter diesen Gerichtshöfen seien auch diejenigen begriffen, wo ein Mordtaten und allen todeswürdigen Verbrechen angemessener Spruch gefällt wird.

Die Mauern betreffend möchte ich, Megillos, es mit Sparta halten und die Mauer am Boden ruhen lassen und nicht aufwecken, aus folgendem Grunde. Schön wird auch das Wort des Dichters über sie angeführt, daß die Mauern lieber aus Eisen und Erz, denn aus Lehm bestehen sollen. Außerdem aber möchte wohl unser Verfahren mit vollem Recht als höchst lächerlich erscheinen, jährlich Jünglinge in die Umgebung auszusenden, sowohl um Schanzen aufzuwerfen als Gräben zu führen sowie auch durch mancherlei Bauten die Feinde abzuhalten, als nicht gewillt, die Grenzen unseres Landes sie betreten zu lassen, dabei aber mit einer Mauer unsere Stadt zu umgeben, was erstens der Gesundheit der Stadt keineswegs zuträglich ist, außerdem aber einen weichlichen Sinn in den Seelen ihrer Bewohner zu erzeugen pflegt, indem es dazu auffordert, in sie zu fliehen und dem Feinde nicht die Stirn zu bieten, noch darin, daß eine Anzahl bei Tage und bei Nacht Wache hält, ihr Heil zu suchen, sondern vielmehr als der Rettung bestes Mittel es zu betrachten, daß sie von Mauern und Toren umschanzt ruhig schlafen, als seien sie dazu geboren, alle Mühsale zu meiden, ohne zu wissen, daß die ruhige Behaglichkeit in Wahrheit erst aus der Mühsal entsteht; aus schimpflicher Behaglichkeit und Leichtsinn aber, denke ich, entstehen dann naturgemäß wieder Mühsale.

Sind aber die Menschen dennoch einer Art von Mauern bedürftig, dann gilt es, von Anfang an den Grundriß der Einzelwohnungen so zu entwerfen, daß die ganze Stadt zu *einer* Mauer werde, indem alle

Wohnungen durch ihre Gleichförmigkeit und Ebenmäßigkeit nach der Straße zu Sicherheit erlangen, und damit die Stadt, indem sie als *eine* Wohnung erscheint, keinen unangenehmen Anblick darbiete und sich in Hinsicht auf Leichtigkeit der Bewachung ganz und gar für die Rettung auszeichne. Dafür aber zu sorgen, daß die anfangs aufgeführten Wohnungen bestehen bleiben, dürfte zumeist den Bewohnern derselben zukommen sowie den Stadtaufsehern, die Aufc sicht hierüber zu führen, indem sie dieselben durch Bestrafung der Fahrlässigen dazu nötigen, auch für die in allen Teilen der Stadt zu beobachtende Reinlichkeit zu sorgen sowie, daß kein einzelner an einem der Stadt zugehörigen Platze Gebäude oder Gräben aufführe. So komme diesen auch die Sorge zu für den Abfluß des von Zeus gesandten Regenwassers und für alles, was sonst innerhalb und außerhalb der Stadt anzuordnen zweckmäßig sein dürfte. Indem aber die Gesetzeswächter durch die Erfahrung von diesem allen sich Kenntnis
d verschaffen, mögen sie die Gesetze auch im übrigen ergänzen, wo dieselben wegen Unvorhersehbarkeit etwas ausließen.

Nachdem nun diese Gebäude und die um den Markt herum sowie die Turnschulen und die Schulen aller Art eingerichtet sind und die Besucher erwarten, desgleichen auch die Schauspielhäuser die Zuschauer, wollen wir, in unserer Gesetzgebung fortfahrend, dem, was nach den Heiraten zu berücksichtigen ist, uns zuwenden.

KLEINIAS: Wohl wollen wir das.

[21. Schwierigkeit, auch für die Frauen gemeinsame Mahlzeiten einzurichten]

DER ATHENER: So seien denn also die Ehen in unserem Staate geschlossen, o Kleinias; darauf möchte dann wohl, vor dem Kindere erzeugen, eine Lebensordnung auf ein Jahr wenigstens vorgeschrieben werden. In welcher Weise aber der junge Ehemann und die junge Ehefrau diese in einem Staate zu befolgen haben, der vor den gewöhnlichen sich auszeichnen soll — was an das vorher Besprochene sich anschließt —, das zu sagen ist eben nicht das allerleichteste, sondern es dürfte, obgleich nicht von Wenigem des Vorhergegangenen dasselbe Bedenken gilt, bei der großen Menge noch schwieriger als jenes Viele Aufnahme finden; was aber als richtig und wahr erscheint, Kleinias, muß durchaus auch ausgesprochen werden.

KLEINIAS: Ja, allerdings.

780 a DER ATHENER: Wer also den Staaten Gesetze aufzustellen im Sinne hat, wie die Bürger, mit öffentlichen und gemeinsamen Angelegenheiten beschäftigt, ihr Leben einzurichten haben, der auf das Einzelleben bezüglichen, soweit es nötig ist, aber nicht einmal zu bedürfen glaubt, sondern jedem seinen Tag, wie es ihm gefällt, hinzubringen gestattet wissen will, nicht aber, daß alles der Ordnung gemäß geschehen müsse; wer da wähnt, daß sie, wenn er ihr Einzelleben durch keine Gesetze bestimmt, in bezug auf das Öffentliche und Gemeinsame den Gesetzen gemäß leben werden, dessen Meinung ist eine irrige. Weshalb wurde aber das bemerkt? Deshalb, weil wir erklären wollen, daß bei uns die jungen Eheleute in keiner andern Weise

und nicht minder wie in der ihrer Verheiratung vorausgehenden Zeit an den gemeinschaftlichen Mahlzeiten teilnehmen müssen. Obgleich aber diese Einrichtung gewiß Verwunderung erregte, als sie am Anfang zuerst in den von euch bewohnten Landstrichen auftrat, weil der Wahrscheinlichkeit nach ein Krieg oder ein anderes dieselbe Wirkung hervorbringendes Ereignis dieses Gesetz für die bei geringer Bewohnerzahl großen Mangel Leidenden herbeiführte: erschien doch diese Sitte denen, die sie versuchten und zu den gemeinschaftlichen Mahlzeiten sich genötigt sahen, von großem Einfluß auf ein gedeihliches Fortbestehen, und in einer derartigen Weise wurde die Einrichtung gemeinsamer Mahlzeiten bei euch festgestellt.

KLEINIAS: So scheint es allerdings.

DER ATHENER: Was ich also sagte war, daß dieses dereinst Verwunderung Erregende und manchen nicht ohne Besorgnis Anzubefehlende wohl jetzt für den, der es anbefehlen wollte, nicht gleich schwierig als Gesetz aufzustellen sein dürfte; das darauf Folgende aber, welches seinem Wesen nach, wenn es geschähe, mit Fug geschehen würde und jetzt, weil es nirgendwo geschieht, fast bewirken möchte, daß der Gesetzgeber, wie man scherzend sagt, auf das Wasser schreibt und tausenderlei dergleichen mit fruchtloser Mühe versucht, das ist nicht leicht weder auszusprechen noch, nachdem man es aussprach, auszuführen.

KLEINIAS: Was ist denn das, Gastfreund, was auszusprechen dir so großes Bedenken zu erregen scheint?

DER ATHENER: So hört es nur, damit wir nicht vergeblich etwa dabei zu lange uns aufhalten. Alles nämlich, was im Staate nach Ordnung und Gesetz geschieht, bewirkt jegliches Gute; das meiste Ordnungswidrige und schlecht Angeordnete dagegen hebt wieder anderes, was wohl angeordnet war, auf. Mit Bezug auf dieses Verhältnis also kommt uns auch jetzt das Erwähnte in den Weg. Bei euch nämlich, Kleinias und Megillos, traten auf eine schöne und dabei, wie ich sagte, Verwunderung erregende Weise, vermöge einer Art göttlicher Fügung, die gemeinschaftlichen Mahlzeiten den Männern in das Leben; bei den Frauen dagegen blieb, wie es keineswegs recht ist, die Einrichtung ihres Zusammenspeisens vom Gesetze unberücksichtigt und ward nicht in das Leben gerufen, sondern das Geschlecht von uns Menschen, welches auch sonst von Natur versteckter und verschlagener ist wegen seiner Schwäche, das der Frauen, dieses wurde hier, indem der Gesetzgeber darin, wie er nicht sollte, nachgab, als der Ordnung schwer sich fügend freigegeben. Weil aber hier keine Bestimmung stattfand, blieb vieles bei euch liegen, was viel besser als jetzt beschaffen sein würde, wenn Gesetze darüber verfügten. Denn nicht bloß die Hälfte macht es aus, wie es scheinen möchte, wenn die Verhältnisse der Frauen ohne Ordnung gelassen werden, sondern um wieviel die Natur der Frauen an Kraft zur Erlangung der Tugend der unsrigen nachsteht, um soviel macht der Unterschied mehr als das Doppelte aus. Zur Beglückung des Staates förderlicher ist es also, dieses nachzuholen und besser einzurichten und alle Anordnungen gemeinsam für die Frauen und für die Männer zu treffen. Jetzt aber ist die Hinleitung des Menschengeschlechts zu diesem Ziele so wenig eine glückliche, daß der Verständige so etwas an andern Orten und in Staaten, wo die gemeinschaftlichen Mahlzeiten in der Stadt gar nicht eingeführt sind, nicht einmal in Anregung bringen würde. Wie sollte es nun jemand, ohne lächerlich zu erscheinen, wagen, in der Tat auch die Frauen zu nötigen, daß ihr Verzehr von Speisen und Getränken als öffentlicher mit Augen gesehen wird? Denn es gibt nichts, wozu dieses Geschlecht unwilliger sich bequemen würde; ist es doch gewöhnt, versteckt und im Dunkel zu leben, und wird, mit Gewalt an das Licht gezogen, durch Entgegensetzung jeglichen Widerstrebens einen entschiedenen Sieg über den Gesetzgeber davontragen. Dieses Geschlecht würde also anderwärts, wie ich sagte, nicht einmal das In-Vorschlag-Bringen des Rechten sich, ohne das ärgste Geschrei zu erheben, gefallen lassen; aber vielleicht hier. Sind wir nun der Meinung, daß wenigstens, was die Untersuchung angeht, unsere den gesamten Staat betreffende Rede nicht mißlingen soll, so bin ich bereit nachzuweisen, wie gut und geziemend das sei, wenn nämlich auch ihr es zu hören wünscht; wo nicht, dann unterbleibe es.

KLEINIAS: Nicht doch; das anzuhören ist wunderbar sehr auch unser beider Wunsch, Gastfreund.

[22. Wechsel der Gebräuche im Laufe der Zeit. Die drei heftigsten Begierden des Menschen]

DER ATHENER: Hören wir also. Laßt es euch aber nicht wundernehmen, wenn ich euch etwas weit auszuholen scheine, haben wir doch die Zeit dazu ist doch nichts, was uns drängt, um nicht von allen Seiten alles auf die Gesetze Bezügliche zu erörtern.

KLEINIAS: Sehr richtig bemerkt.

DER ATHENER: Laßt uns also wieder auf das zuerst Besprochene zurückgehen. Das nämlich muß jedermann wohl erwägen, daß die Erzeugung der Menschen entweder überhaupt keinen Anfang hatte noch je ein Ende nehmen wird, sondern daß sie stets stattfand und durchaus stattfinden wird, oder daß eine Ausdehnung des Anfangs, seitdem sie entstand, über eine unendlich lange Zeit hin stattgefunden haben dürfte.

KLEINIAS: Wie anders?

DER ATHENER: Wie nun? Glauben wir etwa nicht, daß Gründungen und Untergänge von Staaten, mancherlei die Ordnung fördernde und störende Einrichtungen, ferner wechselnde Begierden nach Nahrungsmitteln und Getränken auf jeden Fall und im ganzen Umkreis der Erde aufgetreten sind sowie mannigfache Umkehrungen der Jahreszeiten, in welchen natürlich die lebenden Geschöpfe zahlreiche Veränderungen ihrer selbst durchliefen?

KLEINIAS: Wer zweifelt daran?

DER ATHENER: Und wie? Glauben wir nicht, daß irgendwo einmal Weinstöcke aufwuchsen, die es vorher nicht gab, desgleichen auch Ölbäume und die Gaben der Demeter und der Kore? Und daß ein gewisser Triptolemos ihr Pfleger wurde? Ferner, daß die Tiere zu der

Zeit, wo diese Gewächse noch nicht vorhanden waren, wie jetzt zu dem untereinander sich Auffressen ihre Zuflucht nahmen?

KLEINIAS: Wie anders?

DER ATHENER: Gewiß sehen wir, daß auch jetzt noch unter vielen Menschen die Sitte, sich gegenseitig zu opfern, besteht; und umgekehrt hören wir bei andern von einer Zeit, als sie noch nicht einmal vom Fleische des Stieres zu kosten wagten und man nicht Tiere den Göttern opferte, sondern Opferkuchen und mit Honig befeuchtete Früchte und andere reine Opfer der Art, und wo sie des Fleisches sich enthielten, als sei davon zu essen und mit Blut die Altäre der Götter zu besudeln unfromm. Vielmehr führten die damals lebenden Menschen eine sogenannte orphische Lebensweise, indem sie an alles Unbeseelte sich hielten, alles Lebendigen dagegen sich enthielten.

KLEINIAS: Was du da sagst, wird viel erzählt und läßt sich leicht glauben.

DER ATHENER: Warum aber, könnte wohl jemand fragen, wurde das alles uns vorerzählt?

KLEINIAS: Deine Vermutung, Gastfreund, ist ganz richtig.

DER ATHENER: Demnach, o Kleinias, will ich, vermag ich es, das daran sich Knüpfende euch mitzuteilen versuchen.

KLEINIAS: So sprich.

DER ATHENER: Ich sehe, daß bei den Menschen alles von einem dreifachen Bedürfnis und Begehren abhängig ist, aus welchem ihnen, werden sie richtig geleitet, die Tugend, bei schlechter Leitung dagegen das Gegenteil erwächst. Das ist sogleich nach der Geburt Essen und Trinken, zu welchem insgesamt jedes Geschöpf eine ihm angeborene Liebe trägt und voll Raserei und Ungehorsam ist gegen den, der etwas anderes zu tun befiehlt, als durch Befriedigung der damit verbundenen Lüste und Begierden müsse man stets aller Unlust sie entledigen. Aber das dritte und stärkste Bedürfnis und das heftigste Verlangen bricht zuletzt bei uns hervor und setzt durch seinen Wahnsinn die Menschen ganz und gar in die höchste Glut, nämlich das Verlangen nach Fortpflanzung des Geschlechts, welches zum größten Übermut angefacht wird. Diese drei Krankheiten muß der Gesetzgeber, indem er sie über das hinaus, was für das Angenehmste gilt, zum Besten hinleitet, durch die drei kräftigsten Mittel niederzuhalten suchen, durch Furcht, Gesetz und der Wahrheit gemäße Rede; und man muß auch mit Hilfe der Musen und der über die Wettkämpfe herrschenden Götter ihr Anschwellen und Heranwachsen hemmen.

Nach den Heiraten wollen wir aber das Erzeugen der Kinder besprechen und nach dem Erzeugen ihre Auferziehung und Unterweisung; und vielleicht dürfte uns so beim Fortschreiten unserer Reden jedes Gesetz dann zum Abschluß kommen, wenn wir nach vorne bis zu den gemeinsamen Mahlzeiten gelangten — ob es dergleichen Vereinigungen von Frauen oder allein von Männern geben darf, werden wir wohl besser erkennen, nachdem wir näher an sie herantraten; und was ihnen vorausgeht und jetzt noch nicht geregelt ist, das werden wir anordnen und zum Schutz voranstellen, und wir werden sie, wie eben gesagt wurde, genauer erkennen und vielleicht eher die ihnen zukommenden und angemessenen Gesetze aufzustellen vermögen.

Kleinias: Sehr richtig, was du sagst.

Der Athener: Bewahren wir also das jetzt Gesagte im Gedächtnis, denn vielleicht können wir einmal von diesem allen Gebrauch machen.

Kleinias: Wessen eingedenk zu sein, forderst du uns denn auf?

Der Athener: Des durch die drei Ausdrücke Bezeichneten: wir sprachen doch wohl vom Essen, zweitens vom Trinken und drittens
d von einer betörenden Gewalt des Liebesgenusses.

Kleinias: Ganz genau wollen wir das, wozu du, Gastfreund, uns aufforderst, im Gedächtnis bewahren.

Der Athener: Schön. Wenden wir uns nun zu den Neuvermählten, um sie zu belehren, wie und in welcher Weise sie beim Kindererzeugen zu verfahren haben, und, wenn sie uns kein Gehör geben, durch gewisse Gesetze sie zu schrecken.

Kleinias: Wie das?

[23. Art und Weise der Kindererzeugung]

Der Athener: Die jungen Eheleute müssen darauf bedacht sein, nach Vermögen die schönsten und besten Kinder dem Staate zu er-
e zeugen. Alle Menschen schaffen nun bei allen gemeinschaftlichen Unternehmen alles Schöne und Gute, wenn sie auf sich selbst und die Unternehmungen ihren Sinn richten; tun sie das aber nicht oder haben sie keinen, dann das Gegenteil. So richte denn auch der junge Ehemann seine Aufmerksamkeit auf die junge Frau und das Kinderzeugen, und desgleichen auch die junge Frau, vornehmlich während der
784 a Zeit, wo noch keine Kinder ihnen geboren sind. Aufseherinnen seien ihnen Frauen, die wir in größerer oder geringerer Anzahl wählten, so viele und zu welcher Zeit es etwa den Staatsoberhäuptern anzuordnen gut dünkt, welche sich täglich beim Tempel der Eileithyia bis zum dritten Teile eines Tages versammeln, bei welcher Zusammenkunft sie einander mitteilen mögen, wenn sie bemerkten, daß jemand, Mann oder Frau, während der zum Kinderzeugen bestimmten Jahre, etwas anderes als die ihm bei den hochzeitlichen Opfern und religiö-
b sen Feierlichkeiten gewordenen Vorschriften berücksichtigte. Aber das Kinderzeugen und die Aufsicht über die Kinderzeugenden erstrecke sich auf zehn Jahre und nicht auf längere Zeit, wenn das Erzeugen guten Fortgang hat; bleiben aber einige diese Zeit hindurch kinderlos, dann mögen sie sich scheiden, indem sie mit ihren Angehörigen und den die Aufsicht führenden Frauen gemeinsam über das beiden Teilen Zuträgliche beraten. Sollte jedoch eine Meinungsverschiedenheit über das beiden Teilen Angemessene und Zuträgliche stattfinden, dann mögen sie unter den Gesetzeswächtern zehn sich
c auswählen, denen sie die Entscheidung überlassen, und diese ordnen an, und dabei mögen sie bleiben. Indem aber die Frauen die Wohnungen der Neuverheirateten besuchen, mögen sie teils durch Ermahnungen, teils auch durch Drohungen, den Fehltritten und der Unerfahrenheit derselben steuern; sind sie nicht dazu imstande, dann

sollen sie an die Gesetzeswächter sich wenden und diesen es berichten, welche dann jene davon abhalten mögen. Sollten aber auch diese irgendwie es nicht vermögen, dann mögen sie es vor die Öffentlichkeit bringen, indem sie gegen dieselben Anklage erheben und beschwören, wahrlich nicht imstande zu sein, den oder jenen zur Besserung zu bringen. Der Angeklagte verliere nun, wenn er nicht vor d Gericht den Sieg über seine Ankläger davonträgt, seine bürgerlichen Ehrenrechte in Folgendem: Er erscheine weder bei Hochzeiten noch bei den Opferfesten zur Geburtsfeier eines Kindes, wenn er aber dabei erscheint, dann züchtige ihn, wer da Lust hat, straflos durch Prügel. Dasselbe sei auch bei einer Frau Gesetzesbestimmung, wenn sie gleicher Verletzung der guten Ordnung angeklagt wird und dieser Anklage unterliegt: sie nehme an den Festesaufzügen und Ehrenämtern der Frauen keinen Teil, so wenig wie am Besuchen der Hochzeiten und Geburtsfeste. Haben sie aber nach des Gesetzes Vorschrift e Kinder erzeugt und ein Mann hat mit dem Weibe eines anderen vertrauten Umgang, oder ein Weib mit einem Manne, dann treffe diese, geschieht es mit solchen, die noch Kinder zeugen, dieselbe Strafe, welche für die noch im Kinderzeugen Begriffenen bestimmt wurde. Der oder die nach dieser Zeit in dergleichen Dingen Enthaltsame aber gelte für durchaus ehrenwert, doch im entgegengesetzten Falle werde ihm die entgegengesetzte Ehre oder vielmehr Unehre zuteil. Und beweisen die meisten in solcher Beziehung Enthaltsamkeit, dann 785 a schweige das Gesetz und lasse das unberücksichtigt; überschreiten sie aber hierin die Ordnung, dann vollstrecke man nach den dann aufgestellten Gesetzen die Gesetzesvorschrift.

Der Anfang des neuen Lebens ist für jeden das erste Jahr; dieses muß im Heiligtume des Hauses aufgezeichnet werden als Lebensanfang für Knabe und Mädchen. In jedem Stammvereine muß auf einer weiß übertünchten Wand daneben die Zahl der Obrigkeiten angegeben sein, welche für die Jahre durchgezählt werden. Die in einem Stammvereine jeweils am Leben Befindlichen werden zusammen auf- b gezeichnet, die aus dem Leben Geschiedenen aber ausgelöscht.

Die Zeit der Verheiratung sei für das Mädchen vom sechzehnten bis zum zwanzigsten Jahre – die längste festgesetzte Zeit –, für den Jüngling vom dreißigsten bis zum fünfunddreißigsten; die der Staatswürden das vierzigste für die Frau, das dreißigste für den Mann; der Kriegsdienste für den Mann vom zwanzigsten bis zum sechzigsten Jahre, für das Weib aber, in welcher Weise man etwa im Kriege sie zu brauchen für gut hält, nachdem sie Kinder zu gebären aufgehört hat, möge man das, was den Kräften einer jeden angemessen und ihr wohlanständig ist, ihr anbefehlen bis zum fünfzigsten Jahre.

SIEBENTES BUCH

[1. Das Thema der Erziehung. Wichtigkeit der frühesten Entwicklung der Geschöpfe und Nutzen der Bewegung]

788 a Der Athener: Nachdem nun Kinder, Knaben und Mädchen, geboren sind, dürfte es für uns wohl das Richtigste sein, darauf die Erziehung und Aufzucht derselben zu besprechen. Diese ganz unerwähnt zu lassen, ist unmöglich. Die Art unseres Erwähnens aber dürfte uns wohl mehr wie ein Belehren und Ermahnen, als wie eine Gesetzgebung vorkommen; denn vieles Geringfügige und nicht zur Kenntnis aller Gelangende, was da in der Familie und in den Häusern geschieht, dürfte leicht, weil es vermöge der Ab- und Zuneigung b und der Begierde der einzelnen den Ratschlägen des Gesetzgebers zuwiderlaufend erfolgt, sehr verschiedene, unter sich nicht übereinstimmende Sinnesarten der Bürger erzeugen. Das ist aber für die Staaten ein Unheil; denn durch Gesetze darüber Strafen zu verhängen, ist der Geringfügigkeit und des häufigen Vorkommens wegen unangemessen und zugleich unschicklich, und es richtet auch die schriftlich abgefaßten Gesetze zugrunde, insofern sich die Menschen bei geringfügigen und häufigen Vorkommnissen an Gesetzwidrigkeiten ge- c wöhnen. Daher ist Gesetze darüber aufzustellen bedenklich, mit Stillschweigen es zu übergehen aber unmöglich. Was ich aber sage, muß ich deutlich zu machen versuchen, indem ich gleichsam Probestücke ans Licht bringe, denn jetzt hat es das Ansehen in ein gewisses Dunkel gehüllter Mitteilungen.

Kleinias: Was du sagst, ist sehr wahr.

Der Athener: Daß aber die richtige Erziehung sich durchaus als eine zeigen muß, die Leib und Seele zu den schönsten und besten zu machen vermag, das hat doch seine Richtigkeit?

Kleinias: Wie anders?

d Der Athener: Was nun die Schönheit des Leibes anbetrifft, so ist, denke ich, das einfachste, daß er sogleich im ersten Kindesalter möglichst richtig aufwachsen muß.

Kleinias: Ja, allerdings.

Der Athener: Wie weiter? Bemerken wir nicht, daß bei jedem lebenden Geschöpf der erste Keim bei weitem am meisten und stärksten sich entwickelt, so daß das viele veranlaßt, den Streitsatz zu verfechten, der Umfang des Menschen nehme vom fünften Lebensjahre an in den nächsten zwanzig Jahren nicht um das Doppelte zu?

Kleinias: Richtig.

Der Athener: Wie nun? Wenn ein rasches Wachstum ohne viel- 789 a fache und angemessene Anstrengungen eintritt, wissen wir da nicht, daß das tausendfältiges Unheil im Körper anrichtet?

Kleinias: Allerdings.

Der Athener: Tut nun nicht dann dem Körper die größte Anstrengung not, wenn der meiste Nahrungsstoff ihm zuwächst?
Kleinias: Wie denn, Gastfreund? Wollen wir den eben Geborenen und Jüngsten die größte Anstrengung vorschreiben?
Der Athener: Das keineswegs, sondern noch früher den im Leibe der Mutter Heranwachsenden.
Kleinias: Wie sagst du, Bester? Du meinst also, den Kindern im Mutterleibe?
Der Athener: Ja. Es wundert mich aber nicht, daß die Leibesübung b dieser euch unbekannt blieb, mit der ich, so seltsam sie ist, euch bekannt machen möchte.
Kleinias: Allerdings tue das.
Der Athener: Bei uns also läßt so etwas sich leichter erkennen, weil da manche das Spielwerk weiter treiben, als sie sollten. Bei uns nämlich füttern nicht bloß Kinder, sondern auch Ältere gewisse junge Vögel auf, indem sie dergleichen Geschöpfe zum Kampfe gegeneinander einüben. Sie sind aber weit davon entfernt, die Kraftäußerungen derselben gegeneinander, in welche sie sie bei ihrer Einübung c setzen, für ausreichend anzusehen; denn außer jenen Übungen birgt sie jeder an versteckter Stelle, die kleineren in den Händen, die größeren unter dem Gewande in der Achselhöhle, und durchwandert als Spaziergänger viele Stadien, nicht zum Gedeihen des eigenen, sondern des Körpers dieser Zuchtvögel; wodurch er dem, der es zu begreifen imstande ist, zu der Einsicht verhilft, daß jedem Körper alle mit keiner Anstrengung verbundene Erschütterungen und Bewegun- d gen, welche durch ihn selbst, oder durch Schaukeln, oder zur See erzeugt werden, oder wenn die Körper von Pferden getragen und von andern Dingen irgendwie bewegt werden, gedeihlich und deshalb imstande sind, durch Bewältigung der Speisen und Getränke uns Gesundheit, Schönheit und anderweitige Kraft zu verleihen.

[2. Der Einfluß der Bewegung auf die Seele]
Was könnten wir nun wohl angeben, das für uns, da sich dies so verhält, weiter zu tun sei? Wollt ihr, daß wir als Gesetzgeber trotz dem Gelächter anordnen, daß die Schwangere umhergehen solle und e das Geborene, solange es noch biegsam ist, formen wie ein Wachsgebilde und bis zum Alter von zwei Jahren einwindeln? Und wollen wir auch die Wärterinnen durch gesetzliche Strafen nötigen, die Kinder fortwährend entweder im Felde oder nach den Tempeln oder zu ihren Verwandten umherzutragen, bis sie festzustehen imstande sind, und auch dann noch, in der Besorgnis, solange sie noch jung sind, möchten ihre Glieder durch gewaltsame Anstrengung krumm werden, durch Tragen nachzuhelfen, bis das Kind das dritte Jahr erfüllte; sowie daß sie möglichst kräftig seien und nicht *eine* bloß die Wartung übernehme? Und wollen wir bei diesem allen, wenn es nicht ge- 790 a schieht, für die nicht so Handelnden eine Strafe ausschreiben? Oder sind wir weit entfernt davon, da das eben Bemerkte oft und im hohen Grade sich zutragen dürfte?
Kleinias: Was denn?

Der Athener: Daß wir uns sehr lächerlich machen dürften und außerdem der weibische und unfreie Sinn der Wärterinnen wohl nicht zu gehorchen geneigt ist.

Kleinias: Weshalb behaupten wir denn nun, daß es ausgesprochen werden müsse?

Der Athener: Deswegen: Das Gemüt der Hausherren und Freien
b im Staate dürfte vielleicht, wenn sie das hören, der richtigen Einsicht sich öffnen, daß, wenn in den Staaten nicht das häusliche Leben die richtige Einrichtung erhält, man wohl vergeblich auf die Zuverlässigkeit der Gesetzgebung für das Gemeinwesen hoffe, und in Erwägung dessen wohl von selbst die jetzt ausgesprochenen Gesetze befolgen und vermöge dieses Befolgens das Hauswesen und dabei auch den Staat wohl verwalten und so glücklich sein.

Kleinias: Was du sagst, ist sehr wahrscheinlich.

Der Athener: Demnach wollen wir auch noch nicht aufhören, der-
c artige Vorschriften zu erteilen, bevor wir die auf die Seelen der Kinder in den ersten Jahren bezüglichen Einrichtungen in derselben Weise vollständig aufstellten, in der wir die den Körper betreffenden Reden durchzusprechen begannen.

Kleinias: Gewiß sehr richtig.

Der Athener: Nehmen wir also das gewissermaßen als Ausgangspunkt für beides an, daß die auf den Leib und die Seele der kleinen Kinder bezügliche Wartung und Bewegung, die möglichst Tag und Nacht hindurch ununterbrochen stattfindet, allen, insbesondere aber den kleinsten zuträglich ist, sowie, wenn es möglich wäre, ein Zustand, als befänden sie sich stets auf dem Meere; nun aber müssen
d wir wenigstens bei den neugeborenen Kindern diesem möglichst nahe zu kommen suchen. Das muß man auch daraus erschließen, daß sowohl die Wärterinnen der Kleinen als auch diejenigen, welche beim Korybantentaumel Heilung verschaffen, das der Erfahrung entlehnt und als zuträglich erkannt haben. Wollen nämlich etwa die Mütter ihre an Schlaflosigkeit leidenden Kinder einschläfern, dann wenden sie dabei nicht das Mittel der Ruhe, sondern der Bewegung an, in-
e dem sie fortwährend sie auf den Armen schaukeln, und nicht das des Schweigens, sondern einer gewissen Gesangsweise und singen geradezu die Kinder gewissermaßen ein, durch Anwendung jenes Taktes der Bewegung und jener Liedertöne, wie bei der Heilung besinnungsloser Bacchantenwut.

Kleinias: Was gilt uns denn nun, o Gastfreund, als die Ursache davon?

Der Athener: Diese zu erkennen, ist nicht besonders schwierig.

Kleinias: Wieso denn?

Der Athener: Ein Fürchten sind wohl beide diese Zustände, und Befürchtungen gründen sich auf eine schlechte Verfassung der Seele.
791 a Wendet nun jemand bei solchen Zuständen eine Erschütterung von außen an, so überwindet die von außen kommende Bewegung die innere, in Furcht und Wahnsinn bestehende, und nachdem sie dieselbe überwand, indem sie bewirkte, daß in der Seele Stille und Ruhe von dem heftig gewordenen Herzklopfen in den einzelnen Fällen erschien

– ein durchaus erwünschtes Ergebnis –, macht sie die einen des Schlafs teilhaftig, bei den andern aber, welche unter Tanz und Flötenspiel wachen, bewirkt sie uns, unter dem Beistand der Götter, denen die einzelnen ein willkommenes Opfer darbringen, daß sie statt wahnsinniger Zustände eine besonnene Verfassung haben. Und diese Erklärung hat, insoweit es die Kürze unserer Rede gestattet, manches Wahrscheinliche für sich.

Kleinias: Ja, allerdings.

Der Athener: Wenn das nun eine dem ähnliche Wirkung hervorbringt, so muß man bei sich bedenken, daß jede mit Befürchtungen von Kindheit an erfüllte Seele sich wohl mehr gewöhnen dürfte, der Furcht sich hinzugeben. Das möchte aber wohl jedermann für ein Einüben der Verzagtheit, nicht aber der Tapferkeit erklären.

Kleinias: Wie sollte er nicht?

Der Athener: Umgekehrt möchten wir aber das Besiegen uns anwandelnder Befürchtungen und Besorgnisse für eine Schule der Tapferkeit von Kindheit an ansehen.

Kleinias: Richtig.

Der Athener: Als *eines* also, wollen wir sagen, trage auch dies uns viel bei für einen Teil der Tugend der Seele, das Einüben der Bewegung im allerersten Alter des Kindes.

Kleinias: Ja, allerdings.

Der Athener: Gewiß dürfte auch wohl das Nichtgrämliche und das Grämliche in der Seele beides, wenn es entsteht, kein kleiner Teil ihrer guten und schlechten Beschaffenheit sein.

Kleinias: Wie sollte es nicht?

Der Athener: Auf welche Weise dürfte sich nun bei uns dasjenige dieser beiden, welches wir wohl wünschen, alsbald in dem Neugeborenen erzeugen? Wir müssen nachzuweisen versuchen, wie und in welchem Maße sie jemand besitzt.

Kleinias: Wie auch nicht?

[3. Die Erziehung bis zum dritten Lebensjahr]

Der Athener: So spreche ich denn die bei uns wenigstens herrschende Meinung aus, daß zu große Nachsicht die Sinnesart der Jungen mürrisch, jähzornig und sehr durch Kleinigkeiten erregbar, das Gegenteil davon aber, eine zu strenge und harte Unterwerfung, sie durch Erzeugung einer niedrigen, unfreien und menschenfeindlichen Gesinnung für das Zusammenleben untauglich mache.

Kleinias: Wie soll denn nun also der gesamte Staat diejenigen auferziehen, die, der Sprache noch unkundig, auch für die andere Unterweisung noch unempfänglich sind?

Der Athener: Etwa so: Jegliches Geborene pflegt sogleich mit Geschrei seine Stimme zu erheben, vor allen auch der Mensch; und neben dem Schreien ist ihm auch das Weinen natürlicher als andern Geschöpfen.

Kleinias: Ja, allerdings.

Der Athener: Indem also die Wärterinnen zu erforschen suchen, was das Kind begehrt, machen sie beim Darreichen eben daraus den

Schluß; wobei es nämlich, wird es ihm dargereicht, schweigt, das ihm zu reichen, halten sie für gut, wobei es aber weint und schreit, für nicht gut. Bei den Kindern also ist die Kundgebung dessen, was ihnen lieb oder zuwider ist, Weinen und Schreien, keineswegs treffliche Äußerungen; und diese Zeit erstreckt sich auf nicht weniger als drei Jahre, keinen geringen Teil des Lebens, es besser oder schlechter zu verbringen.

KLEINIAS: Sehr richtig.

DER ATHENER: Scheint euch aber der Mürrische und niemals Hei-
b tere nicht weinerlicher und meistens von Klagen überströmender, als dem guten Manne es zukommt?

KLEINIAS: Meiner Ansicht nach allerdings.

DER ATHENER: Wie nun? Wenn jemand die drei Jahre hindurch mit Anwendung aller Mittel versuchen wollte, soweit er es vermag, zu bewirken, daß das von uns Aufzuziehende an Schmerzen und Befürchtungen und allem Leid so wenig wie möglich erfahre, glauben wir nicht, daß er dann die Seele des Aufzuziehenden wohlgemuter und heiterer machen werde?

KLEINIAS: Das liegt zutage. Vorzüglich aber, Gastfreund, wenn er
c ihm viele Lustgefühle bereitet.

DER ATHENER: Darin möchte ich dem Kleinias, du Wunderbarer, nicht fürder beistimmen; denn ein solches Verfahren gereicht uns gewiß vor jedem andern zum größten Verderben, findet es doch immer am Anfang des Auferziehens statt. Laßt uns aber sehen, ob meine Ansicht etwas für sich hat.

KLEINIAS: Sage, was deine Meinung ist.

DER ATHENER: Daß es sich jetzt zwischen uns beiden nicht um ein Geringes handle. Erwäge auch du es, Megillos, und entscheide mit über uns. Meiner Ansicht nach nämlich muß ein richtig eingerichtetes Leben weder den Lustgefühlen nachjagen noch auch die schmerz-
d lichen durchaus fliehen, sondern eben das Mittlere begrüßen, was ich eben mit dem Namen heiter bezeichnete; eine Gemütsstimmung, die wir insgesamt, der Weisung eines Götterspruchs zufolge, treffend die eines Gottes nennen. Diesem Gemütszustande muß, behaupte ich, auch derjenige von uns, der zu einem Gottähnlichen werden will, nachjagen, indem er weder selbst, als einer, der auch von Schmerzgefühlen nicht frei bleiben wird, den Lustgefühlen ganz und gar sich hingibt noch es gestattet, daß in unserem Staate einem andern, jung oder alt, Mann oder Weib, das begegne, aber vor allen insgesamt
e am wenigsten dem eben Neugeborenen. In der bestimmendsten Weise nämlich erwächst allen zu der Zeit die ganze Seelenhaltung durch die anhaltende Gewöhnung. Ich wenigstens möchte, würde man es nicht als einen Scherz betrachten, noch die Behauptung hinzufügen, man müsse auch den Schwangeren dieses Jahr hindurch vor allen Frauen die meiste Aufmerksamkeit widmen, damit die schwangere Frau weder zahlreiche und maßüberschreitende Lust- noch auch Schmerzgefühle erfährt, sondern diese Zeit verbringe, indem sie das Sanfte, Freundliche und Milde hochhält.

793 a KLEINIAS: Du hast, o Gastfreund, nicht nötig, auch noch dem Me-

gillos die Frage vorzulegen, wer von uns beiden richtiger erklärt hat; räume ich doch selbst dir ein, daß alle das Leben ungemischter Lust- oder Schmerzgefühle zu meiden und stets ein mittleres einzuschlagen haben; du hast also das Richtige getroffen und zugleich meine Zustimmung vernommen.

DER ATHENER: Sehr gut, Kleinias. Nach diesem wollen also wir drei folgendes erwägen.

KLEINIAS: Was denn?

[4. Bedeutung der ungeschriebenen Gesetze. Erziehung der Drei- bis Sechsjährigen und Übergang zu den Lehrgegenständen]

DER ATHENER: Daß dieses alles, was wir jetzt erörtern, das ist, was man gewöhnlich ungeschriebene Gesetze nennt; auch die sogenannten herkömmlichen Gesetze sind nichts anderes als dieses insgesamt. So hat es auch mit der Äußerung, die sich uns vorhin aufdrängte, man dürfe sie weder Gesetze nennen noch sie unerwähnt lassen, seine Richtigkeit; denn sie sind das die gesamte Staatsverfassung Zusammenhaltende, indem sie zwischen den schriftlich aufgezeichneten und niedergelegten und den noch aufzuzeichnenden Gesetzen insgesamt mitteninne liegen, durchaus wie herkömmliche und uralte Satzungen, welche richtig festgestellt und zur Gewohnheit geworden die später niedergeschriebenen mit aller Sicherheit umhüllen und ihnen Halt verleihen; wenn sie aber sich vergehend die rechten Schranken überschreiten, dann bewirken sie, wie die in der Mitte zusammensinkenden Stützen eines von Baumeistern aufgeführten Baues, daß alles in sich selbst zusammenfällt und, durch das Verfallen des Alten, das eine über dem andern, die Satzungen selbst und das später richtig darüber Aufgebaute, zu liegen kommen. Indem wir, Kleinias, das erwägen, müssen wir deinem Staate, als einem neu entstehenden, dadurch von allen Seiten Halt verleihen, daß wir, so gut wir es vermögen, weder Großes noch Kleines von allem, was man Gesetze oder Gewohnheiten oder Einrichtungen nennt, übergehen; denn alles Derartige verleiht dem Staate Halt, und keines von beiden ist ohne das andere von Dauer; so daß man sich nicht verwundern darf, wenn uns zuströmende Satzungen oder auch Herkömmlichkeiten, die uns sehr zahlreich und dabei geringfügig vorkommen, den Gesetzen eine größere Ausführlichkeit verleihen.

KLEINIAS: Was du sagst, ist richtig, und so wollen wir die Sache in Erwägung ziehen.

DER ATHENER: Würde nun also jemand das bis zum dritten Jahre des Knaben oder Mädchens genau beobachten und die Anwendung des Gesagten nicht als eine Nebensache ansehen: so würde das denen, deren Erziehung eben begann, zu nicht geringem Vorteil gereichen. Aber der Sinn des dreijährigen, des vier- und fünf-, ja auch noch des sechsjährigen Kindes dürfte wohl das Bedürfnis der Spiele fühlen. Auch muß man bereits die große Nachsicht durch Strafen beschränken, die das Ehrgefühl nicht verletzen, sondern das, was wir hinsichtlich der Sklaven bemerkten, die Strafen dürften weder durch Übermut den Unwillen der Bestraften reizen noch, indem sie diesel-

794 a ben unbestraft ließen, ihren Mutwillen, ebendasselbe muß man auch auf die Freien anwenden.

Für Kinder dieses Alters gibt es nun einige von Natur sich darbietende Spiele, die sie, wenn sie zusammenkommen, fast von selbst erfinden. Alle diese Kinder vom vierten bis zum sechsten Jahre müssen sich aber bereits bei den in den Gemeinden befindlichen Tempeln zusammenfinden, gemeinsam alle der Gemeindebewohner bei demselben. Die Wärterinnen aber müssen auf Kinder dieses Alters noch acht haben, ob sie anständig sich betragen oder ungezogen sind. Über die Wärterinnen selbst und die gesamte Schar muß von den
b zwölf Frauen *eine* über jede gesetzt sein, welche ein Jahr hindurch diejenigen von den vorher Erwähnten, welche die Gesetzeswächter bestimmten, beaufsichtigt. Diese zwölf mögen aber die mit der Sorge für die Ehen beauftragten Frauen, *eine* aus jedem Stamme, desselben Alters mit ihnen, wählen. Die dazu Erwählte bekleide die Vorsteherschaft, indem sie täglich nach dem Tempel sich begibt und stets den, welcher sich vergeht, bestraft, sie selbst durch die Hand gewisser Diener der Stadt, wenn es ein Sklave oder eine Sklavin, ein Fremdling oder eine Fremdlingin ist, den Bürger aber, der das Verdiente
c der Strafe bestreitet, führe sie vor das Gericht der Stadtaufseher; doch ist er unbestritten strafbar, dann verhänge sie auch über diesen selbst die Strafe.

Nachdem der Knabe und das Mädchen das sechste Jahr erfüllte, werden beide dem Geschlechte nach voneinander geschieden; die Knaben mögen mit den Knaben, die Mädchen ebenso mit den Mädchen verkehren. Beide Geschlechter müssen nun den Lehrgegenständen sich zuwenden, das männliche den Lehrern im Reiten, Bogenschießen, Wurfspießwerfen und Schleudern, und auch, bis zum Ken-
d nenlernen wenigstens, das weibliche, können sie sich irgend dazu bequemen, vor allem, was die Führung der Waffen anbetrifft. Über die auf dergleichen bezügliche jetzt bestehende Sitte nämlich sind so ziemlich alle nicht im klaren.

KLEINIAS: Über welche denn?

[5. Die Naturgemäßheit des gleichen Gebrauchs beider Hände]

DER ATHENER: Daß bei uns die rechte und die linke Seite von Natur für den Gebrauch zu allen Verrichtungen in bezug auf die Hände verschieden sei, während doch bei den Leistungen der Füße und unteren Gliedmaßen kein Unterschied sich zeigt; hinsichtlich der Hände
e aber sind wir alle durch den Unverstand der Mütter und Wärterinnen gewissermaßen erlahmt. Während nämlich die natürliche Beschaffenheit der beiderseitigen Glieder sich ziemlich die Waage hält, haben wir selbst, durch die Gewohnheit eines nicht richtigen Gebrauchs, ihre Verschiedenheit bewirkt. Verschlägt es doch bei Anwendungen, wo der Unterschied nicht groß ist, daß man die Leier in der Linken, das Plektron aber in der Rechten hält, und bei Ähnlichem, nichts; nach solchen Beispielen aber auch in andern Fällen, wo man es nicht
795 a sollte, zu verfahren, das grenzt an Torheit. Davon zeugt die Sitte der Skythen, die nicht bloß in der Linken den Bogen von sich abhal-

ten und mit der Rechten den Pfeil an sich heranziehen, sondern zu beidem beider Hände gleichmäßig sich bedienen. Sehr viele Beispiele der Art finden sich auch beim Wagenlenken und andern Verrichtungen, aus denen sich ersehen läßt, daß diejenigen der Natur zuwider verfahren, welche die linke Seite schwächer machen als die rechte. Bei hörnernen Plektren und dergleichen Werkzeugen verschlägt es, wie gesagt, nicht viel; wenn es aber eiserner für den Krieg sich zu b bedienen gilt, des Bogens, der Wurfspieße und aller dieser Waffen, dann macht es einen großen Unterschied, bei weitem den größten aber, wo Waffen gegen Waffen kämpfen. Wer es lernte, unterscheidet sich gar sehr von dem, der es nicht lernte, und wer es einübte von dem, der es nicht eingeübt hat. Denn so wie, wer den Gesamtkampf vollständig eingeübt hat, oder den Faustkampf und das Ringen, nicht unvermögend ist, von der linken Seite aus den Kampf zu bestehen, vernachlässigte er das aber, erlahmt und nachhinkt, wenn jemand die Richtung ändert und ihn seine Kraft nach der andern Seite zu wen- c den nötigt: ebenso läßt sich dasselbe auch mit Recht im Waffenkampfe und allem andern erwarten, da derjenige, der doppelte Glieder besitzt, gegen andere sich zu verteidigen und sie anzugreifen, keines derselben, insoweit er es vermag, untätig und unbeholfen lassen muß. Ja gäbe es einen, der von Natur wie Geryones oder Briareus gestaltet wäre, dann müßte er imstande sein, mit seinen hundert Händen hundert Geschosse abzuschleudern. Die Sorge für das alles muß den Vorstehern und Vorsteherinnen übertragen wer- d den, welche die Aufsicht über die Wartung und die Spiele sowie über den Unterricht führen, damit jeder und jede, so wenig wie möglich durch Angewöhnung das von Natur ihm Verliehene beeinträchtigend, zur Tüchtigkeit im Gebrauche *beider* Hände und Füße gelange.

[*6. Einteilung und Zweck der Gymnastik*]

Die Lehrgegenstände dürften wohl sozusagen doppelter Art für den Gebrauch sein, in bezug auf den Körper die Gymnastik, in bezug auf das Seelengedeihen aber die Musik. Die Gymnastik zerfällt wieder in zwei Gattungen, den Tanz und das Ringen. Vom Tanzen aber ge- e hört der eine Teil denen, welche die Sprache der Muse nachahmen, und nimmt das Stolze und zugleich Freie in acht; der andere dagegen, der Wohlhäbigkeit, Leichtigkeit und Schönheit wegen, das Angemessene der Biegung und Dehnung der Glieder und Teile des Körpers selbst, und es wird ihnen allen eine ihnen eigene ebenmäßige Bewegung mitgeteilt, die sich über den gesamten Tanz verbreitet und sich ihm völlig verbindet. Was ferner das Ringen anbetrifft, so ist das, was Antaios oder Kerkyon für ihre Künste eines unersprießlichen 796 a Wettkampfes wegen feststellten, oder was Epeios oder Amykos im Faustkampfe, da es hinsichtlich der Teilnahme am Kriege von keinem Nutzen ist, des Schmuckes der Rede nicht wert. Was aber vom Ringen in aufrechter Stellung herkommt, von dem Herauswinden des Nackens, der Hände und Weichen, und was unter Wetteifer und anständiger Anspannung eingeübt wird zum Zwecke der Kraftentwicklung und Gesundheit, das dürfen wir, als in jeder Hinsicht zuträglich, nicht übergehen, sondern müssen, wenn wir in unserer Gesetzgebung darauf kommen, den Schülern sowohl als den Lehrern anbefehlen, diesen, alles Derartige freundlich mitzuteilen, jenen aber, es dankbar sich anzueignen. Auch alle in Reigentänzen geschehenden nachahmungswürdigen Darstellungen sind nicht zu übergehen, hierzulande die Waffentänze der Kureten, in Lakedaimon aber die der Dioskuren. So glaubt auch bei uns die Jungfrau und Herrin, erheitert durch das Spiel des Reigentanzes, sie dürfe es nicht mit leeren Händen treiben, sondern mit voller Rüstung geschmückt, so müsse sie den Tanz aufführen. Dies durchgängig nachzuahmen dürfte unsern Jünglingen und Jungfrauen ziemen, indem sie um der Göttin Huld sich bemühen, zum Gebrauch im Kriege und der Festfeier wegen. Den Kindern aber möchte es gebühren, alsbald und solange sie noch nicht in den Krieg ziehen, im Schmucke der Waffen und zu Rosse allen Göttern Umgänge und Festaufzüge zu begehen, indem sie ruhiger und auch rascher in Schritt und Tanz die Götter und Kinder der Götter anflehen. Auch Wettkämpfe und Vorübungen haben sie fürwahr zu keinem andern Zweck als der genannten wegen zu bestehen. Diese sind nämlich in Krieg und Frieden zuträglich für den Staat und das Einzelleben; dagegen, Kleinias und Megillos, sind andere körperliche Mühsale, ob im Spiel oder im Ernst, Freien nicht angemessen.

[7. Die entscheidende Bedeutsamkeit einer Veränderung bei den Spielen]

Die Gymnastik, von der ich anfangs sagte, daß sie zu besprechen sei, habe ich also jetzt so ziemlich besprochen, und sie ist vollendet; kennt ihr aber eine bessere als diese, dann redet und teilt es mit.

KLEINIAS: Es ist nicht leicht, Gastfreund, mit Aufgebung des Gesagten anderes, Besseres als das sowohl über die Gymnastik als die Wettkämpfe vorzubringen.

DER ATHENER: Was nun das darauf Folgende, die Gaben der Musen und Apollons anbetrifft, so glaubten wir damals, als hätten wir schon alles gesagt, es bleibe nur das über die Gymnastik uns noch übrig; jetzt aber ist es uns klar, was sie sind und daß sie von allen als erste zu erklären sind. Sprechen wir also zunächst über sie.

KLEINIAS: Das muß allerdings geschehen.

DER ATHENER: Hört mich nun an, obwohl ihr auch schon im vorigen es hörtet; demungeachtet muß man das vorzüglich Auffallende und Ungewöhnliche überhaupt mit Behutsamkeit vortragen und vornehmen, so wie fürwahr auch jetzt. Denn ich werde eine Rede vorbringen, die ich nicht ohne Besorgnis aussprechen kann, dennoch will ich sie, irgendwie Mut fassend, nicht unterdrücken.

KLEINIAS: Welche meinst du denn, Gastfreund?

DER ATHENER: Ich behaupte, daß in allen Staaten die bei allen stattfindende Unbekanntschaft mit der Beschaffenheit der Spiele von größtem Einfluß auf die Aufstellung der Gesetze ist, ob die aufgestellten von Dauer seien oder nicht. Ist nämlich dieses fest bestimmt und so eingerichtet, daß dieselben ebenso und in derselben Weise stets dieselben Spiele treiben und derselben Ergötzlichkeiten sich erfreuen, dann läßt das auch die für ernste Dinge aufgestellten Gesetze ungestört fortbestehen; wird aber daran gerüttelt und Neues eingeführt, finden hier fortwährend Veränderungen statt, und gilt, indem die jungen Leute niemals dasselbe für angenehm erklären, weder in der Haltung ihrer Körper noch in dem übrigen Zubehör dasselbe mit steter Übereinstimmung ihnen für wohlanständig oder unanständig; wird vielmehr derjenige, welcher stets Neuerungen vornimmt und in bezug auf Haltung, Farben und alles Derartige etwas c von dem Gewohnten Verschiedenes auf die Bahn bringt, vor andern in Ehren gehalten: dann möchten wir wohl mit allem Fuge behaupten, es gebe für den Staat nichts Verderbenbringenderes als dieses. Denn er bringe insgeheim eine Veränderung in der Sinnesweise der jungen Leute hervor und beeinträchtige das Ansehen des Alten, erhöhe das des Neuen in ihren Augen. Für alle Staaten aber gebe es, behaute ich ferner, nichts Nachteiligeres, als dafür sich zu erklären und das anzunehmen. Hört an, für ein wie großes Unheil ich das erkläre.

KLEINIAS: Du meinst doch den Tadel des Altertümlichen in den d Staaten?

DER ATHENER: Ja, allerdings.

KLEINIAS: Dann dürftest du wohl für diesen Vortrag an uns keine schlechten, sondern höchst empfängliche Zuhörer haben.

DER ATHENER: Ganz natürlich wohl.

KLEINIAS: So rede nur.

DER ATHENER: Wohlan, hören wir ihn denn, indem wir uns selbst übertreffen, und besprechen uns so miteinander. Denn den Wechsel werden wir bei allem, das Schlechte ausgenommen, als das bei weitem Bedenklichste finden; bei allen Jahreszeiten, den Winden, der körperlichen Lebensweise, der Richtung unserer Seele, nicht etwa, sozusagen, bei dem einen, dem andern aber nicht, nur, wie ich schon e sagte, mit Ausnahme des Schlechten. So daß, wenn man auf den Körper sein Augenmerk richtet, wie er an alle Speisen und alle Getränke und Arbeiten sich gewöhnt; wenn er auch anfangs in Unordnung gebracht wird, nachdem er mit der Zeit aus ihnen ein denselben entsprechendes Fleisch erzeugte und mit dieser ganzen Lebens- 798 a weise sich befreundete, mit ihr sich bekannt machte und an sie sich gewöhnte, befindet er sich in Hinsicht auf Behaglichkeit und Gesundheit vortrefflich; wenn aber einmal einer sich genötigt sieht, zu irgendeiner der angesehenen Lebensweisen überzuwechseln, wird er anfangs von Krankheiten beschwert und kommt erst mit Mühe zu sich, nachdem er wiederum an diese Nahrung sich gewöhnte. Dasselbe also, müssen wir annehmen, geschieht auch hinsichtlich der Denkweise und zugleich der Seelenbeschaffenheit der Menschen; denn an den Gesetzen, in welchen sie etwa auferzogen wurden, und welche, durch eine wohltätige Fügung der Götter, in langer und viel- b fach wechselnder Zeit unverändert blieben, so daß keinem irgendeine Erinnerung oder ein Hörensagen blieb, daß sie je anders waren als jetzt, an den dann bestehenden Gesetzen irgend etwas zu ändern,

hegt die ganze Seele eine heilige Scheu und Furcht. Nun muß der Gesetzgeber irgendwoher ein Mittel entdecken, auf welche Weise das im Staate stattfinde. Auf folgende Weise finde ich es. In der Veränderung der Spiele der Kinder sehen alle, wie ich vorhin sagte, wirklich ein Spiel, nicht aber, daß daraus etwas sehr Ernstes und
c Nachteiliges hervorgehe, so daß sie nicht davon abmahnen, sondern nachgebend es befördern und nicht in Erwägung ziehen, daß notwendig diese Knaben, die in ihren Spielen Änderungen vornehmen, zu anderen Männern werden müssen als die Knaben früherer Zeit; daß sie, wenn sie zu andern Männern wurden, auf eine andere Lebensweise sinnen und zufolge dieses Daraufsinnens andere Einrichtungen und Gesetze begehren; keiner von jenen fürchtet aber, daß infolgedessen jenes größte Unheil, dessen wir eben erwähnten, über
d die Staaten kommen werde. Nun dürften zwar die andern Veränderungen, welche das Äußere betreffen, weniger Unheil anrichten; der häufige Wechsel bei Lob oder Tadel der Sinnesweise dagegen das größte von allen, sollte ich meinen, und hier möchte wohl die größte Vorsicht nötig sein.

KLEINIAS: Wie sollte sie das nicht?

[8. Der ägyptische Brauch, die Gesänge und Tänze zu weihen und keine Abweichung zu dulden]

DER ATHENER: Wie nun? Vertrauen wir den früher von uns ausgesprochenen Behauptungen, daß das auf Taktmaß und die gesamte Tonkunst Bezügliche eine Nachahmung der Sinnesarten von besse-
e ren und schlechteren Menschen sei? Oder wie?

KLEINIAS: Unsere Ansicht darüber möchte wohl keine andere sein.

DER ATHENER: Sonach ist, behaupten wir, jedes Mittel anzuwenden, damit bei uns die Knaben weder im Tanze oder Gesang anderen Nachahmungen den Vorzug geben, noch daß jemand durch Anwendung von Reizmitteln aller Art sie dazu verleite.

KLEINIAS: Du hast sehr recht.

799 a DER ATHENER: Kennt nun jemand von uns zu diesem Zweck einen besseren Kunstgriff als den der Ägypter?

KLEINIAS: Welchen meinst du denn?

DER ATHENER: Jeden Tanz und alle Gesänge zu weihen, nachdem sie zuerst die Feste anordneten durch eine Aufstellung für das Jahr, welche zu welchen Zeiten und welchem einzelnen der Götter und ihren Söhnen sowie den Dämonen jedes zu feiern sei. Dann sollten zuerst einige festsetzen, welche Gesänge man bei jedem einzelnen Opfer für die Götter anzustimmen und mit welchen Reigentänzen man das jedesmalige Opferfest zu begehen habe. Nachdem aber diese Anord-
b nungen getroffen wurden, haben alle Bürger gemeinschaftlich den Moiren und allen übrigen Göttern ein Opfer darzubringen und unter Trankopfern die einzelnen Gesänge den einzelnen Göttern und den übrigen zu weihen. Sollte aber jemand irgendeinen Gott mit andern Gesängen und Reigentänzen als diesen feiern, dann verbieten das die Priester und Priesterinnen sowie die Gesetzeswächter und tun es nach göttlichem und menschlichem Rechte; denjenigen aber, der

daran gehindert wird und nicht willig diesem Verbote sich fügt, den könne sein ganzes Leben hindurch wer da will der Gottlosigkeit belangen.

Kleinias: Richtig.

Der Athener: Da wir jetzt dahin in unserer Untersuchung gekommen sind, wollen wir das geschehen lassen, was uns selbst geziemt.

Kleinias: Inwiefern meinst du?

Der Athener: Jeder Jüngling wohl, geschweige denn Greis, wenn er irgend etwas Seltsames und keineswegs Gewöhnliches sieht oder hört, würde doch nicht etwa mit raschem Anlauf das dabei noch manchem Zweifel Unterworfene annehmen, sondern wie jemand, der an einen Kreuzweg gelangte und, ob nun als einsamer Wanderer oder in Begleitung mehrerer, den Weg nicht recht kennt, stehenbleiben und sich selbst und die andern über das noch Unentschiedene befragen und nicht eher sich in Bewegung setzen, bis er irgendwie die Betrachtung darüber, wohin der Weg führt, zur Gewißheit gebracht hätte. Ebenso müssen in gegenwärtigem Falle auch wir verfahren. Denn da wir jetzt hinsichtlich der Gesetze auf eine seltsame Behauptung geraten sind, müssen wir notwendig wohl alles in Erwägung ziehen und bei so Wichtigem als Männer dieses Alters nicht so geradehin auf der Stelle versichern, wir wüßten darüber etwas Sicheres zu sagen.

Kleinias: Was du sagst, ist sehr wahr.

Der Athener: Nehmen wir uns also Zeit dazu und stellen es dann fest, wenn wir zur Genüge es erwogen haben; damit wir aber nicht unnötig gehindert werden, die auf die jetzt zu besprechenden Gesetze folgende Ordnung durchzuführen, wollen wir zu ihrem Ende schreiten. Denn vielleicht dürfte diese ganze zum Schlusse geführte Untersuchung mit Gottes Hilfe auch das jetzt noch dem Zweifel Unterworfene genügend aufklären.

Kleinias: Sehr wohl gesprochen, Gastfreund; so wie du sagst, wollen wir verfahren.

Der Athener: So gelte denn, nehmen wir an, dieses Seltsame, daß die Satzweisen uns Satzungen sind, wie ja auch die Alten den Gesang zum Zitherspiel etwa so, wie es scheint, benannten; so daß vielleicht nicht einmal jene der jetzt aufgestellten Annahme ganz abgeneigt waren, aber als ob etwa einer im Schlafe oder auch in vollkommen wachem Zustande ahnend davon träumte. Unser Beschluß darüber sei jedenfalls folgender: Abweichend von den öffentlichen und geweihten Gesangsweisen und dem gesamten Reigenaufführen der jungen Leute erhebe ebensowenig jemand seine Stimme, oder im Tanz seine Füße, als er von irgendeiner andern Satzung abweicht. Wer das aber tut, der unterliege zwar keiner Strafe, gibt er jedoch einer Zurechtweisung kein Gehör, dann mögen ihn, wie eben gesagt wurde, die Gesetzeswächter und Priesterinnen und Priester bestrafen. Soll das bei unserer jetzigen Untersuchung festgestellt sein?

Kleinias: So sei es.

[9. Vorbilder und Regeln bei Ausübung der musischen Kunst]

Der Athener: In welcher Weise möchte nun jemand das durch Gesetze bestimmen, ohne sich durchaus lächerlich zu machen? Erwägen wir darüber noch folgendes. Das Sicherste ist, zunächst dafür gleichsam gewisse Vorbilder bei unserer Besprechung uns zu entwerfen. Als eines dieser Vorbilder führe ich etwa folgendes an. Wenn, nehmen wir an, bei einer Opferhandlung und gesetzmäßigen Darbringung des Brandopfers jemand, ein Sohn oder Bruder, auf eigene Veranlassung zu dem Opfer und den Altären hinzutritt und in durchaus übel vorbedeutender Weise seine Stimme erhebt, würde er dann nicht, sagen wir etwa, durch seine Reden Mutlosigkeit und traurige Ahnungen und Erwartungen bei dem Vater und seinen übrigen Angehörigen erzeugen?

Kleinias: Wie anders?

Der Athener: Nun aber geschieht das bei uns zu Lande in fast allen Städten, möchte ich sagen. Bringt nämlich eine Obrigkeit öffentlich ein Opfer dar, dann erscheint darauf nicht *ein* Chor, sondern eine Menge von Chören, und, indem sie sich nicht etwa fern von den Altären, sondern bisweilen ganz in der Nähe derselben aufstellen, übergießen sie die ganze heilige Handlung mit allen Schmähungen und regen die Gemüter der das Hörenden durch ihre Worte, ihre Bewegungen und die betrüblichsten Gesangsweisen auf; wer aber der in Opfern begriffenen Stadt ohne weiteres die meisten Tränen entlockt, der trägt den Siegespreis davon. Wollen wir nun nicht durch eine Verfügung diesem Herkommen steuern? Und wenn überhaupt die Bürger solchen Jammer mit anhören sollen, sollte es nicht angemessener sein, daß an Tagen, welche nicht für glück-, sondern für unheilbringende gelten, gewisse, aus im Auslande gedungenen Sängern bestehende Chöre erscheinen, wie zum Beispiel die bei Verstorbenen um Lohn Gedungenen die Verstorbenen mit Anstimmung karischer Gesangsweisen geleiten? Es möchte wohl angemessen sein, daß dergleichen auch bei solchen Gesängen geschehe, und zu diesen Leichengesängen möchte ein Trauergewand, nicht Kränze noch ein goldreicher Schmuck passen, überhaupt in allem das Entgegengesetzte, um möglichst schnell damit zum Schlusse zu gelangen. Uns selbst aber lege ich noch einmal die Frage vor, ob von den Vorbildern für die Gesänge zuerst dieses eine als uns wohlgefällig festzustellen sei.

Kleinias: Welches denn?

Der Athener: Die gute Vorbedeutung, und daß die Art unseres Gesanges durchaus und durchgängig eine glückvorbedeutende sei? Oder soll ich keine weitere Frage tun und das so annehmen?

Kleinias: Nimm es durchaus so an, denn dieses Gesetz geht mit allen Stimmen durch.

Der Athener: Was dürfte denn nun wohl nach dem Glückvorbedeutenden das zweite Gesetz der musischen Kunst sein? Nicht etwa, daß Gebete zu den Göttern stattfinden, denen wir jedesmal opfern?

Kleinias: Wie sollte es das nicht sein?

Der Athener: Das dritte Gesetz ist, denke ich, daß die Dichter, da sie wissen, daß die Gebete aus Bitten an die Götter bestehen, gar wohl acht haben müssen, damit sie nicht, sich selber unbewußt, Übles als b etwas Gutes erbitten; denn gewiß wäre, fände ein solches Gebet statt, das ein lächerlicher Mißgriff.

KLEINIAS: Freilich.

DER ATHENER: Überzeugten wir uns nun nicht kurz vorher in der Rede, daß in unserem Staat weder silberner noch goldener Reichtum wohnen dürfe?

KLEINIAS: Ja, allerdings.

DER ATHENER: Als Beispiel wofür behaupten wir nun wohl diese Bemerkung gemacht zu haben? Nicht etwa dafür, daß unter der Dichtergilde nicht jeder imstande ist, das Gute und Nichtgute genau zu c unterscheiden? Indem also etwa ein Dichter in seinen Ausdrücken oder auch in seiner Gesangsweise dieses Verfehlte hervorbringt, nicht richtige Gebete, wird er uns bewirken, daß die Bürger in den wichtigsten Angelegenheiten Entgegengesetztes erflehen. Und doch werden wir, wie wir schon sagten, nicht viele Fehlgriffe größer als diesen auffinden. Wollen wir nun nicht auch dieses als *eine* Vorschrift und Richtschnur für die Kunst der Musen aufstellen?

KLEINIAS: Was? Sage es uns deutlicher.

DER ATHENER: Der Dichter dürfe in seinen Dichtungen nicht von dem abweichen, was gesetzmäßig und recht im Staate oder was d schön und gut ist, und es sei ihm nicht gestattet, früher einem gewöhnlichen Bürger was er dichtete zu zeigen, bevor er es den dazu bestellten Richtern und Gesetzeswächtern zeigte und ihren Beifall erlangte. Wir haben aber so ziemlich bestimmt, welche Gesetzgeber wir für die musische Kunst wählten sowie den Vorsteher des Unterrichts. Wie nun? Ich wiederhole die oft getane Frage: Soll dieses Dritte als Gesetz, Regel und Vorbild uns gelten, oder was meint ihr?

KLEINIAS: Dafür gelte es. Wie anders?

[10. Bestimmungen über Gesang und Tanz. Spiel und Ernst des menschlichen Lebens]

DER ATHENER: Ferner dürften wohl am passendsten Hymnen und e Loblieder auf die Götter, mit Gebeten verbunden, angestimmt werden, und nach den Göttern ebensowohl auch an die Dämonen und Heroen mit Lobgesängen verknüpfte Gebete gerichtet werden, die diesen allen angemessen sind.

KLEINIAS: Wie sollten sie das nicht?

DER ATHENER: Darauf könnte dann wohl sofort, ohne Mißgunst zu erregen, folgendes Gesetz aufgestellt werden: Daß es angemessen sei, daß denjenigen Bürgern, welche ihr Leben beschlossen, nachdem ihr Körper oder Geist Rühmliches vollbrachte und sie den Gesetzen sich gehorsam bewiesen, Lobpreisungen zuteil werden.

KLEINIAS: Wie sollten sie das nicht?

DER ATHENER: Aber noch Lebende, bevor jemand des Lebens ganze 802 a Bahn durchlief und glücklich beendete, durch Lob- und Preisgesänge zu ehren hat sein Bedenken; das alles aber gelte bei uns gleichmäßig für Männer und für Frauen, die sich in ausgezeichneter Weise tugendhaft bewiesen. Hinsichtlich der Tänze und Gesänge treffe man

ferner folgende Einrichtung. Es gibt in der musischen Kunst noch viele alte und schöne Gesänge alter Dichter, sowie auch dergleichen Tänze für den Körper; ohne Mißgunst zu erregen, kann man daraus das mit der bestehenden Staatseinrichtung Übereinstimmende aus-
b wählen. Dazu erwählte, nicht unter fünfzig Jahre alte Richter mögen die Auswahl treffen, und was unter den alten Gedichten ihnen etwa genügend erscheint, ihrer Sammlung einverleiben, von dem aber, was sie etwa für mangelhaft oder ganz untauglich halten, das eine ganz verwerfen, das andere unter Hinzuziehung dichterischer und musikalischer Männer, mit Benutzung ihrer Fähigkeiten, wieder aufnehmen und in bessere Verse bringen, ohne, außer in wenigen Fällen,
c ihren Lustgefühlen und Begierden etwas zuzugestehen, und indem sie, was der Gesetzgeber beabsichtigt, erläutern, so gut wie möglich nach dessen Sinne Gesang und Tanz und alles auf die Chöre Bezügliche einrichten. Jede ungeordnete Beschäftigung mit den Musen wird, ob auch die Süßigkeit der Musen nicht damit verbunden ist, sobald sie Ordnung erlangt, zu einer tausendfach besseren; das Angenehme aber ist allen Dichtarten gemein. Denn wenn jemand von Kindheit auf bis zu dem reifen und verständigen Alter an eine besonnene und geregelte Dichtweise sich gewöhnte, dann ist ihm die dieser entgegen-
d gesetzte, kommt sie zu seinen Ohren, zuwider, und er nennt sie unedel; vernahm er aber bei seiner Erziehung die gewöhnliche und süße, dann erklärt er die entgegengesetzte für frostig und unergötzlich; so daß, wie eben gesagt wurde, hinsichtlich des Angenehmen oder Unangenehmen keine von beiden überwiegt, zum Unterschied aber die eine die in ihr Auferzogenen stets zu besseren, die andere dagegen zu schlechteren Menschen macht.

KLEINIAS: Was du sagst, ist sehr richtig.

DER ATHENER: Ferner möchte es wohl angemessen sein, die für
e das männliche und die für das weibliche Geschlecht passenden Lieder durch ein gewisses Gepräge zu unterscheiden, und notwendig, sie in Gesangsweise und Versmaß anzupassen; denn schlimm wäre es wohl, wenn in der ganzen Gesangsweise die Übereinstimmung, im Takt das rechte Maß fehlte, indem man den Liedern etwas zuteilt, was allen diesen nicht entspricht. Gewiß ist es also nötig, daß der Gesetzgeber auch hiervon die Umrisse bestimme. Es ist aber möglich, beiden Geschlechtern beide Arten von Liedern, die von einer Notwendigkeit beherrscht sind, zuzuteilen, die der Frauen aber muß man eben durch den Unterschied der Natur der beiden Geschlechter, durch diesen auch deutlich bezeichnen. Das Hochstrebende also und zur Tapferkeit Aufregende zeige sich uns als ein Männlichblickendes, das mehr zum Wohlanständigen und Besonnenen Hinneigende muß dagegen als dem Weiblichen verwandter in Gesetz und Rede überliefert werden.

803 a Eine Ordnung also ist dies; darauf werde der Unterricht und die Überlieferung dieser Dinge vorgeschrieben, in welcher Weise, von wem und wann jedes derselben vorzunehmen sei. Gleichwie nun ein Schiffsbaumeister, wenn er am Anfang des Baues die Kiele legt, im Umriß die Gestaltungen seiner Fahrzeuge entwirft, ebenso scheine auch ich mir zu verfahren, indem ich des Lebens Gestaltungen nach

der Grundbeschaffenheit der Seelen auseinanderzusetzen versuche, nämlich wirklich ihre Kiele zu legen, indem ich nach der Ordnung erforsche, durch welche Mittel und nach welchen Grundsätzen wir am besten auf dieser Seefahrt des Lebens über das Dasein hingelangen.

Es sind nun zwar die Angelegenheiten der Menschen großen Ernstes nicht wert, aber es ist doch notwendig, sie mit Ernst zu betreiben; das ist kein glückliches Zusammentreffen. Da wir aber an dieser Stelle uns befinden, so dürfte es vielleicht uns angemessen sein, wenn wir in geziemender Weise dabei verführen. Was ist das aber doch, was ich meine? Diese Frage könnte jemand wohl mit Recht an mich stellen.

KLEINIAS: Ja, allerdings.

DER ATHENER: Ich behaupte, man müsse das Ernste mit Ernst betreiben, das Nichternste aber nicht; seiner Natur nach sei aber Gott alles heilbringenden Ernstes wert, der Mensch dagegen, wie wir früher sagten, sei zu einem Spielzeug Gottes geschaffen, und das sei in Wahrheit das beste an ihm. Diesem Verhältnisse sich fügend und die möglichst schönsten Spiele spielend müsse jeder, Mann und Weib, so sein Leben verbringen, nach einer der jetzt herrschenden entgegengesetzten Ansicht.

KLEINIAS: Wieso?

DER ATHENER: Jetzt glaubt man wohl, daß das Ernste der Spiele wegen geschehen müsse; denn man meint, des Krieges ernste Angelegenheiten müssen des Friedens wegen wohl geordnet werden. In Wahrheit aber war im Kriege weder Spiel von Natur vorhanden noch auch eine der Rede werte Bildung, weder jetzt noch künftig, wovon wir eben behaupten, daß es, für uns wenigstens, das Ernsteste sei; jeder muß also das Leben im Frieden als das dauerndste und beste verbringen. Was ist nun das Richtige? Man muß sein Leben mit gewissen Spielen hinbringen, mit Opfern, Gesängen und Tänzen, damit man imstande sei, sich der Götter Huld zu erlangen, gegen die Feinde aber sich zu verteidigen und im Kampfe obzusiegen; durch welche Gesänge und Tänze aber jemand beides erreichen könne, darüber sind die Vorschriften im Umriß gegeben und die Wege, die man einzuschlagen hat, sozusagen gebahnt, in der Erwartung, daß der Dichter recht habe, wenn er sagt:

«Einiges wirst du schon selbst, Telemachos, bei dir ersinnen,
Anderes dir eingeben ein Himmlischer. Nie doch, vermut' ich,
Daß den Göttern zuwider geboren du seist und erzogen.»

Derselben Meinung müssen nun auch unsere Zöglinge sein und glauben, es sei teils in dem Gesagten der Sache ein Genüge geschehen, teils werde ihnen der Dämon und Gott hinsichtlich der Opfer und Reigentänze in den Sinn geben, welche und zu welcher Zeit sie jedes jedem derselben unter heiteren Spielen darzubringen und sie sich geneigt zu machen haben, um ein der Beschaffenheit ihrer Natur angemessenes Leben zu führen, sie, die größtenteils Drahtpuppen sind, in geringen Teilen aber der Wahrheit teilhaftig.

MEGILLOS: Da machst du uns, Gastfreund, das Geschlecht der Menschen sehr verächtlich.

Der Athener: Wundere dich darüber nicht, Megillos, und verzeih es mir; denn im Hinblick auf den Gott empfing ich den Eindruck, den ich jetzt aussprach. Es sei also, wenn du willst, unser Geschlecht nicht
c verächtlich, sondern gewissen Ernstes wert.

[11. Schulbauten und Schulpflicht. Forderung gleicher Übungen für die Frauen]

Was nun hierauf folgt, so war von den Bauten der Übungsplätze und desgleichen der öffentlichen Schulen die Rede, eingerichtet an je drei Stellen in der Mitte der Stadt; außerhalb aber in der Umgebung derselben, ebenfalls an drei Stellen, die Übungsplätze für die Pferde und weite Flächen des Bogenschießens und anderer Wurfübungen wegen sowie zur Unterweisung und Einübung der Jugend. Wurde das aber damals nicht zur Genüge besprochen, so geschehe es bei unserer Besprechung jetzt neben den Gesetzen. In diesem allen
d müssen um Lohn gedungene, fremde Lehrer, die da wohnen, den Unterricht in allen auf den Krieg und auf die musische Kunst bezüglichen Unterrichtsgegenständen erteilen, doch nicht so, daß der eine, weil der Vater es will, kommt, der andere, mit Aufgebung der Unterweisung, nicht, sondern wo möglich jeder, groß und klein, wie man zu sagen pflegt, muß notwendig ihn empfangen, da die Kinder mehr dem Staate als ihren Erzeugern angehören.

Insgesamt dasselbe aber, was mein Gesetz für das männliche Geschlecht bestimmen möchte, dürfte es wohl auch für das weibliche,
e daß dieses zu gleichen Übungen verpflichtet sei; und diese Behauptung möchte ich wohl aufstellen, ohne hinsichtlich der Reitkunst und Leibesübungen zu besorgen, daß diese zwar den Männern, nicht aber den Frauen angemessen seien. Denn da ich alten Sagen, die mir zu Ohren kamen, vertraue, für die jetzige Zeit aber, möchte ich sagen, weiß, daß am Pontos zahllose Mengen von Frauen wohnen, welche
805 a man Sauromatinnen nennt, die nicht bloß mit Pferden, sondern auch mit dem Bogen und den anderen Waffen umgehen und denen das in gleichem Maß wie den Männern anbefohlen ist und in gleichem Maße von ihnen geübt wird. Außerdem aber habe ich darüber noch folgende Erwägung: ich behaupte, es sei, wenn es möglich ist, daß das so geschehe, jetzt bei uns zu Lande höchst unverständig, wenn nicht alle aus aller Kraft einmütig dieselbe Beschäftigung als Männer wie als Frauen treiben. Denn so ist und wird bei denselben Abgaben und Leistungen beinahe jeder Staat statt eines doppelten zu einem hal-
b ben, und gewiß dürfte das doch ein auffallender Mißgriff des Gesetzgebers sein.

Kleinias: So scheint es wenigstens; doch gewiß, Gastfreund, befindet sich unter dem jetzt Gesagten vieles den gewohnten Staatsverfassungen Zuwiderlaufendes. Aber als du sagtest, man solle die Untersuchung zu ihrem Ziele gelangen lassen, dann aber erst, wenn sie es erreichte, was uns gut dünke, wählen, hast du sehr angemessen gesprochen und mich veranlaßt, mir jetzt selbst über das, was ich
c sagte, Vorwürfe zu machen; besprich also nur das Weitere, wie es dir genehm ist.

[12. *Ungenügen der für Frauen bestehenden Lebensordnungen*]
Der Athener: Das, Kleinias, ist mir genehm, was ich auch vorher sagte, daß, sei es nicht durch die Tat zur Genüge bewiesen, daß das Verlangte wirklich geschehen könne, sich vielleicht wohl ein Widerspruch gegen unsere Rede erheben lasse; nun aber muß derjenige, welcher dieses Gesetz in keiner Weise gelten lassen will, auf irgend etwas anderes sinnen, wir aber werden mit unserer hierauf bezüglichen Aufforderung nicht zum Schweigen gebracht werden, das weibliche Geschlecht soviel wie möglich an der Unterweisung, sowie an allem andern, gleich dem männlichen teilnehmen zu lassen. Denn d wir müssen uns die Sache ungefähr so vorstellen. Sag an, wenn die Frauen nicht an allen Lebensverhältnissen mit den Männern teilnehmen, muß dann nicht notwendig ihnen eine andere Lebensordnung vorgeschrieben werden?

Kleinias: Gewiß ist das notwendig.

Der Athener: Welche unter den jetzt bestehenden möchten wir nun wohl dieser Gemeinschaft vorziehen, die wir jetzt ihnen vorschreiben? Etwa die, nach welcher die Thraker und viele andere Volksstämme der Frauen bedienen, nämlich zum Ackerbau, zur Rind- e vieh- und Schafzucht und zu Dienstleistungen, die von denen der Sklaven nicht sehr verschieden sind? Oder unsere Weise und die aller, welche in jener Gegend wohnen? Bei uns nämlich herrscht jetzt in dieser Hinsicht folgende Sitte. Wir schaffen, wie man sagt, all unser Hab und Gut in *eine* Wohnung zusammen und übergeben dessen Verwaltung den Frauen sowie die Herrschaft über die Spindel und die gesamte Wollebereitung. Oder wollen wir, Megillos, uns für die in der Mitte zwischen diesen liegende lakonische Sitte erklären? Sollen die Jungfrauen an den Leibesübungen sowie an der mu- 806 a sischen Kunst sich beteiligen, die Frauen aber, ohne mit der Wollbereitung sich zu befassen, ein den Übungen gewidmetes, keineswegs geringzuachtendes oder unscheinbares Leben hinbringen, in der Aufsicht und Verwaltung des Hauswesens dagegen und der Erziehung der Kinder eine Art von Mittelstraße einschlagen, ohne jedoch an dem Kriege teilzunehmen, so daß sie nicht einmal, tritt einmal die Notwendigkeit ein, für Vaterland und Kinder einen entscheidenden Kampf zu bestehen, des Bogens, wie eine Art von Amazonen, oder eines andern Wurfgeschosses sich kunstfertig mitbedienen b noch, zu Schild und Speer greifend, die Göttin nachahmen können, um hochherzig gegen die Verheerung ihres Vaterlandes sich zu verteidigen und, sähe man in der Schlachtreihe sie aufgestellt, wenn auch nichts Größeres zu leisten, doch wenigstens den Feinden Furcht einzuflößen? Lebten sie fortwährend in dieser Weise, dann werden sie zwar durchaus es nicht wagen, den Sauromatinnen es gleichzutun, neben den Frauen selbst aber werden Frauen jener als Männer erscheinen. Wer nun darin eure Gesetzgeber lobpreisen will, der prei- c se sie; von meiner Behauptung dürfte aber wohl nicht abzugehen sein, der Gesetzgeber müsse ein ganzer, kein halber sein, indem er dem weiblichen Geschlechte Weichlichkeit und in ungeregelter Lebensweise zu machenden Aufwand gestattet und nur für das männliche Sorge trägt, so daß er für den Staat nur die Hälfte eines vollkommen glücklichen Lebens, statt des doppelten, bestehen läßt.

Megillos: Was fangen wir an, Kleinias? Lassen wir es geschehen, daß der Gastfreund einen solchen Angriff auf Sparta mache?

d Kleinias: Ja. Denn da wir Freiheit der Rede ihm zugestanden haben, so müssen wir es wohl geschehen lassen, bis wir zur Genüge alle Gesetze von allen Seiten durchgeprüft.

Megillos: Du hast recht.

[13. Lebensweise der Erwachsenen. Einteilung ihrer Zeit]

Der Athener: Ist nun nicht der Versuch, das Weitere darzulegen, meine Sache?

Kleinias: Wie auch nicht?

Der Athener: Wie sollte sich denn nun wohl die Lebensweise von Menschen gestalten, bei denen für das Notwendige in rechtem Maße gesorgt, die Gewerbe andern anheimgegeben, der Landbau aber an e Sklaven verdungen wäre, die von den Erzeugnissen des Bodens das für ein geregeltes Leben führende Menschen Ausreichende abzugeben haben; wo man ferner besondere Speisevereine für die Männer und in deren Nähe für ihre Angehörigen eingerichtet hätte, so für die Mädchen wie für ihre Mütter, wo die Aufseher und Aufseherinnen beauftragt wären, diese Vereine insgesamt, nachdem sie an jedem Tage das Benehmen der Zusammenspeisenden mit ansahen und be-807 a obachteten, zu entlassen und nach einem von dem Aufseher und den andern, den Göttern, denen eben die gegenwärtige Nacht und der Tag geweiht ist, dargebrachten Trankopfer, somit nach Hause sich zu begeben? Bleibt denn den diese Ordnung Befolgenden keine andere notwendige und ihnen durchaus angemessene Obliegenheit übrig, als daß jeder derselben nur lebe, um sich in der Weise eines Tieres mästen zu lassen? Das erklären wir nun nicht für recht und gut, und für unmöglich, daß dem ein solches Leben Führenden nicht wi-b derfahre, was ihm zukommt; einem untätigen, sorglos sich auffüttern lassenden Geschöpf kommt aber wohl zu, daß es die Beute eines andern, durch Tapferkeit und Anstrengungen abgehärteten werde. Dieses nun in hinreichender Angemessenheit, wie wir es auch jetzt wohl wünschten, dürfte vielleicht wohl nie geschehen, solange jeder unserer Bürger seine eigene Frau, Kinder und Wohnung hat und alles Derartige jedem insbesondere so eingerichtet ist. Wenn aber das auf jenes folgende jetzt Besprochene bei uns geschähe, so wäre c das schon sehr angemessen. Es bleibt aber, behaupten wir, den in solcher Weise Lebenden nicht die leichteste noch geringfügigste Aufgabe, sondern die vor allem wichtigste ist durch ein mit Fug bestehendes Gesetz vorgeschrieben; denn vor dem Leben dessen, der in den pythischen oder olympischen Spielen den Sieg zu erringen strebt, welches für ihn mit einer Abhaltung von allen anderen Geschäften verbunden ist, ist das mit voller Wahrheit so genannte Leben, welches seine Sorgfalt durchaus der Tugend in bezug auf Leib und Seele zuwendet, von doppelter, ja, noch weit mehrfacher Abhaltung voll-d kommen in Anspruch genommen. Darf doch keine Nebenbeschäftigung unter den übrigen Beschäftigungen ein Hindernis werden für die Zuteilung der dem Körper angemessenen Anstrengung und Nahrung und der der Seele angemessenen Kenntnisse und Gewohnheiten; die ganze Nacht und der ganze Tag reicht für den fast nicht aus, welcher eben danach strebt, den vollkommenen und ausreichenden Gewinn dadurch zu erlangen.

Da nun das von Natur so ist, so muß für alle Freien eine bestimmte Anordnung über die Anwendung ihrer ganzen Zeit getroffen werden, indem jeder damit vom frühen Morgen an beginnt und bis zum andern Morgen und zu Sonnenaufgang es fortsetzt. Ungehörig würde nun ein Gesetzgeber erscheinen, wollte er zahlreiche und kleinliche Vorschriften über die häuslichen Einrichtungen aufstellen und das, was im übrigen sowie in der Beschränkung des nächtlichen Schlafes denen zukommt, die fortwährend den Staat überwachen sollen. Denn daß selbst irgendein Bürger irgendeine ganze Nacht hindurch schlafe und nicht allen seinen Hausgenossen zeige, daß er der erste sei, welcher erwacht und aufsteht, das muß allen schimpflich und eines Freien unwürdig erscheinen, ob man nun eine solche Ansicht mit dem Namen eines Gesetzes oder einer Einrichtung bezeichnen soll. Ja, auch daß die Herrin des Hauses von gewissen Dienerinnen geweckt werde und nicht selbst die andern wecke, das müssen unter sich Sklave und Sklavin und Bursche, ja, wenn es möglich wäre, das gesamte Haus für etwas Schimpfliches erklären. Zu nächtlicher Stunde wachend, haben alle vielen öffentlichen und häuslichen Obliegenheiten zu genügen, die Obrigkeiten in bezug auf den Staat, in bezug auf ihr eigenes Haus aber die Herren und Herrinnen. Ein reichlicher Schlaf ist nämlich der Natur nach weder unserem Körper angemessen noch unserer Seele, noch auch allen auf das Erwähnte bezüglichen Verrichtungen. Denn jeder Schlafende taugt ebensowenig zu etwas wie der Nichtlebende. Wem also nichts mehr am Herzen liegt, als wirklich zu leben und geistig tätig zu sein, der halte sich so lange wie möglich wach und berücksichtige bloß das für seine Gesundheit Zuträgliche; bei richtiger Gewöhnung ist das aber nicht viel. Zur Nachtzeit wachende Obrigkeiten aber werden von den Schlechten, Feinden und Bürgern, gefürchtet, von den Rechtlichen und Besonnenen aber bewundert und geehrt und schaffen sich selbst und dem gesamten Staate Nutzen.

[14. Schulzucht. Übergang zu den Lehrgegenständen. Die für Lesen und Schreiben und Leierspiel festgesetzte Zeit]
Eine so verbrachte Nacht möchte wohl noch außer dem Erwähnten in der Seele jedes Städtebewohners einen männlichen Sinn erzeugen; kehrt aber der Tag und die Morgendämmerung wieder, dann muß man die Kinder zu ihren Lehrern schicken. Es dürfen aber weder Schafe noch andere Herden ohne den Hirten noch auch Kinder ohne gewisse Aufseher oder Sklaven ohne ihre Herren sein. Der Knabe ist aber unter allen Geschöpfen das am schwierigsten zu behandelnde; denn je mehr er eine Quelle des Nachdenkens besitzt, die noch nicht die rechte Richtung erhielt, wird er hinterhältig und verschlagen

und das übermütigste der Geschöpfe. Darum gilt es, durch mannigfache Zügel, möchte ich sagen, ihn, wenn er der Aufsicht der Wärterinnen und Mutter enthoben wird, jenes kindischen und unverständigen Wesens wegen zu bändigen, zuerst durch Aufseher sowie ferner durch solche, die ihn in jeglichem unterrichten, und durch die Lehrgegenstände, wie es dem Freien zukommt; ist es dagegen ein Sklave, den züchtige jeder freie Mann, welcher dazukommt, den Knaben selbst und den Aufseher und Lehrer, wenn einer in etwas Dahingehörigem einen Fehler begeht. Wenn aber ein Dazukommender diese nicht, wie es recht ist, züchtigt, dann treffe erstens ihn die größte Schmach; ferner überwache der von den Gesetzeswächtern zur Beaufsichtigung der Kindererziehung Gewählte einen solchen, der zu dem Erwähnten dazukommt und, wo er es sollte, nicht züchtigt oder züchtigt, aber nicht in der rechten Weise, und leite, als ein in unserm Staate Scharfblickender und die Erziehung der Kinder vor allem am Herzen Tragender, die Eigentümlichkeiten derselben, indem er sie, den Gesetzen gemäß, stets zum Guten hinlenkt.

Wie möchte aber wohl diesen selbst das Gesetz uns zur Genüge heranbilden? Denn bis jetzt hat es sich noch nicht deutlich und hinreichend ausgesprochen, sondern über einiges nur, über anderes nicht; es darf aber wo möglich nichts übergehen, sondern das ganze Verfahren darlegen, damit jener anderen zum Wegweiser und Erzieher werde. Über die Beschaffenheit der Chöre, der Gesänge und Tänze also, nach welcher Regel man sie auszuwählen, nachzubessern und dem heiligen Zwecke zu weihen habe, wurde gesprochen; über das schriftlich in ungebundener Rede Niedergelegte aber, was davon und in welcher Weise die von dir, du trefflichster Kinderbehüter, zu Erziehenden es zu benutzen haben, nicht. Zwar belehrten dich unsere Besprechungen über das, was jene in bezug auf den Krieg erlernen und einüben müssen; doch was erstens die Anfangsgründe des Wissens, zweitens das Leierspiel sowie das Rechnen anbetrifft, Kenntnisse, von denen wir behaupteten, daß jeder soviel sich aneignen müsse, wie in bezug auf den Krieg, das Hauswesen und die öffentlichen Geschäfte sich anzueignen nötig sei, und was da für eben dieses nützlich ist von den Umläufen der göttlichen Wesen, der Sterne, der Sonne und des Mondes, was darüber jeder Staat feststellen muß — worüber meine ich denn? Über die Verteilung der Tage auf den Kreislauf der Monate und der Monate auf jedes Jahr, damit für die Jahreszeiten, für die Opferungen und Feste die jedem derselben der Natur gemäß zukommende Zeit bestimmt werde, auf daß dieselben, indem sie dem Staate Leben und Wachsamkeit verleihen, den Göttern die diesen gebührenden Ehrenbezeigungen herbeiführen, die Menschen aber in dieser Beziehung einsichtiger machen — das alles, Freund, ist dir vom Gesetzgeber noch nicht zur Genüge dargelegt. Beachte nun wohl, was des weiteren ausgesprochen werden wird.

Wir behaupteten, daß du erstens hinsichtlich der Lehrgegenstände nicht hinlänglich belehrt seist, indem wir gegen die Rede welchen Vorwurf erhoben? Diesen, sie habe sich gegen dich noch nicht vollständig ausgesprochen, ob derjenige, welcher ein guter Bürger werden solle, nach Genauigkeit in den Unterrichtsgegenständen streben müsse oder in denselben gar nicht zu unterrichten sei; ebenso verhält es sich auch mit dem Leierspiel. Jetzt behaupten wir jedoch, er sei darin zu unterrichten. Für die Anfangsgründe des Wissens reichen bei dem zehnjährigen Knaben drei Jahre ziemlich aus; für den Beginn des Leierspiels ist das vierzehnte Jahr angemessen sowie andere 810 a drei Jahre, dabei zu verharren. Und weder dem Vater sei es gestattet, einen längeren oder kürzeren Zeitraum, den Gesetzen zuwider, zu bestimmen, noch auch dem Knaben selbst, weder wenn es ihm Freude macht noch wenn es ihm zuwider ist, die Beschäftigung damit zu verlängern oder abzukürzen; wer aber dem sich nicht fügt, der sei von den Auszeichnungen der Knaben, die wir nun bald zu besprechen haben, ausgeschlossen. Was aber in diesen Zeiten die Knaben lernen sollen und die Lehrer lehren, das lerne du selbst zuerst. Mit den Anfangsgründen hat sich der Knabe, bis er lesen und schrei- b ben kann, zu beschäftigen; doch bis zum Raschen und Schönen es zu bringen, das möge man bei manchen, von der Natur in den dazu bestimmten Jahren nicht Begünstigten aufgeben. Was aber die von keinem Leierspiel begleiteten, schriftlich niedergelegten Unterweisungen der Schriftsteller angeht, teils metrische, teils ohne das rhythmische Zeitmaß abgefaßte, welche Schriftwerke allein gesprochen werden und des Rhythmus und Wohllautes entbehren — so sind uns von einigen aus der großen Menge solcher Verfasser gefährliche hin- c terlassen worden. Wozu, ihr trefflichsten aller Gesetzeswächter, werdet ihr diese benutzen? Oder wozu sie zu benutzen würde euch wohl mit Recht der Gesetzgeber vorschreiben? Darüber wird er, erwarte ich, sehr in Verlegenheit sein.

KLEINIAS: Wie kommt es, Gastfreund, daß du zu dir selbst, wirklich von Verlegenheit befangen, das zu sagen scheinst?

DER ATHENER: Mit deiner Vermutung hat es seine Richtigkeit, Kleinias; gegen euch aber, die ihr mit mir an der Gesetzgebung teilnehmt, muß ich notwendig mich erklären, was mir leicht scheint oder nicht.

KLEINIAS: Wie also? Welches Bedenken und von welcher Beschaf- d fenheit regte sich in dir, um jetzt so hierüber dich zu äußern?

DER ATHENER: Das will ich dir sagen. Es ist nämlich keineswegs leicht, oftmals gegen viele Tausende von Stimmen zu sprechen.

KLEINIAS: Wie aber? Scheint dir das im vorigen von uns über die Gesetze Ausgesprochene nur geringfügig und wenig der großen Menge zu widersprechen?

DER ATHENER: Was du bemerkst, ist sehr wahr. Meinem Bedünken nach forderst du mich nämlich auf, auf demselben Wege, der vielen zu einem mißfälligen wurde, vielleicht aber nicht weniger, oder wenn auch weniger, doch nicht schlechteren anderen ein willkommener ist — du forderst mich dringend auf, mit diesen vereint e es darauf zu wagen und getrost, ohne davon abzustehen, auf dem durch unsere gegenwärtigen Besprechungen angebahnten Wege der Gesetzgebung fortzugehen.

KLEINIAS: Wozu sonst?

[15. Problem der Auswahl geeigneter Literatur. Das beste Muster]

Der Athener: So stehe ich also nicht davon ab. Nun sage ich, wir haben sehr viele der Hexameter, der Trimeter sowie aller Versmaße, die man sonst angibt, sich bedienende Dichter, von denen die einen auf Ernstes, die andern auf Lachen Erregendes es abgesehen haben; durch diese müsse man, behauptet die große Mehrzahl, die jungen Leute, wie sie gehörig zu unterweisen, auferziehen und mit solcher Kost sie sättigen, indem man sie, vermöge des Vorlesens, durch vollständiges Auswendiglernen der ganzen Dichter, zu Vielbewanderten 811 a und Vielwissenden mache; andere aber behaupten, indem sie aus allen das Hauptsächlichste auswählen und ganze Stellen in eines zusammenziehen, das müsse einer im Gedächtnis auffassen und auswendig lernen, wolle er in unsern Augen ein Wackerer werden und durch reiche Erfahrung und ein reiches Wissen zur Weisheit gelangen. Diesen soll ich, verlangst du, jetzt freimütig erklären, in welchen Stücken sie recht haben und in welchen nicht?

Kleinias: Wie sollte ich denn nicht?

Der Athener: Was könnte ich nun wohl, in eine Rede es zusamb menfassend, Befriedigendes darüber sagen? Ich denke, folgendes, was mir auch wohl jeder einräumen dürfte: jeder von diesen Dichtern habe gar manches Schöne gesagt, aber auch gar manches dem Entgegengesetzte; ist das aber der Fall, dann sei das Viellernen den Knaben gefährlich.

Kleinias: Welchen Inhalts und von welcher Beschaffenheit wäre also deine Vorschrift für den Gesetzeswächter?

Der Athener: Worüber meinst du?

Kleinias: Auf welches Muster hinblickend, würde er wohl den c jungen Leuten das eine auswendig zu lernen gestatten, das andere verbieten? Sprich und zögere nicht zu sprechen.

Der Athener: Das Glück, bester Kleinias, scheint, in gewisser Weise wenigstens, mich zu begünstigen.

Kleinias: Inwiefern denn?

Der Athener: Insofern ich nicht ganz um ein Muster verlegen bin. Indem ich nämlich auf die Untersuchungen hinblicke, die wir vom Morgen an bis jetzt nicht, wie mich bedünkt, ohne einen Anhauch göttlicher Eingebung geführt haben, schien mir sonach das Gesagte durchaus einer Dichtung vergleichbar. Und man darf sich nicht über das Gefühl lebhafter Freude verwundern, die ich empfand, ind dem ich die von uns selbst geführten Reden in ihrer Gesamtheit überblickte. Denn vor den meisten Reden, Gedichten oder schlichter Prosa angehörig, die ich meinem Gedächtnis einprägte oder anhörte, erschienen diese mir als die angemessensten und vor allen für junge Leute, sie zu vernehmen, passend. Dem Gesetzeswächter und Erzieher aber vermöchte ich, wie ich meine, wohl kein besseres Muster nachzuweisen als in der Aufforderung an die Lehrer, dieses die Knae ben zu lehren und damit in Verbindung Stehendes und solchem Ähnliches, wenn es ihm beim Durchmustern der Erzeugnisse der Dichter oder des in schlichter Rede Abgefaßten oder auch des, ohne niedergeschrieben zu sein, bloß Ausgesprochenen als diesen Reden irgend Verwandtes begegnet, es in keiner Weise sich entgehen zu lassen, sondern sich anzumerken. Und zuerst habe er die Lehrer selbst zu nötigen, das sich anzueignen und dem Beifall zu geben, derjenigen Lehrer jedoch, denen das nicht zusage, nicht als Mitarbeiter sich zu bedienen, wohl aber derjenigen, die das mit ihm gutheißen, und diesen die jungen Leute zur Unterweisung und Erziehung zu übergeben.

Hier und so ende diese Erzählung, welche sowohl über die Jugendlehrer als über den Jugendunterricht sich verbreitet.

Kleinias: Nach meinem Bedünken wenigstens schweiften wir, Gastfreund, unserer Aufgabe gemäß, von den uns zur Aufgabe gestellten Untersuchungen nicht ab; daß uns aber das Ganze gelingen werde, das läßt sich wohl schwerlich mit Bestimmtheit behaupten.

Der Athener: Das, Kleinias, wird dann, wie wir schon oft bemerkten, mit größerer Bestimmtheit hervortreten, wie natürlich, wenn wir zum Ziele unserer gesamten Erörterungen über die Gesetze gelangt sind.

Kleinias: Richtig.

[16. Vorschriften für den Musikmeister]

Der Athener: Müssen wir nun nicht nach dem Elementarlehrer an den Musiklehrer unsere Worte richten?

Kleinias: Wie anders?

Der Athener: Dem Musiklehrer haben wir also, wie mir es scheint, unserer früheren Unterredung eingedenk, das Angemessene sowohl des Unterrichts als der gesamten darauf bezüglichen Erziehung zu übertragen.

Kleinias: Von welcher Beziehung sprichst du?

Der Athener: Wir behaupteten, denke ich, jene sechzigjährigen Sänger an den Dionysosfesten müssen für die Rhythmen und die Verknüpfungen des Wohllauts einen sehr feinen Sinn erlangt haben, um in der gelungenen oder mißlungenen Nachbildung in den Liedern, wenn die Seele in Leidenschaft gerät, die Ausdrücke einer guten und schlechten Gesinnung zu unterscheiden und die einen zu verwerfen, die andern aber vorzutragen und durch ihr Absingen und ihren Zauber auf die Gemüter der Jünglinge zu wirken, indem sie durch diese Nachbildungen alle anregen, denselben sich hingebend dem Besitze der Tugend nachzustreben.

Kleinias: Was du sagst, ist sehr richtig.

Der Athener: Im Hinblick darauf muß sich wegen der Deutlichkeit der Saiten der Leiermeister und der Unterricht Empfangende der Töne der Leier mitbedienen, indem sie die Töne mit den Tönen in Übereinstimmung bringen; das Widersprechende und Erkünstelte des Leierspiels aber, wenn die Saiten andere Weisen erklingen lassen, anderes dagegen des Liedes Dichter, sowie auch wenn sie das Gedrängte dem Losen, das Rasche dem Langsamen, das Hohe dem Tiefen zum Einklang verbinden, sowie Künsteleien aller Art den Tönen der Leier anpassen: das alles müssen sie beim Unterrichte derjenigen vermeiden, welche in der Frist von drei Jahren schnell den rechten Nutzen von der Musik ziehen sollen. Denn die sich untereinander verwirrenden Gegensätze erschweren das Erfassen, die jungen Leute müssen aber alles so leicht wie möglich fassen. Und doch sind die ihnen zu erlernen anbefohlenen Unterrichtsgegenstände nicht von geringer Bedeutung noch wenige; die mit der Zeit fortschreitende Rede wird sie nachweisen. Bei uns möge, was die Tonkunst anbetrifft, ihr Lehrer in dieser Weise dafür sorgen; über die Gesänge und Worte selbst aber, welche und von welcher Beschaffenheit die Chorführer sie einzuüben haben, auch darüber ist im Vorigen alles besprochen worden, indem wir behaupteten, sie müssen, dem heiligen Zwecke geweiht und in jeglichem den Festgelegenheiten angepaßt, den Staaten eine glückbringende Lust und dadurch Nutzen schaffen.

813 a

KLEINIAS: Auch das hast du der Wahrheit gemäß durchgesprochen.

DER ATHENER: Allerdings. So nehme auch das die für die Muse in unserm Staate erwählte Obrigkeit an und trage mit gutem Glück dafür Sorge; wir aber wollen, zur Ergänzung des früher Gesagten, unsere Schuld, was den Tanz und die Leibesübungen insgesamt betrifft, vollends abtragen. Wie wir sie durch das über die Lehrweise in der Musik noch Übrige abtrugen, soll von uns dasselbe hinsichtlich der Gymnastik geschehen. Denn die Knaben und Mädchen müssen doch wohl tanzen lernen und ihren Leib üben? Nicht wahr?

b

KLEINIAS: Ja.

DER ATHENER: So möchten also wohl für die Knaben Tanzlehrer und für die Mädchen Tanzlehrerinnen zur Einübung nicht unzweckmäßig sein.

KLEINIAS: So sei es.

DER ATHENER: Laßt uns nun wieder den am meisten beschäftigten Aufseher der Kindererziehung in Anspruch nehmen, dem, wenn er für die Musik und Gymnastik Sorge trägt, nicht viel Muße bleiben wird.

c

KLEINIAS: Wie wird er nun als ein Bejahrterer für so vieles Sorge zu tragen imstande sein?

[17. Verbundenheit der Gymnastik mit kriegerischen Übungen und Notwendigkeit, darin auch Frauen auszubilden]

DER ATHENER: Ganz leicht, Freund. Denn das Gesetz gestattete ihm und wird ihm gestatten, bei dieser Fürsorge Bürger und Bürgerinnen hinzuzuziehen, die er sich auswählt; er wird aber wissen, wen er zu wählen hat, und darin, von einer verständigen Scheu sowie von der Kenntnis seines wichtigen Amtes geleitet, keine Fahrlässigkeit verschulden wollen, indem er dabei erwägt, daß bei uns, wurde und wird die Jugend wohl erzogen, alles einen guten Gang geht, wie aber, wo nicht, das ist nicht nötig auszusprechen, und wir sprechen es auch nicht aus, weil wir bei Gründung eines neuen Staates die allzu Vorbedeutungssüchtigen scheuen. Vieles haben wir nun auch darüber, über die Tänze und die gesamten durch die Leibesübungen veranlaßten Bewegungen, bemerkt. Denn als Übungsanstalten nehmen wir auch alles Einüben des Körpers für den Krieg an, durch Bogenschießen und Wurfübungen aller Art, durch die verschiedenartigen

d

Kämpfe der Leicht- und Schwerbewaffneten, durch kunstgerechte Märsche und das gesamte Abbrechen und Aufschlagen der Lager sowie die auf die Reitkunst bezüglichen Unterweisungen. Für dieses alles muß es nämlich öffentliche, vom Staate besoldete Lehrer geben. Dieser Schüler seien die Knaben und Männer in der Stadt und die dieses alles kundigen Jungfrauen und Frauen; solange sie noch Jungfrauen sind, eingeübt zu Tänzen in voller Rüstung und Schlachtkämpfen, als Frauen aber zu Märschen, Schlachtreihen, zur Zusammenstellung und Erhebung der Waffen, wenn zu keinem andern Zwecke, dann für den Fall, wenn es irgendeinmal nötig sein sollte, daß die ganze Mannschaft mit gesamter Heeresmacht einen Feldzug in das Ausland unternehme, damit die Knaben und die übrigen zur Verteidigung bestimmten Stadtbewohner dazu ausreichend seien; oder auch umgekehrt, darf man doch nichts verschwören, wenn mit großer Heeresmacht von außen her eindringende Feinde, Barbaren oder Hellenen, die Notwendigkeit herbeiführen, für die Stadt selbst einen entscheidenden Kampf zu bestehen, dann würde es wohl von einem sehr schlecht eingerichteten Staate zeugen, wären die Frauen so schmachvoll erzogen, nicht wie die Vögelmütter gegen die stärksten Tiere für ihre Jungen kämpfend den Tod und alle Gefahren bestehen zu wollen, sondern erfüllten alsbald, den Heiligtümern zueilend, alle Tempel und Altäre und verbreiteten die Meinung über das Geschlecht der Menschen, diese seien von Natur die zaghaftesten aller Geschöpfe.

KLEINIAS: Beim Zeus, Gastfreund, das würde wohl, vom Nachteil abgesehen, dem Staate, wo es geschieht, keineswegs Ehre bringen.

DER ATHENER: Wollen wir also nicht das Gesetz aufstellen, daß wenigstens soweit die Frauen das auf den Krieg Bezügliche nicht zu vernachlässigen, sondern alle, Bürger und Bürgerinnen, sich darum zu kümmern haben?

KLEINIAS: Ich wenigstens bin dafür.

DER ATHENER: Demnach haben wir vom Ringkampfe manches gesagt, was aber, wie ich wohl behaupten möchte, das Wichtigste ist, nicht erwähnt. Auch ist es nicht leicht, ohne zugleich durch den Körper es nachzuweisen, es in Worten darzulegen. Darüber wollen wir also dann entscheiden, wenn unsere Rede, indem sie der Tat folgt, etwas Bestimmtes über das, worüber sie sich verbreitet hat, zu erkennen gibt, sowie, daß bei uns in der Tat ein solcher Ringkampf vor allen körperlichen Bewegungen das dem kriegerischen Kampfe bei weitem Verwandteste ist, und daß man jenen dieses, nicht aber diesen jenes wegen zu bestehen habe.

KLEINIAS: Was du da sagst, ist richtig.

[18. Gattungen des Tanzes]

DER ATHENER: So weit verbreite sich für jetzt unsere Rede über den großen Einfluß der Ringübungen; in Betreff der übrigen Bewegung des ganzen Körpers aber, für deren Hauptbestandteil man wohl mit Recht eine gewisse Art des Tanzes erklären dürfte, müssen wir zwei Gattungen annehmen, nach deren einer schöne Körper in

würdiger, nach der andern häßliche in gemeiner Weise nachgebildet werden; ferner gibt es zwei verschiedene Gattungen der Nachbildung des Gemeinen und zwei des Ernsten: die eine ernste ist die schöner, im Kampfe und großen Kraftäußerungen begriffener Körper sowie einer männlichen Seele; die andere dagegen einer fröhlichen Gedeihens und mäßiger Sinnenlust sich erfreuenden besonnenen Seele. Einen solchen Tanz könnte man seinem Wesen nach wohl einen 815 a friedlichen nennen. Die kriegerische aber, von der friedlichen verschiedene Gattung möchte wohl füglich der Waffentanz heißen, indem dieser das Vermeiden aller Schläge und Würfe durch Ausbeugen und jederartiges Entweichen, sowohl durch Emporspringen als Niederducken, nachbildet; desgleichen die diesen Bewegungen entgegengesetzten, welche sich umgekehrt den angreifenden Stellungen beim Abschleudern der Wurfspieße und Pfeile zuwenden, und die Nachbildungen aller Schläge darzustellen versuchen. Das Gerade aber und Angespannte dabei, wenn eine Nachahmung von tüchtigen Kör-
b pern und Seelen geschieht, welche meistens die Glieder des Körpers gerade streckt — dieses zuzulassen ist richtig, die Zulassung des diesen Entgegengesetzten aber nicht. Bei den friedlichen Tänzen jeglicher ist ferner das in Erwägung zu ziehen, ob jemand in richtiger oder in der Natur nicht gemäßer Weise fortwährend mit Anstand den schönen Tanz in den Reigentänzen den Gesetzen folgsamer Männer sich anzueignen sucht. Zuerst müssen wir also den Bedenken erregenden Tanz von dem keinen Bedenken unterworfenen getrennt in seine
c Teile zerlegen. Worin besteht derselbe nun, und wie haben wir jede der beiden Gattungen einzuteilen? Was den bacchischen Tanz und die an die Bacchen sich anschließenden anbetrifft, welche sie unter dem Namen von Nymphen, Panen, Silenen und Satyrn, wie sie sagen, als Weinberauschte nachahmen, wobei sie gewisse Reinigungen und Weihungen begehen: diese ganze Gattung des Tanzes ist weder als eine kriegerische, noch als eine friedliche, noch durch irgend sonst einen Gattungsnamen, den ihr jemand irgend geben will, leicht zu bestimmen; mir scheint fürwahr die ziemlich richtigste Bestimmung
d zu sein, wenn wir sie von der kriegerischen und der friedlichen trennen und erklären, diese Gattung des Tanzes sei keine staatsgemäße, und deshalb sie unbeachtet lassen, um auf die kriegerische und friedliche als unbedenklich die unserigen zurückzukommen.

Die Gattung der unkriegerischen Muse nun, ausgeübt von solchen, die in Tänzen die Götter und die Kinder der Götter ehren, ließe sich auch wohl als eine einzige, aus der Meinung frohen Gedeihens hervorgehende auffassen, diese könnten wir aber in zwei Gattungen
e scheiden; die eine solcher, die, Drangsalen und Gefahren entronnen, eines glücklichen Zustandes sich erfreun, die andere dagegen, welche der Erhaltung und Vergrößerung schon eingetretener Glücksfälle gilt, von solchen mit gemäßigteren Lustgefühlen als jene. In solchen Lagen bewegt sich wohl jeder Mensch bei stärkerem Lustgefühl stärker und schwächer bei schwächerem, sowie ferner minder heftig, wenn ein durch Übung erlangter männlicher Sinn größeren Anstand ihm
816 a zu eigen machte; er läßt aber in seinen Bewegungen einen heftigeren

und stärkeren Wechsel hervortreten, ist er zaghaft und nicht darauf bedacht, Besonnenheit sich anzueignen. Überhaupt, wenn jemand, sei es im Gesange oder in schlichten Worten, seine Stimme erhebt, dann ist jeder außerstande, seinen Körper in Ruhe zu erhalten. Deshalb erzeugte die Nachbildung des Gesprochenen durch körperliche Gestaltungen die gesamte Tanzkunst. Nun bewegt sich der eine bei solchen Gelegenheiten in harmonischer, der andere in unharmonischer Weise. Gewiß verdienen auch sonst viele alte Ausdrücke, wenn man b über sie nachdenkt, als zweckmäßig und der Natur angemessen Lob, vor allen aber auch derjenige, wer es irgend war, welcher die Tänze der sich glücklich Fühlenden, jedoch mit Maß dem Lustgefühle sich Hingebenden richtig und tonkundig benannte und ihnen insgesamt den denselben angemessenen Namen der harmonischen gab. Er stellte zwei Gattungen der schönen Tänze auf, die kriegerische Pyrrhiche und die friedliche Emmeleia, und legte jeder derselben den ihr geziemenden und angemessenen Namen bei. Das muß nun der c Gesetzgeber durch Vorschriften regeln, der Gesetzeswächter aber denselben nachforschen und nachdem er dieselben sich zu eigen machte, den Tanz mit der übrigen musischen Kunst vereinigen, und nachdem er unter alle Opferfeste das jedem Angemessene verteilte und alle in bestimmter Aufeinanderfolge weihte, hinfort keine, weder den Tanz noch den Gesang betreffende Änderung gestatten, damit in derselben Weise dieselbe Stadt und dieselben Bürger, in denselben Lustgefühlen verharrend und sich möglichst gleichbleibend, ein frohes d und glückliches Leben führen.

[19. Komödie und Tragödie]

Also mit der Besprechung, wie schöne Körper und edle Seelen die Reigentänze aufzuführen haben, sind wir am Ziele; aber die Nachbildungen häßlicher Gestalten und Gesinnungen und die Scherzgebilde solcher, welche Lachen zu erregen bemüht sind, die in Worten, Gesang und Tanz und allen derartigen Nachbildungen das Lustspiel darstellen, diese mitanzuschauen und kennenzulernen ist notwendig; denn das Ernste ist ohne das Lächerliche, sowie, wenn jemand zur Einsicht gelangen will, von allen Entgegengesetzten keines ohne das ihm Entgegengesetzte zu begreifen, doch nach beider e Weise zu handeln, ist, wenn jemand nur einigermaßen tugendhaft sich bewähren will, nicht möglich; eben deswegen muß man jedoch beides kennenlernen, um niemals, aus Unbekanntschaft damit, Lächerliches zu tun oder zu sagen, obwohl man es nicht darf. Ferner muß man Sklaven und um Lohn gedungenen Fremdlingen die Nachbildung desselben übertragen, und nie darf ein Freier, weder Frau noch Mann, ernstlich sich damit beschäftigen oder, daß er im Gedächtnis es auffasse, verraten, und stets muß irgendeine neue Nachbildung hervortreten.

So sei es also um die lachenerregenden Scherze, die wir alle als Lustspiel bezeichnen, durch Gesetz und Rede bestellt; was aber bei 817 a uns die ernsten, wie sie sich nennen, mit der Tragödie beschäftigten Dichter anbetrifft, wenn von diesen einmal einige zu uns kommen

und etwa die Frage an uns richten: «Sollen wir, Gastfreunde, in eure Stadt und in euer Land kommen und unsere Dichtwerke mitführen und mitbringen oder nicht, oder wie habt ihr darin zu verfahren beschlossen?» Was würden wir nun also wohl den göttlichen Män-
b nern mit Recht erwidern? Meinem Bedünken nach Folgendes: «Ihr besten Gastfreunde», würden wir sprechen, «wir selbst sind Dichter einer nach Kräften möglichst schönsten sowie auch besten Tragödie. Unsere ganze Staatsverfassung ist sonach Nachbildung des schönsten und besten Lebens, welche Nachbildung wir wenigstens für die echteste Tragödie erklären. So seid also ihr Dichter, und auch wir selbst sind Dichter desselben Dichtwerks; Kunstgenossen und Mitkämpfer bei Hervorbringung des schönsten Dramas, zu dessen Vollendung, hoffen wir, ihrer Natur nach allein die richtige Gesetzgebung
c geeignet ist. Meint aber nicht, daß wir je so leicht euch gestatten werden, auf unserem Markte eure Buden aufzuschlagen und durch ihre schöne Stimme ausgezeichnete Schauspieler auftreten zu lassen, die ihre Stimme lauter erheben als wir, oder euch erlauben, öffentlich zu den Kindern, Frauen und der ganzen Menge zu sprechen, wenn ihr über dieselben Einrichtungen nicht dasselbe sagt, wie wir, sondern in den meisten Fällen so ziemlich das Gegenteil. Denn es würde bei uns
d und dem ganzen Staate so ziemlich an vollständigen Wahnsinn grenzen, gestatteten wir euch das, wovon jetzt die Rede ist, zu tun, bevor die Obrigkeiten entschieden, ob das, was ihr dichtet, vortragbar und vor allen es auszusprechen, geeignet ist oder nicht. Jetzt also, ihr den zarten Musen Entsprossenen, zeigt unsern Obrigkeiten zuerst eure mit dem unsrigen zu vergleichenden Dichtwerke; ergibt es sich, daß deren Inhalt derselbe oder ein besserer ist als der des unsrigen, dann wollen wir einen Chor euch bewilligen, wo aber nicht, dann, ihr Freunde, sind wir wohl nicht dazu imstande.»
e Diese Einrichtungen mögen hinsichtlich des gesamten Chorwesens und des Unterrichts darin, durch die Gesetze in anderer Weise für die Sklaven, in anderer für die Herren angeordnet, bestehen, wenn ihr dem beistimmt.

KLEINIAS: Wie sollten wir jetzt dem nicht beistimmen?

[20. Die mathematischen Wissenschaften und ihre göttliche Notwendigkeit]

DER ATHENER: Dreierlei haben noch außerdem die Freien zu erlernen: als *einen* Lehrgegenstand das Rechnen und das auf die Zahlen Bezügliche; die Maßlehre in bezug auf Länge, Breite und Tiefe als *einen* zweiten; drittens aber den Umlauf der Sterne, welche Bahnen
818 a sie ihrer Natur nach untereinander beschreiben. Eine mit Genauigkeit verbundene Kenntnis von diesem allen hat aber nicht die Mehrzahl sich zu erwerben, sondern nur einige wenige; wer, das wollen wir, indem wir unsere Untersuchungen fortsetzen, am Schlusse derselben sagen, denn so dürfte es wohl angemessen sein; für die Menge aber, soviel davon Notwendiges ist und gewissermaßen mit vollstem Recht so genannt wird, dieses nicht zu wissen, ist für die vielen schimpflich, doch alles genau zu erforschen, nicht leicht, ja gar

nicht möglich. Das davon Notwendige aber zu verwerfen, ist nicht tunlich, sondern derjenige, welcher zuerst das Sprichwort vom Gott b auf die Bahn brachte, scheint im Hinblick darauf zu sagen, selbst ein Gott dürfe nimmer gegen die Notwendigkeit ankämpfend erscheinen, nämlich, wie ich denke, soviele Notwendigkeiten göttliche sind; denn was die menschlichen anbetrifft, hinsichtlich welcher die große Menge so etwas äußert, so ist das die bei weitem abgeschmackteste aller Behauptungen.

KLEINIAS: Welches sind denn nun, Gastfreund, die nicht derartigen Notwendigkeiten bei den Lehrgegenständen, sondern die göttlichen?

DER ATHENER: Diejenigen, meine ich, ohne deren Vollziehung und Erlernung überhaupt weder jemand ein Gott noch ein Dämon c noch ein Heros für die Menschen würde, der ernstlich für die Menschen Sorge zu tragen vermöchte. Denn derjenige ist weit davon entfernt, zu einem göttlichen Menschen zu werden, welcher nicht die Eins oder Zwei oder Drei zu fassen imstande ist, noch überhaupt das Gerade oder Ungerade, ja überhaupt nicht zählen kann, der nicht einmal Tag und Nacht abzuzählen vermag und des Umlaufs des Mondes, der Sonne und der Sterne unkundig ist. Daß nun alles d dieses nicht notwendige Lehrgegenstände sind für den, der auch nur irgendeine von den schönsten Kenntnissen erlangen will, daran zu denken, ist sogar große Torheit. Welche aber von jedem derselben und wieviel und wann, sowie was zusammen mit was oder von den andern getrennt zu erlernen sei, und die ganze Verbindung dieser, das ist es, was man zuerst, wenn man zu dem Weiteren fortschreiten will, richtig auffassen, und, da diese Kenntnisse an der Spitze der anderen stehen, erlernen muß. Denn so hat es die Notwendigkeit naturgemäß eingerichtet, von der wir behaupten, daß dagegen keiner der e Götter jetzt ankämpfe, noch je ankämpfen werde.

KLEINIAS: Was du da sagst, Gastfreund, scheint uns sowohl richtig als der Natur gemäß ausgesprochen.

DER ATHENER: So verhält es sich, Kleinias; doch ist es schwer, wenn man dieses voraussetzt, Gesetze zu geben. Genauer wird wohl unsere Gesetzgebung ausfallen, verschieben wir, wenn es euch gut dünkt, das auf eine andere Zeit.

KLEINIAS: Du scheinst uns, Gastfreund, die bei uns gewöhnlich herrschende Unkunde in dergleichen Dingen zu fürchten. Ungegründet ist aber deine Besorgnis; versuche daher nur, es zu besprechen, ohne deshalb etwas uns zu verschweigen.

DER ATHENER: Allerdings befürchte ich auch das, was du jetzt er- 819 a wähnst; noch besorgter machen mich aber diejenigen, die zwar eben mit diesen Lehrgegenständen sich beschäftigten, aber in verkehrter Weise. Denn in allem ist die Unkunde keineswegs etwas so Schlimmes und Arges, noch der Übel größtes, sondern das Vielkennen und Vielwissen, unter schlechter Leitung erlangt, bringt viel größeren Schaden.

KLEINIAS: Du hast Recht.

[21. Rechnen und Meßkunst]

Der Athener: Soviel also, darf man behaupten, müssen die Freien von jedem lernen, wie in Ägypten selbst eine große Menge Knaben neben den ersten Anfangsgründen erlernt. Zuerst gilt es, das Rechnen für die Knaben zu Scherz und Lust in ganz kunstlos ersonnene Lehrsätze zu fassen, die Verteilung von Äpfeln und Kränzen betreffend, wo dieselben Zahlen für wenigere und mehrere passen, und wie diese hinsichtlich der Nachkämpferschaft und des Zusammenlosens der Faustkämpfer und Ringer, untereinander und in ihrer Reihenfolge, sich zu ergeben pflegen; wie sie auch, als Spiel, Schalen aus Gold, Erz, Silber und einigen anderen solcher Stoffe untereinander verschmelzen, oder, wie andere, irgendwie die sämtlichen verteilen und, wie gesagt, spielend die erforderlichen Zahlen dem anpassen und ihren Schülern für die Anordnungen der Lager, für Märsche und Heereszüge, sowie auch für das Hauswesen Nutzen schaffen sowie überhaupt bewirken, daß die Menschen in bezug auf sich selbst zu größerer Brauchbarkeit und Wachsamkeit gelangen. Nach diesem beseitigen sie bei Messungen, die sich auf Länge, Breite und Dicke beziehen, eine ihrer Natur nach lächerliche und schimpfliche Unwissenheit, welche hierin allen Menschen innewohnt.

Kleinias: Welche meinst du denn damit?

Der Athener: Lieber Kleinias, gewiß mich selbst ergriff durchaus Verwunderung, als ich spät einmal hörte, wie es hierin mit uns bestellt sei, und mich bedünkte, so etwas komme nicht Menschen, sondern einer Herde von Schweinen zu, und ich schämte mich nicht bloß für mich selbst, sondern auch für alle Hellenen.

Kleinias: Weshalb denn? Heraus damit, Gastfreund, was es auch sein mag.

Der Athener: So sage ich es denn, oder will es lieber durch Fragen dir nachweisen. Antworte mir kurz: Du weißt doch, was Länge ist?

Kleinias: Freilich.

Der Athener: Wie nun? Auch was Breite?

Kleinias: Gewiß.

Der Athener: Doch auch, daß das zwei sind, die dritte derselben aber die Tiefe?

Kleinias: Wie sollte ich nicht?

Der Athener: Scheint dir nun nicht, daß diese alle gegen einander meßbar sind?

Kleinias: Ja.

Der Athener: Es sei der Natur nach ausführbar, denke ich, Länge gegen Länge, Breite gegen Breite und ebenso die Dicke auszumessen.

Kleinias: Sehr leicht.

Der Athener: Wenn aber einiges weder sehr leicht noch sehr schwierig auszuführen ist, sondern das eine wohl, das andere aber nicht, du es aber von allen glaubst, wie meinst du, daß es um dein Wissen hierin bestellt sei?

Kleinias: Offenbar schlecht.

Der Athener: Wie nun weiter? Das Ausmessen der Länge gegen

Breite und Tiefe, der Breite gegen Länge untereinander, bilden wir Hellenen insgesamt uns nicht ein, daß das irgendwie gegeneinander auszumessen sei?
Kleinias: Fürwahr durchgängig. b
Der Athener: Ist das dagegen in keiner Weise irgend ausführbar, wir Hellenen insgesamt denken es uns aber ausführbar, verdient so etwas nicht, daß jemand, für alle sich schämend, zu ihnen sage: Ihr Trefflichsten der Hellenen, das ist einer von den Gegenständen, welchen nicht zu wissen wir für schimpflich erklärten, das Notwendige aber zu wissen, für nichts besonders Rühmliches?
Kleinias: Wie sollte es das nicht verdienen!
Der Athener: Außer diesem gibt es ferner noch viele andere, die- c sem verwandte Irrtümer, welche sich in uns erzeugen.
Kleinias: Welche denn?
Der Athener: Wie seiner Natur nach das gegeneinander Meßbare und Unmeßbare beschaffen ist. Denn, um nicht ganz unwissend zu sein, ist es notwendig, beides durch Nachdenken zu unterscheiden und durch fortwährend durcheinander vorgelegte Fragen sich weit angenehmer zu beschäftigen als die Greise, wetteifernd in einer ihnen angemessenen Zeitkürzung, mit dem Brettspiel.
Kleinias: Vielleicht; so scheinen also das Brettspiel und diese Un- d terrichtsgegenstände nicht allzusehr voneinander verschieden.
Der Athener: Davon, Kleinias, behaupte ich sonach, daß die jungen Leute es erlernen müssen; denn das ist weder nachteilig noch schwierig und wird, spielend erlernt, ihnen Nutzen, unserem Staate aber keinen Schaden bringen. Ist aber jemand anderer Meinung, dann müssen wir ihn anhören.
Kleinias: Wie sollten wir nicht?
Der Athener: Ergibt es sich nun, daß dem so ist, dann ist es offenbar, daß wir gewiß diese Unterrichtsgegenstände mit aufnehmen; ergibt es sich aber, daß das nicht der Fall ist, sie ausscheiden.
Kleinias: Offenbar. Wie anders? e
Der Athener: Jetzt also, Gastfreund, sei das, als zu den angemessenen Unterrichtsgegenständen gehörig, angenommen, damit unsere Gesetzgebung keine lückenhafte sei? Es sei angenommen, jedoch als eine Annahme, die sich von der übrigen Staatsverfassung trennen läßt, sollte es uns, die das verfügen, oder euch, die ihr es über euch verfügen läßt, in keiner Weise behagen.
Kleinias: Deine Annahme ist sehr gerecht.

[22. *Die Sternkunde. Darlegung des Irrtums über die Wandelsterne*]

Der Athener: Nach diesem bedenke auch, ob die Erlernung der Sternkunde für die Jünglinge uns, nachdem wir sie besprachen, zusage oder auch umgekehrt.
Kleinias: Erkläre dich nur.
Der Athener: Gewiß findet hier etwas statt, was große Verwunderung erregt und keineswegs sich ertragen läßt.
Kleinias: Was wäre denn das? 821 a
Der Athener: Wir behaupten, dem höchsten Gotte und dem ganzen

Weltall dürfe man nicht nachforschen, noch, durch Aufspüren der Gründe, seine Wißbegier zu weit treiben, denn das sei nichts Gottgefälliges, und doch scheint bei diesem allen das Gegenteil, wenn es geschieht, mit Recht zu geschehen.

KLEINIAS: Wie meinst du?

DER ATHENER: Was ich sage, klingt seltsam, und man sollte meinen, so etwas zu sagen, komme Greisen wohl nicht zu. Wenn aber jemand etwas für eine schöne und der Wahrheit gemäße, dem Staate zuträgliche und der Gottheit entschieden wohlgefällige Unterweisung
b hält, kann er durchaus nicht umhin, sie auszusprechen.

KLEINIAS: Natürlich. Wie machen wir aber eine solche, die Sterne betreffende Unterweisung ausfindig?

DER ATHENER: Ihr Freunde, wir Hellenen insgesamt, möchte ich sagen, täuschen uns über große Götter, die Sonne und den Mond.

KLEINIAS: Von welcher Täuschung sprichst du denn?

DER ATHENER: Wir behaupten, diese beschreiben niemals dieselbe Bahn, sowie andere Sterne, die wir Wandelsterne nennen, gleich ihnen.

c KLEINIAS: Beim Zeus, Gastfreund, was du da sagst, ist richtig; habe ich doch selbst in meinem Leben oft gesehen, daß der Morgenstern und der Abendstern und einige andere niemals denselben Lauf beschreiben, sondern allerwärts umherwandeln; daß aber die Sonne und der Mond stets das tun, das ist uns bekannt.

DER ATHENER: Das ist es sonach, Kleinias und Megillos, wovon über die Götter am Himmel ich jetzt behaupte, daß die Bürger unse-
d res Staates und die jungen Leute viel über alles dieses zu erlernen haben, daß sie nicht durch falsche Aussagen über sie sich vergehen, sondern fromm, indem sie stets ihre Opfer und Gebete mit angemessener Rede begleiten, sie verehren.

KLEINIAS: Das ist richtig, wenn zuerst das, was du sagst, zu lernen möglich ist; wenn wir aber jetzt nicht das darüber sagen, was richtig ist, wohl aber, nachdem wir es erlernten, sagen werden, dann räume auch ich ein, daß etwas von solchem Umfang und solcher Wichtigkeit erlernt werden müsse. Versuche also du durchaus uns darzutun, daß das sich so verhalte; wir aber wollen lernbegierig deinem Vortrage zu folgen versuchen.

e DER ATHENER: Das, wovon ich spreche, zu erlernen, ist nicht leicht, aber auch nicht ganz schwierig, noch sehr langer Zeit bedürftig. Ein Beweis dafür: ich habe das weder als Jüngling noch vor langer Zeit gehört und wäre imstande, euch beiden in nicht langer Zeit es kundzutun, obwohl ich doch, wäre es schwierig, niemals wohl in meinem Alter es Männern solchen Alters kundzutun vermöchte.

KLEINIAS: Da hast du Recht. Aber welches ist denn doch die Un-
822 a terweisung, welche du für eine bewundernswürdige erklärst, sowie Jünglingen, sie sich anzueignen, geeignete, uns aber unbekannte? Soviel wenigstens versuche uns so begreiflich wie möglich zu machen.

DER ATHENER: Ich muß es versuchen. Denn nicht richtig, ihr besten Männer, ist diese die Sonne, den Mond und die übrigen Sterne betreffende Behauptung, daß sie irgend umherschweifen, gerade das

Gegenteil davon findet statt; denn jedes derselben durchwandelt im Kreise nicht viele, sondern stets dieselbe und eine Bahn, dem Augenschein nach aber viele, und der schnellste derselben wird mit Unrecht für den langsamsten gehalten, und umgekehrt. Ist das also von Na- b tur so beschaffen, wir aber hegen nicht diese Meinung darüber — wenn wir so von den in Olympia wettrennenden Rossen und den die lange Bahn durcheilenden Männern dächten, den schnellsten für den langsamsten, den langsamsten für den schnellsten erklärten und in unseren Preisgesängen den Besiegten als Sieger lobpriesen, dann würden wir, denke ich, diese Preisgesänge nicht richtig noch in willkommener Weise an diese Wettläufer richten, die doch nur Menschen sind; wenn wir aber jetzt in bezug auf Götter denselben Fehler be- c gehen, glauben wir nicht, daß das, was dort in nicht richtiger sowie lächerlicher Weise geschehen wäre, jetzt hier und bei diesen lächerlich zwar keineswegs, aber fürwahr in gottverhaßter Weise geschehen werde, wenn aus unseren Gesängen irrige Aussagen über Götter wiedertönen?

KLEINIAS: Sehr wahr, wenigstens wenn dem so ist.

DER ATHENER: Muß also nicht, wenn wir den Beweis führen, daß das alles so sich verhalte, die Erlernung von diesem allen insoweit stattfinden, wird es aber nicht nachgewiesen, unterbleiben? Und soll das so bei uns feststehen?

KLEINIAS: Ja, allerdings. d

[23. Die Jagd und ihre Arten]

DER ATHENER: So dürfen wir also erklären, daß unsere die Lehrgegenstände beim Jugendunterricht betreffenden Satzungen bereits zu Ende sind. Nun gilt es, ebenso unser Nachdenken auf die Jagd und alles Ähnliche zu richten. Ein Größeres nämlich, als was sich durch Aufstellung von Gesetzen erreichen läßt, scheint die dem Gesetzgeber erteilte Vorschrift zu bezwecken, und etwas vorhanden zu sein, was seiner Natur nach zwischen Ermahnung und Gesetz die Mitte hält, worauf wir schon so oft, wie etwa beim Aufziehen ganz e kleiner Kinder, in unseren Unterredungen zu sprechen kamen. Wir behaupteten nämlich, das dürfe nicht unbesprochen bleiben; gelte uns aber das, was wir darüber sagten, für aufgestellte Gesetze, dann sei das eine große Torheit. Sonach ist gewiß, nachdem die Gesetze und des Staates ganze Verfassung niedergeschrieben sind, das Lob eines durch seine Tugend sich auszeichnenden Bürgers kein vollkommenes, wenn jemand behauptet, derjenige sei der gute Bürger, der die Handhabung der Gesetze am besten unterstütze und ihnen sich am gehorsamsten zeige. Umfassender ist folgende Erklärung: Derjenige sei es, welcher ohne Ausnahme sein ganzes Leben hindurch den von dem Gesetzgeber aufgezeichneten Vorschriften gehorche, ob es nun Gesetze seien oder ob derselbe sich lobend oder tadelnd aus- 823 a spreche. So lautet am richtigsten das Lob des guten Bürgers; der Gesetzgeber aber muß wirklich nicht bloß die Gesetze niederschreiben, sondern in seiner Schrift auch dasjenige in seine Gesetze verflechten, was ihm schön und nicht schön zu sein scheint, und dem guten Bürger muß das ebenso feststehen, als das in den Gesetzen bei Strafe Verbotene. Als Zeugnis dafür führen wir das, was jetzt uns beschäftigt, an; es macht wohl das, was wir verlangen, deutlicher.

b Die Jagd nämlich ist eine umfassende, jetzt ziemlich unter *einem* Namen begriffene Beschäftigung; denn vielfach ist die Jagd auf Wassertiere, vielfach die auf Vögel, vielfach auch die auf das Wild des Landes. Nicht bloß die Jagd auf wilde Tiere, auch die auf Menschen im Kriege ist füglich zu berücksichtigen; vielfach ist ferner die, welche diesen auf freundschaftlichem Wege nachjagt und teils Lob, teils Tadel verdient. Auch Überlistungen, sowohl der Räuber als einer Kriegerschar gegen die andere, sind Jagden. Aber dem Urheber der
c die Jagd betreffenden Gesetze ist es weder möglich, das unerwähnt zu lassen noch auch drohende Satzungen aufzustellen, in denen er jegliches anordnet und Strafen festsetzt. Was ist also in dergleichen Dingen zu tun? Dieser, der Gesetzgeber, hat sich in bezug auf die die Jagd betreffenden Anstrengungen und Gewohnheiten der Jünglinge lobend und tadelnd auszusprechen, der Jüngling dagegen darauf zu hören und zu achten und weder einer Lust noch einer Mühsal aus eigenem Antriebe sich zu entziehen, das mit Lob Erwähnte
d aber mehr in Ehren zu halten und als Befehl zu befolgen als das bei Strafe Verbotene und gesetzlich Anbefohlene.

Nachdem das vorausgeschickt wurde, dürfte sich hierauf so Lob wie Tadel der Jagd in angemessener Weise ergeben, indem der Gesetzgeber diejenige lobt, welche vorteilhaft auf die Gemüter der Jünglinge wirkt, die das Entgegengesetzte bewirkende aber tadelt. Sprechen wir also das Weitere aus, indem wir unsere Rede als einen Wunsch an die Jünglinge richten: «Möge doch euch, ihr Lieben, niemals Liebe und Lust an der Jagd am Meeresufer ergreifen, weder
e durch Angeln noch überhaupt auf im Wasser lebende Tiere noch indem ihr, sei es wachend oder schlafend, mit Netzen einer bequemen Jagd obliegt, noch möge die in euch erwachende Neigung, zur See auf Menschen Jagd zu machen und Seeräuberei zu treiben, euch zu rohen und gesetzwidrigen Jägern machen; andere aber auf dem Lande oder in der Stadt zu überlisten, möge nicht entfernt euch in den Sinn kommen. Ebensowenig bemächtige sich eines Jünglings die verlockende, eines Freien nicht besonders würdige Lust zum Vogel-
824 a fang. So bleibt den Kampflustigen unter euch nur das Erjagen und Einfangen von Landtieren übrig; von diesem aber verdient der sogenannte nächtliche Anstand, bei welchem untätige Menschen abwechselnd schlafen, kein Lob, noch die ein Rasten von Anstrengungen gestattende, welche mit Netzen und Schlingen, nicht durch den Sieg einer des Mühsals frohen Seele, der Tiere wilde Kraft bewältigt. Gewiß, die einzige, für alle übrigbleibende und vorzüglichste Jagd ist die auf vierfüßige Tiere, mit Pferden, Hunden und der eigenen körperlichen Anstrengung, bei welcher diejenigen, die gottähnlicher Mannhaftigkeit nachstreben, durch die Schnelligkeit beider sowie durch Schläge und Würfe, das Waidwerk mit eigener Hand vollziehen.»

Die ausgesprochene Rede möchte wohl das Lob und den Tadel, welchen dieses alles verdient, enthalten. So aber laute das Gesetz: Diese wahrhaft gottgefälligen Jäger hindere niemand, wo und wie sie etwa jagen wollen; den auf Netz und Schlinge vertrauenden nächtlichen dagegen gestatte niemand, irgendwie und irgendwo zu jagen. Den Vogelfänger verhindere ferner niemand daran in unangebautem Gehege und auf den Bergen, wohl aber hindere ihn, wer dazukommt, in bebautem sowie auch unbebautem aber geweihtem. Desgleichen sei es gestattet, den Wassertieren nachzujagen, ausgenommen in Häfen und geweihten Flüssen, Seen und Sümpfen, sonst allerwärts, nur daß der Fischer der Beimischung von Säften sich nicht bedienen darf.

Nun, dürfen wir behaupten, sind wir bereits am Schluß aller die Erziehung betreffenden Satzungen.

KLEINIAS: Du magst wohl recht haben.

ACHTES BUCH

[1. Feste und Opfer. Notwendigkeit, den Staat für den Krieg einzuüben]

828 a   DER ATHENER: Nach diesem gilt es nun wohl, mit Zuratziehung delphischer Orakelsprüche, Feste anzuordnen und gesetzlich festzustellen; welche Opfer und welchen Göttern, wann und wie zahlreich sie wohl, in besserer und für den sie weihenden Staate ersprießlicherer Weise darzubringen seien: Einiges davon einigermaßen gesetzlich zu bestimmen, dürfte uns wohl obliegen.

KLEINIAS: Doch wohl.

DER ATHENER: Zuerst wollen wir denn ihre Zahl angeben; es sei-
b en nämlich ihrer nicht weniger als 365, damit stets irgendeine Obrigkeit für den Staat und die Bürger und alles Besitztum irgendeinem Gotte oder Dämon opfere. Diese Anordnungen, welche der Gesetzgeber zu übergehen genötigt ist, mögen, indem sie zusammenkommen, die Orakeldeuter, die Priester und Priesterinnen und Wahrsager in Verbindung mit den Gesetzeswächtern treffen, und gewiß müssen die Genannten eine Kenntnis des ihnen Überlassenen sich verschaffen. Das Gesetz wird nämlich bestimmen, daß den zwölf Göt-
c tern, deren Namen etwa die einzelnen Stämme tragen, zwölf Feste begangen werden, indem sie jedem derselben monatliche Opfer weihen und Reigentänze und monatliche Wettkämpfe, desgleichen auch gymnische, was sie in angemessener Weise unter die Götter selbst und nach den Jahreszeiten verteilen; sowie auch weibliche Feste, von denen die Männer teils ausgeschlossen sind, teils auch nicht. Auch die Verehrung der unterirdischen Götter und derer, denen der Name der himmlischen zukommt, sowie der mit diesen beiden verbundenen, ist nicht zu vermengen, sondern für den zwölften Monat, den
d Plutons, indem sie, dem Gesetze nach, diesem sie zollen, auszuscheiden. Einen solchen Gott haben aber kriegslustige Menschen nicht zu scheuen, sondern als den stets für das Menschengeschlecht segensreichsten hoch zu ehren. Möchte ich doch mit vollem Ernste behaupten, die Verbindung zwischen Leib und Seele sei in keiner Beziehung besser als die Auflösung derselben.

Außerdem müssen die das einzuteilen Angewiesenen bedenken, daß niemand unter den jetzt bestehenden Staaten einen finden dürfte, welcher freie Anwendung der Zeit und das Nötige so gewährt wie der unsrige; aber sein Leben muß, wie das des einzelnen Men-
829 a schen, ein glückliches sein; nun ist die erste, notwendige Bedingung eines glückseligen Lebens, Unrecht weder andern zuzufügen, noch es von ihnen zu erdulden. Von diesen beiden ist das eine nicht besonders schwierig, sehr schwer dagegen, sich in den Stand zu setzen, kein Unrecht zu erdulden, und das ist in keiner anderen Weise er-

reichbar, als indem man zu einem vollkommen Tapferen sich ausbildet. Ebendasselbe muß auch vom Staate gelten; das Leben des tapferen Staates ist ein friedliches, wo aber die Feigheit herrscht, ein von innen und außen kriegerisches. Da sich das nun ungefähr so verhält, so muß jeder nicht im Kriege für den Krieg sich einüben, sondern während des friedlichen Lebens. Demnach muß jeder Staat, dem es nicht an Einsicht gebricht, wenigstens an *einem* Tage jeden Monats, und, wenn es den Vorstehern des Staates gefällt, ohne Hitze und Kälte zu scheuen, an mehreren, zu Felde ziehen; sie selbst mit Frauen und Kindern, wenn es den Vorstehern gut dünkt, die gesamte Bevölkerung ausziehen zu lassen, oder auch in einzelnen Abteilungen. Auch gilt es, neben den Opfern stets einige wohlanständige Ergötzlichkeiten zu ersinnen, damit gewisse Festkämpfe stattfinden, welche möglichst getreu die kriegerischen nachbilden. Unter die einzelnen sind ferner Preise des Sieges und der Tapferkeit zu verteilen; sie mögen Lob und Spottgesänge aufeinander dichten, je nachdem ein jeder im Kampfe sowie auch im ganzen Leben sich gibt, indem sie dessen, welcher als der Beste erscheint, mit Lob, wo nicht, mit Tadel gedenken. Dichter solcher Gesänge sei aber nicht jeder, sondern erstens muß er nicht unter fünfzig Jahre zählen, dann nicht zu denen gehören, die zwar das Dichtvermögen und der Musen Gunst sich errangen, niemals aber eine schöne und glänzende Tat vollbrachten. Doch wer selbst wacker und als Vollbringer schöner Taten im Staate geehrt ist, der dichte auf dergleichen Männer Lieder, wenn sie auch nicht kunstgerecht ausfallen. Dieser Männer Auswahl liege in den Händen des Erziehungsvorstehers und der übrigen Gesetzeswächter, welche ihnen allein die Auszeichnung unbeschränkter Freiheit in ihren Gesängen zuerteilen; keine solche Vergünstigung werde den anderen zugestanden, noch wage es einer, einen nicht durch die Entscheidung der Gesetzeswächter für gut befundenen Gesang anzustimmen, auch nicht, wenn er lieblicher tönt als die Lieder des Thamyras und Orpheus, sondern nur Gesänge, die, für heilig erklärt, den Göttern geweiht wurden, und über die, von wackern Männern herrührend, geurteilt wurde, daß ihr Lob und ihr Tadel anderer ein angemessener sei.

[2. Die Übungen für den Krieg]

Dasselbe muß aber, meine ich, hinsichtlich der Kriegsübungen und der Unbeschränktheit des Gesanges in ähnlicher Weise für die Frauen wie für die Männer gelten. Und folgendes muß der Gesetzgeber erwägen, indem er mit sich selbst zu Rate geht: Wohlan, wozu erziehe ich wohl, vermöge meiner Einrichtung des gesamten Staates, die Bürger? Nicht etwa zu Wettkämpfern für die entscheidensten Kämpfe, denen Tausende von Gegenkämpfern die Spitze bieten?

«Da hast du sehr recht», könnte jemand wohl bemerken.

Wie nun? Wenn wir Faustkämpfer oder Pankratiasten oder zu irgendeinem andern Kampf der Art sich Rüstende zu unterweisen hätten, würden wir da wohl den Kampfplatz selbst betreten, ohne vorher täglich mit jemandem gekämpft zu haben? Oder lernten wir vielmehr als Faustkämpfer viele Tage vor dem Wettkampfe selbst kämpfen und gaben uns Mühe, das nachzuahmen, was uns, gälte es im Kampfe obzusiegen, von Nutzen sein würde? Und würden wir nicht, um die Ähnlichkeit möglichst weit zu treiben, statt der Kampfriemen mit festgebundenen Bällen uns waffnen, um die Schläge und das Ausweichen vor ihnen in möglichst genügender Weise einzuüben? Sollte es uns aber zufällig zu sehr an Übungsgenossen fehlen, würden wir es da, aus Besorgnis vor dem Gelächter der Unverständigen, nicht wagen, eine leblose Puppe aufzuhängen, um an ihr uns zu üben? Und wenn wir einmal aller lebenden und unbelebten Gegner ermangelten, würden wir da nicht es wagen, selbst gegen uns selbst einen wirklichen Schattenkampf zu bestehen? Oder für was sonst möchte jemand wohl das Einüben der Handbewegungen erklären?

KLEINIAS: Kaum für etwas anderes als eben das, was du, Gastfreund, jetzt angibst.

DER ATHENER: Wie also? Werden sich wohl die Streitbaren in unserem Staate bei jeder Gelegenheit schlechter vorbereitet als solche Wettkämpfer in den entscheidendsten aller Wettkämpfe, den es für Leben, Kinder, Besitztum und den ganzen Staat durchzukämpfen gilt, wagen? Und wird wohl der Gesetzgeber, aus Besorgnis, manche möchten diese Übungen untereinander lächerlich finden, es unterlassen, zunächst die kleinen, täglichen Übungen anzubefehlen, indem er auch die Reigentänze und die gesamte Gymnastik darauf einrichtet? Wird er aber nicht gewissermaßen bedeutendere in jedem Monat wenigstens anordnen, wobei sie in der ganzen Umgegend untereinander wetteifern und die Besetzung gewisser Plätze sowie Verstecke zum Gegenstande ihres Wetteifers machen, und, um das ganze Kriegshandwerk nachzuahmen, wirklich mit Bällen ausgerüstet kämpfen, und sich zum Abschleudern den wirklichen möglichst nahekommender, nicht ganz ungefährlicher Geschosse bedienen, damit das Kampfspiel untereinander nicht ganz aller Furcht ermangele, sondern Befürchtungen errege und einigermaßen den Kampfesmutigen und den Verzagten erkennen lasse, und damit der Gesetzgeber, indem er Auszeichnungen und Zurücksetzungen nach Gebühr unter sie verteilt, die Bürger insgesamt zum ersten Kampfe für das ganze Leben tüchtig mache? Ja, sollte jemand auch so seinen Tod finden, so erkläre er, weil der Mord unfreiwillig geschah, die Hände des durch das Gesetz gereinigten Totschlägers für rein, in der Meinung, nach dem Tod einiger weniger würden andere nicht schlechtere aufwachsen, wäre aber bei allen solchen Übungen die Furcht gewissermaßen ganz ausgestorben, dann werde keine Prüfung die Tapferen und Feigeren ausfindig machen: ein um nicht weniges größerer Nachteil für den ganzen Staat als das Erwähnte.

KLEINIAS: Wir wenigstens, o Gastfreund, möchten wohl beistimmen, daß solche Gesetze zu geben und solche Einrichtungen im ganzen Staate zu treffen seien.

[3. Die zwei Ursachen für das Unterbleiben der Wettkämpfe]

DER ATHENER: Kennen wir denn alle die Ursache, weshalb doch jetzt in den Staaten ein solcher Reigentanz und Wettkampf durchaus nicht stattfindet, ausgenommen etwa ein sehr geringfügiger? Oder wollen wir sie der Unwissenheit der großen Menge und derjenigen, welche ihnen Gesetze geben, zuschreiben?

KLEINIAS: Doch wohl.

DER ATHENER: Keineswegs, bester Kleinias; wir müssen vielmehr c zwei, und zwar sehr ausreichende Ursachen annehmen.

KLEINIAS: Welche denn?

DER ATHENER: Die eine entsteht aus der Liebe zum Reichtum, welche ihnen alle Zeit raubt, für etwas anderes als das eigene Besitztum Sorge zu tragen; indem jedes Bürgers ganze Seele daran hängt, vermöchte sie wohl niemals um anderes sich zu bekümmern als um den täglichen Gewinn und die Unterweisung oder auch Einrichtung, welche dahin führt; diese ist jeder aus eigenem Antriebe aufzufassen und anzunehmen sehr bereitwillig, anderes aber dünkt ihm lächerlich. Das nun ist *eines*, und dieses muß man vorzüglich für *eine* Ur- d sache erklären, weshalb ein Staat weder diese noch sonst eine gute und schöne Einrichtung eifrig erfassen mag, sondern jedermann, aus Unersättlichkeit nach Gold und Silber, jedes Gewerbe und jedes Mittel, ob es ein rühmliches oder minder anständiges sei, sich gefallen läßt, um nur reich zu werden und kein Bedenken trägt, eine ob nun den Göttern wohlgefällige oder mißfällige und durchaus schimpfliche Handlung zu begehen, wenn sie ihn nur in den Stand setzt, wie ein unvernünftiges Tier alles zu essen und zu trinken und e jeglichen Liebesgenuß in jeglicher Weise ihm zu gewähren.

KLEINIAS: Richtig.

DER ATHENER: Dieser also, den ich angebe, gelte als *ein* Hinderungsgrund, der die Staaten weder sonst etwas Schönes noch das zum Kriege Erforderliche in ausreichender Weise üben läßt, sondern die von Natur wohlanständigen Menschen zu Handelsleuten, Schiffsreedern und bloßen Dienstleistenden, die Mutbegabten aber zu Seeräubern, Einbrechern, Tempelräubern, Feindseligen und Ge- 832 a waltherrschern macht, obgleich sie bisweilen von Natur nicht übel begünstigt, aber eben unglücklich waren.

KLEINIAS: Wie meinst du?

DER ATHENER: Wie sollte ich sie denn nicht ganz unglücklich nennen, da sie an der eigenen Seele ihr ganzes Leben hindurch Hunger zu fühlen genötigt sind?

KLEINIAS: Das wäre also die *eine* Ursache; was gibst du denn aber als die zweite an, o Gastfreund?

DER ATHENER: Mit Recht erinnerst du mich daran.

KLEINIAS: Diese *eine* also, behauptest du, das lebenslängliche un- ersättliche Streben, welches die ganze Zeit eines jeden in Anspruch b nimmt, hindert jeden einzelnen, das zum Kriege Erforderliche in geziemender Weise zu üben. Wohl, gib denn nun die zweite an.

DER ATHENER: Scheine ich dir etwa aus Verlegenheit sie nicht anzugeben, sondern zu zögern?

KLEINIAS: Nein, sondern du scheinst uns eine solche Gesinnung, als dir verhaßt, strenger, da die Rede darauf kam, zu züchtigen, als nötig wäre.

DER ATHENER: Euer Tadel, ihr Gastfreunde, ist sehr treffend; so dürftet ihr wohl dem Weiteren Aufmerksamkeit schenken, wie es scheint.

KLEINIAS: Fahre nur fort.

DER ATHENER: Die Ursachen liegen also, behaupte ich, in den Schein‑
c verfassungen, deren ich im vorigen oft erwähnt habe, in der Volksherrschaft, der Herrschaft Weniger und der Gewaltherrschaft. Von diesen ist nämlich gewiß keine eine Verfassung, sondern mit dem größten Rechte könnten alle Entzweiungen heißen; denn freiwillig herrscht keine über Freiwillige, sondern aus eigenem Willen, stets eine Art von Gewalttätigkeit übend, über mit Unlust Gehorchende, und indem der Herrscher den Beherrschten fürchtet, wird er es niemals freiwillig geschehen lassen, daß dieser zu einem Schönen und Reichen und Kräftigen und Muterfüllten oder überhaupt Kriegerischen werde. In diesen beiden liegt so ziemlich von allem hauptsächlich der Grund, von dem Erwähnten aber in der Tat hauptsächlich. Unsere jetzige Staatsverfassung dagegen, von der wir als Gesetz‑
d geber sprechen, hat beides umgangen; denn ihr ward die unbeschränkteste Freiheit von Geschäften, die Bürger sind voneinander unabhängig, und geldgierig dürften sie, denke ich, bei solchen Gesetzen wohl am wenigsten werden; so daß eine solche Einrichtung des Staates, der Natur und der Vernunft gemäß, gewiß allein unter den jetzt bestehenden für die jetzt vollständig besprochene Unterweisung und das kriegerische Spiel, das in unserer Rede richtig vollendet wurde, empfänglich sein dürfte.

KLEINIAS: Sehr gut.

[4. Bestimmungen über die Wettkämpfe]

DER ATHENER: Haben wir nun also nach diesem nicht endlich auch
e in betreff der gesamten gymnischen Wettkämpfe zu erwähnen, daß man diejenigen, welche in Vorübungen zum Kriege bestehen, anzuordnen und Siegespreise auszusetzen, ist das aber nicht der Fall, sie unbeachtet zu lassen habe? Welche diese sind, ist besser von vornherein auszusprechen und gesetzlich festzustellen. Muß das aber nicht zuerst bei den auf den Lauf und die Schnelligkeit überhaupt bezüglichen geschehen?

KLEINIAS: Das muß es.

DER ATHENER: Die Gewandtheit des Körpers also ist durchaus das vor allem zum Kriege Geeignetste, sowohl die der Füße als
833 a die der Hände; der Füße zum Entrinnen und Einholen, die andere, welche Kraft und Stärke erheischt, zum Kampfe und dem Aneinandergeraten beim Handgemenge.

KLEINIAS: Wie anders?

DER ATHENER: Ohne Waffen bringt gewiß keine von beiden den größten Nutzen.

KLEINIAS: Wie sollte sie es?

Der Athener: Zuerst entbietet uns, wie es jetzt bei den Wettkämpfen geschieht, des Herolds Ruf den Stadionläufern; dieser tritt in schwerer Rüstung ein, denn für den leicht bewaffneten Wettkämpfer werden wir keine Preise aussetzen. Zuerst tritt also der Wettläufer für das Stadion in schwerer Rüstung auf, als zweiter der für den Doppellauf, als dritter der für die Pferdebahn sowie als vierter der für die Langbahn, und ferner derjenige als fünfter, den wir zuerst in schwerer Rüstung für eine Entfernung von 60 Stadien nach irgendeinem Arestempel entlassen wollen und der, indem wir ihn wieder mit dem Namen eines Schwergerüsteten bezeichnen, auf ebener Bahn seinen Wettlauf vollendet, der andere aber als Bogenschütze, mit der ganzen Ausstattung eines solchen, durchlaufe eine Bahn von 100 Stadien nach dem Tempel des Apollon und der Artemis über Berge und auf Wegen aller Art. Und nach Anordnung des Kampfes werden wir diese Wettläufer, bis sie zu ihrem Ziele gelangen, erwarten und dem Sieger die für jede Art des Wettlaufs bestimmten Preise reichen.

Kleinias: Richtig.

Der Athener: Wir wollen uns aber eine dreifache Abteilung dieser Wettkämpfe denken, eine der Knaben, eine bartloser Jünglinge und eine der Männer; für die bartlosen Jünglinge wollen wir zwei Dritteile der Bahn bestimmen, und davon die Hälfte für die Knaben, welche in Bogenschützen- und schwerer Rüstung wettlaufen; was ferner das weibliche Geschlecht betrifft, für unerwachsene Mädchen Stadion, Doppellauf, Pferde- und Langbahn leichtbekleidet zu durchlaufen, indem sie nur in der Schnelligkeit wetteifern; dagegen müssen die dreizehnjährigen, indem ihre gemeinschaftlichen Übungen bis zu ihrer Verheiratung, wenigstens bis zum achtzehnten und nicht über das zwanzigste Jahr fortbestehen, in anständiger Kleidung in die zu diesen Wettkämpfen bestimmte Rennbahn hinabsteigen.

Und das seien die Bestimmungen über den Wettlauf unter Männern und unter Frauen. Was aber auf Körperkraft sich bezieht, so trete an die Stelle des Ringens und des Derartigen, was jetzt für anstrengend gilt, der Kampf in schwerer Rüstung, bei welchem einer gegen einen, zwei gegen zwei und so bis zehn gegen zehn miteinander kämpfen. In betreff dessen aber, was und inwieweit jemand bei denselben etwas abwehren oder vollbringen muß, haben sie, gleichwie jetzt beim Ringen die Aufseher der Ringübungen selbst bestimmten, wie das Gebaren des guten und des schlechten Ringers beschaffen sein müsse, ebenso die Meister des Kampfes in schwerer Rüstung herbeizurufen und aufzufordern, mit ihnen zu bestimmen, wem von Rechts wegen der Sieg in diesen Kämpfen gebühre, was er abzuwehren und zu vollbringen habe, und in gleicher Weise, nach welcher Vorschrift einer als der Besiegte zu betrachten sei. Dieselben Gesetze mögen auch für das weibliche Geschlecht bis zur Verheiratung Geltung haben; indem sie aber den gesamten Kampf der Leichtbewaffneten, welche im Bogenschießen, im Gebrauch leichter Schilde, mit Wurfspeeren und Steinwerfen, aus freier Hand und vermittels der Schleuder, wetteifern, an die Stelle des Pankrations treten lassen und auch darüber Gesetze aufstellten, mögen sie demjenigen, welcher diesen Gesetzen am besten genügt, die Auszeichnungen und Siegespreise zuerteilen.

b Nun kämen wohl die Gesetzesbestimmungen über den Pferdekampf an die Reihe; in Kreta aber ist für uns das Bedürfnis nach Pferden weder dringend noch auf zahlreiche gerichtet, so daß notwendig der Eifer für das Aufziehen und den Wettkampf derselben zu einem geringeren wird. Deshalb findet in unserem Staate überhaupt kein Aufziehen von Wagengespannen statt, noch dürfte irgend jemand darin einen besonderen Ehrgeiz setzen, so daß wir, wollten wir für Wettkämpfe in dem, was nicht landesüblich sein wird, Anordnungen treffen, weder mit Einsicht verfahren, noch diese zu besitzen
c scheinen würden. Setzen wir dagegen für Reiter Preise aus, auf Füllen, die noch nicht die Zähne wechselten, auf ausgewachsenen Pferden und den zwischen diesen und jenen Füllen in der Mitte stehenden, dann dürften wir wohl das Reiterspiel der Natur des Landes gemäß gestalten. So finde also zwischen dem Erwähnten, dem Gesetze zufolge, Wettkampf und Wetteifer statt, und den Stammhäuptern und Reiteroberstern sei ein gemeinschaftliches Urteil über alle Wettläufe selbst und die in Waffen den Kampfplatz Betretenden anheimgestellt. Wollten wir aber für Unbewaffnete, sowohl in den Leibesübungen als hier, Wettkämpfe anordnen, dann dürfte wohl
d unsere gesetzliche Verfügung nicht die richtige sein. Aber ein berittener kretischer Bogenschütze oder Speerschleuderer ist nicht unbrauchbar; darum finde auch zwischen diesen Befehdung und Wettkampf statt. Den Frauen hinsichtlich der Teilnahme an diesen durch Gesetze und Anordnungen Zwang aufzuerlegen, ist nicht angemessen; doch wenn ihr durch die vorausgegangene Erziehung geweckter und zur Gewohnheit gewordener Sinn dafür empfänglich und man Mädchen und Jungfrauen teilnehmen zu lassen nicht abgeneigt ist, dann lasse man es geschehen und tadle es nicht.

[5. Musische Wettkämpfe. — Die Gefahr der geschlechtlichen Begierden]

So wären denn jetzt bereits der Wettkampf und das Erlernen der
e Gymnastik und die sowohl auf Wettspiele als täglich unter Lehrern aufzuwendenden Bemühungen zur vollständigen Genüge besprochen; desgleichen ward auch das meiste auf die musische Kunst Bezügliche ausgeführt. Was aber die Rhapsoden anbetrifft, sowie das damit in Verbindung Stehende, und die Wettkämpfe der Chöre, die bei Festen notwendig stattfinden müssen, das werde dann angeordnet, wenn für die Götter und die den Göttern Beigesellten die Monate, Tage und Jahre festgestellt sind, wie und in welcher Weise die-
835 a selben, indem bei ihrer Anordnung der Götter Eingebung uns leitet, auf je drei Jahre oder auf eine vierjährige Frist verteilt werden mögen; dann werden, läßt sich erwarten, auch die musischen Wettkämpfe der Reihe nach stattfinden, angeordnet von den Kampfrichtern, dem Aufseher des Jugendunterrichts und den Gesetzeswächtern, die

sich eben deshalb gemeinschaftlich versammeln und selbst zu Gesetzgebern werden, wann und in Verbindung mit wem die Wettkämpfe in allen Reigentänzen und Gesängen bestanden werden sollen. Wie die einzelnen musischen Wettkämpfe beschaffen sein sollen, in ungebundener Rede, in Gesängen und dem durch die Verbindung von Rhythmen und Tänzen erzeugten Einklang, darüber wurde zu wiederholten Malen der erste Gesetzgeber belehrt, was die zweiten Gesetzgeber bei ihren Anordnungen zur Richtschnur zu nehmen haben, um in geziemender Weise durch jedesmalige, auf angemessene Zeiten verlegte Wettkämpfe dem Staate Feste zu bereiten.

In welcher Weise also dieses und anderes Derartiges eine gesetzmäßige Anordnung erheische, ist nicht schwer einzusehen, noch dürfte wohl aus hier und da eintretenden Änderungen hierin dem Staate ein großer Gewinn oder Nachteil erwachsen; dasjenige aber, was nicht von geringem Einfluß und dem Eingang zu verschaffen schwierig ist, das würde am besten wohl ein Gott bewirken, wäre es irgendwie möglich, daß von diesem selbst die Gebote ausgingen, jetzt aber scheint es dazu eines entschlossenen Mannes zu bedürfen, welcher vor allem in freimütiger Rede erklärt, was er für Staat und Bürger für das beste hält, der unter verderbten Seelen das Wohlanständige, der gesamten Staatsverfassung Entsprechende anordnet, den heftigsten Begierden Widersprechendes sagt und, indem er allein der Vernunft folgt, durch keines Menschen Beistand unterstützt wird.

KLEINIAS: Was haben wir denn wieder für einen Gegenstand zu besprechen, Gastfreund? Denn noch begreifen wir es nicht.

DER ATHENER: Ganz natürlich. Ich will aber versuchen, mich noch deutlicher gegen euch zu erklären. Als ich nämlich bei meiner Untersuchung auf die Erziehung kam, stellten sich mir Jünglinge und Jungfrauen freundlich miteinander verkehrend dar, und es ergriff mich, wie natürlich, Besorgnis, bei der Erwägung, was doch jemand mit einem solchen Staate beginnen werde, in welchem Jünglinge und Jungfrauen wohlgenährt sind und frei von großen, eines Freien unwürdigen Anstrengungen, die vornehmlich den Übermut dämpfen, und insgesamt ihr Leben hindurch mit Opfern, Reigentänzen und Festen sich beschäftigen. In welcher Weise werden sie wohl in diesem Staate die Begierden von sich fernhalten, welche viele oft zu dem Äußersten treiben und die sich fernzuhalten die zum Gesetz zu werden bemühte Vernunft gebietet? Wenn aber bei den meisten Begierden die vorher getroffenen gesetzlichen Anordnungen siegen, so ist das nicht zu verwundern; denn daß es nicht gestattet ist, übermäßigen Reichtum zu besitzen, ist zu einem besonnenen Leben nicht wenig förderlich, die ganze Erziehung ist durch zu solchem Zwecke geeignete Gesetze bestimmt, und außerdem ist die Sehkraft der Obrigkeiten geübt, auf nichts anderes ihr Augenmerk zu richten, sondern es stets zu beobachten, und auch die jungen Leute selbst, und setzt so den anderen Begierden, soweit es mit menschlichen Mitteln möglich ist, eine Schranke. Was aber die Liebesneigungen zu Knaben und Mädchen und von Frauen zu Männern und von Männern zu Frauen anbetrifft, woraus den Menschen als Einzelnen und auch ganzen Staaten tausendfältiges Unheil entsprang, wie sollte dem wohl jemand vorbeugen und durch welchen Heilmittels Bereitung möchte er für beide ein Entrinnen aus solcher Gefahr ausfindig machen? Das ist durchaus nicht leicht, Kleinias. Denn bei nicht wenigen anderen Anordnungen leisten uns, wenn wir von dem gewöhnlichen Herkommen abweichende Gesetze geben, die gesamte Kreta und Lakedaimon in geziemender Weise nicht geringe Hilfe, hinsichtlich der Liebesneigungen aber sind sie mit uns — sind wir doch unter uns — geradezu im Widerspruche. Denn wollte einer, der Weisung der Natur folgend, das vor Laios bestehende Gesetz erneuern, indem er erklärte, daß es recht war, wenn Männer sich nicht mit Jünglingen gleichwie mit Frauen zum Liebesgenuß vereinigten, und dabei auf die Lebensweise der Tiere sich berief und nachwies, daß in solcher Beziehung das männliche Geschlecht, weil das nicht naturgemäß sei, nicht mit dem männlichen verkehre, so würde seine Rede, ob sie auch keineswegs mit euern Staatsverfassungen in Einklang wäre, ganz annehmbar lauten. Außerdem ist das nicht mit dem in Übereinstimmung, wovon wir behaupteten, daß der Gesetzgeber ja stets zu berücksichtigen habe. Werfen wir doch immer die Frage auf: Welches der von ihm gegebenen Gesetze zur Tugend führe und welches nicht; aber sag an, wenn wir hiervon einräumen wollten, daß es schön sei oder in unserer Gesetzgebung es jetzt als etwas keineswegs Schimpfliches betrachten, für welche Gattung der Tugend würde uns das wohl förderlich sein? Wird es, wenn es in der Seele des dazu Überredeten Raum gewinnt, die Gesinnung der Tapferkeit erzeugen, oder in der des Überredenden die Art besonnenen Verhaltens? Oder dürfte davon wohl niemand sich überzeugen lassen, sondern wird man nicht vielmehr gerade umgekehrt die Schlaffheit des stets der Sinnenlust Nachgebenden und keinen Widerstand ihr zu leisten Vermögenden mißbilligen und die Ähnlichkeit in den Zügen des Bildes tadeln, welches nach dem weiblichen sich gestaltet? Welcher Mensch wird also, da dies so ist, so etwas als Gesetz aufstellen? Wohl keiner, der jedenfalls in der Vernunft das wahre Gesetz besitzt. Wie behaupten wir nun, daß das wahr sei? Es ist notwendig, daß jemand das Wesen der Freundschaft und auch der Begierde und der sogenannten Liebesneigungen erkenne, wenn er das richtig auffassen soll; denn da sie zwei sind, und aus diesen beiden gemischt eine andere dritte Gattung, so bewirkt der *eine* Name, der sie umfaßt, die ganze Ungewißheit und Dunkelheit.

KLEINIAS: Wieso?

[6. *Die drei Arten von Freundschaft und Liebe*]

DER ATHENER: Befreundet nennen wir doch wohl den Ähnlichen dem ihm Ähnlichen in der Tugend und den Gleichen dem ihm Gleichen, befreundet aber auch das Bedürftige dem Reichgewordenen, etwas der Gattung nach sich Entgegengesetztes. Werden beide Arten heftig, dann geben wir ihnen den Namen der Liebe.

KLEINIAS: Richtig.

DER ATHENER: Die aus Entgegengesetztem hervorgehende Freundschaft nun ist heftig, wild und häufig der Gegenseitigkeit unter uns entbehrend, dagegen die aus der Ähnlichkeit eine milde und während des ganzen Lebens wechselseitige; bei der aus der Mischung dieser beiden sich erzeugenden Gattung aber ist es erstens nicht leicht einzusehen, was wohl ein von dieser dritten Gattung der Liebe Ergriffener für sich durch sie zu erlangen wünscht; ferner schwankt er nach entgegengesetzten Richtungen, von beiden sich hingezogen fühlend, indem eine ihn antreibt, der Jugendblüte sich zu erfreuen, die andere aber es ihm verbietet. Denn der eine, welcher den Körper liebt und nach der Jugendblüte wie nach einer reifen Frucht c hungert, ermahnt sich selbst, sich daran zu sättigen, ohne auf die seelische Gesinnung des Geliebten Wert zu legen; der andere dagegen, der die auf den Körper gerichtete Begierde als Nebensache betrachtet und mehr schauend verehrt als begehrt, hält, indem er in Wahrheit mit der Seele nach der Seele Verlangen trägt, die Befriedigung des Körpers durch den Körper für frevelhaft und möchte, indem ihn das, was da besonnen, mannhaft, hochherzig und verständig ist, mit Scheu und Achtung erfüllt, mit dem keuschen Geliebten fortwährend ein keusches Leben führen. Aber die aus den beiden ge- d mischte Liebe ist eben diese, die wir als dritte besprochen haben. Da es nun der Gattungen so viele gibt, soll das Gesetz alle verbieten und verhindern, daß sie in uns sich erzeugen, oder liegt es vielmehr zutage, daß wir wohl wünschen möchten, die, welche auf die Tugend gerichtet ist und begehrt, daß der Jüngling zu einem möglichst tugendhaften werde, in unserem Staate zu finden, die beiden andern aber, wäre es möglich, daraus zu verbannen? Oder wie sprechen wir uns darüber aus, lieber Megillos?

MEGILLOS: Was du, Gastfreund, über diesen Gegenstand jetzt gesagt hast, ist in jeder Beziehung schön. e

DER ATHENER: Deine Zustimmung wenigstens, lieber Freund, scheine ich, wie ich es auch vermutete, erlangt zu haben; in welchem Sinne aber das bei euch bestehende Gesetz gegeben ist, dem brauche ich nicht nachzuforschen, sondern kann mit deiner Beifallserklärung mich begnügen. Später will ich auch den Kleinias von neuem durch den Bann meiner Worte über denselben Gegenstand zu besprechen versuchen. Das von euch mir Eingeräumte genüge, die Gesetze aber wollen wir in jeder Weise erörtern.

MEGILLOS: Das hat meinen ganzen Beifall.

DER ATHENER: Nun kenne ich, was die Abfassung dieses Gesetzes unter diesen Umständen anbetrifft, einen in einer Beziehung leichten, 838 a in anderer dagegen durchaus höchst schwierigen Kunstgriff.

MEGILLOS: Wie meinst du das doch?

DER ATHENER: Wir wissen doch wohl, wie leicht und vollständig die meisten Menschen, obwohl Gesetzesverächter, nicht mit Widerstreben, sondern mit der größtmöglichen Bereitwilligkeit sich von dem innigen Verkehr mit Schönen abhalten lassen.

MEGILLOS: Wann meinst du?

DER ATHENER: Wenn jemand einen schönen Bruder oder eine schöne Schwester hat; auch hinsichtlich eines Sohnes oder einer Tochter b hindert dasselbe ungeschriebene Gesetz in völlig ausreichender Weise, daß er weder offenkundig noch insgeheim mit diesen den Beischlaf übe, oder irgend andere Liebkosungen gegen sie sich erlaube. Ja, in den meisten erwacht überhaupt nicht einmal die Lust zu solcher Gemeinschaft.

Megillos: Da hast du recht.

Der Athener: Erlischt nun nicht vor einem kleinen Worte die Glut aller dieser Regungen?

Megillos: Vor welchem meinst du doch?

Der Athener: Vor der Behauptung, daß so etwas keineswegs gottgefällig, sondern ein Göttergreuel und von allem Schändlichen das
c Schändlichste sei. Liegt aber der Grund davon nicht darin, daß niemand das für etwas anderes erklärt, sondern daß jeder von uns, von seiner Geburt an, alle allerwärts stets dasselbe behaupten hört, und daß es sowohl im Lustspiel als mit allem Ernste der Tragödie wiederholt wird, wenn die Dichter einen Thyestes oder Ödipus auftreten lassen, oder einen Makareus, der insgeheim mit seiner Schwester der Liebe pflegt, welche man bereitwillig, als Buße ihrer Schuld, sich selbst den Tod geben sieht?

Megillos: Insoweit ist deine Behauptung sehr richtig, daß die
d herrschende Meinung eine sehr große Gewalt erlangt, da dann keiner in keiner Weise irgend einmal gegen das Gesetz auch nur zu mucksen wagt.

[7. Möglichkeit, einem Gesetz über naturgemäßen Liebesverkehr Geltung zu verschaffen]

Der Athener: Demnach ist die jetzt aufgestellte Behauptung richtig, daß es für den Gesetzgeber, welcher eine vor andern die Menschen bewältigende Begierde zu bewältigen wünscht, leicht zu erkennen ist, wie er wohl die Oberhand über sie erlangen möge. Wenn er nämlich diese Meinung bei allen, Freien und Sklaven, Frauen und Kindern und der ganzen Stadt in gleicher Weise zu einer heilig ge-
e haltenen macht, dann wird er so das Sicherste für dieses Gesetz bewirkt haben.

Megillos: Ja, allerdings; wie wird es aber ferner zu bewerkstelligen sein, daß alle aus freiem Antriebe in solcher Weise sich äußern?

Der Athener: Mit Recht erinnerst du mich; denn darauf bezog sich eben, was ich sagte, daß ich einen Kunstgriff kenne für das Gesetz, den Beischlaf der Natur gemäß zum Kindererzeugen zu üben, indem sich, um nicht absichtlich der menschlichen Gattung den Todesstreich zu versetzen oder auf Felsen und Steinen, wo nie-
839 a mals der Same Wurzeln treiben und zur natürlichen Beschaffenheit gedeihen wird, die Aussaat zu machen, des männlichen Geschlechts enthalten, sowie jedes weiblichen Saatfeldes, wo man nicht wünscht, daß der Samen aufgehe. Indem aber dieses Gesetz Bestand gewinnt und sich geltend macht, wie jetzt das den Beischlaf zwischen Eltern und Kindern betreffende Geltung hat, bringt es, erlangt dasselbe mit Recht auch hinsichtlich des übrigen Beischlafes die Oberhand, tausendfältiges Gutes. Denn zuerst gilt es der Natur gemäß und be-

wirkt, daß man sich verliebter Tollheit und Raserei enthalte sowie alles Ehebruchs und alles Übermaßes im Essen und Trinken und das Vertrauen und die Liebe der eigenen Frauen gewinne. So würde auch b sonst des Guten sehr viel dem zuteil werden, welcher das Gesetz vollständig sich anzueignen vermöchte. Vielleicht dürfte aber ein leidenschaftlicher junger Mann, mit Zeugungskraft in reichlicher Fülle ausgestattet, hörte er von der Aufstellung dieses Gesetzes, uns zu Leibe gehen und den Vorwurf machen, wir geben unverständige und unausführbare Gesetze, und alles mit seinem Geschrei übertäuben. In Rücksicht darauf tat ich nun die Äußerung, ich kenne, um diesen Gesetzen Dauer zu verleihen, einen in gewisser Beziehung vor allem leichten, in anderer aber höchst schwierigen Kunstgriff. c Denn daß und wie es ausführbar sei, ist sehr leicht zu begreifen; wir behaupten nämlich, erhalte dieses gesetzliche Herkommen ein ausreichend heiliges Ansehen, dann werde es die ganze Seele bewältigen und den gegebenen Gesetzen durchaus einen mit Furcht verbundenen Gehorsam verschaffen. Jetzt aber ist es so weit gekommen, daß es scheint, es werde auch dann nicht zur Wirklichkeit werden, sowie man, was die Einrichtung der Speisevereine anbetrifft, es nicht für möglich hält, daß ein ganzer Staat während seines ganzen Bestehens das ausführe. Obgleich aber die Erfahrung das widerlegt und bei d euch es stattfindet, scheint doch noch nicht einmal in euren Staaten, was die Frauen angeht, die Einrichtung natürlicherweise ausführbar. Deswegen, nämlich vermöge des Einflusses des mangelnden Glaubens daran, erklärte ich auch, daß das gesetzliche Fortbestehen dieser beiden Einrichtungen sehr schwierig sei.

MEGILLOS: Und hattest sehr recht.

DER ATHENER: Wollt ihr also, daß ich durch eine der Wahrscheinlichkeit nicht ermangelnde Erzählung euch nachzuweisen versuche, daß das des Menschen Kräfte nicht übersteigt und ausführbar ist?

KLEINIAS: Wie sollten wir nicht.

DER ATHENER: Würde sich nun wohl jemand leichter des Liebes- e genusses enthalten und bereitwillig sein, in genügender Weise das darüber Vorgeschriebene zu befolgen, wenn sich sein Körper in einem guten und der Ausbildung nicht ermangelnden oder wenn er sich in einem schlechten Zustande befände?

KLEINIAS: Weit leichter wohl in einem der Ausbildung nicht ermangelnden.

DER ATHENER: Wissen wir nicht vom Hörensagen, daß Ikkos der Tarentiner wegen des Wettkampfs zu Olympia und anderer, als 840 a einer, dessen Seele durch Siegeslust vermöge seiner Kunst sowie durch Besonnenheit gekräftigt war, während der ganzen Zeit der Einübung, weder, wie man sagt, ein Weib, noch einen Knaben berührte? Ja, auch vom Krison, Astylos, Diopompos und sehr vielen andern herrscht wohl dieselbe Sage, obgleich die Ausbildung ihrer Seele eine weit geringere war als die meiner und deiner Mitbürger und ihr Körper weit mehr von Fülle strotzte. b

KLEINIAS: Darin berichtest du, was wahr ist, daß man allgemein dieses als wirklich von diesen alten Ringkämpfern geschehen erzählt.

DER ATHENER: Wie nun? Diese gewannen es wegen des Sieges im Ringen, Laufen und dergleichen über sich, eines Genusses sich zu enthalten, der von den meisten ein hochbeglückender genannt wird, und unsere Kinder sollten nicht eines weit schöneren Sieges wegen Enthaltsamkeit zu üben imstande sein, für den wir sie gewinnen,
c indem wir von ihrer Kindheit an ihn für den schönsten erklären und in Sagen, Worten und Liedern ihn verherrlichen?

KLEINIAS: Welches denn?

DER ATHENER: Des Sieges über die Sinnenlüste, dessen Erlangung ihr Leben zu einem glückseligen machen werde, zu einem diesem durchaus entgegengesetzten das Unterliegen. Und wird bei uns nicht außerdem die Befürchtung, daß das in keiner Weise etwas Gottgefälliges sei, bewirken, daß sie etwas besiegen, was andere, die darin ihnen nachstehen, besiegt haben?

KLEINIAS: Gewiß, ganz natürlich.

[8. Das Gesetz über die Liebesverhältnisse]

DER ATHENER: Da wir nun hinsichtlich dieser gesetzlichen Vor-
d schrift soweit gelangten, durch die Verderbtheit der Mehrzahl aber in Verlegenheit gerieten, so behaupte ich, unsere gesetzmäßige Vorschrift darüber müsse geradezu ihren Weg verfolgen, indem sie sich dahin erklärt, daß die Bürger unseres Staates nicht schlechter sein dürfen als Vögel und viele andere Tiere, welche in großen Scharen aufwachsen und bis zur Fortpflanzung ein vereinzeltes, vom ehelichen Verkehr entferntes und keusches Leben führen, sind sie aber zu dem angemessenen Alter gelangt, von nun an paarweise, indem sich nach Neigung Männchen zum Weibchen und Weibchen zum Männchen findet, in gottgefälliger und geziemender Weise fortleben
e und unveränderlich den ersten Liebesverbindungen treu bleiben; jene aber müßten wenigstens besser als die Tiere sein. Werden sie aber von den übrigen Hellenen und den meisten der Barbarenvölker verderbt, unter denen, wie sie sehen oder hören, die Aphrodite, welche die gesetzlose heißt, die größte Macht übt, und wenn das sie unvermögend macht, dieselbe zu bewältigen, dann müssen die zu Gesetzgebern gewordenen Gesetzeswächter für diese ein zweites Gesetz aufstellen.

841 a KLEINIAS: Doch welches Gesetz ihnen aufzustellen rätst du, wenn sie das jetzt aufgestellte vernachlässigen?

DER ATHENER: Offenbar, Kleinias, das an dieses sich anknüpfende zweite.

KLEINIAS: Welches meinst du?

DER ATHENER: Die Kraft der Sinnenlust soviel wie möglich außer Übung zu setzen, indem man durch Anstrengungen das Zuströmen derselben und das, was sie nährt, in andere Teile des Körpers leitet. Das dürfte aber wohl geschehen, wenn beim Liebesgenuß kein Freisein von Scham besteht; denn wenn sie aus Scham denselben
b sich seltener gestatten, dann dürften sie wohl wegen des seltenen Genusses an ihr eine schwächere Herrin haben. Es gelte aber bei ihnen, nach einer durch Gewohnheit und ein ungeschriebenes Gesetz

eingeführten Satzung, für rühmlich, wenn man so etwas tut, es unbemerkt zu tun, für schimpflich dagegen, nicht unbemerkt, nicht aber, überhaupt es zu tun. Und so dürfte ferner dieses bei uns als rühmlich und schimpflich an zweiter Stelle zum Gesetz geworden bestehen, indem es eine Richtigkeit zweiter Ordnung besitzt, und die ihrer Natur nach Verderbten, von denen wir sagen, daß sie schwächer sind als sie selbst, diese als *eine* Gattung dürften deren drei, c welche sie umfassen, dazu zwingen, das Gesetz nicht zu übertreten.

KLEINIAS: Welche Gattungen denn?

DER ATHENER: Die gottesfürchtige und ehrliebende und die ihre Begierde nicht auf die Körper, sondern auf die schönen Sinnesarten der Seele gerichtet hat. Doch das jetzt Gesagte sind, etwa wie in einer Dichtung Enthaltenes, fromme Wünsche, es würde aber, wenn es in allen Staaten geschähe, bei weitem das beste sein. Doch vielleicht dürften wir, wenn es der Götter Wille ist, hinsichtlich des Liebesgenusses *eines* von den beiden erzwingen, entweder, daß nie- d mand eine Edle und Freie, mit Ausnahme der eigenen Ehefrau, zu berühren wage, nicht aber in den Armen von Beischläferinnen einen durch keine Opfer geweihten Blendlingssamen und auch nicht der Natur zuwider in denen der Knaben einen nicht aufkeimenden aussäe; oder daß wir ihm dem männlichen Beischlaf ganz entziehen, und was die Frauen angeht, wenn jemand anderen beiwohnte als denen, welche mit der Götter Zustimmung und der Hochzeitfeier heiliger Weihe in sein Haus eintraten, erkauften oder irgend anderswie gewonnenen, ohne der Aufmerksamkeit aller Männer und Frauen zu e entgehen, dann dürften wir als Gesetzgeber wohl richtig zu verfahren scheinen, wenn wir ihn, als einen wirklich unserem Staate nicht Angehörigen, für ausgeschlossen von allen Auszeichnungen im Staate erklären.

Dieses Gesetz, ob wir nun als eines oder als zwei es zu bezeichnen haben, bestehe über den Liebesgenuß und alle Liebesverhältnisse, die wir in dem durch dergleichen Begierden herbeigeführten 842 a Verkehr miteinander richtig oder nicht richtig eingehen.

MEGILLOS: Sonach, Gastfreund, würde wohl ich mit großer Bereitwilligkeit dieses Gesetz annehmen; Kleinias möge aber selbst erklären, wie er darüber denkt.

KLEINIAS: Das, Megillos, soll geschehen, wenn sich mir die passende Zeit darzubieten scheint; doch jetzt wollen wir unseren Gastfreund mit seinen Gesetzen weiter vorschreiten lassen.

MEGILLOS: Richtig.

[9. Die Lebensverhältnisse. Landwirtschaftliche Gesetze: Grenzverletzungen und Regelung der Nachbarschaft]

DER ATHENER: Jetzt sind wir doch beim Weitervoranschreiten so b ziemlich bereits bis zum Einrichten der Speisevereine gediehen, wovon wir behaupten, daß es anderwärts wohl schwierig sein, in Kreta dagegen wohl niemand, daß es in anderer Weise stattfinden müsse, annehmen dürfte. Das Wie aber, ob wie hier oder in Lakedaimon, oder ob es neben diesen noch eine dritte Art von Speisevereinen, besser als diese beiden, gibt, das scheint mir zwar nicht schwer zu ermitteln, ward es aber ermittelt, keinen besonderen Vorteil zu gewähren; sind doch jene jetzt schon zweckmäßig eingerichtet.

c Daran schließt sich die Einrichtung des Lebens, wie sie aus jenen hervorgehen dürfte. Es möchte aber wohl die Lebensweise in anderen Staaten in jeder Hinsicht eine von der unserer Bürger verschiedene sein, aus vielen, vornehmlich aber aus doppelten Gründen. Den meisten Hellenen nämlich gewährt Festland und Meer das zum Unterhalt Erforderliche, diesen aber bloß das Festland. Das ist nun für den Gesetzgeber bequemer; denn nicht bloß nur der Hälfte d zweckmäßiger Gesetze bedarf es, sondern noch weit wenigerer und noch dazu freien Menschen weit angemessenerer; hat doch der Gesetzgeber dieses Staates nichts zu schaffen mit seemännischen, handelsgeschäftlichen, staatswirtschaftlichen, auf Steuern bezüglichen Gesetzen sowie mit Bergbau, Anleihen, Zins auf Zins und andern derartigen Dingen; sondern den Landwirten, den Hirten, den Bienenzüchtern wird er Gesetze geben sowie für die Aufbewahrungsorte solcher Erzeugnisse und die Aufseher der Gerätschaften, nach- e dem er die wichtigsten, welche die Ehe, das Erzeugen und Auferziehen der Kinder, desgleichen das Unterweisen und Einsetzen von Obrigkeiten im Staate betreffen, bereits gegeben hat. Nun aber muß er notwendig bei seiner Gesetzgebung dem zur Nahrung Dienenden sich zuwenden und allen, die sich eben darum mitbemühen.

Zuerst sollen Gesetze bestehen, welche den Namen der landwirtschaftlichen führen. Das erste dem grenzhüterischen Zeus geweihte Gesetz laute so: Keiner verrücke die Grenzen, weder des eigenen Mitbürgers, welcher sein Nachbar ist, noch, wenn er an der äußersten Grenze ein Besitztum hat, die seines fremden Grenznachbarn, indem er darin den wahren Sinn des Wortes erkennt, das Nichtver- 843 a rückbare zu verrücken; jeder wolle es lieber versuchen, irgendeinen andern, wenn auch noch so großen Stein zu verrücken als den kleinen, den Göttern vereideten, welcher Freund- und Feindschaft scheidet; denn für den einen zeugt Zeus, der Schirmherr der Stammverwandtschaft, für den andern der des Gastrechts, dessen Zorn in beiden Beziehungen zugleich mit den erbittertsten Kämpfen erregt wird. Und wer dem Gesetze Gehorsam leistet, der dürfte wohl von dem aus dessen Verletzung entspringenden Unheil nichts empfinden; wer es aber verachtet, den trifft eine doppelte Verantwortlichkeit, die eine und bedeutendste gegen die Götter, die zweite gegen das Ge- b setz. Denn wissentlich darf niemand des Nachbarn Grenzstein verrücken; wer es aber tut, den zeige, wer da will, den Grundbesitzern an; diese aber müssen ihn vor Gericht führen, und wenn einen eine solche Anklage trifft, daß er heimlich und gewaltsam des Grundes und Bodens Verteilung nicht beachte, dann schätze der Gerichtshof ab, was etwa der solcher Anklage Unterliegende zu dulden oder zu zahlen habe.

Ferner machen häufige, selbst geringfügige Beeinträchtigungen der Nachbarn, indem sie vermittels des häufigen Verkehrs ein starkes Anwachsen der Feindseligkeit herbeiführen, die Nachbarschaft sehr schwierig und reizbar; deshalb muß durchaus die größte Vorsicht c obwalten, damit der Nachbar so in anderem wie in betreff des gesamten Anbaues nichts zum Zwist Aufregendes sich erlaube; denn Schaden zuzufügen ist nicht schwer, sondern das kann jeder, in keiner Weise aber jedem Nutzen schaffen. Wer nun, mit Überschreitung seiner Grenzen, dem Nachbarn etwas abackert, der vergüte den Schaden und bezahle außerdem zur Heilung seiner Unverschämtheit und Gemeinheit dem Beschädigten das Doppelte. In allen dergleichen Dingen seien die Flurheger Besichtiger, Richter und Abschätzer, bei bedeutenderen Fällen, wie im vorigen bemerkt wurde, des Zwölftels ganze Schar, in geringfügigeren die Wachtführer derselben. Auch wenn jemand fremde Weideplätze beweidet, mögen diese über den Schaden, nachdem sie ihn in Augenschein nahmen, erkennen und ihn abschätzen; desgleichen wenn jemand fremde Bienenschwärme, indem er durch Schlagen von Becken ihnen Lust schafft, sich befreundet und zueignet, vergüte er den Schaden; so zahle er auch, wenn er beim Anzünden seines Waldes den seines Nachbarn nicht vorsichtig berücksichtigt, die von der Obrigkeit beliebte Strafe, sowie wenn er bei Anpflanzungen den Umfang der Besitzungen seines Nachbarn nicht unbepflanzt läßt; gleichwie auch von vielen anderen Gesetzgebern zur Genüge bestimmt wurde, deren Gesetze man daneben sich bedienen mag, ohne daß der höhere Ordner des Staates über alles, das Viele, Geringfügige, dem ersten besten Gesetzgeber Anheimfallende, gesetzlich zu verfügen begehre. Auch alte und schöne, 844 a für Landwirte in betreff der Wasserleitungen bestehende Gesetze verdienen nicht, durch Erörterungen eine andere Richtung zu erhalten, sondern wer da auf sein eigenes Besitztum Wasser leiten will, tue es, indem er von öffentlichen Wasserbehältern ausgeht, auf welchem Wege er etwa will, ohne es den zutage liegenden Quellen irgendeines Privatmannes zu entziehen; nur nicht durch Häuser, gewisse Weihbezirke oder auch der Erinnerung Geweihtes, und ohne andern als den durch die Wassergräben selbst herbeigeführten Schaden zu verursachen. Wenn aber an manchen Stellen eine natürliche, dem b Boden eigentümliche Trockenheit der Erde der vom Zeus kommenden Bewässerung ungünstig ist und es an dem nötigen Trinkwasser gebricht, dann grabe einer auf seinen Besitztümern, bis er auf die Tonschicht gelangt; trifft er aber in solcher Tiefe durchaus nicht auf Wasser, dann hole er sich von seinen Nachbarn das für seinen ganzen Hausstand erforderliche Trinkwasser. Ist jedoch auch den Nachbarn das Wasser spärlich zugemessen, dann lasse er sich von den Feldaufsehern eine Ordnung des Wasserholens bestimmen und nehme, indem er nach derselben täglich Wasser holt, an dem seiner Nachbarn teil. Wenn aber bei dem vom Zeus erfolgenden Wasser- c zuflusse ein tiefer Gelegener den über ihm oder durch *eine* Mauer von ihm Getrennten Schaden zufügt, weil er keinen Abzug ihm gestattet, oder umgekehrt der höher dem tiefer Gelegenen, indem er rücksichtslos seinen Wasserüberfluß ableitet, und sie deshalb nicht gemeinschaftliche Sache machen mögen, dann rufe, wer da will, in der Stadt den Stadt-, auf dem Lande den Feldaufseher herbei und

lasse diesen bestimmen, was jeder von beiden zu tun habe. Wer bei dieser Bestimmung nicht verharrt, den treffe der Vorwurf der Miß-
d gunst und einer unverträglichen Seele, und er ersetze, deshalb angeklagt, dem Beschädigten den Schaden doppelt, weil er der Obrigkeit nicht gehorchen wollte.

[10. Bestimmungen über die Herbstfrüchte]
Über die Herbstfrucht haben alle folgende Übereinkunft zu treffen. Diese Göttin spendet uns doppelte Gaben ihrer Huld, erstens nicht aufbewahrbares, dionysisches Vergnügen, zweitens ihrer Natur nach zum Aufbewahren geeignete. Über die Obsternte bestehe aber folgendes Gesetz: Wer etwa von der auf freiem Felde wachsenden Frucht des Weinstocks, ob nun der eigene oder fremder Grund und Boden
e sie erzeugte, vor der mit dem Aufgange des Arkturos zusammenfallenden Erntezeit genießt, der büße es mit 50 dem Dionysos geweihten Drachmen, wenn er auf dem eigenen Besitztum sie pflückte, geschah es auf dem seiner Nachbarn, mit einer Mine, oder auf einem andern, mit zwei Dritteilen einer Mine. Wer aber die jetzt so genannte edle Traube oder die Feige, welche man die edle heißt, zu ernten begehrt, der breche diese Frucht, wie und wann er will, wenn sie auf eigenem Grunde ihm erwächst; geschieht es dagegen auf fremdem, ohne dazu erlangte Erlaubnis, dann werde er stets, dem Gesetze, an dem, was man jemandem nicht anvertraute, sich nicht zu
845 a vergreifen, gemäß, in der angegebenen Weise bestraft. Vergreift sich aber ein Sklave ohne des Grundbesitzers Erlaubnis an so etwas, der werde mit einer den Trauben des Weinstocks oder den Feigen des Feigenbaumes gleichkommenden Zahl von Geißelhieben gezüchtigt. Der Schutzgenosse pflücke die edle Traube, wenn er dazu Lust hat, gegen Bezahlung; hat aber ein Fremder, der im Lande sich aufhält, ein Gelüste, im Vorbeigehen von solchem Obste zu kosten, so greife er in der Begleitung *eines* Dieners ohne Bezahlung nach der ed-
b len Traube, die er als Gastgeschenk hinnimmt. Aber den Genuß der sogenannten freiwachsenden und ähnlicher Früchte mit uns zu teilen, verbiete dem Fremden das Gesetz; doch vergreift er selbst oder ein Sklave, dessen unkundig, sich daran, so ist der Sklave mit Geißelhieben zu bestrafen, der Freie dagegen unter Verwarnung und mit der Zurechtweisung zurückzuweisen, daß er von den andern Früchten zu genießen habe, die zur Aufbewahrung als Rosinen, Wein und getrocknete Feigen untauglich sind.

Birnen, ferner Granat- und andere Äpfel und alle anderen derarti-
c gen Früchte heimlich zu entwenden, sei zwar nicht schimpflich, ist aber der Erfaßte unter 30 Jahre alt, dann bekomme er Schläge und werde, ohne jedoch ihn zu verwunden, zurückgewiesen, und solcher Schläge wegen könne der Freie nicht belangt werden; den Fremden dagegen sei die Teilnahme auch an dieser wie an der Weinernte gestattet. Vergreift sich ein Älterer daran, so habe er, wenn er nur davon ißt und nichts mit sich nimmt, an dem allen in der Weise teil wie der Fremde, zeigt er sich aber dem Gesetze nicht gehorsam, dann
d setzt er sich der Gefahr aus, von den Preisen der Tugend ausgeschlos-

sen zu bleiben, wenn bei ihrer Verteilung jemand die darüber Entscheidenden daran erinnert.

[*11. Wasser und Einbringung der Ernte*]

Das Wasser ist für alles auf den Gartenbau Bezügliche vorzüglich nährend, aber der Verderbnis leicht ausgesetzt; denn weder der Boden noch der Sonnenschein, noch die Winde, welche neben der Bewässerung das der Erde Entsprießende ernähren, sind durch Beimischungen, Ableitung und Diebstahl leicht zu verderben, in der Natur des Wassers dagegen liegt die Möglichkeit zu allem dergleichen; darum bedarf dasselbe der Beihilfe des Gesetzes. Dieses laute deshalb darüber e so: Wenn jemand absichtlich fremdem, entweder der Quelle entsprungenem oder aufgesammeltem Wasser durch Beimischung, Ableitung oder Diebstahl Schaden bringt, den belange der Beeinträchtigte, mit Angabe des ihm zugefügten Schadens, bei den Stadtaufsehern. Wird jemand aber überführt, daß er durch Beimischung das Wasser verdarb, der reinige neben der Geldbuße die Quellen und den Wasserbehälter in der Weise, wie in jedem Falle die Vorschriften der Ausleger der Göttersprüche die Reinigung bestimmen.

Hinsichtlich des Einbringens aller reifen Erzeugnisse sei es gestattet, seine Ernte nach Willkür auf jedem Wege einzubringen, auf 846 a welchem man entweder keinem irgendeinen Schaden zufügt oder wo der Vorteil das Dreifache des Verlustes des Nachbarn beträgt. Darüber aber sowie über alles andere, worin jemand, sei es heimlich oder gewaltsam, aus freiem Willen dem des andern zuwider vermittels seines Besitztums dem andern selbst oder irgendeinem Teile des Besitztums desselben einen Schaden zufügt, sollen die Aufseher ein Urteil fällen. Alles Derartige zeige er den Aufsehern an und verlange Entschädigung, wenn der Schaden unter drei Minen beträgt; doch erhebt jemand gegen einen andern eine bedeutendere Anklage, dann nehme er denjenigen, welcher ihm Schaden zufügte, in Anspruch, indem er bei den allen gemeinsamen Gerichtshöfen die b Anklage anhängig macht. Scheint ferner einer der Aufseher die Strafe einer unrichtigen Ansicht zufolge zu bestimmen, dann darf der Beeinträchtigte auf das Doppelte ihn verklagen; aber die Rechtsverletzungen der Aufseher hat, wer da will, bei jeder Anklage vor die gemeinsamen Gerichtshöfe zu bringen. Da es tausendfältige, ob auch geringfügige Gesetzesbestimmungen gibt, nach welchem die Entschädigungsklagen anzustellen sind, die Verlosung der Rechtshändel, die Vorladungen und die Vorladenden betreffend, ob die c Vorladung vor zwei Zeugen oder vor wie vielen sie stattfinden solle, und alles Derartige, so darf das nicht ohne gesetzliche Bestimmungen bleiben, ist aber nicht der Beachtung eines greisen Gesetzgebers wert. Darüber mögen junge Leute durch Gesetze verfügen, indem sie die früheren Gesetzesbestimmungen, Großes bei Kleinem, sich zu Mustern nehmen und aus Erfahrung wissen, wie notwendig dieselben seien, bis alles zur Genüge geordnet scheint; dann mögen sie, nachdem sie dieselben als zweckmäßig für unabänderlich erklärten, ihrer sich bedienen.

[12. Die Handwerker. Einfuhr und Ausfuhr]

d Hinsichtlich der übrigen Gewerbe ist aber so zu verfahren. Erstens gehöre kein Einheimischer zu denen, welche handwerksmäßigen Beschäftigungen sich widmen, sowie auch kein Sklave eines Einheimischen. Denn ein Staatsbürger eignet sich, um das Ansehen eines Staates zu erhalten und zu erhöhen, eine anständige Kunst an, die sowohl Übung wie vielfache Kenntnisse erheischt, als einen nicht als Nebenbeschäftigung zu betreibenden Beruf. Fast kein Mensch aber ist von Natur zur Genüge befähigt, zwei Berufsarten oder zwei
e Künste erschöpfend zu betreiben oder auch in der einen selbst das Genügende zu leisten und über eine andere, von einem andern geübte die Aufsicht zu führen. Das muß also zuerst im Staate gelten: Kein Schmied sei zugleich Zimmermann, noch kümmere sich der Zimmermann mehr um andere, welche die Schmiedekunst üben, als um seine eigene unter dem Vorwande, daß er, da er viele für ihn ein Gewerbe treibende Sklaven zu beaufsichtigen habe, diese natürlich
847 a lieber beaufsichtige, weil ihm das mehr als seine eigene Kunst eintrage; vielmehr gewinne jeder, *einer* im Besitz *einer* Kunst, durch sie auch seinen Unterhalt. Auf dieses Gesetz sollen die Stadtaufseher mit Eifer halten, und den Einheimischen mögen sie, wenn er zu irgendeiner Kunst sich mehr als zur Tugend hingezogen fühlt, solange durch Schmach und Ehrenentziehungen bestrafen, bis sie ihn auf die ihm zukommende Bahn brachten; den Fremden aber, betreibt er doppelte Künste, durch Gefängnis, Geldbußen und Verjagen
b aus der Stadt züchtigen und nötigen, nur als einer, nicht als viele zu verdienen. Über ihren Lohn und das Verdingen von Arbeiten, oder wenn sie einen andern oder ein anderer sie beeinträchtigt, sollen ferner bis auf 50 Drachmen die Stadtaufseher entscheiden, über mehr als dies aber die gemeinsamen Gerichtshöfe dem Gesetz nach verfügen.

Einen Zoll soll niemand weder bei der Einführung noch bei der Ausführung von Gegenständen im Staate entrichten. Weihrauch
c aber und dergleichen zur Verehrung der Götter gehöriges ausländisches Räucherwerk, und Purpur und was es an Färbestoffen gibt, oder auf sonst eine Kunst Bezügliches, welches vom Auslande her eingeführte Gegenstände erheischt — was das eigene Land nicht erzeugt, das führe, es geschehe denn dringenden Bedürfnisses wegen, niemand ein noch das aus, wovon es notwendig ist, daß es im Lande verbleibe. Ferner mögen über das alles die 12 jüngeren Gesetzeswächter, indem die 5 älteren davon entbunden werden, entscheiden und dafür Sorge tragen.

d Über die Waffen aber und alle sonst auf den Krieg bezüglichen Gerätschaften, sollten sie die Einführung einer ausländischen Kunst oder einer Pflanze oder den Erwerb eines Erzes oder eines Bindemittels oder auch, zu solchem Gebrauch, mancher Tiere nötig machen; über die Ein- und Ausführung solcher Gegenstände, die der Staat sowohl liefert als entgegennimmt, haben die Reitereiführer und die Feldherren zu entscheiden; Gesetze darüber mögen aber die Gesetzeswächter in geziemender und ausreichender Weise aufstellen. Der des

Gewinns wegen betriebene Einzelverkauf dagegen finde weder in diesen Dingen noch in sonst etwas in unserer Stadt und unserem ganzen Lande statt.

[13. Verteilung der Nahrungsmittel und der Wohnungen]
Was die Verteilung der Nahrungsmittel und der Erzeugnisse des Bodens anbetrifft, so scheint eine dem kretischen Gesetze nahekommende Anordnung zweckmäßig. Alle haben sich nämlich in alle zwölf Teile der Erzeugnisse des Bodens zu teilen und in dieser Weise auch sie zu verbrauchen. Aber jedes Zwölftel, wie etwa das des Weizens und der Gerste, sowie nach derselben Verteilung alle zur Reife gediehenen Erzeugnisse, zerfalle in drei verhältnismäßige Teile; der eine Teil für die Freien, einer für die Sklaven derselben, der dritte aber für die Handwerker und für die Fremden überhaupt, sowohl diejenigen, welche, indem sie als Schutzgenossen mit uns das Land bewohnen, des nötigen Unterhalts bedürfen, als auch diejenigen, welche fortwährend unser Land im Verkehr mit unserem Staate oder mit irgendeinem einzelnen Bürger besuchen; nur dieser dritte, für sie ausgeschiedene Teil aller Lebensbedürfnisse werde notwendig feilgehalten, keine Nötigung finde aber statt, von den beiden andern etwas zu verkaufen.

Wie wäre nun diese Teilung am richtigsten zu bewerkstelligen? Zuerst ist es offenbar, daß wir in einer Hinsicht Gleiches, in anderer Hinsicht Nichtgleiches verteilen.

KLEINIAS: Wie meinst du?

DER ATHENER: Es ist notwendig, daß das Land das eine von diesem allen besser, das andere schlechter erzeuge und gedeihen lasse.

KLEINIAS: Wie sollte es das nicht?

DER ATHENER: Von Derartigem also erhalten die einzelnen Teile, deren drei sind, weder der den Herren oder Sklaven noch auch der den Fremden zugeteilte mehr, sondern die Verteilung finde nach der gleichen Beschaffenheit statt; indem aber jeder Bürger seine beiden Teile erhält, hänge von ihm die Verteilung unter Sklaven und Freien hinsichtlich des Maßes und der Beschaffenheit ab. Das meiste davon ist nach Maß und Zahl so zu verteilen, daß er dabei nach der Zahl alles Lebendigen, welches der Erzeugnisse des Bodens zu seiner Nahrung bedarf, verfährt.

Ferner müssen ihnen voneinander getrennte Wohnungen angewiesen werden. Zu diesem Zweck ist folgende Verteilung die angemessene. Der Flecken müssen zwölf, in der Mitte jeglichen Zwölfteils einer, sein. In jedem Flecken muß man zuerst den Marktplatz auswählen und die Tempel der Götter und der diesen zunächst stehenden Dämonen, ob es nun über diesen Bezirk waltende der Magnesier oder Denkmale anderer alten Helden sind, deren Erinnerung sich erhalten hat, und diesen Ehrenbezeigungen, wie die Menschen in alter Zeit, erweisen; auch allerwärts Tempel der Hestia, dem Zeus, der Athene und dem Gotte errichten, welcher in jedem Zwölfteile vor den andern den Vorrang hat. Zuerst müssen ferner an der Stelle, welche die höchste ist, so gut wie möglich befestigte Wohnungen zur Aufnahme der Wächter diese Tempel umgeben. Auch das ganze übrige Land ist so einzurichten, daß man die Handwerker in 13 Teile teilt, dem einen die Stadt zur Wohnung anweist und auch diesen wieder in die 12 Teile der ganzen Stadt verteilt, von den auswärts und ringsherum Wohnenden aber in jedem Flecken die für die Landwirte tauglichen Handwerker sich ansiedeln läßt.

Aufseher über dieses alles, so viel und welche deren jeder Bezirk bedarf, seien die obersten Feldaufseher, deren Wohnung da sei, wo sie den Landwirten am wenigsten beschwerlich und möglichst nützlich sein werden. Ebenso möge der Stadtaufseherverein die Aufsicht über die in der Stadt übernehmen und fortführen.

849 a

[14. Regelung des Marktes und Eintritt in die Schutzgenossenschaft]

Ferner haben die Marktaufseher nun für alles, was irgend den Markt angeht, zu sorgen. Neben der Aufsicht über die am Markte befindlichen Tempel, daß an ihnen niemand sich vergreife, dürfte sich wohl ihre Fürsorge zweitens auf den gegenseitigen Verkehr der Menschen erstrecken, damit sie als Überwacher sowohl besonnenen Treibens als auch des Übermuts denjenigen, welcher der Strafe bedarf, bestrafen. Was das Feilhalten anbetrifft, so haben sie erstens darauf zu sehen, ob der den Bürgern vorgeschriebene Verkauf an die Fremden in jeder Hinsicht dem Gesetze gemäß erfolgt. Das Gesetz befiehlt aber, daß diejenigen Fremden oder Sklaven, welche von den Bürgern dazu den Auftrag haben, am ersten jeden Monats denjenigen Teil zu Markte bringen, welcher an die Fremden verkauft werden soll, zuerst ein Zwölftel des Getreides, und daß am ersten Markttage der Fremde sein Getreide und das damit in Verbindung Stehende einkaufe; den 10. des Monats mögen die einen den Verkauf, die andern den für den ganzen Monat ausreichenden Einkauf des Flüssigen bewerkstelligen; den 23. sei das Lebendige feil, was jedem einzelnen selbst einzukaufen oder zu verkaufen nottut, und was die Landwirte an andern Gegenständen und Bedürfnissen, wie an Fellen oder auch der gesamten Bekleidung, an Geflochtenem oder Gefilztem oder anderem Derartigem feilhaben, dessen Besitz die Fremden durch Ankauf von andern sich zu verschaffen genötigt sind. Beim Kleinhandel dieser Dinge aber, entweder des zu Brot verbackenen Gersten- und Weizenmehls oder der übrigen Lebensmittel insgesamt, verkaufe kein einziger etwas an Bürger und ihre Sklaven, noch kaufe er es von diesen; der Fremde aber biete es in den Fremdenbuden den Handwerkern und den Sklaven derselben feil, indem er es gegen Getreide und Wein, was die meisten Kleinhandel nennen, austauscht, so wie die Köche das Fleisch der Tiere im einzelnen an Fremde, Handwerker und die Sklaven beider verkaufen mögen. Allen Brennstoff kaufe ferner unter den Fremden, wer Lust hat, von den an Ort und Stelle dazu Beauftragten im ganzen und verkaufe ihn, der Menge und Zeit nach, nach Belieben an Fremde. Von allen übrigen Gegenständen und Erzeugnissen, die ein jeder bedarf, verkaufe jeder, indem er sie auf dem gemeinschaftlichen Markte an die Stelle bringt, auf welche die Gesetzeswächter sowie mit Zuziehung der Marktaufseher die

Stadtaufseher mit Auswahl der dem angemessenen Räume ihn beschränkten, damit man hier Geld für Ware und Ware für Geld eintausche, ohne daß man den andern in anderer Weise den Umtausch gestatte. Wer aber die Ware auf Treu und Glauben hingibt, der beruhige sich, ob er die Bezahlung erhalte oder nicht, da solcher Verkäufe wegen dann weiter kein Rechtsstreit stattfindet. Bei wem aber der Einkauf oder Verkauf mehr oder weniger beträgt als nach des Gesetzes Vorschrift, welches bestimmt hat, nach welchem Zuwachs oder nach welcher Abnahme man weder das eine noch das andere zu tun habe, bei diesem werde von den Gesetzeswächtern das Mehr eingetragen, das Umgekehrte aber gestrichen. Dasselbe finde auch hinsichtlich des Aufzeichnens des Vermögens der Schutzgenossen statt.

Es trete aber, wer da will, unter bestimmten Bedingungen zur Schutzgenossenschaft, indem eine Wohnstätte für den Fremden bereit ist, welcher Schutzgenosse werden will und kann, wenn er im Besitz einer Kunst ist und sich von der Zeit an, wo er sich eintragen ließ, nicht länger als 20 Jahre im Lande aufhält, ohne, außer einem wohlanständigen Betragen, das Geringste, so wenig wie sonst eine Abgabe, bei Käufen und Verkäufen zu entrichten. Ist die Zeit verstrichen, dann nehme er seine Habe und ziehe von dannen. Trug es sich aber zu, daß er in diesen Jahren ein der Rede wertes, ausreichendes Verdienst um den Staat sich erwarb, und hegt er das Vertrauen, von dem Rate und der Volksversammlung einen von ihm gewünschten Aufschub des Abzugs oder geradezu ein lebenslängliches Verbleiben zu erlangen, dann erscheine er vor diesen, und das, was ihm vom Staate zu erlangen gelang, werde ihm vollständig zuteil. Für die Kinder der Schutzgenossen aber, wenn sie Handwerker sind und das 15. Jahr erreicht haben, beginnt mit zurückgelegtem 15. Jahre die Zeit der Schutzgenossenschaft. Nachdem einer darauf 20 Jahre verweilte, ziehe er hin, wohin es ihm gefällt; will er jedoch bleiben, dann geschehe es, nachdem er auf dieselbe Weise es erlangte. Wer aber abziehen will, ziehe ab, nachdem er die von der Obrigkeit über ihn gemachten Einzeichnungen löschen ließ.

NEUNTES BUCH

[1. Übergang zu den Rechtsmaßregeln und Vorwort zum Gesetz über Tempelraub]

853 a   DER ATHENER: Hierauf dürften wir wohl bei einer naturgemäßen Anordnung der Gesetze zu den Rechtsmaßregeln kommen, welche aus allem vorerwähnten Treiben hervorgehen. Wobei aber Rechtsmaßregeln ergriffen werden müssen, wurde zum Teil in dem auf den Landbau Bezüglichen, und was damit in Verbindung stand, angegeben, das Wichtigste jedoch noch nicht. Nachdem wir nun bei jedem Einzelnen, welche Strafe es treffen und vor welche Richter es b gelangen müsse, bemerkten, werden wir nach jenem das zunächst zu besprechen haben.

KLEINIAS: Richtig.

DER ATHENER: Gewissermaßen ist es aber sogar schimpflich, über alles, worüber wir jetzt es vorhaben, in einem Staate Gesetze zu geben, von dem wir behaupten, er werde wohl gedeihen und jede gute, zur Ausübung der Tugend führende Einrichtung werde ihm zuteil werden. Auch nur anzunehmen, ein solcher Staat werde einen erzeugen, bestimmt, ebenso die größten Verbrechen zu begehen wie in andern, so daß es, dem zuvorzukommen, der Gesetze, und falls es c zu einem solchen Verbrechen käme, um das abzuwenden, der Drohungen bedürfe und dagegen, geschähe es, Strafgesetze aufzustellen, als wenn der Fall eintreten würde, das ist, wie gesagt, gewissermaßen schimpflich. Da wir aber nicht, wie die alten Gesetzgeber, welche, wie jetzt die Sage geht, Göttersöhnen, den Heroen, Gesetze gaben, und, selbst von den Göttern stammend, diese für andere desselben Ursprungs aufstellten, sondern da wir jetzt als Menschen Menschen Entsprossenen Gesetze geben, so ist uns die Besorgnis nicht zu verargen, d es möge in unserem Staate ein sozusagen hartgesottener Bürger geboren werden, der von Natur so harten Kernes wäre, sich nicht erweichen zu lassen, und daß solche Menschen, wie jene Hülsenfrüchte auf dem Feuer, selbst durch so kräftige Gesetze unerweicht bleiben würden.

Zu ihrem Heil möchte ich zuerst ein solchen keineswegs als heilbringend erscheinendes den Tempelraub, wenn jemand dessen sich erdreisten sollte, betreffendes Gesetz aufstellen. Und daß ein wie er soll erzogener Bürger je in dieses Siechtum verfallen werde, dürften wir wohl weder wünschen noch eben befürchten; aber die Sklaven dieser und die Fremden sowie ihre Sklaven dürften wohl vieles der Art unternehmen. Dieser wegen sowie auch hinsichtlich der durch 854 a die durchgängige Schwäche der menschlichen Natur erregten Besorgnisse werde ich das Gesetz über Tempelräuber und alles Derartige, was da schwer zu heilen und unheilbar ist, aufstellen. Diesem allen müssen wir aber, unserer früheren Übereinkunft gemäß, ein Vorwort in möglichster Kürze vorausschicken. Es könnte nun wohl jemand, indem er sich mit einem unterredet und ihn ermahnt, welchen eine böse Lust am Tage erfüllt und des Nachts aus dem Schlafe weckt und räuberisch an etwas Heiligem sich zu vergreifen antreibt, so sprechen: «Jetzt, du Seltsamer, treibt dich weder ein menschliches b noch ein gottgesandtes Übel an, zum Tempelraube dich anzuschikken, sondern eine von alten und ungesühnten Freveln her den Menschen innewohnende, verderblich sie umkreisende Raserei, vor der man mit aller Kraftanstrengung sich zu hüten hat. Vernimm, wie das geschehen müsse. Wenn irgendein solcher Gedanke dich befällt, dann wende dich zu den dem Zeus zu weihenden Sühnopfern, wende dich als Flehender zu den Tempeln der unheilwehrenden Götter, wende dich dem Umgange der Männer zu, die ihr tugendhafte nennt, und vernimm teils ihre Reden, teils versuche selbst, sie zu belehren, c daß jeder Mensch das Schöne und Gerechte in Ehren halten müsse; den Umgang der Schlechten dagegen meide auf das entschiedenste, und schafft dir das, tust du es, für deine Krankheit Erleichterung, gut; wo nicht, dann scheide, indem du den Tod für das Schönere erkennst, vom Leben.»

[2. Das Gesetz über Tempelraub und das Verfahren bei todeswürdigen Verbrechen]

Indem wir dieses Vorspiel vor den Ohren derer anstimmen, welche auf frevelhafte und staatsverderbliche Taten jeder Art sinnen, können wir vor dem, welcher dem Gehör gibt, das Gesetz unerwähnt, vor dem den Gehorsam Verweigernden dagegen nach diesem Vorspiel es laut ertönen lassen: Wer als Tempelräuber befunden werden d sollte, der werde, ist es ein Sklave oder Fremder, nachdem man sein Mißgeschick seinem Gesichte und seinen Händen eingrub und nachdem er soviel Geißelhiebe empfing, als dem Richter gut bedünkt, nackt über die Grenzen des Landes gestoßen; dann wird er vielleicht, nachdem er diese Strafe erlitt, wieder zur Besonnenheit kommen und sich bessern. Wird doch keinem irgendeine gesetzliche Strafe zu seinem Verderben auferlegt, sondern sie bewirkt gewöhnlich von den beiden eines: entweder sie führt zur Besserung dessen, welcher sie erlitt, oder sie macht ihn minder verbrecherisch. Wird es aber von e einem Bürger offenbar, daß er so etwas verübte und gegen die Götter oder gegen seine Eltern oder sein Vaterland einen großen, unaussprechlichen Frevel beging, dann sehen diesen die Richter für unheilbar an, in Erwägung, welche Erziehung und Unterweisung ihm zuteil ward, die ihn dennoch von den größten Verbrechen nicht zurückhielt; dieser erleide die Todesstrafe als das geringste Leid. Andern aber wird er durch sein Beispiel nützlich werden, wenn er seines guten Rufs verlustig geht und jenseits der Grenzen des Landes ver- 855 a schwindet. Jedoch seinen Kindern und Nachkommen gereiche es, wenn sie des Vaters Sinnesart meiden, zum Ruhme, und es sei für sie ehrenvoll, wenn es heißt, sie haben sich, dem Bösen entronnen, wacker und mannhaft dem Guten zugewendet. Daß das Landeigen-

tum solcher Verbrecher eingezogen werde, dürfte wohl nicht einer solchen Staatsverfassung angemessen sein, in welcher die Erblose stets dieselben und gleichen bleiben müssen. Geldstrafen aber ent-
b richte er, wenn sein Vergehen eine Geldbuße zu verdienen scheint, wenn, nach Feststellung seines Erbloses, etwas übrigbleibt, insoweit, nicht aber mit einer größeren Geldsumme büßend. Die Gesetzeswächter aber mögen, indem sie aus den Einziehungen das genau erforschen, das Richtige jedesmal den Richtern verkünden, damit niemand vermöge seiner Dürftigkeit erbgutlos werde. Sollte jemand eine höhere Geldbuße zu verdienen scheinen, so bestrafe man ihn, wenn nicht einige seiner Freunde sich für ihn verbürgen und durch Mitbezahlen ihn frei machen wollen, durch dauernde und offene
c Haft und einiges Beschimpfende; ungestraft bleibe aber keiner keines einzigen Vergehens wegen, selbst wenn er über die Grenzen entweichen will. Es müssen die Todesstrafe oder Gefängnis oder Geißelhiebe oder minder ehrenvolle Sitzplätze oder ein Schaustehen an heiliger Stelle oder ein Verweisen an des Landes äußerste Grenze oder, wie wir im vorigen sagten, Geldbußen eintreten. So finde das Rechtsverfahren statt.

Über die Todesstrafe sollen die Gesetzeswächter und ein aus den
d besten der vorjährigen Staatsbeamten auserwählter Gerichtshof entscheiden; wie aber das Klagbarmachen und die Vorladungen und was Derartiges und wie es geschehen solle, dafür mögen die jüngeren Gesetzgeber sorgen; über die Abstimmung zu verfügen, ist dagegen unsere Obliegenheit. Das Abgeben der Stimme finde öffentlich statt, zuvor aber nehmen die Richter dem Ankläger und dem Angeklagten gegenüber, der Reihe nach, in möglichst nach dem Alter bestimmter Reihenfolge Platz; alle Bürger aber, die keine Abhaltung haben, geben eifrige Zuhörer bei solchem Rechtsverfahren ab. Einen Vortrag
e halte zuerst der Ankläger und zweitens dann der Angeklagte. Nach diesen Vorträgen hebe der Älteste zu einer Prüfung des Gesprochenen mit Fragen an; nach dem Bejahrtesten müssen es alle der Reihe nach erörtern, was einer etwa von jedem der beiden Gegner irgendwie noch gesagt oder nicht gesagt zu wissen wünscht; wer aber kein weiteres Bedenken hat, der überlasse das Weiterforschen einem andern. Was aber etwa von den Aussagen als zweckmäßig erscheint,
856 a das versiegele man, indem man dem Niedergeschriebenen die Siegel aller Richter aufdrückt, und lege auf dem Altare der Hestia es nieder; tags darauf versammele man sich an derselben Stelle und erörtere den Fall durch Fragen und drücke den Aussagen wieder Siegel auf; und nachdem man das dreimal getan und die genügenden Beweisstücke und Zeugen zu Hilfe genommen, führe man so, indem jeder seine heilig geachtete Stimme abgibt und bei der Hestia sich anheischig macht, nach Kräften dem Rechte und der Wahrheit gemäß zu entscheiden, einen solchen Rechtshandel zum Schluß.

[3. Verbrechen gegen die Verfassung. Verrat und Diebstahl]
b Von dem, was auf die Götter, müssen wir auf das kommen, was auf die Auflösung der Verfassung sich bezieht. Wer, indem er einen

Menschen der Herrschaft entgegenführt, über die Gesetze sich erhebt und den Staat von Genossenschaften abhängig macht und, insofern er das alles gewaltsam betreibt und einen Aufstand erregt, den Gesetzen zuwiderhandelt, den muß man gewiß vor allen für den ärgsten Feind des Staates ansehen. Wer ferner zwar mit keinem Menschen der Art gemeinsame Sache macht, dem aber, während er die höchsten Würden im Staate mitbekleidet, das entging oder wer, wenn es ihm nicht entging, aus Zaghaftigkeit nicht als Rächer des c eigenen Staates auftritt, von dem müssen wir glauben, daß er unter den schlechten Bürgern die zweite Stelle einnehme. Vielmehr zeige jeder, welcher irgend etwas taugt, den der Obrigkeit an, welcher auf einen gewaltsamen und gesetzwidrigen Umsturz der Verfassung sinnt, und bringe ihn vor Gericht. Und Richter über solche mögen dieselben sein wie über die Tempelräuber, und dasselbe Rechtsverfahren finde gleichmäßig gegen jene wie gegen diese statt, ihre durch Stimmenmehrheit erklärte Schuld aber bringt ihnen den Tod. Doch treffe, um bei meiner Rede zu bleiben, des Vaters Strafe und Schande keinen seiner Söhne, außer wenn jemandes Vater, Großvater und Urgroßva- d ter der Reihe nach zum Tode verurteilt wurden; diese entsende der Staat mit ihrer Habe, soviel nach Berichtigung des Erbloses davon übrigbleibt, nach ihrer alten Heimat und Vaterstadt. Aber von den Söhnen der Bürger, welche mehr als einen nicht unter zehn Jahre alten haben, möge unter denen, bei welchen der Vater oder der väterliche oder mütterliche Großvater sich dafür erklärt, das Los zehn bestimmen; die Namen der durch das Los Erwählten aber sende man nach Delphi, und für wen der Gott entscheidet, den lasse e man mit besserem Glücke in den Hausstand der Ausgeschiedenen eintreten.

KLEINIAS: Schön.

DER ATHENER: Drittens gelte auch dasselbe Gesetz in betreff der Richter, die sie zu richten haben, und der Art des Rechtsverfahrens für diejenigen, die jemand unter Anschuldigung des Verrats vor Gericht zieht; ebenso gelte *ein* Gesetz für diese drei über das Verbleiben ihrer Nachkommen im Vaterlande und das Verlassen desselben, für den Verräter, den Tempelräuber und den gewaltsam gegen 857 a des Vaterlandes Gesetze Auftretenden.

Auch bei dem Diebe gelte, ob er Großes oder Kleines entwendete, für alle *ein* Gesetz und *eine* Maßregel des Rechtsverfahrens. Zuerst muß er nämlich, wenn er solcher Schuld überführt wird und sein übriges Vermögen, nach Berichtigung des Erbloses, dazu ausreicht, das Gestohlene doppelt ersetzen, doch wo nicht, dann büße er in Fesseln, bis er es entrichtete oder seine Befreiung von dem erlangte, welcher seine Verurteilung veranlaßte. Wird aber jemand des Diebstahls am Gemeingute überführt, so werde er seiner Haft entledigt, b nachdem er vom Staate es erlangte oder mit dem Doppelten es büßte.

KLEINIAS: Wie erklären wir doch, Gastfreund, uns dahin, es solle für den Dieb keinen Unterschied machen, ob er Großes oder Kleines und ob er es von geweihter oder nicht geweihter Stätte entwendete, und was es sonst noch für Verschiedenheiten bei allen Diebstählen gibt, welches Mannigfaltige der Gesetzgeber berücksichtigen und mit ähnlichen Strafen belegen muß?

[4. Die Belehrung als Aufgabe des wahren Gesetzgebers]

Der Athener: Sehr gut, o Kleinias; du hast mich beinahe wie c einen, der fortgerissen wird, durch deinen Rückstoß aufgeweckt und mich an das, was ich schon früher erwog, erinnert, daß die Aufgabe der Gesetzgebung in keiner Weise je noch richtig durchgearbeitet wurde, um es bei der jetzigen zufälligen Veranlassung so zu sagen. Wie meinen wir das nun wieder? Unsere Vergleichung war nicht übel, als wir alle, welchen jetzt Gesetze gegeben werden, mit von Sklaven ärztlich behandelten Sklaven verglichen. Denn soviel muß man wohl wissen, daß, wenn einmal einer von den Ärzten, welche die Heilkunde nicht wissenschaftlich, sondern bloß nach der Erd fahrung betreiben, auf einen freien Arzt träfe, der mit einem freien Kranken sich unterredete und der, indem er nahe dem Philosophieren sich mit Überlegungen abgäbe und vom Ursprung her der Krankheit beizukommen suchte, von der gesamten Naturbeschaffenheit der Körper ausginge, dann jener alsbald und von Herzen das belachen und keine anderen Worte gegen ihn äußern würde, als wie sie in solchen Fällen die meisten sogenannten Ärzte stets in Bereitschaft haben: Du Tor, würde er wohl sprechen, du behandelst nicht den e Kranken, sondern belehrst ihn fast, als ob er Arzt, nicht aber gesund werden wolle.

Kleinias: Hätte er denn nicht recht, wenn er so redete?

Der Athener: Vielleicht, wenn er daneben auch bedächte, daß, wer die Gesetze so bespricht, wie wir jetzt es tun, die Bürger belehrt, nicht aber ihnen Gesetze gibt. Würde nicht auch diese Bemerkung, wenn er sie aufstellte, eine angemessene zu sein scheinen?

Kleinias: Freilich.

Der Athener: Unsere gegenwärtige Lage ist aber eine glückliche.

Kleinias: Welche denn?

Der Athener: Daß keine Notwendigkeit, Gesetze zu geben, be-
858 a steht, sondern wir, von selbst in die Untersuchung über die gesamte Staatsverfassung geraten, das Beste und Notwendigste zu erkennen versuchen, in welcher Weise es wohl, wenn es geschähe, geschehen könnte. Auch jetzt steht es gewiß uns frei, wie es scheint, entweder, wollen wir das Beste, oder, wollen wir lieber, das Notwendigste über Gesetze zu betrachten. Wählen wir also, welches von beiden gut scheint.

Kleinias: Da stellen wir uns, Gastfreund, eine lächerliche Wahl, und wir würden völlig wie Gesetzgebern ähnlich werden, die von b großer Notwendigkeit bedrängt sogleich Gesetze geben müssen, als ob es morgen nicht mehr möglich wäre; uns aber ist es — mit Gott gesagt — vergönnt, wie den Maurern oder denen, welche sonst eine Zusammenfügung beginnen, haufenweise das zusammenzutragen, woraus wir das für die im Entstehen begriffene Zusammenfügung Passende auswählen werden, und wir können mit aller Ruhe auswählen. Nehmen wir also an, wir seien jetzt nicht solche, die notgedrungen einen Bau ausführen, sondern die noch in Ruhe das Eine zurechtlegen, das Andere zusammenstellen, so daß wir mit Recht die einen Gesetze für bereits gefaßt, die andern für zum Abfassen vorbereitet erklären.

Der Athener: So jedenfalls, Kleinias, dürfte wohl der Gesamtüberblick über die Gesetze mehr der Natur nach geschehen. Laß uns nämlich, Freund, folgendes hinsichtlich der Gesetzgeber erkennen.

Kleinias: Was denn?

Der Athener: In den Staaten gibt es auch von vielen andern Schriftwerke und schriftlich abgefaßte Reden, und Schriftwerke und Reden sind auch die Erzeugnisse des Gesetzgebers.

Kleinias: Wie sollten sie nicht?

Der Athener: Sollten wir nun zwar den Schriftwerken der anderen, nämlich der Dichter und aller derer, welche in Prosa und Versen ihre für die Erinnerung bestimmten Ratschläge über das Leben niederlegten, unsere Aufmerksamkeit zuwenden, nicht aber denen der Gesetzgeber? Oder vor allen diesen?

Kleinias: Diesen zuerst.

Der Athener: Darf denn nun der Gesetzgeber allein unter den Schreibenden nicht über das Schöne, das Gute und das Gerechte Rat erteilen, indem er darüber belehrt, wie es beschaffen ist und wie diejenigen es üben müssen, welche glückselig werden wollen?

Kleinias: Wie denn nicht?

Der Athener: Gereicht es denn aber dem Homeros, dem Tyrtaios und den andern Dichtern, wenn sie in ihren Schriften ungehörig über das Leben und dessen Einrichtungen sich äußerten, mehr zum Vorwurf, doch weniger dem Lykurgos und Solon und allen, welche als Gesetzgeber Schriftwerke verfaßten? Oder muß, dem Rechte nach, das in den Staaten über die Gesetze Aufgezeichnete bei näherer Prüfung vor allen andern Aufzeichnungen als das bei weitem Schönste und Beste erscheinen, die der andern aber entweder an dieses sich anschließen oder, damit im Widerspruch, lächerlich sein? Wollen wir die Überzeugung hegen, daß es hinsichtlich des Niederschreibens der Gesetze in den Staaten so hergehen müsse, daß das Niedergeschriebene das Wesen liebevoller und verständiger Väter und Mütter an sich trägt, oder daß es im Tone des Gewaltherrschers und Gebieters Verordnungen und Drohungen an die Wände schreibt und dann fertig ist? Demnach wollen jetzt auch wir zusehen, ob wir den Versuch unternehmen, in jener Gesinnung über die Gesetze zu sprechen, seien wir nun dazu imstande oder nicht, wenigstens aber dem guten Willen nach; und indem wir diesen Weg einschlagen, wollen wir ein Mißgeschick, das wir etwa zu bestehen haben, nicht scheuen. Möchte es aber gut gehen, und wenn Gott will, dürfte das auch geschehen.

Kleinias: Schön gesprochen, und deiner Rede nach wollen wir verfahren.

[5. Die Verbundenheit des Gerechten mit dem Schönen und der Satz von der Unfreiwilligkeit des Unrechttuns]

Der Athener: Wir müssen also zuerst, wie wir begannen, das Gesetz über die Tempelräuber und jede Art des Diebstahls sowie alle Vergehungen insgesamt einer genauen Betrachtung unterwerfen und c es uns nicht verdrießen lassen, wenn wir als mitten in der Gesetzgebung zwar einiges festsetzten, über anderes aber noch in Untersuchung begriffen sind; denn Gesetzgeber werden wir erst, sind es aber noch nicht, doch bald könnten wir es vielleicht geworden sein. Meint ihr nun, das, was ich angab, sei, wie ich es angab, in Erwägung zu ziehen, so laßt es uns erwägen.

Kleinias: Ja, allerdings.

Der Athener: Hinsichtlich alles dessen also, was schön und gerecht ist, wollen wir folgendes zu erkennen versuchen, inwiefern *wir* jetzt mit uns selbst übereinstimmen und inwiefern *wir* uns selbst widersprechen, wir, die wohl erklären möchten, unser Bestreben sei, wenn auf nichts anderes, wenigstens darauf gerichtet, der Mehrzahl zu widersprechen, und auch wiederum, inwiefern die *vielen* selbst d sich selbst.

Kleinias: An welche Widersprüche mit uns selbst denkst du denn, indem du das sagst?

Der Athener: Das will ich dir zu erklären versuchen. Hinsichtlich der Gerechtigkeit überhaupt und der gerechten Menschen und Handlungen und Unternehmungen stimmen wir alle doch wohl überein, daß dieses alles schön sei, so daß, auch wenn jemand behauptete, die gerechten Menschen, wären sie auch am Körper häßlich, seien eben in jener Hinsicht, nämlich ihrer höchst gerechten Gesinnung zufolge, sehr schön, niemand, der in der Art sich äußerte, den Ane schein, etwas Ungehöriges zu sagen, haben dürfte.

Kleinias: Ist das denn nicht richtig?

Der Athener: Freilich wohl. Erkennen wir nun, daß, wenn *alles*, was mit der Gerechtigkeit zusammenhängt, schön ist, zu diesem ‹allen› für uns auch das Leiden gehört, so ziemlich in gleicher Weise wie das Tun.

Kleinias: Inwiefern denn?

Der Athener: Ein Tun, welches gerecht ist, ist wohl, inwieweit es mit dem Gerechten in Verbindung steht, insoweit auch des Schönen teilhaftig.

Kleinias: Wie anders?

Der Athener: Demnach brächte also wohl das Zugeständnis, auch 860 a ein mit dem Gerechten verbundenes Leiden werde insoweit zu einem schönen, unsere Rede nicht mit sich selbst in Widerspruch.

Kleinias: Richtig.

Der Athener: Wenn wir aber ein Leiden für gerecht anerkennen, dabei aber für schimpflich, dann wird schön und gerecht im Widerspruch stehen, indem das Gerechte für das Schimpflichste erklärt wird.

Kleinias: Wie meintest du das?

Der Athener: Das ist nicht schwer einzusehen; denn die kurz zuvor von uns aufgestellten Gesetze möchten wohl das dem jetzt ausgesprochenen am meisten Widersprechende anzuordnen scheinen.

KLEINIAS: Welchem denn?

DER ATHENER: Wir nahmen doch wohl an, daß der Tempelräuber und der Feind für jetzt wohl bestehenden Gesetze gerechterweise sterbe; und im Begriff, sehr viele Satzungen der Art aufzustellen, hielten wir inne, da wir erkannten, das gebe der Zahl und dem Umfange nach endlose Leiden, von allen Leiden aber die gerechtesten und von allen insgesamt die schimpflichsten. Wird uns nun nicht so das Gerechte und Schöne bald als insgesamt dasselbe, bald als das sich Widersprechendste erscheinen?

KLEINIAS: Das wird es wohl.

DER ATHENER: Demnach wird von den vielen, mit sich in dergleichen Dingen im Widerspruch, das Schöne und das Gerechte als etwas völlig Getrenntes bezeichnet.

KLEINIAS: Gewiß ergibt es sich so, o Gastfreund.

DER ATHENER: Ziehen wir demnach, Kleinias, unsere Ansicht noch einmal in Erwägung, wie es hier in eben diesen Dingen mit der Übereinstimmung steht.

KLEINIAS: Mit welcher in welchen denn?

DER ATHENER: In meinen früheren Reden habe ich es wohl, denke ich, ausdrücklich ausgesprochen, oder geschah es nicht früher, so spreche ich jetzt es aus.

KLEINIAS: Was denn?

DER ATHENER: Daß alle Schlechten in allem unfreiwillig schlecht sind. Wenn sich dies aber so verhält, dann folgt notwendig aus diesem der nächste Satz.

KLEINIAS: Welchen meinst du?

DER ATHENER: Daß der Ungerechte wohl schlecht, der Schlechte aber das unfreiwillig ist. Unfreiwillig aber etwas Freiwilliges zu tun, das hat keinen Sinn. Demnach möchte also demjenigen, welcher das Unrecht für etwas Unfreiwilliges erklärt, der unrecht Handelnde unfreiwillig unrecht zu handeln scheinen. Auch jetzt muß ich das einräumen, denn ich gebe zu, daß alle unfreiwillig unrecht handeln. Und wenn auch jemand aus Streitsucht oder Ehrgeiz behauptet, daß sie wider ihren Willen ungerecht sind, jedoch viele freiwillig unrecht handeln, so ist doch meine Überzeugung die vorige, nicht diese.

Auf welche Weise möchte ich dann nun wohl mit meinen Reden in Übereinstimmung bleiben? Wenn ihr, Kleinias und Megillos, mich fragt: Wenn das nun so sich verhält, was rätst du, Gastfreund, uns hinsichtlich der den Magnesiern zu gebenden Gesetze? Sollen wir ihnen Gesetze geben oder nicht? — Warum denn nicht? werde ich erwidern. — Wirst du also für sie unfreiwillige Ungerechtigkeiten von freiwilligen unterscheiden, und werden wir für freiwillige Ungerechtigkeiten und Vergehungen härtere Strafen bestimmen, für jene aber geringere? Oder für alle in gleichem Maße, indem es überhaupt keine freiwilligen Ungerechtigkeiten gebe?

KLEINIAS: Was du da sagst, Gastfreund, ist gewiß richtig. Welche Anwendung wollen wir nun von dem jetzt Gesagten machen?

Der Athener: Deine Frage ist gut. Zuerst wollen wir also diese Anwendung davon machen.
Kleinias: Welche denn?

[6. *Der Unterschied zwischen Beeinträchtigungen und Ungerechtigkeiten*]

Der Athener: Wir wollen uns erinnern, daß wir eben vorher richtig bemerkten, über das Gerechte herrsche bei uns sehr viel Verwirrung und Unstimmigkeit. Indem wir aber das aufnehmen, stellen
b wir wieder an uns selbst die Frage: Soll denn also, wenn wir über diese Bedenklichkeit nicht ins reine kommen noch bestimmen, worin sich doch dieses beides voneinander unterscheidet, worüber in allen Staaten von allen Gesetzgebern, die jemals auftraten, als seien es zwei Gattungen von Ungerechtigkeiten, freiwillige und unfreiwillige, danach auch gesetzlich verfügt wird; soll unsere jetzige Rede, als komme sie aus eines Gottes Munde, damit, daß sie das aussprach, sich begnügen und irgendwie, ohne über ihre Richtigkeit Rechen-
c schaft zu geben, Gesetze dagegen aufstellen? Das ist nicht gestattet, sondern bevor wir Gesetze geben, müssen wir nachweisen, daß das zwei Vergehungen sind und daß ihr Unterschied anders ist, damit, wenn jemand einer von beiden die Strafe auferlegt, jeder dem, was gesagt wird, zu folgen vermöge und imstande sei, irgendwie zu beurteilen, ob die Verfügung angemessen sei oder nicht.

Kleinias: Was du da sagst, Gastfreund, erscheint uns richtig; denn eins von beiden müssen wir tun, entweder nicht behaupten, alle Ungerechtigkeiten seien unfreiwillige, oder zuerst durch feste Be-
d stimmungen die Richtigkeit dieser Behauptung nachweisen.

Der Athener: Von diesen beiden ist mir das Geschehen des einen ganz unerträglich, nämlich es nicht zu behaupten, während ich glaube, daß es in Wahrheit so sich verhalte, denn das möchte weder gesetzmäßig noch gottgefällig sein; in welcher Weise sie aber zwei sind, wenn sich beide nicht durch das Unfreiwillige und das Freiwillige unterscheiden, sondern durch irgend etwas anderes, das müssen wir irgendwie deutlich zu machen versuchen.

Kleinias: Irgendwie anders können wir, Gastfreund, es durchaus nicht beabsichtigen.

e Der Athener: So soll es geschehen. Wohlan denn! Gegenseitige Beeinträchtigungen der Bürger, scheint es, finden bei den gemeinschaftlichen Unternehmungen und dem Verkehr untereinander viele statt, und das Freiwillige und Unfreiwillige kommt dabei in reichem Maße vor.

Kleinias: Wie sollte es nicht?

Der Athener: Möge nun nicht jemand, indem er alle Beeinträchtigungen für Ungerechtigkeiten ansieht, deswegen glauben, daß auch das Ungerechte bei ihnen auf diese Weise zu doppeltem wird, teils freiwilligem, teils unfreiwilligen; denn die unfreiwilligen Beeinträchtigungen sind unter allen weder an Zahl noch an Größe ge-
862 a ringer als die freiwilligen. Erwägt nun, ob das, was ich zu sagen im Begriff bin, richtig oder durchaus unrichtig sei. Ich nämlich, Kleinias

und Megillos, behaupte nicht, wenn jemand einen andern in irgend etwas nicht mit Willen, sondern unfreiwillig beeinträchtigt, dann tue er Unrecht, aber eben unfreiwillig, und werde nicht so darüber, als ob dies ein unfreiwilliges Unrecht sei, gesetzlich verfügen, sondern ich werde eine solche Beeinträchtigung, ob sie nun jemandem in größerem oder geringerem Maße widerfahre, überhaupt nicht als Unrecht gelten lassen; ja, oft werden wir, wenn meine Meinung durchdringt, bei einer nicht richtig geschehenden Förderung den Urheber derselben des Unrechts zeihen. Denn, ihr Freunde, man muß b wohl nicht, weder wenn einer jemandem irgend etwas gibt noch wenn er umgekehrt ihm etwas nimmt, ganz einfach so etwas für etwas Gerechtes oder Ungerechtes erklären, sondern wenn einer aus gerechter Gesinnung und Denkart jemandem Nutzen oder Schaden schafft, dann muß *dies* der Gesetzgeber berücksichtigen, und er muß auf diese zwei, auf Unrecht und auf Beeinträchtigung, sein Augenmerk richten. Er hat das Beeinträchtigte vermittels seiner Gesetze so unbeeinträchtigt zu machen, wie er kann, indem er das zugrunde Gehende bewahrt, das durch jemandes Schuld Herabgesunkene wieder aufrichtet, und das Getötete und Verwundete zu hei- c len, das durch Bußen Versöhnte aber bei denen, die jede der Beeinträchtigungen zufügen oder erleiden, hat er stets zu versuchen aus der Zwietracht in die Freundschaft durch seine Gesetze zu überführen.

KLEINIAS: Soweit schön!

DER ATHENER: Die ungerechten Beeinträchtigungen nun und auch Bereicherungen, wenn also jemand durch Unrecht bewirkt, daß sich einer bereichert, von diesen als Krankheiten der Seele gilt es zu heilen, was da heilbar ist, und zu erklären, die Heilung der Ungerechtigkeit müsse bei uns in folgender Richtung geschehen.

KLEINIAS: In welcher?

DER ATHENER: Daß, welches große oder kleine Unrecht auch einer d beging, das Gesetz ihn belehre und nötige, außer dem Schadenersatz, so etwas später entweder überhaupt nicht freiwillig sich zuschulden kommen zu lassen oder wenigstens in weit geringerem Maße. Dies, ob nun jemand durch Wort oder Tat, durch Erregung von Lust oder Schmerz, durch Auszeichnung oder Zurücksetzung und durch Geldstrafen oder durch Geschenke oder auch überhaupt auf welche Weise jemand bewirkt, die Ungerechtigkeit zu hassen und das Wesen der Gerechtigkeit liebzugewinnen oder wenigstens nicht zu hassen, eben dies ist die Aufgabe der schönsten Gesetze. Bei wem aber der Gesetz- e geber innewird, daß derselbe dadurch unheilbar ist, welche Strafe und welches Gesetz wird er für diese aufstellen? Weil er einsieht, daß es für alle solche Menschen auch selbst nicht besser ist, am Leben zu bleiben, und daß sie wohl anderen dadurch einen doppelten Nutzen schaffen, daß sie vom Leben scheiden, indem sie nämlich sowohl ihnen ein vor Unrecht warnendes Beispiel werden als auch den Staat von schlechten Menschen befreien, deswegen also ist der Gesetzgeber genötigt, über solche als Zuchtmeister ihrer Fehltritte den Tod 863 a zu verhängen, sonst aber durchaus nicht.

Kleinias: Zwar scheint das, was du da sagst, sehr verständlich, doch hörten wir wohl gern dieses noch deutlicher ausgesprochen, den Unterschied nämlich des Unrechts und der Beeinträchtigung sowie des Freiwilligen und Unfreiwilligen, wie es hier sich durchkreuzt.

[7. Die drei Ursachen der Vergehungen: Drang, Lust und Unwissenheit. Erklärung des Gerechten und des Ungerechten]

Der Athener: So muß ich denn versuchen zu tun, wie ihr verb langt, und sprechen. Es ist nämlich offenbar, daß ihr soviel wenigstens über die Seele untereinander aussagt und hört, daß eins in ihr, sei es nun als ein Zustand ihrer Natur oder als ein Teil, der eifernde Drang ist, ein ihr angeborenes streitsüchtiges und schwer zu bekämpfendes Besitztum, welcher vieles mit unüberlegter Gewalt über den Haufen wirft.

Kleinias: Wie auch nicht?

Der Athener: Nun bezeichnen wir aber die Lust nicht als dasselbe wie den Drang, sondern behaupten von ihr, daß sie, aus einer ihm entgegengesetzten Kraft zur Herrschaft gelangt, durch Überredung verbunden mit gewaltsamem Betrug alles durchführt, was etwa ihr Wille begehrt.

Kleinias: Allerdings.

c Der Athener: Wenn aber als drittes jemand die Unwissenheit für eine Ursache der Vergehungen erklärte, dürfte er sich wohl nicht täuschen; doch würde gewiß der Gesetzgeber besser verfahren, wenn er diese in zwei Teile schiede und ihr Einfaches für den Grund leichter Vergehungen ansähe, das Doppelte aber, wenn jemand nicht allein von Unwissenheit befangen der Einsicht entbehrt, sondern auch vom Dünkel der Weisheit, als sei er durchaus alles dessen, was er nicht weiß, kundig, indem er derartiges in Verbindung mit Kraft und Stärke als die Ursache großer und geschmackloser Fehltritte ansetzt, d tritt es aber in Verbindung mit Schwäche auf, als knabenhafte Vergehungen und solche von Greisen, dann wird er es zwar als Vergehungen ansehen und für sie als Fehlende Gesetze aufstellen, aber die mildesten von allen und die häufigste Nachsicht gewährenden.

Kleinias: Was du sagst, ist ganz angemessen.

Der Athener: Nun sind wir darüber ziemlich alle einverstanden, daß der eine von uns Lust und Drang beherrsche, der andere ihnen unterworfen sei, und so verhält es sich.

Kleinias: Gewiß, durchaus.

Der Athener: Daß aber der eine von uns die Unwissenheit beherrsche, der andere ihr unterliege, haben wir noch niemals gehört.

e Kleinias: Sehr wahr.

Der Athener: Aber doch behaupten wir, daß alle diese jeden, wenn er zu seinem eigenen Willen hingezogen wird, oftmals zugleich zu dem Entgegengesetzten forttreiben.

Kleinias: Sehr oft allerdings.

Der Athener: Nun kann ich dir unumwunden und deutlich erklären, was ich unter dem Gerechten und Ungerechten verstehe. Die Gewaltherrschaft nämlich des Dranges und der Furcht, der Lust und des Schmerzes, der Mißgunst und der Begierden in der Seele, ob sie zu einer Beeinträchtigung führen oder nicht, diese nenne ich entschieden Ungerechtigkeit. Wenn dagegen die Ansicht vom Besten, in welcher Weise auch immer dieses nach dem Dafürhalten des Staates oder einfacher Bürger anzustreben sei; wenn diese Ansicht in den Seelen herrscht und jeden Menschen ordnend durchdringt, dann muß man behaupten, auch wenn etwa ein Fehler vorkommt, daß gerecht alles sei, was auf diese Weise vollbracht wird und was sich bei den einzelnen dieser Herrschaft unterwirft, und es sei für das ganze Leben der Menschen das beste, daß jedoch von vielen eine davon ausgehende Beeinträchtigung für ein unfreiwilliges Unrecht gehalten werde. Unsere Rede beharrt aber jetzt nicht streitsüchtig auf Ausdrücken, sondern, da nachgewiesen wurde, daß sich drei Gattungen von Fehltritten herausstellen, so wollen wir zuerst diese noch tiefer dem Gedächtnis einprägen. Dem Schmerzgefühl also, welches wir als Drang und Furcht bezeichnen, gehört für uns *eine* Gattung an.

KLEINIAS: Ja, gewiß.

DER ATHENER: Die zweite ist die der Sinnenlust und der Begierden, eine andere, dritte die der Erwartungen und der Meinung, die unwissend ist über das Beste. Indem diese selbst in drei Teile durch zwei Schnitte zerlegt wird, so ergeben sich, behaupten wir jetzt, fünf Gattungen, für welche fünf Gattungen wir voneinander verschiedene Gesetze in zwei Abteilungen aufstellen müssen.

KLEINIAS: Welche sind denn das?

DER ATHENER: Die eine wird stets in einem gewalttätigen und offenkundigen Handeln vollbracht, die andere erfolgt im Dunkel und vermittels heimlichen Betrugs. Bisweilen sind auch beide verbunden, für welche gewiß auch wohl, soll das angemessene Verhältnis stattfinden, die härtesten Gesetze bestimmt werden müssen.

KLEINIAS: Natürlich.

[8. Im unzurechnungsfähigen Zustand begangene Verbrechen. Unfreiwilliger Mord und Mord im Zorn]

DER ATHENER: Kommen wir nach diesem auf das zurück, was diese Abschweifung herbeiführte, indem wir die Aufstellung der Gesetze zu Ende führen. Solche waren von uns, denke ich, festgestellt über die die Götter Beraubenden und die Verräter; ferner über die die Gesetze zum Zweck des Umsturzes der bestehenden Verfassung Verkehrenden. Von dem Angeführten könnte nun vielleicht wohl einer etwas im Wahnsinn vollführen, oder unter dem Drucke von Krankheiten oder eines allzu hohen Alters, oder im Knabenalter, wo zwischen ihm und so Hochbejahrten wohl kein Unterschied besteht. Wird davon etwas den im jedesmaligen Falle zu Richtern Erwählten offenbar, indem der Verbrecher oder der Verteidiger des Täters es geltend macht, und wird erkannt, daß jener in solchem Zustande gegen die Gesetze handelte, dann ersetze derselbe den Schaden durchaus nur einfach und sei von den andern Rechtsansprüchen freigesprochen, es müßten denn seine Hände, als eines Mörders, von vergossenem Blute nicht rein sein; dann wende er sich, auf ein Jahr landesflüchtig, nach einem andern Lande und Aufenthaltsorte; kommt er aber vor der durch die Gesetze bestimmten Zeit zurück oder betritt überhaupt das heimische Land, dann werde er von den Gesetzeswächtern auf zwei Jahre in öffentliche Haft gebracht und dann aus dieser Haft entlassen.

865 a   Über jede Art des Mordes aber wollen wir, wie wir begannen, die Gesetze vollständig aufzustellen versuchen und zuerst den gewaltsamen und unfreiwilligen besprechen. Wenn jemand einen Befreundeten unfreiwillig, bei einem Wettkampfe oder öffentlichen Wettspielen, ob nun auf der Stelle oder später, vermittels der empfangenen Wunden tötete, oder ebenso im Kriege oder bei einer für den Krieg von den Befehlenden angeordneten Übung, ob man nun durch bloße Körperkraft oder irgendwie bewaffnet das Verfahren im Kriege nach-
b ahmte, dann sei er nach einer gemäß der von Delphi herbeigeholten Vorschrift bestandenen Reinigung rein. Hinsichtlich der Ärzte insgesamt aber, so sei einer, wenn, ohne daß er es beabsichtigte, der von ihm Behandelte stirbt, dem Gesetze nach rein. Wenn ferner einer den anderen zwar unfreiwillig, aber eigenhändig tötete, ob nun durch des eigenen Körpers Kraft oder vermittels eines Werkzeugs oder Geschosses oder der Darreichung eines Trankes oder einer Speise oder durch Anwendung des Feuers oder Frostes oder durch Entzie-
c hung der Luft, er selbst vermittels der eigenen oder der Kraft anderer: dann gelte das durchaus für einen selbst vollbrachten Mord, und er erfahre folgende Strafe. Wenn er einen Sklaven, den er für sein Eigentum ansieht, tötete, dann entschädige er dessen Besitzer für Schaden und Einbuße oder entrichte als Strafe den doppelten Wert des Getöteten; des Wertes Abschätzung aber finde durch die Richter statt. Die Reinigungen seien größer und zahlreicher als bei denen, welche in den Wettkämpfen einen Totschlag begingen; über dieselben haben aber diejenigen zu bestimmen, welche des Gottes
d Ausspruch zu Auslegern ernannte. Tötete jedoch einer einen eigenen Sklaven, dann entbinde ihn, nach besonderer Reinigung, das Gesetz des Totschlags. Tötete ferner jemand unfreiwillig einen Freien, dann bestehe er dieselbe Reinigung wie bei der Tötung eines Sklaven und lasse eine alte Sage nicht unbeachtet. Man sagt nämlich, daß der gewaltsam Getötete, den im Leben das Gefühl des Freiseins
e erhob, als Jüngstverstorbener seinen Mördern zürne und, indem er, daneben selbst durch das gewaltsam Erlittene mit Furcht und Zaghaftigkeit erfüllt, Bangigkeit fühle, wenn er seinen eigenen Mörder an den Stellen sich umhertreiben sieht, wo er zu leben gewohnt war, selbst in Unruhe, so den Täter, von dessen Rückerinnerung unterstützt, sowohl selbst als seine Unternehmungen, soviel er irgend vermag, beunruhigt. Deshalb liegt es dem Vollbringer der Tat ob, während des Verlaufs eines ganzen Jahres vor dem, welcher sie erlitt, sich zurückzuziehen und jede diesem heimische Stelle des gesamten Vaterlandes zu meiden. Ist aber der Getötete ein Fremder, dann sei
866 a jenem auch das fremde Land auf dieselbe Zeit verschlossen. Fügt er sich nun diesem Gesetze, dann soll ihm der dem Getöteten der Verwandtschaft nach zunächst Stehende, der darauf zu achten hat

daß alles geschehe, verzeihen und, besitzt er Mäßigung, durchaus friedlich sich gegen ihn verhalten. Weigert sich dagegen einer zu gehorchen, wagt er es, als ein der Reinigung Bedürftiger, in den Tempeln zu erscheinen und zu opfern, will er ferner nicht die bestimmte Zeit im Auslande weilen, dann belange der nächste Verwandte des Getöteten den Täter gerichtlich des Mordes, und dessen Strafe sei, wird er überführt, in allem die doppelte. Bringt aber der nächste Angehörige das, was geschah, nicht vor Gericht und geht gewissermaßen, indem der von der Tat Betroffene die Schuld ihm aufbürdet, die Verunreinigung auf ihn über, dann erhebe, wer da will, gegen ihn Klage, und er werde, dem Gesetze zufolge, genötigt, das eigene Vaterland zu meiden.

Tötet ferner ein Fremder unfreiwillig einen in der Stadt befindlichen Fremden, dann belange ihn, wer da will, nach denselben Gesetzen. Ist er ein Schutzverwandter, dann entferne er sich auf ein Jahr, ist er aber ein ganz Fremder, dann sei er, außer der Reinigung, ob er nun einen Fremden, ob er einen Schutzverwandten oder Bürger tötete, für sein ganzes Leben von dem Staate ausgeschlossen, wo diese Gesetze gelten. Kehrt er jedoch, den Gesetzen zuwider, zurück, dann müssen die Gesetzeswächter ihn mit dem Tode bestrafen, sein Vermögen aber, wenn er Vermögen besitzt, den nächsten Verwandten des Getöteten überantworten. Doch ist seine Rückkehr eine unfreiwillige, dann warte er, wenn das Meer ihn an das Land trieb, indem er sein Zelt der See so nahe aufschlägt, daß diese seine Füße netzt, die Zeit der Abfahrt ab; wurde er aber von andern gewaltsam in das Land geführt, dann befreie ihn die erste Landesbehörde, welcher er begegnet, und schicke ihn, ohne Verlust seiner Habe, über die Grenze.

Tötet ferner jemand mit eigener Hand einen Freien und geschah die Tat im Zorn, dann ist hier zuerst ein doppelter Fall zu unterscheiden; denn im zornigen Drang wird sie sowohl von denjenigen vollbracht, welche auf der Stelle, und ohne einen Totschlag beabsichtigt zu haben, durch Wunden oder ähnliches jemanden in plötzlich erfolgtem Angriff töten und bei welchen unverzüglich die Reue über das, was sie taten, eintritt; im zornigen Drange aber auch von solchen, die, durch beschimpfende Reden oder Handlungen gereizt und auf Rache sinnend, später jemanden in der Absicht, ihn zu töten, erschlagen. Hier müssen wir billigerweise doppelartige, beide im Drang verübte Totschläge annehmen, von denen man wohl mit dem größten Rechte sagt, sie nehmen zwischen dem freiwilligen und unfreiwilligen Morde die mittlere Stelle ein. Doch findet bei jedem der beiden nur eine Ähnlichkeit statt. Wer seinen Drang hegt und nicht sogleich auf der Stelle, sondern in späterer Zeit durch Nachstellung sich rächt, der ist dem freiwilligen Mörder ähnlich. Wer dagegen, ohne Festhalten seines Zornes, auf der Stelle und ohne Vorbedacht ihn walten läßt, der gleicht dem unfreiwilligen; doch ist auch er kein durchaus unfreiwilliger, sondern diesem nur ähnlich. Darum ist es schwierig, die im Drang vollbrachten Totschläge zu unterscheiden, ob wir über sie gesetzlich als freiwillige oder über einige als unfreiwil-

lige zu verfügen haben. Gewiß ist es das beste und richtigste, beide nach ihrer Ähnlichkeit zu betrachten und nach dem Nachstellerischen und dem Unvorbedachten sie in zwei Teile zu scheiden und über diejenigen, welche im Zorn durch Nachstellung einen Mord begehen, gesetzlich härtere Strafen zu verhängen, über die aber, welche es unvorbedacht und auf der Stelle tun, mildere; denn das dem ärgeren
c Vergehen Ähnliche ist ärger, das Geringere geringer zu bestrafen. So müssen wir denn auch nach unseren Gesetzen verfahren.

KLEINIAS: Gewiß, durchaus so.

[9. Vorbedachter Mord im Zorn. Mord von und an Sklaven und unfreiwillige Tötungen zwischen Verwandten]

DER ATHENER: Erklären wir demnach, indem wir wieder uns zurückwenden, daß derjenige, welcher einen Freien tötet, von dem aber die Tat unvorbedacht in irgendeiner Zornesaufwallung vollbracht wird, das Übrige erdulde, was dem Totschläger, der nicht im Zorn einen erschlug, zu erdulden zukommt, aber seinen Drang zu bändigen, zwei Jahre in der Verbannung zuzubringen gezwungen sei; wer aber,
d zwar im Zorn, aber durch Nachstellung einen tötete, das Übrige gleich jenem erleide, doch wegen der Heftigkeit seines Zornes auf längere Zeit bestraft, auf drei wie jener auf zwei Jahre verbannt sei. Das sei die für ihre Rückkehr bestimmte Frist. Genauere gesetzliche Verfügungen sind schwierig; denn bisweilen möchte wohl der von diesen beiden von den Gesetzen als der Schlimmere Angesehene der Mildere, der für milder Geltende der Schlimmere sein und hinsichtlich des Mordes schlimmer, der andere dagegen milder verfahren;
e meistens jedoch findet das von uns angegebene Verhältnis statt. Über das alles haben die Gesetzeswächter zu erkennen. Tritt aber für jeden der beiden die Zeit der Verbannung ein, dann haben sie zwölf Richter derselben nach den Landesgrenzen zu entsenden, die während der Zeit das Benehmen der Verbannten noch genauer beobachten und über ihre sittliche Scheu und ihre Aufnahme ein Urteil fällen. Diese aber sollen sich dem Richterspruche solcher Beamten
868 a fügen. Wenn aber einer von beiden nach seiner Rückkehr, von seinem zornigen Drang hingerissen, dieselbe Tat wiederum verübt, dann kehre er als Verbannter nie wieder zurück; tut er es jedoch, dann büße er die Rückkehr ebenso wie der Fremde.

Wer seinen eigenen Sklaven tötet, der werde gereinigt; tötet er im Zorn einen fremden, dann ersetze er dem Besitzer diesen Verlust doppelt. Wenn aber einer von irgendwelchen Totschlägern dem Gesetze nicht gehorcht, sondern ohne vorhergegangene Reinigung den Markt, die Wettkämpfe und anderes Heilige verunreinigt, dann zie-
b he, wer da will, denjenigen der Anverwandten des Getöteten, welcher es geschehen läßt, sowie den Totschläger, vor Gericht und nötige ihn, das Doppelte der Geldstrafe zu entrichten und die anderen Büßungen zu bestehen, die Geldbuße falle aber ihm selbst, dem Gesetze zufolge, anheim.

Tötet im Zorn ein Sklave seinen Herrn, dann treffe die Angehörigen des Getöteten, wenn sie mit dem Totschläger nach Belieben verfahren, aber nur nicht ihm das Leben schenken, keine Schuld. Diese c müssen notwendig den Täter töten, jedoch auf die ihnen beliebige Weise.

Wenn ferner, was zwar, jedoch selten geschieht, ein Vater oder eine Mutter den Sohn oder die Tochter durch Verwundungen oder sonst auf eine gewaltsame Weise tötet, dann sollen sie dieselben Reinigungen wie die andern bestehen und auf drei Jahre die Heimat meiden, nach der Rückkehr der Totschläger aber trenne sich das Weib d von dem Manne und der Mann von dem Weibe, und es finde hinfort kein gemeinschaftliches Kindererzeugen fürder statt; noch werde jemand der Hausgenosse dessen, den er seines Kindes oder Bruders beraubt hat oder nehme mit ihm an einem Opferfeste teil. Wer dagegen frevelt und das Verbot nicht beachtet, der werde von dem, wer da will, wegen Frevels gegen die Götter vor Gericht gezogen.

Tötet ein Mann im Zorne seine Ehefrau oder verfährt in gleicher Leidenschaft eine Frau ebenso gegen ihren Mann, dann sollen sie e dieselben Reinigungen bestehen und auf drei Jahre hintereinander das Land meiden. Kehrte, wer etwas Derartiges verübte, zurück, dann nehme er an keinem Opferfeste mit seinen eigenen Kindern teil, noch speise er je mit ihnen an *einem* Tische; versagt der Erzeuger oder der Erzeugte dem den Gehorsam, dann ziehe auch ihn, wer da will, vor Gericht. Auch sei, wenn der Bruder den Bruder oder die Schwester, oder die Schwester die Schwester oder den Bruder im Zorn tötete, dann für sie hinsichtlich der Reinigungen und der Landesverweisung dasselbe Gesetz aufgestellt wie für Eltern und Kinder, und er werde nie der Haus- oder Opfergenosse derjenigen, deren Geschwister er der Geschwister und die er als Eltern ihrer Kinder beraubte; sollte er aber sich ungehorsam zeigen, dann dürfte er mit Recht, als Übertreter des über den Frevel gegen die Götter aufge- 869 a stellten Gesetzes, vor Gericht gezogen werden. Sollte aber jemand seinen Zorn gegen seine Eltern so wenig zu beherrschen vermögen, daß er in der Raserei des Zorns einen seiner Erzeuger zu töten wagte, dann sei er, wenn der Sterbende vor seinem Tode freiwillig dem Täter diesen Mord verzieh, nachdem er gleich denen, die einen unfreiwilligen Mord vollbrachten, gereinigt wurde und im übrigen es ebenso wie diese büßte, rein von Schuld; fand diese Verzeihung aber nicht statt, dann sei, wer so etwas tat, der Ahndung vieler Gesetze anheim- b gefallen. Denn er dürfte wohl der Anklage ärgster Mißhandlung und ebenso des Frevels gegen die Götter und des an dem Heiligen begangenen Raubes, da er an dem Leben des Erzeugers einen Raub beging, anheimgefallen sein, so daß es höchst gerecht wäre, daß der Vater- oder Muttermörder, der im Zorne dieses vollbrachte, einen, wäre es möglich, vielfachen Tod erleide. Denn wie geziemte es sich, daß denjenigen, dem allein kein Gesetz es gestatten wird, selbst um den Tod, mit dem seine Erzeuger ihn bedrohen, von sich abzuweh- c ren, den Vater oder die Mutter, die sein Dasein dem Lichte des Lebens entgegenführten, zu töten, sondern vielmehr ihm gebietet, lieber alles zu erdulden, als so etwas zu verüben; wie geziemte es sich wohl, daß das Gesetz in anderer Weise ihn zur Verantwortung ziehe?

So sei die Strafe dessen, welcher im Zorne den Vater oder die Mutter tötete, der Tod. Tötete aber ein Bruder den Bruder, indem Entzweiungen zu einem Kampf führten, oder in ähnlicher Weise, zuerst ange-
d griffen von dem Getöteten, dann sei er, als hätte er einen Feind getötet, rein von Schuld; auch ein Bürger, der einen Bürger, oder ein Fremder, der einen Fremden ebenso tötete; wenn ferner ein Bürger einen Fremden, oder ein Fremder einen Bürger zu seiner Verteidigung tötete, dann gelte hinsichtlich seiner Schuldlosigkeit dasselbe, auch wenn ebenso ein Sklave einen Sklaven; wenn dagegen ein Sklave zu seiner Verteidigung einen Freien tötete, dann falle er denselben Gesetzen anheim wie derjenige, welcher seinen Vater erschlug. Was aber hinsichtlich der Verzeihung des Mordes von seiten des Vaters gesagt wurde, ebendasselbe gelte von jeglicher Verzeihung ähnlicher
e Vergehungen; wenn irgendeiner irgendeinem freiwillig es verzeiht, dann sollen für den Täter die Reinigungen wie bei einem unfreiwilligen Morde stattfinden, und die Zeit seiner Verweisung beschränke sich auf ein Jahr.

Das genüge über die gewaltsamen und unfreiwilligen und im zornigen Drange begangenen Mordtaten; was von diesen aber freiwillig und vermittels Ungerechtigkeiten aller Art geschah, sowie über die durch die Herrschaft der Sinnenlust, der Begierde und der Mißgunst bewirkten Nachstellungen, darüber müssen wir nach diesen sprechen.

KLEINIAS: Da hast du recht.

[10. Eingang zum freiwilligen Mord; seine Gründe]

DER ATHENER: Zuerst wollen wir nun wieder über Verbrechen der
870 a Art, so gut wir es vermögen, angeben, wie viele es deren gibt. Am ärgsten ist es, wenn die Begierde über die durch Gelüste verwilderte Seele herrscht. Das findet vorzüglich da statt, wo bei der Menge das häufigste und heftigste Verlangen etwa vorwaltet, die Gewalt unersättlicher und grenzenloser Geldgier, welche in ihnen, der angeborenen Neigung und ihrer verderblichen Unwissenheit zufolge, tausendfältige Wünsche erzeugt. Der Grund dieser Unwissenheit liegt aber in der unter Hellenen und Barbaren verbreiteten, in einem verkehrten Lobpreisen des Reichtums sich äußernden Meinung. Indem sie nämlich unter den Gütern ihm, als deren größtem, während er die
b dritte Stelle einnimmt, den Vorzug geben, bringen sie Schaden über ihre Nachkommen und sich selbst. Das Schönste und Beste wäre es nämlich, wenn in allen Staaten über den Reichtum das Richtige ausgesagt würde, daß er des Körpers wegen da ist, der Körper aber der Seele wegen. Da es also Güter gibt, derentwegen seiner Natur nach der Reichtum da ist, so dürfte er wohl, der Vorzüglichkeit des Körpers und der Seele nachstehend, der Güter drittes sein. Dieser Rede ließ sich demnach wohl die Belehrung entlehnen, daß, wer da glückselig werden wolle, nicht den Besitz des Reichtums erstreben
c müsse, sondern einen rechtmäßigen und besonnenen Besitz desselben; auf diese Weise würde in den Staaten kein der Sühnung durch Blut bedürftiges Blut vergossen werden. Nun ist er aber, wie wir beim

Beginn gegenwärtiger Besprechung schon bemerkten, das Erste und Bedeutendste, was die gewichtigsten Anklagen auf freiwilligen Mord herbeiführt; das Zweite ist die Gesinnung einer ehrgeizigen Seele, welche in ihr Mißgunst erzeugt, eine gefährliche Eigenschaft für den, in welchem dieselbe ihren Wohnsitz aufschlug und zunächst dann auch für die Besten im Staate; das Dritte sind aus Zaghaftigkeit und Ungerechtigkeit hervorgehende Befürchtungen, die gewiß manche Mordtaten veranlaßten, wenn jemand irgend etwas tut oder getan hat, wovon er nicht will, daß irgend jemand darum wisse, daß es geschehe oder geschehen sei; so schaffen sie dann die vermutlichen Angeber von so etwas, wenn sie auf keine andere Weise es vermögen, durch den Tod beiseite. Zu diesem allen bilde das Gesagte den Eingang und daneben die Lehre der in den Geheimlehren mit dergleichen Gegenständen eifrig Beschäftigten, daß die Bestrafung solcher Verbrechen im Hades stattfinde und daß jemand, wenn er in dieses Leben zurückkehrte, die von Natur damit verbundene Strafe notwendig erleide, indem er das, was er andern zufügte, erdulden, und sein nunmehriges Leben durch die Hand eines andern beschließen muß.

[11. Das Gesetz über freiwilligen Mord]

Wer nun dem Glauben beimißt und durchaus, eben unserer Einleitung zufolge, eine solche Vergeltung scheut, vor dessen Ohren brauchen wir nicht das darauf bezügliche Gesetz laut werden zu lassen; für den Ungehorsamen aber sei folgendes Gesetz schriftlich aufgestellt: Wer da eigenhändig, mit Absicht und ungerechterweise einen seiner Stammesgenossen tötete, der sei erstens von den Herkömmlichen ausgeschlossen und verunreinige weder Tempel noch Markt noch Häfen noch irgend sonst einen gemeinschaftlichen Versammlungsort, ob nun irgend jemand dem Täter das untersage oder nicht, denn das Gesetz untersagt es ihm und gibt kund und wird stets kundgeben, daß es ihm das im Namen des ganzen Staats untersage. Wer aber unter den dem Erschlagenen Verwandten von männlicher und weiblicher Seite den Mörder nicht, wie er sollte, vor Gericht zieht noch seine Ausschließung begehrt, dieser lade erstens auf sich selbst die Verunreinigung und sei, welchen Glauben die im Gesetz enthaltene Verwünschung erregt, des Zorns der Götter gewärtig; zweitens sei er aber der Anklage desjenigen preisgegeben, welcher als Rächer des Erschlagenen auftreten will. Wer das aber will, der beobachte alles hinsichtlich der vor Verunreinigung schützenden Bäder, und was für herkömmliche Bräuche sonst der Gott vorschreibt, und schicke sich dann an, nachdem er die Ausschließung vorher aussprach, den Täter zu nötigen, der Anklage, dem Gesetze zufolge, sich zu unterwerfen; daß das vermittels gewisser Gebete und Opfer geschehen müsse, denjenigen Göttern darzubringen, welche für so etwas Sorge tragen, daß keine Mordtaten im Staate vorfallen, das vermag der Gesetzgeber leicht nachzuweisen; welchen Göttern aber, und welches wohl das beim Erheben solcher Anklagen am richtigsten einzuschlagende Verfahren sei, darüber mögen die Gesetzeswächter,

d mit Zuziehung der Ausleger, Wahrsager sowie des Gottes, gesetzlich verfügen und solche Anklagen vor Gericht anhängig machen. Richter bei diesen seien dieselben, welche für rechtsgültige Richter der Tempelräuber erklärt wurden, der Verurteilte aber werde mit dem Tode bestraft und, weil er neben seinem Frevel gegen die Götter auch schamlos sich erwies, nicht im Vaterlande des Erschlagenen begraben. Ergriff er aber die Flucht und will er der Strafe sich nicht unterwerfen, dann sei er für immer des Landes verwiesen; sollte aber einer derselben die Heimat des Ermordeten betreten, dann töte ihn, wer von den Angehörigen oder auch den Mitbürgern des Er-
e schlagenen zuerst ihm begegnet, ungestraft oder überliefere ihn gefesselt den Vorstehern des über denselben bestellten Gerichtshofes, ihn hinzurichten. Zugleich begehre aber der Ankläger von dem, welchen er anklagt, Bürgschaft, dieser aber stelle drei Bürgen, welche die Vorsteher des Gerichtshofes für zuverlässig erklären und die sich dafür verbürgen, daß er vor Gericht erscheinen werde; will oder kann einer diese aber nicht stellen, dann übernehme es die Obrigkeit, ihn in Fesseln zu legen, zu bewachen und behufs der Untersuchung vor Gericht zu stellen. Wenn aber jemand einen andern zwar nicht
872 a eigenhändig tötete, aber beschuldigt wird, durch Anschläge und Nachstellungen ihn getötet zu haben, und mit einer von Blutschuld nicht reinen Seele Bewohner der Stadt bleibt, dann soll man auch gegen diesen die Untersuchung in derselben Weise, mit Ausnahme der Bürgschaft, erheben, und es sei ihm zwar, wird er überführt, ein Grab auf vaterländischer Erde gestattet, im übrigen aber widerfahre ihm dasselbe, ebenso wie dem zuvor Erwähnten. Ebendasselbe finde bei Mordtaten von Fremden an Fremden, von Bürgern und
b Fremden aneinander, sowie von Sklaven an Sklaven, ob eigenhändig oder durch Nachstellung begangen, mit Ausnahme der Bürgschaft, statt; diese haben, wie gesagt, nur die eigenhändigen Mörder zu leisten; ferner hat auch der Bürgschaft zu leisten, welcher einen solchen Mörder zur Anzeige bringt. Wenn aber ein Sklave einen Freien mit Absicht, ob nun eigenhändig oder durch Nachstellung tötete, den führe der gemeinsame, vom Staate bestellte Scharfrichter nach der Grabstätte des Ermordeten hin, von wo aus das Grab ihm sichtbar wird, züchtige ihn mit soviel Geißelhieben, als der obsiegende An-
c kläger begehrt, und gebe ihm, wenn der Gegeißelte diese Strafe überlebt, den Tod. Tötet ferner jemand einen Sklaven, der nichts verschuldete, aus Besorgnis, dieser möge zum Angeber schlechter und schmachvoller Handlungen werden, oder aus einem andern ähnlichen Grunde, dann dulde er für einen solchen Sklaven dieselbe Strafe, die er, hätte er aus demselben Grunde einen Bürger getötet, erduldet haben würde.

[12. Das göttliche und menschliche Gericht über Verwandtenmord. Selbstmord, Tötung durch Tiere oder Dinge und unaufgeklärter Mord. Dem Gesetz nicht unterworfener Mord]

Sollte nun aber etwa das, worüber Gesetze zu geben bedenklich und keineswegs erfreulich, jedoch keine zu geben unmöglich ist, eigen-

händig oder durch Nachstellung erfolgen, Ermordungen von Ver- d
wandten, welche meistens nur in schlecht eingerichteten und herangewachsenen Staaten erfolgen, aber doch irgend auch in einem Lande erfolgen dürften, wo wohl niemand es erwarten sollte: dann müssen wir wohl noch einmal die kurz vorher erwähnte Sage wiederholen, ob etwa jemand, wenn er uns Gehör gibt, dadurch mehr in den Stand gesetzt wird, aus solchen Gründen der verruchtesten aller Mordtaten sich zu enthalten. Diese, ob nun Dichtung oder Sage, oder wie e
wir sie sonst nennen, ward deutlich von alten Priestern uns überliefert, daß bei der als Hüterin des Verwandtenblutes rächerisch waltenden Gerechtigkeit das vorerwähnte Gesetz gelte und daß dieselbe anordnete, wer so etwas verübte, dulde notwendig dasselbe; wenn irgend jemand einmal seinen Vater tötete, dann sei er darauf gefaßt, irgendeinmal dasselbe von seinen Kindern zu erdulden, und tötete er die Mutter, dann sei es notwendig, daß er, wiedergeboren, der weiblichen Natur teilhaftig werde und in späteren Zeiten durch die von ihm Geborenen das Leben verliere. Denn für die Befleckung mit dem ihm gemeinsamen Blute gebe es keine andere Reinigung, und der Schandfleck sei nicht eher auszuwaschen, als bis die Seele durch 873 a
solchen Tod solchen Mord büßte und so ihn mildernd den Zorn der gesamten Sippschaft beschwichtigte. Davon muß jene die Furcht vor solchem Strafgerichte der Gottheit abhalten. Sollte ihn ein so jammervolles Mißgeschick betreffen, daß er mit Absicht es wagte, freiwillig die Seele des Vaters oder der Mutter oder seiner Geschwister oder Kinder ihres Leibes zu berauben, dann verfügt das vom sterblichen Gesetzgeber gegebene Gesetz folgendes: die vorläufige Aus- b
schließung vom Herkömmlichen sowie die Bürgschaften seien dieselben wie die im vorigen angegebenen, ward aber einer eines solchen Mordes überführt, daß er einen von diesen erschlug, dann mögen die Diener und Vorsteher des Gerichtshofes ihn hinrichten und nackt an einem außerhalb der Stadt dazu bestimmten Kreuzwege ihn hinwerfen, und jeder nehme einen Stein, werfe ihn dem Getöteten auf den Kopf und sühne so die Stadt, dann aber mögen sie ihn, nach des Gesetzes Ausspruch, über des Landes Grenze schaffen und unbegra- c
ben liegenlassen.

Was soll aber dem widerfahren, welcher seinen vertrautesten, der für seinen besten Freund gilt, tötet? Ich meine dem, welcher sich selbst tötete und gewaltsam dem über ihn verhängten Todestage seine Bestimmung entzieht, ohne daß der Staat durch einen Rechtsspruch es anordnete, ohne daß ein höchst schmerzliches und unentfliehbares Schicksal ihn betraf, ja ohne daß er einer unheilbaren, das Leben unerträglich machenden Schmach anheimfiel, sondern indem er aus Schlaffheit und feiger Verzagtheit sich selbst eine rechtswidrige Strafe auferlegte. Was hier im übrigen, hinsichtlich der Reinigung d
und Bestattung für Bräuche zu beobachten seien, das weiß die Gottheit, und die nächsten Anverwandten haben die Ausleger ihres Willens und die Gesetze zu befragen und deren Anordnungen zu befolgen; aber die Begräbnisstätten in solcher Weise Umgekommener seien erstens einsame, ohne daß irgend jemand neben ihnen begraben

wird, dann unbebaute, namenlose Stellen, an den Grenzen der zwölf Landesteile; man bestatte sie ruhmlos, ohne daß eine Säule oder Inschrift ihr Grab bezeichnet.

e   Wenn aber jemand ein Zug- oder anderes Tier tötete, mit Ausnahme derjenigen, welche einem in den öffentlich angeordneten Wettspielen Kämpfenden so etwas zufügten, dann sollen die nächsten Anverwandten des Getöteten als Ankläger solchen Mordes auftreten und darüber die Feldaufseher, diejenigen, welche und soviel von ihnen, wie der Verwandte es begehrt, entscheiden, das schuldige Tier über die Grenze schaffen und jenseits der Grenze des Landes töten.

Wenn ferner etwas Lebloses einen Menschen seines Lebens beraubt, außer was der Blitz oder ein ähnliches von Gott entsendetes Geschoß bewirkt, was aber sonst jemanden tötete, indem er darauf oder dieses auf ihn herabfiel, über das berufe der ihm Verwandte
874 a den nächsten Nachbar zum Richter, zur Entsühnung seiner selbst und der gesamten Sippschaft, und der Gegenstand werde, wie beim Geschlechte der Tiere bestimmt wurde, über die Grenze geschafft.

Kommt es aber zutage, daß jemand umkam, dessen Totschläger jedoch unbekannt ist, aber durch nicht lässig angestellte Nachforschung aufgefunden wird, dann ergehen an ihn dieselben Verbote wie an andere. Man hat den Täter vorläufig des Mordes zu zeihen und, indem man ihn vor Gericht bescheidet, dem des Mordes an die-
b sem oder jenem Verdächtigen durch Heroldsstimme zu verbieten, irgendeine heilige Stelle oder das Land des Getöteten überhaupt zu betreten, da er, sollte es zutage kommen und er als Mörder erkannt werden, hingerichtet und über die Grenzen des Vaterlandes des Getöteten werde geworfen werden.

Das sei das alleinige bei uns hinsichtlich des Mordes gültige Gesetz, und das insoweit die Anordnung in dergleichen Dingen; darüber aber, wessen Totschläger und unter welchen Umständen er von Rechts wegen rein sei, gelte folgendes: Wenn jemand den, der zur Nachtzeit, seiner Habe ihn zu berauben, in sein Haus dringt,
c faßt und tötet, dann sei er rein; wenn er, sein Eigentum verteidigend, einen Kleiderdieb tötete; sowie wenn einer einem freien Weibe oder Knaben des Liebesgenusses wegen Gewalt antut, so sterbe derselbe ungestraft von der Hand des gewalttätig Gekränkten sowie von der des Vaters oder der Brüder oder Söhne; auch der Ehemann sei, wenn er den sein Weib mit Gewalt Bedrohenden überraschte und tötete, dem Gesetze nach rein; sowie wenn jemand seinen Vater, der nichts Arges beging, oder seine Mutter oder Kinder oder Brüder, oder die Miterzeugerin seiner Kinder, gegen Totschlag verteidigte,
d dieser sei durchaus rein von Schuld.

[13. Übergang zu den Verwundungen und Beschädigungen. Notwendigkeit der Gesetze]

Das also seien die Gesetze, die Auferziehung und Unterweisung der Seele im Leben betreffend, deren Gewährung ihr das Leben erfreulich, deren Entbehrung aber es zu dem entgegengesetzten macht, sowie über die gewaltsamen Totschlägern zukommenden Bestrafungen. Auch über die Auferziehung und Ausbildung des Körpers wurde gesprochen; was aber die mit jenem in Verbindung stehenden gegenseitigen freiwilligen und unfreiwilligen Angriffe aufeinander anbetrifft, so gilt es, so gut wir können, die Zahl und Gattungen derselben sowie die Bestrafungen zu bestimmen, welche wohl bei jedem die angemessenen sein dürften; darüber möchte, scheint es, e mit Recht nach dem Erwähnten gesetzlich verfügt werden.

Den Verwundungen und Verstümmelungen dürfte wohl selbst der beschränkteste von denen, welche mit der Gesetzgebung sich beschäftigen, die zweite Stelle nach den Totschlägen anweisen. Die Verwundungen sind aber ebenso einzuteilen, wie die Totschläge es wurden, teils in unfreiwillige, die im Zorn und aus Furcht, teils in solche, bei denen es sich ergibt, daß sie freiwillig und mit Absicht geschlagen wurden. Allen ähnlichen Gesetzen ist aber die Bemerkung vorauszuschicken, daß es notwendig sei, den Menschen Gesetze zu geben, und daß sie nach Gesetzen leben müssen, weil sie sonst von den allerwildesten Tieren in nichts sich unterscheiden 875 a würden. Davon liegt aber der Grund darin, daß von Natur kein Mensch befähigt ist, das zur Staatseinrichtung den Menschen Zuträgliche zu erkennen, noch, nachdem er es erkannte, den Willen und das Vermögen hat, das Beste stets zu vollbringen; denn erstens ist das Erkennen schwierig, weil die staatsmännische und echte Kunst stets um das Gemeinsame, nicht um das Besondere sich kümmern muß — denn das Gemeinsame eint, das Besondere scheidet die Staaten — und weil es für beides, so für das Gemeinsame wie für das Besondere, zuträglicher ist, wenn das Gemeinsame, als wenn das b Besondere wohl eingerichtet wird; zweitens aber, daß, wenn jemand auch vermöge seiner Kunst zu der ausreichenden Einsicht, daß dem von Natur so sei, gelangte, hernach aber keiner Verantwortung unterworfen und unumschränkt den Staat beherrscht, er wohl nicht imstande sein dürfte, dieser Ansicht treu zu bleiben und sein ganzes Leben hindurch das Gemeinsame, als das Leitende im Staate, zu fördern. Vielmehr wird seine sterbliche Natur, indem sie das Schmerzgefühl in unverständiger Weise meidet und dem Lustgefühle nachstrebt, ihn zum Verfolgen seines Sondervorteils und zur Selbstsucht treiben und dadurch, daß sie dieses beides dem Gerech- c teren und Besseren vorzieht und in sich selbst ein Dunkel erzeugt, zuletzt sich selbst und den gesamten Staat mit allem Unheil erfüllen. Sonst, wäre irgendeinmal ein von Natur tüchtiger Mensch, das, durch göttliche Fügung dazu geboren, zu erfassen imstande: dann bedürfte es keiner ihn selbst zu leiten bestimmten Gesetze; denn vorzüglicher als das Wissen ist weder ein Gesetz noch eine Einrichtung noch ist es dem göttlichen Willen gemäß, daß der Geist, wenn er seiner Natur nach ein wahrhaft freier ist, von irgend etwas abhängig oder dessen Sklave sei, sondern vielmehr alles beherrsche. d Nun aber — findet sich doch nirgends ein solcher, es sei denn auf kurze Zeit; darum gilt es, das Zweite, gute Einrichtungen und das Gesetz zu wählen, welches vieles sieht und beachtet, für alles aber es nicht vermögend ist.

Deshalb wurde nun das von uns besprochen; jetzt aber wollen wir bestimmen, was derjenige, welcher einen verwundete oder sonst beschädigte, dafür zu dulden oder zu entrichten habe. Für jeden liegt es nun auf der Hand, mit Fug über alles die Fragen aufzustel-
e len: Was meinst du sonach verwundete, oder wen, oder wie, oder wann? Denn bei diesen allen finden tausend, weit voneinander verschiedene Fälle statt. Die Entscheidung dieser aller oder keines derselben den Gerichtshöfen zu überlassen ist gleich unmöglich. Denn die Entscheidung über *einen* Umstand müssen wir in allen Fällen ihnen überlassen, ob nämlich jeder derselben geschah oder nicht geschah; fast unmöglich ist es ferner, nichts ihnen hinsichtlich dessen
876 a zu überlassen, was demjenigen, welcher hier irgendwie sich verging, zu dulden und zu entrichten zukomme, sondern über alles, Großes und Kleines, selbst gesetzlich zu verfügen.

KLEINIAS: Wie lautet also unsere Rede weiter?

DER ATHENER: So: Einiges sei den Gerichtshöfen zu überlassen, anderes nicht zu überlassen, sondern vom Gesetzgeber selbst zu verfügen.

KLEINIAS: Über was gilt es denn nun gesetzlich zu verfügen, und was der Entscheidung der Gerichtshöfe anheimzustellen?

[14. Das den Richtern zu Überlassende. Absichtliche Verwundungen]

DER ATHENER: Hierauf ließe sich nun wohl folgendes mit allem
b Rechte bemerken, daß in einem Staate, wo die Gerichtshöfe schlecht sind und wo dieselben, stumm ihre Meinungen verhehlend, im Verborgenen über die Rechtsfälle entscheiden, oder wo sie, was noch schlimmer ist, nicht einmal schweigend, sondern unter großem Lärm, wie im Theater lautes Geschrei den Beifall oder das Mißfallen kundgibt, jeden der beiden Redner, den einen nach dem andern, beurteilen, sich das dann als ein großer Übelstand für den ganzen Staat herauszustellen pflegt. Gesetzgeber solcher Gerichtshöfe, durch eine gewisse Notwendigkeit bestimmt, zu sein, ist zwar kein
c Glück, dessenungeachtet muß er notgedrungen nur in den geringfügigsten Fällen ihnen die Bestimmung der Strafen überlassen, in den meisten Fällen dagegen selbst ausdrücklich darüber verfügen, sollte nämlich irgend jemand einmal einem solchen Staate Gesetze geben; in einem Staate aber, wo die Gerichtshöfe so zweckmäßig wie möglich eingerichtet sind, indem die zu Richtern Bestimmten wohl unterwiesen und einer ganz genauen Prüfung unterworfen wurden, da ist es recht gut und schön, der Entscheidung solcher Richter das meiste von dem zu überlassen, was die für schuldig Befundenen zu dulden und zu entrichten haben. Uns aber ist es jetzt
d nicht zu verargen, wenn wir keine Gesetze über das Auffallendste und am häufigsten Vorkommende aufstellen, was wohl selbst minder wohl unterwiesene Richter zu durchschauen vermöchten, um für jedes Vergehen die dem, was einer erduldete oder zufügte, angemessene Strafe zu bestimmen. Da wir aber glauben, daß diejenigen, für die wir Gesetze aufstellen, sich selbst als die keineswegs un-

238

tüchtigsten in dergleichen Fällen bewähren werden, so müssen wir das meiste ihnen überlassen. Demungeachtet müssen wir aber, was wir schon oft erklärten und in unserer vorhergehenden Aufstellung der Gesetze ausführten, durch einen Umriß und Musterstrafen für e die Richter Vorbilder aufstellen, damit sie nie das Recht überschreiten; das war damals das richtigste, und das müssen wir auch jetzt tun, indem wir nun bereits wieder auf die Aufstellung der Gesetze zurückkommen.

Die Anklage auf eine Verwundung sei bei uns folgende. Wenn jemand einen ihm Befreundeten, es sei denn, daß das Gesetz es ihm gestatte, mit der Absicht ihn zu töten, zwar verwundete, aber nicht zu töten vermochte; dann verdient der, welcher das beabsichtigte und so ihn verwundete, kein Mitleid, noch haben wir sonst uns zu 877 a scheuen, ihn, als hätte er denselben getötet, vor Gericht zu ziehen: indem man aber mit heiliger Scheu es anerkennt, daß weder das Geschick ihm ganz abgeneigt war, noch sein Dämon, welcher aus Mitleid mit ihm und mit dem Verwundeten es abwendete, von jenem die unheilbare Wunde, von diesem ein verwünschenswertes Los und Mißgeschick; beweise man diesem Dämon sich dankbar und handle ihm nicht entgegen, sondern erlasse dem Urheber der Wunde die Todesstrafe, doch betreffe ihn eine lebenslängliche Verweisung in die benachbarte Stadt, bei unverkümmertem Genusse b seines ganzen Vermögens. Verursachte er aber dem Verwundeten einen Verlust, dann entschädige er den Verlierenden, und der Gerichtshof, welcher die Sache entschied, bestimme den Betrag; es mögen aber die Sache diejenigen entscheiden, welche über die Mordtat entschieden haben würden, wenn jener an der beigebrachten Wunde gestorben wäre. Doch wenn ebenso ein Kind seine Eltern, ein Sklave seinen Herrn mit Absicht verwundete, dann sei der Tod seine Strafe. Auch wenn der Bruder den Bruder oder die Schwester, oder eine Schwester die Schwester oder den Bruder ebenso verwundete und der absichtlichen Verwundung überführt wird, treffe sie c die Todesstrafe. Wenn ferner die Ehefrau ihren Gatten oder ein Ehemann sein Weib mit der Absicht, es zu töten, verwundete, dann seien sie auf immer des Landes verwiesen; haben sie aber noch im Kindesalter stehende Söhne oder Töchter, dann sollen die Vormünder über dieser Habe die Vormundschaft führen und für dieselben als Verwaiste Sorge tragen; doch sind sie erwachsen, dann braucht der Verwiesene von seinen Angehörigen nicht unterhalten zu werden, sondern diesen selbst gehöre der Besitz seiner Habe. Wenn aber als Kinderlosen etwa ein solches Mißgeschick jemanden betraf, dann mögen die Verwandten des Verwiesenen, bis auf die Geschwi- d sterkinder, vom Vater sowohl als von der Mutter her, sich versammeln, um einen Erben in dieses *eine* der 5040 Häuser des Staates einzusetzen, indem sie Gesetzeswächter und Priester zu ihrer Beratung ziehen, weil sie die Sache in der Weise und nach den Gründen erwägen, daß von den 5040 Häusern keins, weder ein öffentliches noch ein privates, in dem Grade seinem Bewohner so wenig wie dessen Sippschaft angehört, wie dem Staate. Nun muß aber der

e Staat seine Häuser in einem möglichst unentweihten und in gedeihlichstem Zustande besitzen; trifft also eines dieser Häuser das, daß es durch Frevel entweiht, dabei das Mißgeschick hat, daß der Besitzer keine Kinder in demselben zurückläßt, indem er entweder als Unverheirateter oder in einer kinderlosen Ehe, eines freiwilligen Mordes oder irgendeines andern Verbrechens gegen die Götter oder seine Mitbürger überführt, über welches das Gesetz in deutlichen Worten die Todesstrafe verhängt, seinen Tod findet, oder auch wenn ein Kinderloser auf immer verbannt wird: dann sei es gesetzlich vorgeschrieben, erstens dieses Haus zu reinigen und durch dem Zeus dargebrachte Opfer zu sühnen, dann aber mögen, wie wir
878 a eben sagten, die Angehörigen mit den Gesetzeswächtern zusammenkommen und erwägen, welches der Geschlechter im Staate, welches mehrere Kinder besitzt, wohl am meisten im Rufe der Tugend stehe und vom Glücke begünstigt sei; einen aus diesem Geschlechte mögen sie zur Adoption dem Vater des Hingerichteten und dessen Voreltern, als ob es ihr Sohn sei, zuführen, und nach diesem, der glücklichen Vorbedeutung wegen, ihm den Namen geben, damit er, vom Glücke mehr begünstigt als jener Vater, ihnen zu einem Stammvater, Schirmer des Herdes und Vollzieher heiliger und geweihter Bräuche werde, das auf ihn heraberflehend, mögen sie, in gesetz-
b mäßiger Weise, zum Erben ihn einsetzen, den Frevler aber namenlos, kinderlos und besitzlos verscheiden lassen, da solche Mißgeschicke ihn betrafen.

[15. Im Zorn zugefügte Verwundungen und unfreiwillige]

Nicht bei allen Dingen schließt sich, scheint es, Grenze an Grenze, sondern wo ein Zwischenglied stattfindet, da dürfte das wohl, indem es in der Mitte früher als jedes der beiden die Grenze berührt, die Stelle zwischen ihnen einnehmen. So etwas sei, behaupten wir, bei den freiwilligen und unfreiwilligen Verbrechen das im Zorn begangene. Liegen uns also im Zorn geschlagene Wunden vor, de-
c ren einer schuldig befunden wird, dann entrichte er erstens das Doppelte des verursachten Schadens, wenn die Wunde sich heilbar zeigt, bei unheilbaren dagegen das Dreifache; ist sie ferner zwar heilbar, aber irgendwie den Verwundeten sehr entstellend und beschimpfend, dann entrichte er das Vierfache. Für die Wunden aber, durch welche ihr Urheber nicht bloß dem Verletzten Schaden bringt, sondern auch dem Staate, indem er jenen unfähig macht, sein Vaterland zu verteidigen, für diese leiste er, außer den andern Strafen, auch dem Vaterlande Entschädigung; er ziehe nämlich außer
d in den ihm selbst zukommenden Heereszügen auch für den unfähig Gemachten in das Feld und genüge auch den kriegerischen Obliegenheiten dieses; tut er das aber nicht, dann könne ihn, wer da will, wegen Verweigerung des Heeresdienstes belangen; den ob nun doppelten oder dreifachen oder vierfachen Schadenersatz aber sollen die Richter, welche das Urteil über ihn fällten, feststellen. Verwundeten Geschwister einander in der angeführten Weise, dann mögen die Stammgenossen und Verwandten, Männer und Frauen,

bis zu den Geschwisterkindern väterlicher- und mütterlicherseits zusammenkommen und nach gefälltem Urteil die Abschätzung der Natur nach denen, von welchen er abstammt, anheimstellen; bleibt die Abschätzung zweifelhaft, dann gibt die Abschätzung der Männer den Ausschlag, vermögen aber auch diese sich nicht zu vereinigen, dann mögen sie zuletzt den Gesetzeswächtern dieselbe anheimstellen. Haben Abkömmlinge gegen ihre Erzeuger durch solche Verwundungen sich vergangen, dann müssen notwendig ihre Richter das sechzigste Jahr überschritten und nicht angenommen, sondern selbsterzeugte Kinder haben; wird aber einer für schuldig befunden, dann haben diese zu bestimmen, ob ein solcher Verbrecher den Tod oder auch eine noch härtere oder nicht viel mindere Strafe verdient habe. Doch befinde sich unter den Richtern des Täters keiner seiner Verwandten, sollte dieser auch das vom Gesetz bestimmte Alter erreicht haben.

Wenn ferner ein Sklave einen Freien im Zorn verwundete, dann überliefere sein Besitzer denselben dem Verwundeten, mit ihm zu machen was er will; überliefert er ihn nicht, dann ersetze er selbst den Schaden. Erhebt aber jemand die Beschuldigung, die Verwundung sei ein zwischen dem Sklaven und dem Verwundeten verabredeter Kunstgriff, dann beginne er einen Rechtsstreit; siegt er jedoch nicht ob, dann bezahle er das Dreifache der Entschädigung; als Sieger aber könne er den Hinterlistigen sowie den Sklaven der Sklavenverführung belangen.

Wer unfreiwillig einen andern verwundet, der ersetze den Schaden einfach, denn dem Zufall zu gebieten ist kein Gesetzgeber ausreichend; Richter seien dieselben, welche für die Kinder, die an ihren Eltern sich vergingen, bestimmt wurden.

[16. Gewalttätigkeit gegen Ältere. Vorspruch und Gesetz]
Gewalttätigkeit erzeugte alle im vorigen von uns erwähnten Leiden, und gewalttätig ist auch jede Art von Mißhandlung. Bei dergleichen muß jeder, Mann, Jüngling und Weib, stets bedenken, das Ältere genieße bei den Göttern und den Menschen, die wohl bestehen und glückselig werden wollen, vor dem Jüngeren keinen geringen Vorzug. Denn es ist ein schmachvoller und gottverhaßter Anblick, sieht man in einem Staate den Jüngeren dem Älteren eine Mißhandlung zufügen, und jedem Jünglinge kommt es zu, wenn ein Greis ihn schlägt, dessen Unwillen mit Gleichmut zu ertragen, indem er für das eigene Greisenalter dieselbe Ehrerbietung erwartet. Folgendes also gelte: Jeder zeige Scheu in Wort und Tat vor dem, welcher älter ist als er, und behandele den um zwanzig Jahre Älteren, Mann oder Weib, indem er wie seinen Vater oder seine Mutter ihn betrachtet, rücksichtsvoll, und schone, aus Scheu vor den über die Geburten waltenden Göttern, jeden, welcher dem Alter nach ihn erzeugen oder gebären konnte. In demselben Falle möchte er auch wohl an einem Fremden sich nicht vergreifen, ob dieser nun seit lange schon Mitbewohner des Staates war oder ein Neuangekommener ist. Er erdreiste sich nämlich durchaus nicht, weder den Streit

beginnend noch zu seiner Verteidigung, einen solchen mit Schlägen zurechtzuweisen; glaubt er aber, ein Fremder, der in frevlem und keckem Übermute ihn schlägt, verdiene Bestrafung, dann fasse er ihn und führe ihn vor die Obrigkeit der Stadtaufseher, enthalte sich jedoch des Schlagens, damit er um so weniger irgendeinmal auf
e einen Einheimischen loszuschlagen sich erdreiste. Die Stadtaufseher aber mögen ihn verhaften und ihn, auch sie mit Scheu vor dem gastlichen Zeus, verhören, und wenn er als Fremder mit Unrecht den Eingeborenen zu schlagen scheint, denselben durch so viel Geißelhiebe, als er selbst etwa Streiche versetzte, seine Fremdenkeckheit austreiben; tat er aber kein Unrecht, beide unter Drohungen und Scheltworten gegen den, welcher ihn vorführte, entlassen.

Schlägt ferner ein Altersgenosse den Altersgenossen oder auch
880 a den kinderlosen Älteren, ein Greis den Greis, ein Jüngling den Jüngling, dann verteidige sich derselbe, wie natürlich, ohne Waffen mit den bloßen Händen; erdreistet sich aber einer, welcher das vierzigste Jahr überschritt, mit jemandem, ob nun als der Angreifende oder um sich zu verteidigen, in einen Kampf sich einzulassen, dann dürfte ihm, was er verdient, zuteil werden, wenn man ihn ungeschliffen und einen nicht frei, sondern sklavisch gesinnten Menschen schilt und er einen schimpflichen Rechtsstreit zu bestehen hat.

Wer nun solche Vorstellungen wohl beachtet, der dürfte wohl für lenksam gelten; der Widerspenstige dagegen, der um diese Vorbemerkungen sich nicht kümmert, der füge sich willig folgendem
b Gesetze: Schlägt jemand einen, welcher zwanzig oder mehr Jahre älter ist als er, so trenne sie erstens der zufällig Dazukommende, wenn er kein Altersgenosse oder jünger als die im Kampfe Begriffenen ist, sonst erkläre das Gesetz ihn für einen Feigen; ist er aber in dem Alter dessen, welcher Schläge empfing oder noch jünger, dann stehe er dem Unrecht Erleidenden bei, als wäre es sein Bruder oder Vater oder ein noch entfernterer Ohm. Außerdem unterliege er, wie gesagt, der Klage der Mißhandlung und büße es, deren
c überführt, wenigstens *ein* Jahr in Fesseln; achten ihn aber die Richter längerer Bestrafung wert, dann bestehe die von ihnen anberaumte Zeit zu Recht. Schlägt aber ein Fremder oder Schutzgenosse den um zwanzig oder mehr Jahre Älteren, dann habe dasselbe den Beistand der Dazukommenden betreffende Gesetz dieselbe Geltung; wer aber einer solchen Anklage unterliegt, der büße, ist er ein Fremder und kein Mitbewohner des Landes, zwei Jahre in Fesseln diese Schuld; der Schutzgenosse aber, welcher sich unged horsam zeigt, werde, wenn nicht der Gerichtshof einer längeren Strafe ihn wert erachtet, auf drei Jahre in Fesseln gelegt. Auch jemand, welcher bei irgendeinem dieser dazukam und den gesetzlich vorgeschriebenen Beistand ihm nicht leistete, büße es, gehört er der ersten Vermögensklasse an, mit einer Mine, in der zweiten mit 50, in der dritten mit 30 und in der vierten mit 20 Drachmen. Den Gerichtshof für solche Vergehungen bilden Heerführer und Hauptleute, Rittmeister und Reitereiführer.

[17. Mißhandlungen von Eltern und Voreltern. Von Sklaven begangene Körperverletzungen]

Von den Gesetzen werden, scheint es, die einen der besseren Menschen wegen gegeben, diese zu belehren, wie sie wohl, um in Wohlwollen miteinander zu leben, unter sich zu verkehren haben; die andern dagegen für diejenigen, welche aller Unterweisung sich entziehen und von Natur so unbeugsamen Sinnes sind, daß sie nicht insoweit, um nicht jedem Schlechten nachzustreben, sich erweichen lassen. Diese dürften wohl die Veranlassung zu den nachfolgenden Reden gegeben haben, für sie dürfte notgedrungen der Gesetzgeber Gesetze aufstellen, von denen er wünscht, daß sie nie zur Anwendung kommen. Wer nämlich an Vater oder Mutter oder die Voreltern dieser durch irgendeine Mißhandlung gewaltsam Hand anzulegen sich erdreistet, ohne weder den Zorn der oberen Götter noch die Strafen der unterirdischen, von denen die Sage berichtet, zu fürchten, sondern, als wisse er keineswegs weiß, die alten, unter allen verbreiteten Überlieferungen verachtet und so das Gesetz übertritt: bei diesem bedarf es eines äußersten Mittels. Nun ist der Tod kein Äußerstes, wohl aber möchten die solchen Menschen im Hades angedrohten Drangsale noch eher es sein, Drohungen, welche sehr Wahres verkünden, aber keine abschreckende Kraft auf solche Gemüter ausüben; denn sonst gäbe es wohl niemals ein Vergreifen an der Mutter, noch ein verrucht keckes Losschlagen auf die übrigen Erzeuger. So müssen denn die für diese für solche Vergehungen hier im Leben bestimmten Strafen so wenig wie möglich hinter denen im Hades zurückbleiben.

Der auf diese Einleitung folgende Gesetzesausspruch laute aber so: Wer, er sei denn vom Wahnsinn befallen, seinen Vater oder seine Mutter oder deren Vater oder Mutter zu schlagen wagt, gegen diesen leiste erstens, wie in den vorher erwähnten Fällen, der Dazukommende Beistand und der Schutzgenosse oder Fremde werde, wenn er ihn leistete, zum Vorsitze bei den Wettkämpfen eingeladen; leistet er ihn aber nicht, dann treffe ihn für immer Landesverweisung, der Nichtschutzgenosse dagegen trage, leistet er ihn, Lob, leistet er ihn nicht, Tadel davon. Der Sklave, welcher Beistand leistete, erhalte die Freiheit, leistete er ihn nicht, hundert Geißelhiebe; trägt der Vorfall auf dem Markte sich zu, von den Marktaufsehern, wenn außerhalb des Marktes in der Stadt, dann haben die Stadtaufseher den in unserem Lande Weilenden zu bestrafen; geschieht es aber irgendwo auf dem Lande, die Vorsteher der Feldaufseher. Ist der durch den Zufall Herbeigeführte ein Einheimischer, sei es ein Jüngling, ein Mann oder ein Weib, jeder derselben wehre den Verruchten, wie er ihn schilt, ab, wehrt er ihn aber nicht ab, dann treffe ihn, dem Gesetze nach, der den Zorn des die Geburten und väterlichen Rechte schirmenden Zeus auf ihn heraberflehende Fluch. Wird ferner jemand bei der Anklage auf Mißhandlung seiner Eltern für schuldig erkannt, dann sei er erstens für immer aus der Stadt nach dem übrigen Lande verwiesen und von jeder heiligen Feier ausgeschlossen; doch läßt er sich nicht ausschließen, dann

mögen ihn die Feldaufseher mit Schlägen, oder wie es sonst ihnen beliebt, bestrafen; kehrt er zurück, dann werde er mit dem Tode bestraft. Wenn aber ein Freier mit einem solchen Menschen zusam-
e men ißt oder trinkt oder in anderer derartiger Weise sich mit ihm gemein macht, ja nur, begegnet er ihm, freiwillig ihn berührt, dann betrete dieser nicht eher einen Tempel oder den Markt oder überhaupt die Stadt, bis er gereinigt ward, des Glaubens, zum Teilhaber eines unheilbringenden Geschicks sich gemacht zu haben. Doch wenn er, dem Gesetze ungehorsam, Tempel und Stadt in gesetzwidriger Weise verunreinigt, dann gereiche es derjenigen Obrigkeit, welche das bemerkt und einen solchen nicht in den Anklage-
882 a stand versetzt, zu einer der größten und strafwürdigsten Verantwortlichkeiten.

Wenn ferner ein Sklave den freien Mann, sei es ein Fremder oder Bürger, schlägt, dann stehe diesem der Dazukommende bei, oder büße es mit der seiner Vermögensklasse zukommenden Geldstrafe; die Dazukommenden aber mögen, vereint mit dem Geschlagenen, jenen binden und in die Hände des Beleidigten geben; dieser nehme
b ihn in Empfang, lege ihn in Fesseln, und versetze ihm an Geißelhieben soviel er, ohne dem Besitzer zu schaden, will, dann überliefere er ihn seinem Herrn, um mit ihm dem Gesetze nach zu verfahren; das Gesetz aber lautet: Der Sklave, welcher, ohne obrigkeitlichen Befehl, einen Freien schlägt, den nehme sein Besitzer gefesselt von dem Geschlagenen entgegen und entledige ihn nicht der Fesseln, bevor et-
c wa der Sklave den Geschlagenen überredet, er sei nun wert der Fesseln ledig zu leben. Dieselbe gesetzliche Anordnung über alles Derartige gelte auch für die Frauen untereinander, und für sie in bezug auf die Männer, sowie für diese in bezug auf die Frauen.

ZEHNTES BUCH

[1. Die Zügellosigkeit. Frevel gegen die Götter und seine drei Gründe]

Nach Besprechung der Mißhandlungen sei *eine* gesetzliche, alles Gewaltsame betreffende Vorschrift aufgestellt, die etwa so lautet: Niemand trage oder führe etwas von fremdem Eigentum mit sich fort, noch benutze er irgend etwas seinen Nachbarn Gehöriges, ohne Zustimmung des Besitzers; denn an so etwas knüpfte sich alles vorher erwähnte Unheil, und daran knüpft es sich noch und wird es sich knüpfen. Das Bedeutendste unter dem Übrigen ist die Zügellosigkeit und der Übermut der Jünglinge; gegen das Bedeutendste, wenn er Tempel, und in vorzüglichem Grade bedeutend, wenn er Dinge betrifft, die dem ganzen Staat angehören und geweiht sind oder die in seinen Teilen Stammgenossen oder in einer andern derartigen Gemeinschaft Lebenden gemeinsam sind. Dem Grade und dem Range nach nimmt die zweite Stelle ein, wenn jemand sich gegen die Heiligtümer Einzelner und gegen Gräber, die dritte, wenn er außerhalb des vorhin Erwähnten gegen die Eltern sich übermütig zeigt. Die vierte Gattung des Übermuts ist, wenn jemand ohne Scheu vor den Obrigkeiten etwas diesen Angehöriges mit sich fortführt oder wegträgt oder etwas davon ohne ihre Zustimmung benutzt; die fünfte dürfte sein, wenn die bürgerliche Stellung irgendeines Bürgers wegen übermütiger Verhöhnung eine Anklage nötig macht. Für jede dieser Gattungen ist ein Gesetz öffentlich aufzustellen. Welche Strafe nämlich der Tempelraub, ob heimlich oder mit offener Gewalt begangen, nach sich ziehe, das wurde im allgemeinen ausgesprochen; was aber derjenige zu erdulden habe, welcher durch Wort oder Tat gegen die Götter frevelte, das gilt es auf Grund vorausgeschickter Ermahnung auszusprechen. Das sei aber folgendes.

Wer den Gesetzen gemäß glaubt, daß die Götter sind, beging nie weder eine gottlose Handlung freiwillig noch ließ er eine gesetzwidrige Rede vernehmen, sondern nur wenn von den dreien eines ihm begegnete, daß er entweder das, was ich jetzt sagte, nicht glaubt, oder zweitens, daß die Götter sind, aber sich nicht um die Menschen kümmern, oder drittens, sie seien leicht, durch Opfer und Gebete gewonnen, zu beschwichtigen.

KLEINIAS: Was fangen wir denn nun wohl an oder was erwidern wir ihnen?

DER ATHENER: Hören wir, mein Guter, zuerst das an, was sie, wie ich voraussehe, scherzend, weil sie nicht viel auf uns geben, sagen werden.

KLEINIAS: Was denn?

Der Athener: Sie möchten wohl neckend so zu uns sprechen: «O Freunde aus Athen, Lakedaimon und Knossos, was ihr sagt, ist richtig. Die einen von uns erkennen nämlich überhaupt Götter nicht an, die andern aber nur solche, wie ihr sagt. Nun verlangen wir, wie d ihr in bezug auf die Gesetze verlangtet, daß ihr, bevor ihr uns hart bedroht, vorher es versucht, uns zu überreden und durch Anführung ausreichender Beweise zu belehren, daß Götter sind und daß sie zu gut sind, um sich, durch gewisse Gaben gewonnen, von dem was recht ist abwendig machen zu lassen. Denn indem wir jetzt das und dem Ähnliches von denjenigen hören, welche man unter den Dichtern und Rednern und Sehern und Priestern und viel tausend andern die besten nennt, werden die meisten von uns nicht angetrieben, was nicht recht ist, nicht zu tun, sondern wir versuchen, e nachdem wir es taten, es wieder gutzumachen. Von Gesetzgebern aber, welche nicht grausam, sondern mild sein wollen, verlangen wir, daß sie zuerst die Überredung bei uns anwenden, indem sie, wenn nicht viel Besseres, aber doch besser zur Wahrheit Stimmendes darüber sagen, daß die Götter sind, und dann dürften wir vielleicht wohl von euch uns überreden lassen. Versucht es nun, wenn unser Verlangen ein billiges ist, das, wozu wir euch auffordern, nachzuweisen.»

Kleinias: Scheint es dir, Gastfreund, nun nicht leicht, der Wahrheit gemäß nachzuweisen, daß die Götter sind?

886 a Der Athener: Wie denn?

Kleinias: Da sind doch zuerst Erde und Sonne und Sterne und das ganze Weltall, und die so schöne Anordnung der nach Jahren und Monaten verteilten Jahreszeiten; auch, daß alle Hellenen und Barbaren anerkennen, daß Götter sind.

Der Athener: Nur fürchte ich, du Hochbegabter, die Argen — denn niemals möchte ich wohl sagen, ich scheue sie —, daß sie uns einigermaßen geringachten; denn ihr kennt nicht die Ursache des Zwistes ihrerseits, sondern meint, ihre Seelen seien nur vermöge b der Maßlosigkeit ihrer Lüste und Begierden dem gottlosen Leben zugewendet.

Kleinias: Was dürfte dann aber wohl, Gastfreund, außer diesem der Grund davon sein?

Der Athener: Dasjenige, was ihr außerhalb Lebenden fast gar nicht kennt, sondern was euch wohl verborgen ist.

Kleinias: Was meinst du denn damit?

Der Athener: Eine sehr schädliche Unwissenheit, welche für die größte Weisheit gilt.

Kleinias: Wie meinst du?

[2. Die schlechten Reden der alten Dichter und jungen Weisen über die Götter. Entschluß zur Verteidigung]

Der Athener: Es finden sich bei uns schriftlich aufgezeichnete Reden, die bei euch, vermöge der Vorzüglichkeit eurer Verfassung, sich, wie ich höre, nicht finden, von denen die einen in Versen, die c andern auch in Prosa über die Götter sprechen; die ältesten, wie die erste Entstehung des Himmels und des übrigen geschah, und, indem sie dann nicht weit von diesem Anfang voranschreiten, gehen sie die Geburt der Götter durch und wie diese nach ihrer Geburt miteinander verkehrten; daraus, ob es für die Hörenden in anderer Beziehung schön oder nicht schön sei, ihnen, da es so alte Dichter sind, einen Vorwurf zu machen, ist nicht leicht, doch möchte ich meinerseits das Gesagte weder als nützlich für die den Eltern gebührende Pflege und Ehrfurcht noch überhaupt als der Wirklichkeit gemäß preisen. Die Aussagen der Alten wollen wir also unberührt d lassen und übergehen, und wie es den Göttern genehm ist, so werde davon gesagt; unseren Tadel mögen aber die der Jüngeren und Weisen erfahren, inwiefern sie von Schlechtem Ursache sind. Folgendes bewirken also die Reden solcher Menschen. Wenn nämlich ich und du, um zu beweisen, daß die Götter sind, eben das Erwähnte, die Sonne und den Mond und Sterne und Erde als Götter und Göttliches anführen, dürfte man, von jenen Weisen überredet, uns erwidern: diese seien Erde und Steine und unvermögend, irgend um die Angelegenheiten der Menschen sich zu bekümmern, und zwar in einem schönen, es wahrscheinlich zu machen geeigneten e Aufputz von Reden.

KLEINIAS: Da gerietest du, Gastfreund, auf einen, wenn es der einzige wäre, schwer zu widerlegenden Einwand; nun aber, da es deren sehr viele gibt, dürfte das noch schwieriger sein.

DER ATHENER: Wie nun also? Was erwidern wir? Was sollen wir anfangen? Sollen wir entweder uns verteidigen, als klage jemand uns vor gottlosen Menschen an, welche uns der Gesetzgebung wegen Angeklagten sagen, unser Verfahren sei ein arges, wenn wir Gesetze aufstellen, als ob Götter sind? Oder wollen wir, indem wir sie 887 a gewähren lassen, wieder den Gesetzen uns zuwenden, damit unser Vorwort nicht länger als die Gesetze ausfalle? Denn nicht kurz dürfte die Rede, gehörig ausgesponnen, ausfallen, wollten wir denen, welche der Gottlosigkeit sich hinzugeben begehren, einerseits das in gehöriger Weise in unsrer Rede nachweisen, worüber zu sprechen sie uns aufforderten, und sie die Götter fürchten machen, andererseits dann, nachdem wir Abneigung in ihnen erregten, darauf das Geziemende als Gesetz aufstellen.

KLEINIAS: Das eben haben wir ja aber, o Gastfreund, für die kurze b Zeit schon oft wiederholt, daß es gegenwärtig nicht gilt, die Gedrängtheit der Ausführlichkeit vorzuziehen — ist uns doch niemand, wie man zu sagen pflegt, auf den Fersen —, und lächerlich und verkehrt ist es, kundzugeben, daß man dem Besten das Kürzere vorziehe. Es ist aber nicht wenig daran gelegen, daß unsere Behauptung, es seien Götter und zwar gütige, die das Recht weit mehr als die Menschen schätzen, irgendwie eine gewisse Wahrscheinlichkeit gewinne; denn das wäre wohl für uns die schönste und beste Einleitung c für die gesamten Gesetze. Laß uns also, ohne Ungeduld und Übereilung, mit aller Überredungskraft, die wir in solchen Dingen besitzen, das in möglichst ausreichender Weise, ohne etwas von ihr zurückzuhalten, erörtern.

[3. Vorwort an die Gottesleugner]

Der Athener: Zum Gebet scheint mir das, was du jetzt sagst, aufzufordern, da du so lebhafte Teilnahme zeigst, und es ist nicht gestattet, unsere Rede weiter hinauszuschieben. Doch sprich, wie möchte wohl jemand ohne inneren Unwillen den Beweis führen, daß die Götter sind? Muß man doch notwendig es übel empfinden und die-
d jenigen hassen, welche zu solchen Reden uns die Veranlassung gaben und noch jetzt geben, weil sie an die Sagen nicht glauben, welche sie von der frühesten Kindheit an und noch an der Mutterbrust von ihren Ammen und Müttern hörten, die sie, wie Zaubergesänge, im Ernst und Scherz wiederholten; desgleichen unter Opfern in Gebeten vernahmen sie sie und sahen Verrichtungen, welche damit in Verbindung stehen und welche die jungen Leute sehr gern beim Opfern verrichten sehen und hören; sie hören nämlich die eigenen Eltern mit dem größten Ernst in Gebeten und Anflehungen für sie und
e sich selbst so zu den Göttern sprechen, als ob sie so sehr wie möglich sind. Ferner hörten und sahen sie das Kniebeugen und Sichzubodenwerfen aller Hellenen und Barbaren, so bei Bedrängnissen aller Art wie im Glücke, beim Aufgange der Sonne und des Mondes, und wenn diese dem Untergange entgegengehen, nicht als ob die Götter nicht seien, sondern als ob sie in höchstem Maße seien und durchaus nicht den Verdacht an die Hand gäben, daß sie nicht sind. Diejenigen also, welche ohne auch nur *einen* ausreichenden Grund, wie wohl jeder nur mit einiger Einsicht Begabte behaupten möchte, das alles nicht achten, nötigen uns, jetzt das nachzuweisen, was wir nachweisen wollen. Wie dürfte nun wohl jemand imstande sein, diese in
888 a sanften Worten und zugleich ermahnend hinsichtlich der Götter zuerst darüber zu belehren, daß sie sind? Doch wir müssen es wagen; dürfen doch nicht zugleich den einen von uns ihre Gier nach Sinnengenuß, den andern aber ihr durch solche Menschen erregter Zorn die Besinnung rauben. Folgendes leidenschaftslose Vorwort sei demnach an diejenigen gerichtet, welche eine so verkehrte Gesinnung hegen, und ruhig wollen wir, die Glut unseres Unwillens dämpfend, als sprächen wir zu einem von ihnen, so uns äußern: «Kind, du bist noch jung; die fortschreitende Zeit wird aber bewirken, daß du, dei-
b ne Meinung ändernd, von vielem, was du jetzt meinst, das Gegenteil annimmst. Warte demnach bis dahin ab, über die wichtigsten Dinge Richter zu werden; das Wichtigste aber, was jetzt dir als nichtsbedeutend erscheint, ist, ob du, bei richtiger Ansicht von den Göttern, ein schönes Leben führst oder nicht. Nun dürfte wohl ich, indem ich dir darüber zunächst *eine* wichtige Bemerkung mitteile, nicht im Irrtum befangen erscheinen, nämlich folgende. Nicht du allein und deine Freunde hegtet als erste und zuerst über die Götter diese Meinung, sondern stets verfallen mehrere oder wenigere in diese Krankheit; folgendes möchte nun wohl ich, der mit vielen der-
c selben schon zusammentraf, dir sagen: daß niemand, welcher irgendeinmal in seiner Jugend diese Meinung, daß keine Götter seien, annahm, bis in sein Greisenalter bei solcher Gesinnung verharrte; jedoch bei zwei Schwächen seien hinsichtlich der Götter zwar nicht

viele, aber doch einige verharrt, daß nämlich die Götter zwar seien, daß sie sich aber nicht um die Angelegenheiten der Menschen bekümmern, und nach dieser, daß sie, wenn sie auch darum sich bekümmern, durch Opfer und Gebete leicht zu versöhnen seien. Du wirst aber mit der Prüfung deiner dir möglichst deutlich gewordenen Meinung, ob es so oder anders sich verhalte, wenn du mir folgst, dich nicht übereilen, indem du darüber andere und vornehmlich auch d den Gesetzgeber befragst; während der Zeit aber wirst du keinen Frevel gegen die Götter dir erlauben. Denn derjenige, welcher dir Gesetze aufstellt, muß jetzt und in der Folge über diesen Gegenstand, wie es damit beschaffen ist, Belehrungen zu erteilen versuchen.»

Kleinias: Sehr schön hast du, Gastfreund, bis jetzt gesprochen.

Der Athener: Allerdings, Megillos und Kleinias; so sind wir denn, ohne selbst es innezuwerden, auf eine wundersame Behauptung geraten.

Kleinias: Auf welche meinst du denn?

Der Athener: Auf die, welche nach der Meinung vieler vor allen e Behauptungen die weiseste ist.

Kleinias: Erkläre dich noch deutlicher.

[4. Die Lehre vom Entstehen aller Dinge aus Natur, Zufall und Kunst: Die Götter als Erzeugnisse menschlicher Kunst. Schwierigkeit und Weitläufigkeit der Untersuchung]

Der Athener: Es sagen doch einige, daß alle die Dinge entstehen und entstanden sind und entstehen werden teils von Natur, teils durch Kunst und teils vermittels des Zufalls.

Kleinias: Nicht mit Recht?

Der Athener: Wahrscheinlich wenigstens ist es, daß weise Männer richtig reden; indem wir nun ihnen nachgehen, wollen wir die dieser Meinung Anhängenden ausforschen, was sie denn wohl 889 a eigentlich im Sinn haben.

Kleinias: Allerdings.

Der Athener: Das Größte und Schönste davon scheine, sagen sie, die Natur und der Zufall zu bewirken, das Geringfügigere die Kunst, welche, indem sie von der Natur die Erzeugung der großen und ersten Werke übernimmt, alles Geringfügigere, was wir alle ein Kunsterzeugnis nennen, danach bilde und zusammenfüge.

Kleinias: Wie meinst du?

Der Athener: Folgendermaßen will ich mich noch deutlicher aus- b drücken. Feuer und Wasser und Erde und Luft seien alle, sagen sie, von Natur und durch Zufall, durch Kunst aber keines derselben, und die nachher entstandenen Körper, die bei Erde, Sonne, Mond und den Sternen, seien insgesamt aus jenen, die durchaus unbeseelt sind, hervorgegangen. Indem nun durch die zufällige Kraft eines jeden jedes sich in Bewegung befindet, so sei, in welcher Weise es sich traf, daß sie als irgendwie verwandt zusammenstimmten, Warmes mit Kaltem oder Trockenes zu Feuchtem und Weiches zu Hartem, und alles, was durch die Mischung des Entgegengesetzten nach dem c

Zufall auf Grund einer Notwendigkeit zusammengemischt wurde — in dieser Weise und demgemäß also sei der ganze Himmel und alles an ihm Befindliche erzeugt worden, desgleichen alle Tiere und Pflanzen insgesamt, indem daraus alle Jahreszeiten sich entwickelten; nicht durch Vernunft, sagen sie, oder irgendeinen Gott und auch nicht durch Kunst, sondern, wie wir sagen, durch Natur und Zufall. Die als spätere aus diesen später entstandene Kunst aber, selbst sterb-
d lich und von Sterblichen stammend, habe späterhin gewisse Spielereien hervorgebracht, die der Wahrheit nicht besonders teilhaftig sind, sondern irgendwelche mit ihr selbst verwandte Schattenbilder, dergleichen die Malerei hervorbringt und die Tonkunst, und was da an Künsten mit diesen zusammenarbeitet. Welche unter den Künsten dagegen auch etwas Ernsthaftes hervorbringen, das seien diejenigen, welche ihre Kraft mit der Natur verbinden, wie die Heilkunst, die Landwirtschaft und die Turnkunst. Und auch von der Staatskunst sagen sie, ein kleiner Teil derselben sei mit der Natur, der größte aber mit der Kunst verbunden, und so auch die ganze Gesetzgebung
e nicht mit der Natur, sondern mit der Kunst, deren Satzungen nicht wahre seien.

KLEINIAS: Wie meinst du?

DER ATHENER: Die Götter, du Hochbegabter, seien, behaupten zuerst diese Männer, auf Grund von Kunst, nicht von Natur, sondern durch gewisse Gesetze, und sie seien verschiedene an verschiedenen Stellen, je nachdem jegliche bei der Gesetzgebung untereinander übereinstimmten. Und auch das Schöne sei ein Anderes von Natur, dem Gesetze nach aber ein davon Verschiedenes; das Gerechte aber sei überhaupt nicht von Natur, vielmehr seien die Gesetzgeber fortwährend miteinander in Zwiespalt und träfen hier stets Veränderun-
890 a gen; und jegliches, was sie abänderten, sei dann, wenn sie es taten, gültig, durch Kunst und Gesetze dazu werdend, aber gewiß nicht durch eine Einwirkung der Natur. Das alles, ihr Freunde, sind die Reden von hochweisen Männern nach dem Urteil der jungen Leute, von Prosaikern und Dichtern, die das für das Gerechteste erklären, was immer jemand mit Gewalt durchsetzt; wodurch junge Leute in Gottlosigkeit geraten, als ob nicht Götter seien von solcher Beschaffenheit, wie das Gesetz vorschreibt, daß man sie sich zu denken habe; dadurch entstehen Aufstände, indem dieselben auf die der Natur nach richtige Lebensweise dringen, welche in Wahrheit darin bestehe, daß man im Leben andere beherrsche, nicht aber dem Gesetze nach andern sklavisch unterworfen sei.

b KLEINIAS: Welche Worte hast du da gesprochen, Gastfreund, und welches Verderben trifft, deiner Rede nach, die jungen Leute öffentlich in den Staaten und in den einzelnen Familien!

DER ATHENER: Gewiß hast du recht, o Kleinias. Was glaubst du nun, daß der Gesetzgeber zu tun habe, da von alters her dem so ist? Soll er etwa bloß im Staate auftreten und öffentlich Drohungen gegen alle aussprechen, wenn sie sich nicht dafür erklären, daß Götter seien, und wenn sie dieselben nicht so sich vorstellen, wie das Gesetz es sagt? Dieselbe Rede gilt aber auch von dem, was schön und gerecht ist und von dem Wichtigsten überhaupt und für alles, was auf Tugend und Schlechtigkeit sich bezieht, daß man das in der Gesinnung ausführen müsse, wie das vom Gesetzgeber Niedergeschriebene dazu die Anleitung gibt; wer sich aber den Gesetzen nicht gehorsam zeige, von diesen müsse der eine sterben, der andere durch Geißelhiebe und Gefängnis, wieder ein anderer durch Entziehung der Ehrenrechte, andere auch durch Dürftigkeit und Verbannung bestraft werden. Und bedarf jemand, welcher den Menschen Gesetze gibt, in seinen Reden gar nicht der Überredung, um diese ihnen so mild wie möglich erscheinen zu lassen?

KLEINIAS: Nicht doch, Gastfreund! Sondern wenn in solchen Dingen die Überredung auch nur ein Weniges vermag, dann darf der Gesetzgeber, will er einigermaßen tüchtig sich zeigen, durchaus keine Mühe sparen, vielmehr muß er, wie man zu sagen pflegt, alle Töne anschlagen, um die alte Rede zu unterstützen, daß die Götter sind und alles, was du jetzt durchgingst, und so auch dem Gesetze selbst und der Kunst zu Hilfe kommen, daß beide der Natur oder einem der Natur nicht Nachstehenden entstammen, wenigstens wenn sie, gemäß der richtigen Lehre, welche du aufzustellen scheinst und der jetzt auch ich beipflichte, Erzeugnisse der Vernunft sind.

DER ATHENER: Doch wie, höchst wißbegieriger Freund? Ist es nicht schwierig, diesen Untersuchungen zu folgen, bei einem derart für die große Menge bestimmten Vortrage, und wird es nicht auch eine ungeheure Weitläufigkeit erfordern?

KLEINIAS: Was verschlägt das, Gastfreund? Wir hörten selbst unsere Reden, in denen wir über die Trunkenheit und die Tonkunst uns verbreiteten, geduldig an, und in betreff der Götter und ähnlicher Gegenstände wollten wir diese Geduld nicht beweisen? Und gewiß leistet auch das der mit Einsicht verbundenen Gesetzgebung den größten Beistand, da die schriftlich niedergelegten Gesetzesvorschriften, um zu jeder Zeit Rechenschaft zu geben, durchaus unverändert feststehen, so daß es keine Besorgnis erregen darf, wenn sie beim ersten Anhören schwierig sind, da auch der Schwerbegreifende durch wiederholtes Vornehmen sie begreifen lernt; und wenn sie ausführlich, dabei aber nützlich sind, so ist es deswegen in keiner Weise zweckmäßig und erscheint mir auch nicht gottgefällig, will nicht jeder, insoweit er es vermag, als Anwalt solcher Lehren auftreten.

MEGILLOS: Was Kleinias sagt, erscheint mir sehr gut, Gastfreund.

DER ATHENER: Und allerdings, Megillos, müssen wir tun, was er sagt. Denn dann, wenn dergleichen Reden nicht fast unter allen Menschen verbreitet wären, bedürfte die Behauptung, daß Götter sind, keiner Verteidigungsgründe; nun aber sind diese notwendig. Wem kommt es nun aber eher zu, der wichtigsten, von schlechten Menschen verderbten Gesetze sich anzunehmen, als dem Gesetzgeber?

KLEINIAS: Da gibt es keinen.

[5. Der falsche Ansatz über das Erste als Quelle des Irrtums]

DER ATHENER: Sprich aber auch du, Kleinias, noch einmal es aus, mußt du doch Teilnehmer der Reden sein: Wer nämlich das behauptet, scheint Feuer und Wasser und Erde und Luft für das Erste von allem anzusehen und eben dieses die Natur zu nennen, die Seele aber, als aus diesen, für später; ja, es sieht so aus, als ob er das nicht bloß zu meinen scheint, sondern es wirklich so in seiner Rede gegen uns ausspricht.

Kleinias: Ganz entschieden.

Der Athener: Haben wir also, beim Zeus, nicht gleichsam die Quelle der unsinnigen Meinung derjenigen ausfindig gemacht, welche jemals mit Untersuchungen über die Natur sich beschäftigten? Erwäge genau prüfend die ganze Rede. Denn gewiß machte es kei-
d nen geringen Unterschied, wenn es sich ergäbe, daß diejenigen, welche gottlose Reden führen und andere dazu veranlassen, nicht einmal der Rede in richtiger, sondern in verkehrter Weise sich bedienen. Nun scheint mir das der Fall zu sein.

Kleinias: Wohl bemerkt; versuche aber darzulegen, inwiefern.

Der Athener: Demnach müssen wir, scheint es, mit minder gewohnten Untersuchungen uns einlassen.

Kleinias: Das müssen wir, Gastfreund, unbedenklich tun; denn ich merke, du wirst über das Gebiet der Gesetzgebung hinauszuschweifen meinen, wenn wir mit solchen Untersuchungen uns ein-
e lassen. Ist es aber in keiner andern als in dieser Weise möglich, mit dem jetzt nach dem Gesetz Ausgesprochenen übereinzustimmen, daß es sich richtig verhält, so müssen wir, du Bewundernswerter, selbst in dieser Weise es dartun.

Der Athener: Da muß ich demnach nun wohl etwa folgende ziemlich ungewohnte Rede anheben. Was die erste Ursache des Entstehens und Vergehens von allem ist, das erklärten die Reden, deren Erzeugnis die Seele der Gottlosen darstellt, nicht als zuerst, sondern als später entstanden, was aber später entstand, das als früher; dadurch sind sie über das wahre Wesen der Götter in Irrtum geraten.

892 a Kleinias: Noch verstehe ich dich nicht.

Der Athener: Von der Seele, Freund, scheinen fast alle insgesamt nicht gewußt zu haben, als wie beschaffen sie etwa ist und welche Kraft ihr innewohnt sowohl hinsichtlich ihres übrigen Wesens als insbesondere ihrer Entstehung, daß sie zu den Ersten gehört, insofern sie vor allen Körpern entstand, und daß mehr als irgend etwas sie bei jeder Veränderung und Umgestaltung den Anfang macht. Wenn das aber so ist, sollte dann nicht auch notwendig das der Seele Verwandte früher entstanden sein als das dem Körper Angehörige,
b da sie älter ist denn der Körper?

Kleinias: Notwendig.

Der Athener: Meinung aber und Fürsorge und Vernunft und Kunst und Gesetz dürften wohl früher sein als das Harte und Weiche und Schwere und Leichte; und so würden wohl auch die großen und ersten Werke und Handlungen, die unter den Ersten sind, der Kunst zugehörig; die von Natur aber und die Natur, welche sie nicht richtig mit diesem Namen bezeichnen, dürften später sein und ihr Anfang von Kunst und Vernunft herrühren.
c Kleinias: Wieso bezeichnen sie sie nicht richtig?

DER ATHENER: Als Natur wollen sie bezeichnen den Entstehungsgrund für die Ersten; wird sich aber die Seele als Erstes ergeben, nicht Feuer oder Luft, sondern die Seele als unter den Ersten entstanden, dann dürfte wohl mit dem größten Rechte gesagt werden können, daß sie in ausgezeichneter Weise von Natur ist. So verhält sich das, wenn jemand von der Seele nachweist, daß sie älter ist als der Körper, sonst aber durchaus nicht.
KLEINIAS: Du hast sehr recht.
DER ATHENER: Wollen wir nun nicht eben darauf unser Bestreben richten?
KLEINIAS: Wie sollten wir nicht?
DER ATHENER: Nehmen wir uns aber vor einer durchaus trügerischen Rede in acht, damit sie uns alte Männer nicht irgendwie durch jugendliche Neuheit zum Irrtum verlocke und, indem sie unserer Aufmerksamkeit entgeht, uns lächerlich mache, und damit wir nicht, nach Größerem trachtend, sogar das Kleinere zu verfehlen scheinen. Erwägt nun. Wenn wir drei gleichsam einen reißenden Strom zu überschreiten hätten, ich aber, indem ich zufällig unter euch der Jüngste wäre und bei manchem Strome es schon versucht hätte, sagte, ich müsse euch an sicherer Stelle zurücklassen, um zuerst an mir es zu versuchen, ob er auch für euch Ältere überschreitbar oder wie es damit bestellt sei, und, nachdem das sich ergeben, dann auch euch auf Grund meiner Erfahrung ihn mit mir zu überschreiten aufforderte, wäre er aber für euch unüberschreitbar, nur meinerseits der Gefahr mich ausgesetzt hätte, dann wäre das wohl als ein vernünftiger Vorschlag erschienen. Ebenso ist auch die uns jetzt bevorstehende Untersuchung mächtiger und für eure Kräfte vielleicht unüberschreitbar; damit sie nun nicht in ihrem Fortströmen Drehsucht und Schwindel in euch erzeuge und, indem sie Fragen an euch richtet, in deren Beantwortung ihr nicht geübt seid, euch eine euch keineswegs erfreuliche Ungeschicklichkeit und Unbeholfenheit zu verraten veranlasse, darum glaube ich jetzt so verfahren zu müssen, daß ich, während ihr in voller Sicherheit es mit anhört, zuerst an mich jetzt Fragen richte und dann auch wieder beantworte und die ganze Untersuchung soweit fortführe, bis sie über die Seele zum Schlusse gediehen ist und nachgewiesen hat, daß die Seele etwas Früheres als der Körper sei.
KLEINIAS: Was du da sagst, Gastfreund, scheint uns sehr gut; mache es denn so, wie du sagst.

[6. Arten und Rangordnung der Bewegungen. Die Entstehung und das Vergehen von allem]

DER ATHENER: Wohlan denn! Mußten wir je der Götter Beistand anrufen, so sei das jetzt so geschehen. Mit allem Ernst seien sie zur Beweisführung ihres eigenen Daseins angerufen, wir aber wollen nun, gleichsam durch ein sicheres Leitseil festgehalten, in den Strom der jetzigen Rede steigen. Und indem man mich in dergleichen durch solcherlei Fragen zu widerlegen sucht, scheint es mir das sicherste, in folgender Weise sie zu beantworten. Wenn etwa einer sagt:

«Steht denn, o Gastfreund, alles fest und bewegt sich nichts? Oder findet der gerade umgekehrte Fall statt? Oder bewegt sich das eine von ihnen, das andere aber verharrt?»

c Einiges, werde ich dann erwidern, bewegt sich wohl, anderes verharrt.

«Steht nun etwa nicht in einem gewissen Raume das Feststehende fest und bewegt sich das Sichbewegende?»

Wie anders?

«Und das eine möchte wohl an *einer* Stelle das tun, das andere an mehreren.»

Du meinst wohl, werden wir antworten, daß das, welches in seiner Mitte das Vermögen des Feststehenden erlangt, an *einer* Stelle sich bewege, wie der Umfang der Kreise sich dreht, von denen man sagt, sie stehen fest?

«Ja.»

Wir erkennen aber, daß eine solche Bewegung, indem sie bei dieser Umdrehung den größten sowie den kleinsten Kreis zugleich herd umführt, sich selbst unter die größeren und kleineren verhältnismäßig verteilt und nach Verhältnis größer oder kleiner ist; darum wird sie dadurch zur Quelle alles Wunderbaren, daß sie, eine Einwirkung, die manchem wohl unmöglich bedünken dürfte, zugleich den größeren und kleineren Kreisen entsprechende Langsamkeit und Schnelligkeit mitteilt.

«Du hast sehr recht.»

Als das an vielen Stellen sich Bewegende aber scheinst du mir das zu bezeichnen, welches im Fortschreiten sich bewegt, indem es ständig seine Stelle ändert, wobei es bisweilen gelegentlich nur *einen*
e Punkt als Grundlage hat, bisweilen aber mehrere wegen des Rundherumdrehens. Trifft es nun jeweils mit dem Einzelnen zusammen, so wird es von dem Feststehenden zertrennt, gerät es dagegen in eins mit dem anderen, welches aus entgegengesetzter Richtung begegnet und sich bewegt, dann wird ein Mittleres und ein Zwischen-diesen zusammengefügt.

«Freilich meine ich das so, wie du da sagst.»

Und durch die Zusammenfügung nimmt es zu, durch die Zertrennung aber dann ab, wenn die bestehende Verfassung eines jeden
894 a fortdauert; dauert diese aber nicht fort, dann geht es durch beides unter. Es geschieht aber die Entstehung von allem, wenn welches Ereignis eintritt? Offenbar dann, wenn der Anfang, eine Zunahme erfahrend, zum zweiten Übergange fortschreitet und von diesem zum nächsten und, nachdem er bis zu dreien gelangte, für die Wahrnehmenden wahrnehmbar wird. So also umschlagend und sich verändernd *entsteht* alles; es *ist* aber als wirklich seiend, wenn es verharrt, wenn es jedoch zu einer anderen Verfassung umschlug, ist es gänzlich zerstört.

Haben wir nun, ihr Freunde, alle Bewegungen, um sie in Gattunb gen vermittels der Zahl zu erfassen, angeführt, mit Ausnahme zweier?

KLEINIAS: Welcher denn?

Der Athener: Doch wohl jener, Bester, derentwegen jetzt die ganze Untersuchung angestellt wurde.
Kleinias: Sprich deutlicher.
Der Athener: Das geschah doch wohl der Seele wegen?
Kleinias: Allerdings wohl.
Der Athener: Es sei demnach die anderes zu bewegen vermögende Bewegung, welche aber sich selbst in Bewegung zu setzen unvermögend ist, stets die eine; die dagegen stets sich selbst und anderes zu bewegen vermögende bei Verbindungen und Trennungen, beim Zunehmen und dem Gegenteil, beim Entstehen und Vergehen, sei wiederum *eine* andere von allen Bewegungen.
Kleinias: So sei es.
Der Athener: Wir wollen also die stets ein anderes bewegende und von einem andern zum Umschlag gebrachte Bewegung für die neunte annehmen, und die sich selbst und die andere Bewegung bewegende, welche allem Tun und allem Erleiden eingepaßt ist und bezeichnet wird als in Wahrheit von *allem* Seienden das Umschlagen und die Bewegung, diese wollen wir etwa für die zehnte erklären.
Kleinias: Ja, allerdings.
Der Athener: Doch welcher von unseren zehn Bewegungen möchten wir wohl am richtigsten, als der von allen kräftigsten und vornehmlich wirksamen, den Vorzug geben?
Kleinias: Wir müssen notwendig behaupten, daß um ein Unendliches die hervorrage, welche sich selbst in Bewegung zu setzen vermag, und daß die andern insgesamt ihr nachstehen.
Der Athener: Wohl gesprochen. Müssen wir also nun nicht von dem von uns jetzt nicht richtig Ausgedrückten eines oder auch zwei umstellen?
Kleinias: Welche meinst du?
Der Athener: Die als die zehnte angegebene Gattung ist wohl nicht ganz richtig bestimmt.
Kleinias: Wieso?
Der Athener: Ihrer Entstehung und Kraft nach ist sie gemäß der Vernunft die erste; in der auf sie folgenden haben wir nach dieser die zweite, welche oben widersinnig die neunte genannt wurde.
Kleinias: Wie meinst du?

[7. Die selbst sich selbst bewegende Bewegung als erste und mächtigste aller Bewegungen. Erweis, daß sie dem Wesen der Seele entspricht]

Der Athener: So. Wenn eines uns ein anderes umändert und dieses stets wieder ein anderes, wird wohl je eines von diesen ein erstes Umänderndes sein? Und wie könnte, was von einem andern bewegt wird, dieses je ein Erstes unter den Verändernden sein? Das ist ja unmöglich. Wenn aber ein selbst sich selbst Bewegendes ein anderes verändert, dieses dann wieder ein anderes und es so tausend und abertausend in Bewegung Gesetzte werden, wird da wohl ein anderer Anfang ihrer gesamten Bewegung sein als das Umgestalten der selbst sich selbst bewegenden Bewegung?

KLEINIAS: Das hast du sehr gut erläutert und dem muß man zustimmen.

DER ATHENER: Laßt es uns aber auch so darstellen und wieder unsere eigenen Fragen beantworten. Wenn irgendwie alles als zusammengeraten feststände, wie die meisten solcher Menschen es zu behaupten wagen, welche der angeführten Bewegungen müßte not-
b wendig darin als die erste entstehen? Die selbst sich selbst bewegende offenbar. Denn durch ein anderes konnte es niemals zuvor sich verändern, da zuvor in allem keine Veränderung war. Als der Anfang also aller Bewegungen und als die als erste in dem Feststehenden entstandene und in dem Bewegten seiende, werden wir behaupten, sei die selbst sich selbst bewegende notwendig die älteste und mächtigste aller Veränderungen, die von einem andern veränderte aber und anderes bewegende sei die zweite.

KLEINIAS: Was du sagst, ist sehr richtig.

c DER ATHENER: Da wir nun aber in unserer Untersuchung soweit gediehen sind, wollen wir folgende Frage beantworten.

KLEINIAS: Welche denn?

DER ATHENER: Wenn wir diese Bewegung in etwas Erdigem oder Wässerigem oder Feurigem, sei es voneinander getrennt oder vermischt, entstanden sehen, was für ein Geschehen wollen wir behaupten, daß dann in ihm sei?

KLEINIAS: Fragst du mich etwa, ob wir es Leben nennen, wenn es sich selbst in Bewegung setzt?

DER ATHENER: Ja.

KLEINIAS: Leben. Wie sollten wir denn nicht?

DER ATHENER: Doch wie? Wenn wir in etwas eine Seele erkennen, etwa anders oder ebenso wie bei diesem? Wir müssen es für Leben erklären?

KLEINIAS: Nicht anders.

d DER ATHENER: Wohlan, beim Zeus! Möchtest du nicht bei jeglichem dreie erkennen?

KLEINIAS: Wie meinst du?

DER ATHENER: Eines ist das Wesen, eines der Begriff des Wesens und eines der Name; und auch Fragen gibt es bei jedem, was da ist, zwei.

KLEINIAS: Inwiefern zwei?

DER ATHENER: Insofern jeder von uns bald, indem er den Namen selbst voranhält, den Begriff abfordert, bald dagegen, den Begriff selbst voranhaltend, nach dem Namen fragt.

KLEINIAS: Wollen wir denn nun etwas von der Art jetzt anführen?

DER ATHENER: Welcher Art?

e KLEINIAS: Es findet doch wohl eine Teilung in zwei gleiche Teile so bei anderem wie bei der Zahl statt. Diese Teilung führt nun bei der Zahl den Namen des Geraden, der Begriff aber ist der einer in zwei gleiche Teile teilbaren Zahl.

DER ATHENER: Richtig. Das meine ich. Reden wir nun nicht auf beiderlei Weise dasselbe an, ob wir nun, nach dem Begriff fragend, den Namen angeben oder ob nach dem Namen den Begriff, indem wir dasselbe Seiende dem Namen nach als das Gerade, dem Begriffe nach als eine in zwei gleiche Teile teilbare Zahl bezeichnen?

Kleinias: Ja, in jeder Hinsicht.

Der Athener: Wofür aber ‹Seele› der Name ist, welches ist dessen Begriff? Haben wir davon einen anderen als den jetzt angegebenen, der selbst sich selbst zu bewegen vermögenden Bewegung?

Kleinias: Du behauptest doch, das Sich-selbst-Bewegen habe als Begriff dasselbe Wesen, welches als Name das hat, was wir alle als Seele bezeichnen?

Der Athener: So behaupte ich. Wenn das aber so sich verhält, haben wir da noch das Gefühl, als ob nicht hinreichend aufgezeigt wurde, daß die Seele dasselbe sei mit der ersten Entstehung und Bewegung des Seienden und Gewordenen und Seinwerdenden und auch alles diesen Entgegengesetzten, da sie sich für alles als die Ursache aller und jeder Veränderung und Bewegung ergab?

Kleinias: Nein, sondern auf das ausreichendste ist die Seele als das Älteste von allem nachgewiesen, da sie als der Anfang der Bewegung entstand.

Der Athener: Ist nun nicht die durch ein anderes in einem andern entstehende Bewegung, welche selbst in sich selbst niemals etwas sich bewegen läßt, die zweite, und um wieviele Zahlen sie einer als geringer zählen wollte, um soviele geringer, da sie die Veränderung eines in Wahrheit unbeseelten Körpers ist?

Kleinias: Richtig.

Der Athener: So hätten wir uns demnach auch richtig und gültig und vollkommen wahr und angemessen dahin erklärt, daß uns die Seele früher als der Körper entstanden sei, der Körper aber als Zweites und Späteres als die herrschende Seele, der Natur gemäß von ihr beherrscht.

Kleinias: Gewiß, der Wahrheit vollkommen gemäß.

[8. Seele als das Herrschende über alles. Zwei Arten der Seele und Nachweis, daß die beste den Umschwung des Himmels lenkt]

Der Athener: Doch erinnern wir uns gewiß, daß wir im vorigen darüber übereinkamen, daß, wenn die Seele als älter denn der Körper sich ergebe, auch das der Seele älter als das dem Körper Angehörige sein werde.

Kleinias: Ja, allerdings.

Der Athener: So dürften also wohl Sinnesart und Gesittung und Wünsche und Schlüsse, wahre Meinungen, Sorgsamkeit und Erinnerungen früher entstanden sein als die Länge, Breite und Dicke sowie die Kraft der Körper, wenn jedenfalls auch die Seele vor dem Körper.

Kleinias: Notwendig.

Der Athener: Müssen wir demnach nicht notwendig auch das folgende einräumen, daß die Seele die Ursache des Guten und Schlechten, des Schönen und Häßlichen, des Gerechten und Ungerechten und alles so sich Entgegenstehenden sei, wenn wir sie als die Ursache von *allem* annehmen wollen?

KLEINIAS: Wie müßten wir nicht?

DER ATHENER: Die Seele aber, welche anordnend innewohnt in allem auf alle Weise Bewegten, müssen wir nicht notwendig sagen, daß sie auch den Himmel durchherrscht?

KLEINIAS: Wie anders?

DER ATHENER: Eine oder mehrere? Mehrere, will ich statt eurer erwidern. Weniger als zwei dürfen wir wohl nicht annehmen, eine wohltätige und eine das Gegenteil zu bewirken vermögende.

KLEINIAS: Du hast sehr richtig dich ausgesprochen.

DER ATHENER: Gut. Seele also leitet alles am Himmel, auf der Erde und im Meere durch die ihr eigenen Bewegungen, welche den Namen führen: Wollen, Erwägen, Fürsorgen, Beraten, Meinen, und zwar richtiges oder verkehrtes, in Freude oder Schmerz, in Mut oder Furcht, in Haß oder Liebe und durch alle Bewegungen, welche als diesen verwandte oder erstwirkende, indem sie ferner die zweitwirkenden Bewegungen des Körperlichen hinzunehmen, alles der Zunahme und Abnahme, der Trennung und der Verbindung und der daraus hervorgehenden Wärme und Kälte, Leichtigkeit und Schwere, Härte und Weichheit, Weiße und Schwärze, Herbigkeit und Süßigkeit zuführen; und durch alles, dessen sich die Seele bedient — wenn sie Vernunft hinzunimmt, die göttlich ist, dann leitet sie immer richtig laufend als Richtiges und Glückseliges alles, verbindet sie sich dagegen dem Unverstand, dann bewirkt sie alles diesem Entgegengesetzte. Wollen wir annehmen, daß das sich so, oder sind wir noch ungewiß, ob es irgendwie anders sich verhalte?

KLEINIAS: Keineswegs.

DER ATHENER: Von welcher der beiden Gattungen der Seele wollen wir nun also behaupten, daß sie Herr wurde über Himmel und Erde und den gesamten Kreislauf? Von der vernunftbegabten und mit Tugend erfüllten oder der keines von beiden besitzenden? Wollt ihr, daß wir diese Frage in solcher Weise beantworten?

KLEINIAS: Wie denn?

DER ATHENER: Wenn, du Sonderbarer, wollen wir sagen, des Himmels gesamter Weg zugleich und Umschwung und der von allem in ihm Seienden einer der Bewegung und dem Schwunge und den Erwägungen der Vernunft ähnliche Natur hat und in verwandter Weise voranschreitet, dann müssen wir offenbar behaupten, daß die beste Seele für das ganze Weltall sorge und daß jene den angegebenen Weg es führe.

KLEINIAS: Richtig.

DER ATHENER: Die schlechte aber, wenn es eine tolle und ungeordnete Bahn beschreibt.

KLEINIAS: Auch das ist richtig.

DER ATHENER: Welche Natur hat also nun die Bewegung der Vernunft? Bei der Antwort auf diese Frage mit Einsicht zu sprechen, ist, ihr Freunde, schon schwierig. Darum kommt es auch von Rechts wegen mir zu, jetzt bei ihrer Beantwortung euch beizustehen.

KLEINIAS: Wohl gesprochen!

DER ATHENER: Geben wir also nicht etwa, indem wir gleichsam ge-

radezu in die Sonne schauen und zu Mittag die Nacht herbeiführen, die Antwort so, als vermöchten wir je die Vernunft mit sterblichen Augen zu erblicken und zur Genüge zu erkennen. Sicherer schauen wir, wenn wir auf ein Bild des erfragten Gegenstands unsere Blicke e richten.
KLEINIAS: Wie meinst du?
DER ATHENER: Entlehnen wir das Bild von derjenigen unter den zehn Bewegungen, welcher die Vernunft gleicht; indem ich dessen gemeinschaftlich mit euch mich erinnere, will ich die Antwort erteilen.
KLEINIAS: Das ist wohl ein sehr guter Vorschlag!
DER ATHENER: Blieb uns nun von dem damals Gesagten noch das in der Erinnerung, daß wir annahmen, von allem sei einiges in Bewegung, das andere in Ruhe?
KLEINIAS: Ja.
DER ATHENER: Von dem, was sich bewegt, bewege ferner einiges sich an *einer* Stelle, das andere aber werde an mehreren umgetrie- 898 a ben?
KLEINIAS: So ist es.
DER ATHENER: Von diesen beiden Bewegungen aber müsse sich notwendig die an *einer* Stelle umgetriebene immer um ein Mittleres bewegen, indem sie ein Bild der gedrechselten Scheiben ist, und sie sei eine dem Umschwunge der Vernunft in aller Weise möglichst verwandte und ähnliche.
KLEINIAS: Wie meinst du?
DER ATHENER: Wenn wir sagen, daß doch wohl über dasselbe und in gleicher Weise und in demselben und um dasselbe herum und nach demselben hin gemäß *einem* Verhältnis und *einer* Aufeinanderfolge sich beide bewegen, die Vernunft und die an *einer* Stelle b umgetriebene Bewegung, welche dem Umlauf einer gedrechselten Kugel gleichen: so dürften wir in der Kunst, schöne Bilder in Worten darzustellen, nicht unerfahren erscheinen.
KLEINIAS: Du hast sehr recht.
DER ATHENER: Dürfte also dagegen nicht die niemals in gleicher Weise, noch über dasselbe, noch in demselben, noch um dasselbe herum, noch nach demselben hin, noch an *einer* Stelle, noch der Ordnung gemäß, noch in gleichem Verhältnis und gleicher Aufeinanderfolge erfolgende Bewegung wohl jeder Art von Unvernunft verwandt sein?
KLEINIAS: Das möchte wohl vollkommen richtig sein.
DER ATHENER: Nun hat es kein Bedenken mehr, unumwunden zu c erklären, daß, da uns Seele ist, was alles im Kreise herumführt, man notwendig behaupten muß, entweder die beste oder die dieser entgegengesetzte Seele bewirke fürsorgend und anordnend diesen Umschwung des Himmels.
KLEINIAS: Nach dem jetzt Gesagten möchte es jedoch, o Gastfreund, eine Lästerung sein, anders sich zu erklären als dahin, daß eine mit jeder Tugend ausgestattete Seele oder mehrere diesen Kreislauf bewirken.

DER ATHENER: Sehr schön, Kleinias, schenktest du diesen Reden
d Gehör; schenke es auch noch dem Folgenden.
KLEINIAS: Welchem denn?

[9. Schlußfolgerung: die notwendig alles leitende Seele ist als Gott zu bezeichnen, also Götter sind]
DER ATHENER: Wenn die Seele alles, die Sonne, den Mond und die übrigen Sterne im Kreise herumführt, tut sie das nicht auch bei jedem einzelnen?
KLEINIAS: Wie anders.
DER ATHENER: Nun wollen wir über *einen* in Darlegungen uns äußern, von denen sich ergeben wird, daß sie auch auf alle Sterne passen.
KLEINIAS: Über welchen?
DER ATHENER: Den Körper der Sonne sieht jeder Mensch, die Seele derselben aber keiner; sieht er doch auch nicht die des Körpers irgendeines andern Geschöpfes, weder wenn es lebt, noch wenn es dahinstirbt. Wohl aber ist sehr zu vermuten, daß diese
e Gattung uns als völlig unwahrnehmbar für alle Sinne des Körpers von Natur umgebe, daß sie aber denkbar sei für die Vernunft allein. Erkennen wir also durch diese und das Nachdenken über sie folgendes.
KLEINIAS: Was denn?
DER ATHENER: Wenn die Seele die Sonne leitet, so dürften wir wohl kaum einen Irrtum begehen, sagen wir, daß sie von dreien eines tue.
KLEINIAS: Von welchen dreien?
DER ATHENER: Daß sie entweder als innen darin sich befindend in diesem rund erscheinenden Körper denselben allerwärtshin führt, wie unsere Seele uns allerwärtshin bewegt; oder indem sie, nach der
899 a Behauptung einiger, von außen irgendwoher einen luftigen oder feurigen Körper sich aneignete und den Körper vermittels des Körpers gewaltsam fortstößt; oder daß sie, im dritten Falle, als selbst des Körpers bar, aber mit gewissen anderen, höchst wunderbaren Kräften ausgestattet, ihn führt.
KLEINIAS: Ja, daß die Seele alles vollbringe, indem sie wenigstens *eines* davon tut, ist notwendig.
DER ATHENER: Hier nun verharre; diese Seele, ob sie uns nun als in dem Wagen der Sonne befindlich das Licht für alle heraufführt, oder von außen, oder wie und wodurch sonst, muß jeder für einen Gott halten. Oder wie?
b KLEINIAS: Ja, wenn seine Torheit nicht etwa die höchste Stufe erreichte.
DER ATHENER: Wollen wir nun über die Sterne insgesamt und über den Mond, über die Jahre, Monate und die sämtlichen Jahreszeiten eine andere Behauptung aufstellen als eben dieselbe, daß, weil Seele oder Seelen als Ursache von diesem allen sich ergaben, und zwar gute in jeder Tugend, wir sie für Götter erklären, ob sie nun, als lebende Wesen, Körpern innewohnend oder wie immer sonst oder wo-

durch den ganzen Himmel ordnen? Gibt es jemanden, welcher, gibt er das zu, zu leugnen wagt, es sei alles mit Göttern angefüllt?

KLEINIAS: Einen so Unsinnigen gibt es nicht, o Gastfreund. c

DER ATHENER: Beschließen wir also, Kleinias und Megillos, diese Untersuchung, indem wir dem, welcher früher keine Götter anerkannte, gewisse Schranken setzen.

KLEINIAS: Welche denn?

DER ATHENER: Entweder uns zu belehren, daß wir nicht recht haben, wenn wir die Seele als den ersten Entstehungsgrund für alles annehmen sowie in dem, was wir sonst noch für daraus hervorgehend erklärten, oder, kann er nicht etwas Besseres sagen als wir, uns Gehör zu geben und bei der Führung seines noch übrigen Lebens an Götter zu glauben. Bedenken wir nun, ob wir bereits denen, d welche an keine Götter glauben, in genügender oder mangelhafter Weise nachgewiesen haben, daß Götter sind.

KLEINIAS: In nichts weniger als mangelhafter Weise, o Gastfreund.

[10. Ermahnung an den, welcher glaubt, daß die Götter sich nicht um die Menschen kümmern. Anfang des Gegenbeweises]

DER ATHENER: Für diese also sei hier der Schluß unserer Reden. Wir müssen aber an den Ermahnungen richten, welcher glaubt, daß zwar Götter seien, sie sich jedoch nicht um die Angelegenheiten der Menschen kümmern.

«Was das anbetrifft, bester Freund», wollen wir sagen, «daß du an Götter glaubst, so leitet dich vielleicht eine gleiche göttliche Abkunft zu dem Verwandten, es zu ehren und zu glauben, daß es sei. Dagegen leiten dich die Schicksale schlechter und ungerechter Menschen in ihrem häuslichen und öffentlichen Leben, die zwar in Wahr- e heit keineswegs glücklich sind, aber, der herrschenden Meinung nach, hoch, wenn auch nicht in verständiger Weise erhoben und mit Unrecht sowohl in den Musenerzeugnissen als in Reden aller Art gepriesen werden, zur Gottlosigkeit. Oder, wenn du vielleicht bemerkst, daß Menschen zum Ziel des Alters gelangen, indem sie die Söhne ihrer Söhne in den höchsten Ehrenstellen hinterlassen, so 900 a macht es dich jetzt bedenklich, wenn du an diesen allen siehst oder von andern hörst, ja, vielleicht selbst durchgängig Augenzeuge mancher der zahlreichen und argen Gottlosigkeiten warst, daß sie eben durch diese aus beschränkten Verhältnissen zu Gewaltherrschaften und zum Höchsten gelangten. Du verrätst dann deutlich, daß du die Götter auf Grund deiner Verwandtschaft wegen dessen allen als die Urheber solcher Erscheinungen zwar nicht tadeln willst, aber durch eine gewisse Unvernunft verleitet und zugleich unvermögend, den Göttern zu grollen, bist du in diese Lage geraten, daß du zwar ihr b Sein glaubst, aber meinst, sie achten die menschlichen Angelegenheiten gering und bekümmern sich nicht darum. Damit nun deine gegenwärtige Meinung nicht zur schlimmeren Krankheit sich entwickle, sondern wir, wenn irgendwie möglich, gleichsam durch die Sühne unserer Reden sie im Herannahen zu besprechen fähig werden, wollen wir den Versuch machen, indem wir unsere weiteren Reden an die anknüpfen, mit der wir sogleich anfangs demjenigen die Spitze boten, welcher durchaus keine Götter glaubt, auch jetzt sie uns zunutze machen.»

c Ihr aber, Kleinias und Megillos, übernehmt es ferner, wie im vorigen, für den jungen Menschen zu antworten; sollte aber unsere Rede auf irgendeine Schwierigkeit stoßen, dann will ich, wie jetzt, es aufnehmen und euch über den Strom bringen.

KLEINIAS: Wohl gesprochen! Mache du es so, und auch wir wollen nach Vermögen tun, was du sagst.

DER ATHENER: Es dürfte vielleicht wohl nicht schwer sein, diesem nachzuweisen, daß die Götter um das Geringfügige nicht minder, sondern mehr sich kümmern als um das vermöge seiner Wichtigkeit
d Hervorragende. Hörte er es doch und war dabei zugegen, als wir eben sagten, daß sie, als gute in aller Tugend, die Fürsorge für alles als das ihnen Eigentümlichste im Besitz haben.

KLEINIAS: Und genau hörte er es mit an.

DER ATHENER: So mögen sie hierauf also gemeinschaftlich mit uns untersuchen, von welcher Tugend wir bei ihnen sprechen, wenn wir behaupten, daß sie gut seien. Wohlan! Erklären wir das Besonnensein und den Besitz der Vernunft für zur Tugend, das Gegenteil davon aber für zur Schlechtigkeit gehörend?

KLEINIAS: Dafür erklären wir es.

e DER ATHENER: Und wie? Zur Tugend gehöre die Tapferkeit, die Feigheit aber zur Schlechtigkeit?

KLEINIAS: Ja, allerdings.

DER ATHENER: Und das eine davon erklären wir für schimpflich, das andere aber für schön?

KLEINIAS: Notwendig.

DER ATHENER: Und werden wir nicht erklären, daß am einen, am Schlechten, wenn überhaupt jemand, wir Anteil haben, die Götter dagegen eines solchen weder in hohem noch in geringem Grade teilhaftig sind?

KLEINIAS: Auch das möchte wohl jeder einräumen.

DER ATHENER: Wie ferner? Werden wir Sorglosigkeit, Trägheit und Bequemlichkeit zur Tugend der Seele rechnen, oder was meinst du?

KLEINIAS: Wie sollten wir wohl?

DER ATHENER: Sondern zum Entgegengesetzten?

KLEINIAS: Ja.

901 a DER ATHENER: Demnach auch das diesem Entgegengesetzte zum Entgegengesetzten?

KLEINIAS: Zum Entgegengesetzten.

DER ATHENER: Und wie also? Ein bequemlicher, sorgloser und träger Mensch, wie ihn der Dichter am meisten ähnlich den stachellosen Drohnen nannte, würde nicht jeder zu einem solchen uns werden?

KLEINIAS: Das sagt er sehr richtig.

DER ATHENER: Demnach dürfen wir nicht sagen, daß der Gott eine solche Gesinnung hat, die ihm selber verhaßt ist, noch dem es gestatten, welcher so etwas zu behaupten versucht.

Kleinias: Gewiß nicht. Wie könnten wir das wohl?

Der Athener: Wem es aber vorzüglich zukommt, zu handeln und b für etwas Sorge zu tragen, wessen Vernunft jedoch zwar für das Große Sorge trägt, das Geringfügige dagegen vernachlässigt, aus welchem Grunde würden wir einen solchen wohl loben, ohne eines entschiedenen Irrtums uns schuldig zu machen? Erwägen wir das folgendermaßen. Handelt nicht nach zwei Weisen derart, wer so handelt, sei es ein Gott oder Mensch?

Kleinias: Welche zwei meinen wir denn?

Der Athener: Entweder weil er glaubt, das Vernachlässigen des Geringfügigen sei von keinem Einfluß auf das Ganze, oder aus c Leichtsinn und Bequemlichkeit, wenn es von Einfluß ist, er es aber vernachlässigt. Oder entsteht Sorglosigkeit irgend anderswoher? Denn wenn es für alles zu sorgen unmöglich ist, dann wird es keine Sorglosigkeit für das Geringfügige oder Wichtige sein, wenn einer nicht Sorge für das trägt, über welches er als Gott oder als ein Untauglicher der Macht ermangelnd auch nicht fähig wird Sorge zu tragen.

Kleinias: Wie anders wohl?

[11. Beweis, daß die Götter sich auch um das Kleine und Geringfügige kümmern]

Der Athener: Nun mögen uns dreien die beiden Rede stehen, welche beide einräumen, daß Götter seien, deren einer aber sie bestech- d lich nennt und der andere unbekümmert um das Geringfügige. Erstens behauptet also ihr beide, daß die Götter alles wissen, sehen und hören und daß nichts ihnen verborgen bleiben könne, wovon es die Wahrnehmungen und Erkenntnisse gibt. Sagt ihr, daß dem so sei, oder wie?

Kleinias: Wie du sagst.

Der Athener: Wie weiter? Daß sie alles vermögen, was sonst im Vermögen der Sterblichen und Unsterblichen steht?

Kleinias: Wie sollten sie nicht einräumen, daß auch das so sich verhalte?

Der Athener: Gewiß waren auch wir fünf insgesamt einverstan- e den, daß sie gut, ja die Besten seien.

Kleinias: Ganz entschieden.

Der Athener: Ist es also nun nicht unmöglich, einzuräumen, daß sie, sind sie so beschaffen, wie wir eingeräumt haben, überhaupt irgend etwas aus Leichtsinn und Bequemlichkeit tun? Denn bei uns jedenfalls ist Trägheit ein Kind der Feigheit, Leichtsinn aber der Trägheit und Bequemlichkeit.

Kleinias: Du hast sehr recht.

Der Athener: Aus Trägheit jedoch und Leichtsinn entzieht kein Gott sich der Sorge, denn an der Feigheit hat er doch nicht irgendwie Anteil.

Kleinias: Sehr richtig bemerkt.

Der Athener: Bleibt nun also nicht übrig, daß, wenn sie das Ge- 902 a ringfügige und Kleine im All vernachlässigen, sie das wohl tun, weil sie entweder erkennen, daß man überhaupt um nichts Derartiges sich zu kümmern habe, oder — was sonst bleibt übrig als das Gegenteil der Erkenntnis?

KLEINIAS: Nichts.

DER ATHENER: Wollen wir also, du Trefflichster und Bester, annehmen, du behauptest, daß sie entweder unwissend und, obwohl es nötig wäre, dafür zu sorgen, aus Unwissenheit es vernachlässigend es nicht tun oder wissend, daß es notwendig ist — wie man vom Tun der verachtetsten Menschen sagt, welche wissen, daß es besser b ist, anderes zu tun, als was sie tun —, es von gewissen Lust- oder Schmerzgefühlen bewältigt nicht tun?

KLEINIAS: Wie sollten sie doch wohl?

DER ATHENER: Haben nun nicht sowohl die Angelegenheiten der Menschen an der beseelten Natur Anteil, und es ist auch der Mensch von allen Geschöpfen das gottesfürchtigste?

KLEINIAS: Gewiß, so scheint es.

DER ATHENER: Ein Besitztum aber der Götter, behaupten wir, seien alle sterblichen Geschöpfe, und ihnen gehöre auch der ganze Himmel.

KLEINIAS: Wie sollten wir nicht?

DER ATHENER: Mag nun jetzt jemand diese Besitztümer für etwas für die Götter Geringfügiges oder Bedeutendes erklären, in keinem c Falle dürfte es unseren Besitzern, welche doch die Besorgtesten und Besten sind, zukommen, sie zu vernachlässigen. Außerdem wollen wir nämlich auch noch folgendes dazu erwägen.

KLEINIAS: Was denn?

DER ATHENER: Was Wahrnehmung und Fähigkeit angeht, verhalten sich beide ihrer Natur nach nicht in bezug auf Leichtigkeit und Schwierigkeit in entgegengesetzter Weise zueinander?

KLEINIAS: Wie meinst du?

DER ATHENER: Das Kleine ist wohl schwieriger zu sehen und zu hören als das Große, das Kleine und Geringfügige dagegen zu ertragen, zu bewältigen, dafür Sorge zu tragen, für jeden leichter als das Entgegengesetzte.

d KLEINIAS: Und zwar bei weitem.

DER ATHENER: Wird für einen Arzt, welcher etwas Ganzes zu behandeln beauftragt ist, wenn er für das Bedeutende zwar Sorge tragen will und kann, aber die einzelnen Teile und das Geringfügige vernachlässigt, es um das Ganze je wohl bestellt sein?

KLEINIAS: Keineswegs.

DER ATHENER: Gewiß auch nicht für die Steuermänner oder Feldherren oder die Vorsteher eines Hauswesens, noch ferner für gewisse Staatsmänner oder andere der Art, um das Häufige und Große ohne das selten Vorkommende und Geringfügige; denn wie die Maue rer behaupten, fügen sich nicht einmal die großen Steine ohne die kleinen wohl ineinander.

KLEINIAS: Wie sollten sie das wohl?

DER ATHENER: Achten wir also wenigstens den Gott nicht für geringer als sterbliche Handwerker, welche vermittels *einer* Kunst die ihnen zukommenden Werke, kleine *und* große, um so genauer und vollkommener zustande bringen, je besser sie sind; noch glauben wir, daß der Gott, als der Weiseste, welcher der Fürsorge fähig und dazu geneigt ist, gerade wie ein träger oder feiger Mensch der Anstrengung wegen müßig für das gar nicht Sorge trage, wofür, als das Kleine, es leichter war zu sorgen, wohl aber für das Große.

KLEINIAS: Etwas Derartiges von den Göttern zu glauben, wollen wir, Gastfreund, uns nicht bereden lassen, denn das würde eine keineswegs gottgefällige noch richtige Vorstellung sein.

DER ATHENER: Jetzt aber scheinen wir bereits ziemlich gut den abgefunden zu haben, welcher die Götter der Sorglosigkeit beschuldigen möchte.

KLEINIAS: Ja.

DER ATHENER: Wenigstens insofern wir durch unsere Reden ihn zuzugeben nötigten, daß seine Behauptung unrichtig sei; doch scheint es fürwahr mir noch einiger Erzählungen zu bedürfen, die ihn durch Bezauberung fesseln.

KLEINIAS: Welcher denn, mein Guter?

[12. Ermahnungen an den Ungläubigen. Fürsorge der Götter und Veränderung der Seelen]

DER ATHENER: Suchen wir den jungen Mann durch unsere Reden zu überzeugen, daß von dem, welcher für das All Sorge trägt, im Hinblick auf die Erhaltung und Vervollkommnung des Ganzen alles angeordnet wurde, von welchem allen nach Vermögen auch jeder Teil, was ihm zukommt, erleidet und bewirkt. Es sind aber jedem dieser Teile Herrscher bestimmt auch für das Geringste des Leidens und Tuns, welche bis zur letzten Teilung hin Vollendung bewirkten. Von ihnen ist ein Teilchen, Starrsinniger, auch deines, welches, obschon ein sehr winziges, stets auf das Ganze gerichtet mitwirkt; dir blieb aber, eben in bezug auf dieses, verborgen, daß jenes wegen jede Erzeugung geschieht, nämlich damit dem Leben des Ganzen ein glückseliges Wesen zugrunde liege, welches Wesen nicht deinetwegen wird, wohl aber du des Ganzen wegen. Denn jeder Arzt, jeder kunstverständige Handwerker schafft jedes Zieles wegen jedes, aber den auf das gemeinsame Beste hinstrebenden Teil gewiß des Ganzen, nicht aber das Ganze des Teiles wegen. Doch du bist unwillig, weil du nicht weißt, inwiefern das in bezug auf dich Beste für das Ganze auch dir zufällt kraft des gemeinsamen Ursprungs. Da aber ständig die bald dem einen, bald einem andern Körper zugeordnete Seele Veränderungen aller Art durch sich selbst oder eine andere Seele durchläuft, so bleibt dem Brettspieler keine andere Aufgabe, als die besser werdende Sinnesart an eine schönere, die schlechter werdende an eine schlechtere Stelle, wie sie jeder derselben zukommt, zu versetzen, damit das ihnen angemessene Los ihnen zuteil werde.

KLEINIAS: Inwiefern meinst du?

DER ATHENER: Ich glaube so darzustellen, wie es sich mit der Leichtigkeit der Fürsorge der Götter für alles verhält. Wenn nämlich ein Gott dieses alles durch Umwandlung gestalten wollte, ohne stets das Ganze zu berücksichtigen, wie zum Beispiel aus Feuer beseeltes

Wasser, und nicht vieles aus einem oder aus vielem eines, dann
904 a würde es wohl, nachdem es seine erste oder zweite oder auch dritte
Erzeugung erlangt hätte, der Menge nach unendlich an umgewandelter Anordnung sein; jetzt aber ist dem, welcher für das All Sorge
trägt, das in bewundernswürdiger Weise leicht.
KLEINIAS: Wie meinst du das wieder?
DER ATHENER: So. Da unser König sah, daß alle Handlungen beseelte seien und daß in ihnen mannigfache Tugend, aber auch mannigfache Schlechtigkeit liege und daß Leib und Seele, einmal entstanden, zwar unvergänglich, nicht aber ewig sei, wie die nach dem
Gesetz bestehenden Götter — gäbe es doch, wenn das eine von jenen
b beiden unterginge, keine Erzeugung des Lebendigen —; da er ferner
erwog, daß das eine, nämlich soviel Gutes in der Seele ist, seiner
Natur nach stets Gewinn, das Schlechte dagegen Schaden bringe: indem er das alles erkannte, sann er darauf, an welcher Stelle jeder
der Teile sich befinden müsse, um am ersten, leichtesten und besten
den Sieg der Tugend und das Unterliegen der Schlechtigkeit in dem
Ganzen herbeizuführen. Zum Zwecke dieses allen also hat er ausgesonnen, als wie beschaffen etwas entstehend es an welcher Stelle und
an welchen Orten heimisch werden müsse; von der Entstehung als
c ein irgendwie Beschaffener aber überließ er den Willensregungen
eines jeden von uns die Gründe. Denn in welcher Weise einer begehrt und als wie beschaffen in der Seele, in der Weise nahezu immer und als ein solcher entsteht auch jeder von uns meistens.
KLEINIAS: Das ist natürlich.
DER ATHENER: Nun verändert sich alles, was einer Seele teilhaftig
ist, indem es in sich selbst den Grund dieser Veränderung trägt,
und sich verändernd wechselt es seinen Ort gemäß der Anordnung
und dem Gesetze des Schicksals. Wenn es nun Geringeres an der Gesinnung selten verändert, dann durchläuft es eine Ortsveränderung
in gleicher Höhe des Raumes; wenn es aber öfter und zu größerer
d Ungerechtigkeit umschlägt, dann wandert es zur Tiefe und nach den
sogenannten unterirdischen Räumen, welche als Hades und mit diesem verwandten Namen bezeichnet in den Lebenden wie nach der
Trennung vom Körper arge Befürchtungen und Traumgebilde erzeugen. Nimmt ferner die Seele von Schlechtigkeit oder Tugend ihrem eigenen Willen und der mächtig sich bewährenden Einwirkung
des Umgangs zufolge in größerem Maße auf, dann wird ihr auch,
gestaltet sie durch Anhänglichkeit an die göttliche Tugend sich selbst
in ausgezeichneter Weise zu einer solchen, demgemäß durch Versete zung an einen andern Ort, ein ausgezeichneter und ganz und gar
heiliger Aufenthaltsort zuteil; findet aber das Gegenteil statt, dann
wird der Schauplatz ihres Lebens ein jenem entgegengesetzter sein.
«Das ist dir das Gericht der Unsterblichen auf dem Olympos»,
mein lieber Knabe oder Jüngling, der du dich von den Göttern vernachlässigt wähnst, wirst du schlechter, zu den Schlechteren, wirst
du besser, zu den Besseren zu wandern und im Leben sowie nach jedem Dahinsterben das zu erleiden, was der Ähnlichgesinnte von dem
Ähnlichgesinnten zu erwarten hat, und ebenso zu verfahren. Dieses

Gericht der Götter darfst weder du noch ein anderer, der das Unglück hatte, bewältigen zu können sich rühmen; ein Gericht, welches vor jedem andern die Anordner desselben anordneten und vor dem es durchaus Scheu zu hegen gilt. Denn niemals wirst du von demselben übersehen werden, ob du, ein Winziger, zu der Erde Tiefen hinabsteigst oder, ein Hoher, zu dem Himmel dich aufschwingst, sondern du wirst die von ihm dir auferlegte Strafe erleiden, ob du hier auf der Erde bleibst oder auch, nachdem du dorthin wandertest, im Hades, oder nach einem noch grauenvolleren Orte als diesem versetzt wurdest.

Dasselbe Verhältnis dürftest du wohl auch hinsichtlich derjenigen annehmen, von welchen du, weil du sie durch begangene Frevel oder ähnliches Tun aus Geringen groß geworden sahst, glaubtest, sie seien aus einem kläglichen zu einem glücklichen Lose gelangt, und vermeintest, in ihrem Gedeihen, wie in einem Spiegel, die Sorglosigkeit der Götter für alles erschaut zu haben, ohne zu erkennen, inwiefern ihr Zusammenwirken dem Ganzen förderlich ist. Wie hältst du aber, du wackerster aller Forscher, dich nicht für verpflichtet, das zu beachten? Wer das nicht beachtet, dem dürfte nie ein Musterbild sich gestalten, noch dürfte er imstande sein, zu einem Rechnungsabschluß über das Leben in bezug auf Glückseligkeit und ein unglückliches Los zu gelangen.

Wenn dadurch unser Kleinias da und unser gesamter Greisenverein dich überzeugt, daß du das, was du von den Göttern behauptest, nicht weißt, dann dürfte wohl die Gottheit selbst dein Nachdenken kräftig unterstützen. Solltest du aber noch irgendeinen Beweis vermissen, dann leihe, wenn du irgendeiner Überlegung fähig bist, unserer gegen das Dritte gerichtete Rede dein Ohr. Daß nämlich Götter seien und daß sie um die Menschen sich kümmern, daß sei, behaupten wir, nicht ganz schlecht von uns nachgewiesen; daß aber ferner die Götter für die Unrechthandelnden, indem sie Geschenke annehmen, bestechlich seien, das dürfen wir niemandem einräumen und müssen es nach Vermögen auf alle Weise widerlegen.

KLEINIAS: Sehr wohl gesprochen; das, was du da sagst, müssen wir tun.

[13. Die Ansicht, daß die Götter bestechlich sind: Welches müßte dazu ihre Beschaffenheit sein?]

DER ATHENER: Wohlan denn, bei den Göttern selbst! In welcher Weise dürften sie wohl für uns, würden sie es, bestechlich werden? Von welcher Art und Beschaffenheit müßten sie sein? Zu Herrschern müßten doch wohl notwendig diejenigen werden, welche fortwährend über das Weltganze walten sollen?

KLEINIAS: So ist es.

DER ATHENER: Mit welchen Herrschern haben sie also Ähnlichkeit, oder welche mit ihnen, die uns in den Stand setzen könnten, das Rechte zu treffen, indem wir die größeren den kleineren vergleichen? Möchten wohl manche Wagenlenker einen Wettkampf bestehender Gespanne oder Steuermänner von Schiffen in ähnlicher Weise beschaffen sein? Vielleicht ließen sie sich wohl auch mit manchen Anführern von Kriegsheeren vergleichen. Möglicherweise dürften sie ferner Ärzten zu vergleichen sein, welche dem Kampfe der Krankheit im Körper vorzubeugen suchen, oder Landwirten, welche ängst-906 a lich die für die Erzeugung von Gewächsen gefährlichen Zeiten des Jahres erwarten, oder auch den Herdenaufsehern. Denn da wir uns selbst das Zugeständnis gemacht haben, die Welt sei mit gar vielem Guten, aber auch, und zwar in der Mehrzahl, mit dem Entgegengesetzten angefüllt, so ist, behaupten wir, ein derartiger Kampf ein immerwährender und einer großen Vorsicht bedürftiger; unsere Verbündeten dabei aber sind Götter und Dämonen und wir der Götter und Dämonen Besitztum. Verderben bringt uns mit Unverstand verbundene Ungerechtigkeit und Frevelhaftigkeit, Rettung mit Weisheit b verbundene Gerechtigkeit und Besonnenheit, welche Tugenden in den beseelten Kräften der Götter ihren Sitz haben; daß davon in uns nur wenig einheimisch sei, läßt wohl auch daraus sich deutlich erkennen: es ist doch offenbar, daß manche der Erde anhaftende, eine ungerechte Gesinnung hegende, tierähnliche Seelen die Seelen der sie gleich Hunden oder Hirten Bewachenden oder die ihrer entschieden höchsten Gebieter bestürmen und durch schmeichelnde Worte und c gewisse, der von Schlechtgesinnten verbreiteten Meinung zufolge, Zaubergesängen zu vergleichende Gebete zu bereden suchen, damit ihnen Übergriffe, ohne unter Menschen dafür etwas Schlimmes zu erdulden, gestattet seien. Wir nennen nämlich das jetzt erwähnte Vergehen ein Übergreifen, welches bei unserem körperlichen Selbst Krankheit, im wiederkehrenden Wechsel der Jahreszeiten Seuche und in den Staaten, mit Umgestaltung des Ausdruckes, Ungerechtigkeit heißt.

KLEINIAS: So ist es durchaus.

DER ATHENER: Dafür muß sich notwendig derjenige erklären, wel-d cher behauptet, die Götter seien nachsichtig gegen die ungerechten und unrecht handelnden Menschen, wenn jemand ihnen von dem mit Unrecht Erworbenen etwas abgebe; als wenn die Wölfe den Hunden ein weniges von ihrem Raube abgäben, diese aber, durch solche Geschenke besänftigt, ihnen räuberisch über die Herden herzufallen gestatteten. Ist das nicht die Rede derjenigen, welche die Götter für bestechlich erklären?

KLEINIAS: Gewiß, das ist sie.

[14. Zurückweisung der dritten These und Abschluß der Einleitung]

DER ATHENER: Welchem der vorhergenannten Wächter möchte nun wohl irgend jemand, ohne sich lächerlich zu machen, die Götter ver-e gleichen? Etwa den Steuermännern, welche, durch die Spende des Weines und den Bratengeruch gewonnen, Schiffe und Schiffsmannschaft scheitern lassen?

KLEINIAS: Keineswegs.

DER ATHENER: Aber gewiß auch nicht in einem Wettkampf einem der gegenüberstehenden Wagenlenker, welche, durch Geschenke verlockt, einem andern Gespanne den Sieg zuwenden?

Kleinias: Da würdest du in deiner Rede eine arge Vergleichung aufstellen!

Der Athener: Gewiß auch nicht weder Feldherren noch Ärzten, nicht Landwirten oder Hirten, noch auch von den Wölfen beschwichtigten Hunden.

Kleinias: Wahre deine Zunge! Wie wäre das wohl denkbar?   907 a

Der Athener: Sind aber für uns nicht alle Götter vor allen Wächtern die höchsten und die des Höchsten?

Kleinias: Bei weitem.

Der Athener: Wollen wir nun diejenigen, unter deren Obhut das Herrlichste steht und die unter allen durch die Trefflichkeit ihrer Obhut hervorragen, für schlechter als die die Mitte haltenden Hunde und Menschen erklären, welche wohl niemals an dem, was recht ist, durch ihnen von ungerechten Menschen in verruchter Weise gebotene Geschenke bestimmt, zu Verrätern werden würden?

Kleinias: Keineswegs. Unerträglich erschiene eine solche Erklä- b rung; wer aber auf dieser Meinung beharrt, den dürften wir wohl mit dem größten Recht unter allen in jeder Art von Gottlosigkeit Gottlosen für den Schlechtesten und Gottlosesten erkannt haben.

Der Athener: Dürfen wir nun wohl behaupten, die drei von uns aufgestellten Sätze: daß Götter seien, daß sie Fürsorge tragen und daß sie durchaus nicht dem zuwider, was recht ist, zu erweichen sind, in ausreichender Weise erwiesen zu haben?

Kleinias: Wie sollten wir nicht? Unsere Zustimmung wenigstens haben diese Reden.

Der Athener: Die Streitlust der schlechten Menschen veranlaßte uns, mit größerem Nachdruck zu sprechen. Darum, Kleinias, ließen c wir in diesen Streit uns ein, damit die Schlechten nicht etwa, siegten sie in ihren Reden ob, die Freiheit zu haben glauben, zu tun, was sie wollen, und über die Götter jegliches, wie und was sie wollen, zu denken. Daraus erwuchs uns die Lust, in jugendlicherer Weise uns zu äußern. Haben wir aber auch nur einigermaßen den Zweck erreicht, irgendwie diese Männer zu vermögen, ihr eigenes Tun zu hassen und die entgegengesetzte Gesinnung liebzugewinnen, dann dürften wir wohl eine gute Einleitung zu den Gesetzen über die Gott- d losigkeit gegeben haben.

Kleinias: Das dürfen wir wenigstens hoffen. Erreicht sie ihren Zweck nicht, dann dürfte wenigstens dem Gesetzgeber die Art seiner Rede nicht zum Vorwurf gereichen.

[15. Das Gesetz über Gottlosigkeit]

Der Athener: Nach dieser Einleitung möchten wir mit Fug eine Aufforderung, als Gesetzesdeuterin, ergehen lassen, die alle Gottlosen im voraus ermahne, ihre Lebensweise mit der des Gottesfürchtigen zu vertauschen; für diejenigen aber, welche uns kein Gehör geben, bestehe hinsichtlich der Gottlosigkeit folgendes Gesetz:

Vergeht sich jemand in Wort oder Tat an den Göttern, dann wehre dem, wer zufällig davon Zeuge ist, indem er den Staatsbeamten e es anzeigt, deren Vornehmste, auf diese Anzeige hin, jenen vor den gesetzlich dazu bestellten Gerichtshof zu führen haben. Tut eine Obrigkeit das nicht, nachdem es zu ihrer Kenntnis kam, dann könne, wer da für die Gesetze auftreten will, gegen diese selbst die Klage der Gottlosigkeit erheben. Wird aber einer für schuldig erkannt, dann erkenne der Gerichtshof jedem besonderen Vergehen der Gottlosen eine besondere Strafe zu. So stehe Verhaftung allen bevor. Da es aber drei Gefängnisse gibt, das eine am Markte, den meisten Gefangenen gemeinsam, um der Personen der vielen sich zu versichern, das andere in der Nähe des nächtlichen Zusammenkunftsortes, welches den Namen des Besserungshauses führt, und eines in der Mitte des Landes, an einer einsamen, möglichst unwirtlichen Stelle, welches mit einem Namen übler Vorbedeutung Zuchthaus heißt, und da es ferner drei von uns besprochene Ursachen der Gottlosigkeit gibt, aus jeder dieser drei aber doppelte Arten hervorgehen, so dürften sich sechs voneinander zu unterscheidende Gattungen der gegen das Göttliche sich Vergehenden ergeben, welche nicht in gleicher oder ähnlicher Weise zur Verantwortung zu ziehen sind. Wem nämlich, während er an keine Götter glaubt, eine von Natur durchaus rechtliche Gesinnung zuteil ward, der empfindet Haß gegen die Schlechten und gestattet sich bei seinem Widerwillen gegen die Ungerechtigkeit nicht derartige Handlungen; er meidet die ungerechten Menschen und liebt die gerechten. Gesellt sich aber bei einem andern zu dem Glauben, alles sei der Götter bar, die Übermacht der Lust- und Schmerzgefühle, unterstützen ihn ein treues Gedächtnis und leichte Fassungskraft, dann leiden beide an dem gemeinschaftlichen Gebrechen, keine Götter zu glauben; doch die eine Gattung dürfte unter den übrigen Menschen des Schadens mehr, die andere weniger anrichten. Denn der eine dürfte vielleicht, von freien Reden über Opfer und Eidschwüre überströmend, dadurch, wird er deswegen nicht bestraft, daß er andere verhöhnt, auch diese zu solchen Menschen machen; dagegen wird der andere, desselben Glaubens wie jener, der Listen und Ränke voll, für einen Schlaukopf gelten, aus welcher Gattung gar manche Wahrsager und der gesamten Zauberei Beflissene hervorgehen, sowie bisweilen auch Gewaltherrscher, Volksredner und Feldherren, desgleichen die, welche in besonderer Geheimfeier Verschwörungen vorbereiten, sowie die Kunstgriffe der mit dem Namen der Sophisten Bezeichneten. Diese Menschen dürften wohl in viele Gattungen zerfallen, aber zwei derselben erheischen die Aufstellung von Gesetzen. Die Vergehungen der einen, der heuchlerischen, verdienen nicht bloß einfache oder doppelte Todesstrafe, bei der andern ist sowohl Zurechtweisung als Verhaftung erforderlich. Ebenso erzeugt der Glaube an die Nichtfürsorge der Götter zwei verschiedene Gattungen sowie der an die Bestechlichkeit derselben zwei andere.

Da diese nun in der Weise sich unterscheiden, so sende der Richter diejenigen, welche durch Unverstand oder arge Leidenschaften und Gesinnungen dahin gelangten, nach des Gesetzes Vorschrift wenigstens auf fünf Jahre in das Besserungshaus, und in dieser Zeit komme kein anderer Bürger zu ihnen mit Ausnahme der an den nächtlichen Zusammenkünften Teilnehmenden, die mit ihnen zu ihrer Zurechtweisung und zum Heile ihrer Seelen verkehren. Ist aber die Zeit ihrer Haft verstrichen und ist mancher von ihnen zur Besonnenheit gekommen, dann kehre er zu den Besonnenen zurück; doch ist das nicht der Fall und unterliegt er von neuem einer solchen Anklage, dann werde er mit dem Tode bestraft. Diejenigen aber, welche, außer daß sie glauben, die Götter ermangeln der Fürsorge b oder seien bestechlich, einen tierischen Sinn zeigen, welche mit Geringschätzung der Menschen die Seelen vieler Lebenden beschwören und des Beschwörens der Seelen Verstorbener sich berühmen sowie sich anheischig machen, die Götter zu überreden, als vermöchten sie dieselben durch das Gaukelspiel von Opfern, Gebeten und Zaubergesängen zu täuschen; welche ferner einzelne, ganze Familien und Staaten aus Habsucht von Grund aus zu verderben suchen: wer, dieser Dinge angeklagt, deren schuldig zu sein scheint, den verurteile dem Gesetze nach der Gerichtshof zur Haft in dem Gefängnis in des c Landes Mitte sowie dazu, daß nie ein Freier zu ihm komme und daß er aus den Händen von Sklaven eine von den Gesetzeswächtern ihm vorgeschriebene Kost empfange. Nach seinem Tode werde er unbestattet über des Landes Grenzen geworfen; wohnt aber ein Freier seiner Bestattung bei, den könne, wer da will, der Gottlosigkeit belangen; doch hinterließ er etwa dem Staate taugliche Kinder, dann tragen die für die Waisen Sorgenden auch für diese, als seien es Waisen, ebensogut wie für andere von dem Tage an Sorge, an welchem ihr Vater als Angeklagter schuldig befunden ward. d

[16. Verbot privater Heiligtümer]
Es muß aber ein über dieses alles sich erstreckendes, gemeinsames Gesetz bestehen, das da, weil eine demselben zuwiderlaufende Gottesverehrung nicht gestattet ist, bewirke, daß die große Menge sich in Wort und Tat minder fahrlässig beweise und eine minder unverständige Meinung über sie hege. Das für alle gültige Gesetz laute nämlich ganz einfach so: Kein einziger habe in seiner eigenen Wohnung ein Bethaus, kommt es aber jemandem in den Sinn, zu opfern, dann begebe er sich deshalb nach den öffentlichen Tempeln und übergebe seine Opferspenden den Priestern und Priesterinnen, welche für die Reinheit derselben Sorge tragen; mit ihnen aber und dem- e jenigen, der mit ihm beten will, vereinige er sein Gebet. Das geschehe aus folgenden Gründen: Tempel und Götterbilder zu errichten, ist keine leichte Aufgabe, und man muß mit Recht bei so etwas mit großer Überlegung verfahren; und vor allem haben alle Frauen und die irgendwie Kranken sowie die von Gefahr oder Mangel, wenn sie irgendworan ihn leiden, Bedrängten, oder auch wenn Überfluß an irgend etwas ihnen zuteil ward, die Gewohnheit, Göttern, Dämonen und Göttersöhnen das, was sie eben haben, zu weihen, Opfer ihnen 910 a zu verheißen sowie Weihgeschenke zu geloben, desgleichen auch aus Furcht vor im wachen Zustande und im Traume gehabten Erscheinungen sowie bei der Erinnerung an mannigfache Gesichte, indem sie für alle diese Fälle Altäre und Weihstätten als Heilmittel anse-

hen. Dieses allen wegen muß man nach dem eben ausgesprochenen Gesetze verfahren, daneben auch wegen der Gottlosen, damit diese
b nicht auch hier eine Täuschung sich erlauben und, indem sie in ihren Wohnungen Weihstätten und Altäre errichten, in der Hoffnung, insgeheim durch Opfer und Gebete der Götter Verzeihung zu erlangen, ihre Ungerechtigkeit in das Unendliche steigern, wodurch sie sich selbst sowie denen, die, besser als sie, es ihnen gestatten, den Unwillen der Götter zuziehen, so daß der ganze Staat gewissermaßen mit Recht diese gottlosen Menschen zu genießen hat. Doch dem Gesetzgeber wird der Gott gewiß die Schuld nicht beimessen; denn es bestehe das erwähnte Gesetz: Niemand solle in seiner eigenen Wohnung den Göttern geweihte Stätten haben; von wem es aber
c kund wird, daß er sie habe und andere heilige Handlungen als die öffentlichen begehe, den verklage, sei es ein Mann oder Weib, wenn er sie hat, ohne daß er eine große und ruchlose Ungerechtigkeit beging, derjenige, welcher es innewird, bei den Gesetzeswächtern; diese mögen ihm dann befehlen, seine häuslichen Heiligtümer an die öffentlichen Tempel abzuliefern, und ihm, gehorcht er nicht, Bußen auferlegen, bis er es tut. Wurde es aber von einem kund, daß er, nicht eines jugendlichen Frevels, sondern des eines verruchten Mannes gegen die Götter schuldig, irgendeinem derselben, ob nun in der eigenen Wohnung oder öffentlich, Weihgeschenke als Opfer auf-
d stellte und mit unreinen Händen Opfer darbrachte, der werde mit dem Tode bestraft. Nachdem aber die Gesetzeswächter über das Jugendliche oder Nichtjugendliche entschieden, mögen sie dieselben zuletzt, unter der Anklage der Gottlosigkeit, dem Gerichtshofe vorführen.

ELFTES BUCH

[1. Aneignung von vergrabenen Schätzen und anderem Besitztum]

DER ATHENER: Nach diesem dürfte es für uns wohl einer angemessenen Anordnung des gegenseitigen Handelsverkehrs bedürfen. So etwas ist wohl sehr einfach. So wenig wie möglich vergreife sich jemand an meinem Eigentum, noch verrücke er, erlangte er nicht irgendwie meine Zustimmung, das Geringste daran. In derselben Weise werde auch ich, wenn ich verständig bin, hinsichtlich des Eigentums anderer verfahren.

Einen Schatz, das wollen wir für das erste unter dem Dahingehörigen erklären, welchen jemand, der nicht zu meinen Voreltern gehörte, als ein kostbares Besitztum für sich und die Seinigen vergrub, diesen zu finden, möge ich nimmer von den Göttern erflehen, noch, fand ich ihn, daran mich vergreifen, noch mit den sogenannten Hellsehern darüber mich besprechen, die mir wohl raten dürften, des der Erde Anvertrauten irgendwie mich zu bemächtigen. Denn bemächtigte ich mich desselben würde mir das hinsichtlich des Geldgewinnes nicht von solchem Vorteil sein, als ich, täte ich es nicht, an Kraft der Seele in bezug auf Tugend und Gerechtigkeit zunehmen würde, indem ich statt des einen Besitztums ein anderes, besseres an besserer Stelle dadurch mir zueignete, daß ich das in der Seele einheimische Rechtsgefühl dem Reichtum in meinem Besitztum vorzöge; denn das für viele Fälle mit Fug ausgesprochene Verbot, an dem Unangreifbaren sich nicht zu vergreifen, dürfte auch dafür als etwas dahin Gehöriges gelten. Auch den hierüber verbreiteten Sagen ziemt es sich Glauben beizumessen, daß so etwas für die Kindererzeugung nicht ersprießlich sei. Wer aber um Kinder unbekümmert und ohne auf den zu achten, welcher das Gesetz gab, dasjenige, was weder er selbst noch einer seiner Voreltern niederlegte, ohne die Zustimmung dessen sich anmaßt, welcher es niederlegte, und dadurch der Gesetze schönstes und einfachstes übertritt, die Gesetzesbestimmung eines durchaus nicht unehrenwerten Mannes, welcher befahl: Maß' dir nicht an, was du nicht niederlegtest — was muß dem widerfahren, welcher diese beiden Gesetzgeber geringachtet und nicht etwas Geringfügiges, sondern bisweilen einen sehr bedeutenden Schatz sich anmaßt, den er selbst nicht niederlegte? Was von seiten der Götter, weiß Gott. Wer es aber zuerst bemerkt, der zeige es an; geschieht so etwas in der Stadt, den Stadtaufsehern, wenn irgendwo auf dem Markte der Stadt, den Marktaufsehern, wenn aber sonstwo im Lande, dann tue er es den Feldaufsehern und den Vorgesetzten derselben kund. Ward es aber kund, dann sende der Staat deshalb Boten nach Delphi, und was der Gott hinsichtlich des Geldes und dessen, welcher sich daran vergriff, bestimmt, das vollziehe, dem

Ausspruche des Gottes gemäß, der Staat. Ist nun der Angeber ein Freier, dann erwerbe ihm das den Ruf der Tugend, unterläßt er es aber, den der Feigheit. Ist es aber ein Sklave, dann dürfte er mit Recht vom Staate, der den Herrn desselben dafür entschädigt, die Freiheit erlangen; doch zeigt er es nicht an, dann werde er mit dem Tode bestraft.

b Diesem Gesetze schließe sich zunächst die weitere Gesetzesbestimmung über dasselbe, Großes oder Kleines, an. Wenn jemand etwas ihm Angehöriges absichtlich oder absichtslos liegenläßt, dann hebe der zufällige Finder es nicht auf, des Glaubens, über derartiges wache der Straßen Schirmerin, welcher Göttin das Gesetz es weihte. Wenn aber jemand, dem zuwider und dem Gesetze keine Folge leistend, es aufhebt und nach Hause trägt, dann werde er, ist es ein Sklave, der an etwas von geringem Werte sich vergriff, von dem eben Dazukommenden, ist derselbe nicht unter dreißig Jahre alt,
c mit vielen Streichen gezüchtigt; ist es dagegen ein Freier, dann entrichte er, indem er außerdem als ein unfreier Verächter der Gesetze erscheint, dem, welcher es zurückließ, den zehnfachen Wert dessen, was er sich anmaßte.

Beschuldigt ferner einer jemanden, daß in dessen Händen etwas Größeres oder Kleineres von seinem Besitztum sich befinde und gibt jener zu, daß er das zwar habe, doch nicht, daß es ein Besitztum des dasselbe Beanspruchenden sei: dann lade derselbe, wenn das Besitztum dem Gesetze gemäß von der Obrigkeit eingetragen ist, den Inhaber vor die Obrigkeit, und dieser stelle sich. Wird es nun, wie es aus dem in die Verzeichnisse Eingetragenen erhellt, offenbar,
d welchem unter den beiden dasselbe Beanspruchenden es gehört, ziehe dieser als Besitzer von dannen. Ergibt es sich aber als das Besitztum eines andern, nicht Anwesenden, dann leiste der eine der beiden für den Abwesenden genügende Bürgschaft, daß er es ihm zurückerstatten wolle, und büße mit einer dem Verluste desselben entsprechenden Geldstrafe. Findet sich aber das strittige Besitztum nicht eingetragen, dann werde es bei den drei ältesten Staatsbeamten niedergelegt. Ist ferner das mit Beschlag Belegte irgendein Haustier, dann entrichte der im Rechtsstreit Unterliegende die Kosten
e der Fütterung an die Staatsbeamten, diese aber sollen binnen drei Tagen die Sache entscheiden.

[2. Sklaven, Freigelassene und Tiere. Verkauf und Rückerstattung]
Seinen eigenen Sklaven verhafte, wer da verständigerweise will, um über ihn, was das göttliche Recht ihm gestattet, zu verhängen; er verhafte aber auch einen entwichenen im Namen eines anderen, ihm Angehörigen oder Befreundeten zum Zweck der Erhaltung desselben. Setzt jedoch sich jemand in den Besitz eines, der in die Sklaverei geführt wird, als eines Freien, dann gebe der Wegführende ihn frei; aber nur mit Aufstellung dreier annehmlicher Bürgen mache der ihn Beanspruchende seinen Anspruch geltend; tut er es ohne diese Beschränkung, dann treffe ihn die Anklage der Gewalttätig-
915 a keit, und er entrichte, unterliegt er derselben, dem Beraubten das

Doppelte des angemeldeten Verlustes. Auch den Freigelassenen mag jemand verhaften, wenn einer sich nicht oder in ungenügender Weise demjenigen dienstbar zeigt, welcher ihm die Freiheit gab. Diese Dienstbarkeit verlangt aber, daß der Freigelassene dreimal in jedem Monate am Herde desjenigen, welcher ihn freiließ, erscheine, um zu dem sich anheischig zu machen, was recht ist und dabei auch in seinen Kräften steht, sowie bei einer Eheverbindung so zu verfahren, wie es den Beifall seines gewesenen Herrn hat. Sein Besitztum dürfe aber nicht das desjenigen überschreiten, dem er seine Freiheit verdankt; das Mehr falle seinem Herrn anheim. Der Freigelassene bleibe nicht über zwanzig Jahre im Lande, sondern entferne sich dann, wie die andern Fremden, mit seiner gesamten Habe, weiß er nicht die Staatsbeamten und den, welcher ihn freigab, zu bereden. Doch sollte das Vermögen des Freigelassenen oder auch das irgendeines andern Fremden den Betrag der dritten Vermögensklasse überschreiten, dann nehme er, dreißig Tage von dem Tage an, wo dieses eintrat, seine Habe und ziehe von dannen, und ihm werde von der Obrigkeit keine Erlaubnis längeren Bleibens zuteil. Wird aber einer, der sich dem nicht fügt, dieses Ungehorsams wegen gerichtlich belangt und für schuldig erkannt, dann werde er mit dem Tode bestraft, und sein Vermögen falle dem Staate anheim. Die gerichtliche Untersuchung darüber finde aber vor dem Gerichte der Zunftgenossen statt, wenn man sich nicht vorher über die gegenseitig erhobenen Beschuldigungen vor den Nachbarn oder selbstgewählten Richtern vereinigen konnte.

Macht jemand auf irgendein Haustier oder sonst etwas ihm Angehöriges, als ihm zuständig, Anspruch, dann führe ihn der Inhaber zum Verkäufer oder demjenigen, welcher es ihm auf eine zuverlässige und rechtskräftige Weise gab oder irgend sonstwie förmlich überlieferte, zu einem in der Stadt wohnenden Bürger oder Schutzgenossen binnen dreißig Tagen, zu einem Auswärtigen dagegen, von dem er es überkam, binnen fünf Monaten, deren mittelster derjenige ist, in welchem die Sommersonne der Winterseite sich zuwendet.

Was da einer bei dem andern durch Kauf oder Verkauf eintauscht, das hat er einzutauschen, indem er an der auf dem Markte für jegliches dazu angewiesenen Stelle den Preis dafür sogleich bezahlt oder empfängt, nicht aber irgend anderswo, noch den Kauf oder Verkauf auf eine Fristgestattung abschließt. Tauscht einer anderswie oder an anderer Stelle bei andern irgend etwas ein, dann tue er es im Vertrauen auf den, mit welchem er den Tausch trifft, indem dem Gesetze nach über das nicht in der angegebenen Weise Verkaufte keine Rechtsansprüche stattfinden.

Was die Beisteuervereine anbetrifft, so empfange, wer da Lust hat, als Freund von den Freunden Unterstützung. Erhebt sich aber über diese Unterstützungen ein Zwiespalt, so verfahre man dabei mit der Erwartung, daß dieses nie zu einem Rechtshandel mit irgend jemandem Veranlassung geben dürfe.

Wer bei einem Verkaufe eine Bezahlung von mindestens fünfzig

Drachmen empfängt, der sei gehalten, wenigstens zehn Tage in der Stadt zu verbleiben; der Käufer aber kenne die Wohnung des Verkäufers, um der Beschwerden, die in solchen Fällen erhoben zu werden pflegen, und der gesetzlich vorgeschriebenen Rückerstattung willen. Ob eine gesetzliche Rückerstattung stattfinden solle oder nicht, werde so bestimmt: Verkauft jemand einen Sklaven, welcher an Schwindsucht, Steinbeschwerden oder Harnzwang oder der sogenannten heiligen Krankheit leidet, oder auch an einem den meisten unbekannten Siechtum des Leibes oder der Seele, dann habe der Käufer, ist er ein Arzt oder Ringmeister, keine Rückerstattungsansprüche an den Verkäufer, ebensowenig, wenn er jenen verkaufte, nachdem er das zuvor erklärte. Verkaufte aber der Sachverständige dem Unkundigen so etwas, dann klage der Käufer binnen sechs Monaten auf Rückerstattung, nur bei der heiligen Krankheit sei das ihm innerhalb eines Jahres gestattet. Über die Klage werde ferner von einigen Ärzten entschieden, welche sie unter gemeinschaftlich vorgeschlagenen sich wählen. Schuldig befunden, zahle der Verkäufer das Doppelte des dafür Empfangenen. Verkauft ihn aber ein Unkundiger an einen Unkundigen, dann finde, wie es auch im vorigen bestimmt wurde, Rückerstattung und dasselbe Rechtsverfahren statt; doch büße er es, wird er schuldig befunden, mit dem einfachen Verkaufspreise. Verkauft jemand, dessen kundig, einem dessen Kundigen einen Menschenmörder, dann berechtige ein solcher Verkauf zu keiner Rückerstattung; wohl aber geschieht es an einem dessen nicht Kundigen, wenn einer, der ihn kaufte, dessen innewird. Die Entscheidung aber gehe von den fünf jüngsten Gesetzeswächtern aus; wird der Verkäufer als dessen kundig erkannt, dann reinige er die Wohnungen des Käufers nach der Vorschrift der Gesetzesausleger und bezahle an den Käufer das Dreifache des Preises.

[3. Verfälschung, Täuschung und Betrug: Vorspruch und Gesetz]

Wer gegen Geld Geld oder auch sonst irgend etwas Lebendes oder Nichtlebendes eintauscht, der gewähre und empfange, dem Gesetze gehorsam, alles unverfälscht. Auch über alle derartigen Vergehungen wollen wir, wie über die andern Gesetze, eine Einleitung uns gefallen lassen. Verfälschung nämlich, Täuschung und Betrug muß jeder als derselben Gattung angehörig betrachten, einer Gattung, über die die große Menge in verkehrter Weise die Meinung zu verbreiten pflegt, so etwas sei, geschähe es nur immer zur rechten Zeit, oft gar nicht zu verwerfen. Indem sie aber bei solcher Äußerung den rechten Zeitpunkt und das Wo und Wann nicht angeben und bestimmen, bereiten sie sich selbst und andern großen Nachteil. Aber dem Gesetzgeber ist es nicht gestattet, das unbestimmt zu lassen, sondern er muß genau weitere oder engere Grenzen angeben, und diese sollen auch jetzt angegeben werden. Täuschung, Betrug oder sonst irgendeine Verfälschung übe, unter Anrufung des Geschlechts der Götter, niemand in Wort oder Tat, will er nicht der Götter größten Haß sich zuziehen. Den zieht sich aber derjenige zu, welcher, indem er falsche Eide schwört, der Götter nicht achtet, und dem zunächst, wer vor solchen lügt, die vor ihm den Vorzug haben. Den Vorzug haben aber die Besseren vor den Schlechteren, die Greise im ganzen vor den Jüngeren, weshalb auch die Eltern ihren Nachkommen vorzuziehen sind, die Männer vor den Frauen und Kindern, die Herrscher vor den Beherrschten, denen insgesamt wohl von allen insgesamt Ehrerbietung gebühren dürfte, so bei jeder andern Herrschaft als vornehmlich auch bei der im Staate geübten, von der unsere gegenwärtige Rede ausging. Denn jeder, der irgend etwas auf den Markt Gebrachtes verfälscht, täuscht und betrügt und b schwört unter Anrufung der Götter, wo es die Beobachtung der Gesetze und Vorsichtsmaßregeln der Marktaufseher gilt, sonder Scheu vor den Menschen und sonder Ehrfurcht vor den Göttern. In jeder Hinsicht ist es gewiß eine schöne Anordnung, nicht leichtsinnig den Namen der Götter mit so geringer Beachtung der ihnen schuldigen Unbescholtenheit und Reinheit zu entweihen, wie gewöhnlich die meisten von uns zu beweisen pflegen. Gibt man dem kein Gehör, dann lautet das Gesetz:

Wer irgend etwas auf dem Markte feilbietet, fordere niemals doppelte Preise für das, was er verkaufen will, sondern indem er nur einen und denselben begehrt, dürfte er es wohl, bekommt er c diesen nicht, mit Fug wieder nach Hause tragen, an demselben Tage aber fordere er weder mehr noch weniger. Bei jedem Verkauf enthalte er sich ferner so des Lobpreisens wie des Schwures. Doch verweigert jemand diesen Vorschriften den Gehorsam, dann schlage der Bürger, welcher dazukommt, ist er nicht unter dreißig Jahre alt, ungestraft auf den Schwörenden, ihn zu züchtigen, los. Läßt er das unbeachtet und leistet ihm keine Folge, dann treffe ihn der Tadel des Verrats an den Gesetzen. Wenn ferner ein dessen Kundiger dazukommt, während jemand, der sich dem, was jetzt gesagt wurde, nicht zu fügen vermag, der erhalte, zeigt er bei der Obrigkeit d ihn an, ist es ein Sklave oder Schutzverwandter, das Verfälschte; zeigt er aber als ein Bürger ihn nicht an, dann werde er, als der Götter Rechte beeinträchtigend, ein schlechter geheißen; zeigte er dagegen ihn an, dann weihe er es den auf dem Markte waltenden Göttern. Von wem es jedoch offenbar wird, daß er so etwas feilbietet, der erleide, neben der Einbuße des Verfälschten, für jede Drachme, um der er es etwa feilbot, auf dem Markte vom Herolde, welcher dabei die Ursache, weshalb derselbe gegeißelt wird, laut e verkündet, einen Geißelhieb. Über die Verfälschungen und Vergehungen der Verkäufer haben die Marktaufseher und Gesetzeswächter, nachdem sie bei Sachverständigen über alles Erkundigungen einzogen, schriftlich zu bestimmen, was der Verkäufer sich erlauben dürfe oder nicht, und eine Säule mit solchen darauf eingegrabenen Gesetzen vor dem Marktaufseherhause aufzurichten, eine deutliche Nachweisung für die beim Marktverkehr Beteiligten. Über die Obliegenheiten der Stadtaufseher wurde im Vorigen zur Genüge gesprochen. Scheint jedoch daran noch etwas zu fehlen, dann mögen sie mit den Gesetzeswächtern Rücksprache nehmen und auf einer 918 a

Säule im Stadtaufseherhause das Anfängliche und Nachträgliche ihrer Amtsberechtigung aufstellen.

[4. Besprechung des Kleinhandels und seine Regelung]

Auf die Anordnungen über Verfälschungen folgen unmittelbar die über den Kleinhandel. Indem wir zuerst über diesen in seinem ganzen Umfange Ratschläge und eine Besprechung vorausgehen lassen, wollen wir dann nachher gesetzlich über ihn verfügen. Natürlich findet nämlich jeder Kleinhandel im Staate nicht, um Schaden anzurichten, statt, sondern in ganz entgegengesetzter Absicht; denn wie sollte nicht jeder um den Staat sich verdient machen, welcher den unverhältnismäßigen und ungleichförmigen Besitz von irgend etwas zu einem verhältnismäßigen und gleichförmigen umgestaltet? Das bewirkt, dürfen wir behaupten, bei uns auch des Geldes großer Einfluß, und darauf ist, müssen wir sagen, der Kaufmann angewiesen und der um Lohn Gedungene und der Gastwirt, und das vermag auch alles andere, diesem Ähnliche, teils für anständig, c teils für minder anständig Geltende, indem es allen Bedürfnissen vollständig abhilft und eine Gleichmäßigkeit der Habe herbeiführt. Erwägen wir nun, worin liegt wohl der Grund, daß so etwas nicht als schön und anständig erscheint, und welcher Umstand hat es in Verruf gebracht, um, wenn nicht allem, doch wenigstens einzelnen Teilen desselben vermittels eines Gesetzes gründlich abzuhelfen. Das ist, wie es scheint, keine leichte Aufgabe und erheischt nicht geringe Geschicklichkeit.

KLEINIAS: Wie meinst du?

DER ATHENER: Eine nicht zahlreiche, der Natur nach selten und nur vermittels einer vorzüglichen Erziehung dazu befähigte Gattung von Menschen weiß, lieber Kleinias, begegnet sie den Bedürfd nissen und Begierden mancher Menschen, auf das rechte Maß sich zu beschränken und, wenn sie viel Geld gewinnen kann, nüchtern dem vielen das das Maß nicht Überschreitende vorzuziehen; dagegen hegt die große Mehrzahl der Menschen eine dieser entgegengesetzte Gesinnung; ihre Bedürfnisse sind maßlos, und während ein mäßiger Gewinn ihnen gestattet ist, zeigen sie lieber darin sich unersättlich; darum sind auch alle der Krämerei, dem Handel und der Gastwirtschaft gewidmete Berufsarten in Verruf gekommen und zu etwas höchst Schimpflichem geworden; da, wenn — es klingt läe cherlich, wir können aber doch nicht umhin, es auszusprechen — ein zufälliger Umstand, was niemals stattfinden möge noch wird, auch die in jeder Hinsicht trefflichsten Männer auf einige Zeit nötigte, die Gastwirtschaft oder den Kleinhandel oder etwas Derartiges zu treiben, ja selbst Frauen durch eine Schicksalsfügung in die Notwendigkeit versetzte, an solcher Lebensweise sich zu beteiligen, wir dann wohl einsehen würden, wie annehmlich und willkommen jede dieser Berufsarten sei und wie man alles Derartige, in untadeliger Weise geübt, gleich einer Mutter oder Pflegerin in Ehren halten würde. Wenn aber jetzt, des Kleinhandels und der Schenk919 a wirtschaft wegen, jemand in einsamer Gegend nur auf weiten Wegen erreichbare Wohnungen sich errichtet, wo die ein Bedürfnis Fühlenden eine willkommene Zufluchtsstätte aufnimmt oder von gewaltigen Stürmen Umhergetriebenen heitere Stille, den Erhitzten Abkühlung bietet, nachher aber nicht, als habe er Freunde aufgenommen, auf die Aufnahme freundliche Gastgeschenke folgen läßt, sondern jene, als habe er Feinde zu Gefangenen gemacht, nur gegen ein frevelhaftes, widerrechtliches und schmachvolles Lösegeld freigibt: dann sind es diese und ähnliche in allen dergleichen Verhältnissen schmählich begangene Fehler, welche den dem dringenden Bedürfnisse geleisteten Beistand in Verruf gebracht haben. Demnach muß der Gesetzgeber stets ein Heilmittel dagegen bereiten. Mit Recht und von alten Zeiten her heißt es, es sei schwer gegen zwei und noch dazu entgegengesetzte Übel anzukämpfen, so bei Krankheiten wie in vielen andern Fällen. Ebenso haben jetzt auch diese gegen Doppeltes einen Kampf zu bestehen, gegen Armut und gegen Reichtum, von denen dieser durch Üppigkeit nachteilig auf die Seelen der Menschen wirkt, jene durch Ungemach bis zur Schamlosigkeit sie treibt. Wie dürfte nun wohl in einem verständig eingerichteten Staate solcher Krankheit abzuhelfen sein? Erstens muß die Innung der Krämer so wenig wie möglich zahlreich sein; ferner der Gesetzgeber solchen Menschen dieses Geschäft übertragen, deren Verderbnis dem Staate nicht zu großem Nachteil gereichen dürfte; drittens aber ein Mittel ausfindig machen, damit nicht so leicht selbst der Charakter der bei einer solchen Berufsart sich Beteiligenden zu einem schamlosen und von einer unfreien Gesinnung zeugenden werde.

Nachdem wir das jetzt vorausschickten, wollen wir, hoffentlich mit gutem Erfolge, folgendes Gesetz bei uns aufstellen. Von den Magnesiern, denen die Gottheit zu neuem Gedeihen wiederum einen Wohnsitz verleiht, welche Grundbesitzer der 5040 Wohnungen sind, werde keiner, weder aus freiem Antriebe noch der Not sich fügend, weder ein Krämer, noch ein Kaufmann, noch wähle er irgendeinen, einem ihm gleichstehenden Unbeamteten dienstbaren Beruf, es sei denn seinem Vater, seiner Mutter, den Voreltern dieser sowie allen, die älter sind als er, welche als Freie ein diesen angemessenes Leben führen. Für den Gesetzgeber ist es freilich nicht leicht, genau das dem Freien Angemessene von dem ihm nicht Angemessenen zu unterscheiden; das werde aber durch den Haß oder die Vorliebe derjenigen gegen sie entschieden, denen der Tugend Preise zuteil wurden. Wer aber vermittels eines Kunstgriffes die eines Freien unwürdige Krämerei betreibt, den belange, wer da will, des seiner Familie zugefügten Schimpfes wegen bei denen, welche für die Tugendhaftesten anerkannt sind. Scheint er nun den Herd seiner Väter durch eine dessen unwürdige Berufsart zu verunehren, dann nötige ihn eine einjährige Haft, dessen sich zu enthalten; geschieht es wieder, eine zweijährige, und bei jeder neuen Verurteilung werde stets die frühere Zeit der Verhaftung verdoppelt.

Ein zweites Gesetz: Wer die Krämerei betreiben will, muß ein Fremder oder Schutzgenosse sein. Ein drittes Gesetz sei aber drit-

tens: Die Gesetzeswächter müssen, damit wir an einem solchen einen möglichst wackeren oder wenigstens den wenigsten Tadel verdienenden Mitbewohner unseres Staates haben, bedenken, daß sie nicht bloß Wächter derjenigen seien, über welche, damit sie nicht zu Gesetzesverächtern und schlechten Menschen werden, zu wachen leicht ist, weil sie, ihrer Herkunft und Erziehung nach, wohl her‑
b angebildet sind, sondern daß vielmehr diejenigen, bei denen das nicht stattfindet und welche Berufsarten wählen, in welchen ein starker Antrieb, schlecht zu werden, liegt, sorgfältiger zu überwachen sind. Darum ist es ferner angemessen, daß über die Krämerei, die sehr vielartig ist und welche viele derartige Gewerbe umfaßt, was von ihnen etwa übrigbleibt, weil sie dem Staate sehr notwendig zu sein scheinen, daß darüber die Gesetzeswächter mit den in jeder Art der Krämerei Erfahrenen zusammenkommen, wie wir im
c vorigen hinsichtlich der Verfälschung, eines diesem verwandten Gegenstandes, anordneten, und in solchen Zusammenkünften erwägen, welche Geldanlage und welcher Verkaufspreis wohl dem Verkäufer einen mäßigen Gewinn bringt, das sich Ergebende, Geldanlage und Verkaufspreis, niederschreiben, und daß teils die Marktaufseher, teils die Stadt- und Feldaufseher darauf halten. Und so etwa dürfte die Krämerei für jeden ersprießlich und den in den Staaten von ihr Gebrauch Machenden am wenigsten nachteilig werden.

[5. Handwerker und Kriegsleute]
d Was jemand, eingeständig, darüber übereingekommen zu sein, nicht der Übereinkunft gemäß leistete, das ausgenommen, was die Gesetze oder ein Beschluß verbieten, oder wenn er durch eine widerrechtliche Nötigung gezwungen es zusagte sowie durch einen unvorhergesehenen Zufall davon abgehalten wurde: in allen solchen Fällen finde ein Belangen wegen unerfüllten Versprechens vor den Zunftgenossengerichten statt, wenn sie nicht vorher vor Schiedsrichtern oder Nachbarn sich zu vergleichen vermochten.

Die Innung derjenigen Handwerker, welche durch ihre Künste die Einrichtung unseres Lebens begründen halfen, ist dem Hephai‑
e stos und der Athene geweiht; dem Ares und der Athene dagegen sind es die, welche durch andere schützende Künste die Erzeugnisse der Handwerker erhalten; aber diesen Göttern ist mit Recht auch diese Innung geweiht. Diese alle leisten fortwährend dem Volke und dem Lande Dienste: die einen, indem sie die kriegerischen Kämpfe leiten, die andern, indem sie um Lohn die Erzeugnisse ihrer Kunst und die Werkzeuge dazu liefern; ihnen dürfte es aber, aus Scheu vor den Göttern, denen sie entstammen, nicht zukommen,
921 a darin zu täuschen. Wenn nun etwa einer der Handwerker aus Saumseligkeit eine zu einer bestimmten Zeit zugesagte Arbeit nicht vollendet, sonder Scheu vor dem ihm seinen Unterhalt spendenden Gotte, weil er in seiner Verblendung wähnt, dieser werde, als ein ihm Befreundeter, ihm zu verzeihen geneigt sein: dann wird zuerst die Strafe des Gottes ihn treffen; zweitens aber bestehe ein dem Sinne

desselben entsprechendes Gesetz: Er schulde den Preis der Arbeit, welche er dem Besteller nicht ablieferte, diesem und verfertige sie noch einmal unentgeltlich binnen der vorher bestimmten Zeit. Auch demjenigen, welcher eine Arbeit übernimmt, rät ein Gesetz dasselbe, was es dem Verkäufer riet, nicht den Versuch zu machen, etwas b allzu teuer zu verkaufen, sondern ganz einfach seinem Werte nach. Ebendasselbe befiehlt es dem etwas Übernehmenden. Kennt doch der Handwerker den Wert; darum muß niemals in von Freien bewohnten Staaten der Handwerker selbst bei seiner Kunst, einer offenliegenden, aller Täuschung fremden Sache, durch Kunstgriffe den Unkundigen zu täuschen suchen, und deshalb habe der Beeinträchtigte Rechtsansprüche an den ihn Beeinträchtigenden.

Zahlte dagegen, wer etwas bestellte, dem Handwerker nicht richtig den durch eine gesetzliche Übereinkunft bedungenen Lohn, in- c dem er, eines kleinen Gewinns wegen, der Mitbegründer der Staatsverfassung, des Staatsobwalters Zeus und der Athene nicht achtend, eine wichtige Übereinkunft verletzt, dann befestige, unter der Götter Beistand, ein Gesetz das den Staat verknüpfende Band. Wer nämlich, nachdem er im voraus das Bestellte an sich nahm, zur verabredeten Zeit keine Zahlung leistet, von dem werde sie doppelt beigetrieben. Ist aber ein Jahr verstrichen, dann füge, während andere Gelder, die jemand zu einem Darlehen beisteuert, unverzinslich sind, dieser zu jeder Drachme für jeden Monat einen Obolos, d und die Rechtssache gehöre vor die Zunftgerichte.

Angemessen ist es, im Vorbeigehen gleichsam, über die rettungbringenden Dienste der Werkmeister im Kriege, der Feldherrn und aller darin Kunstverständigen zu sprechen, da wir der Handwerker überhaupt gedachten und auch diese wie jene Handwerker sind. Wenn also von diesen einer einen dem Staate zu leistenden Dienst, ob nun freiwillig oder auf Befehl, übernimmt und wohl ausführt, e und das Gesetz, dem Rechte gemäß, die Auszeichnungen, in welchen doch der Lohn der Kriegsmänner besteht, ihm zuerkennt, dann wird derselbe es zu preisen nicht müde werden, dagegen Beschwerde führen, wenn es irgendeine rühmliche Kriegstat im voraus dahinnahm und dieselben ihm nicht zuerkennt. Folgendes, mit lobender Anerkennung solcher Taten verbundene, mehr ratende als zwingende Gesetz bestehe also bei uns für die große Menge: Das Verdienst tapferer Männer, welche, ob nun durch Tapferkeit oder 922 a durch kriegerische Anordnungen, den gesamten Staat retteten, als eines zweiten Ranges zu ehren; denn die höchsten Ehren werden, als den Ersten, denjenigen zuteil, welche vor allem die Vorschriften guter Gesetzgeber in Ehren zu halten imstande sind.

[6. Vorspruch zu den letztwilligen Verfügungen]

Die wichtigsten Anordnungen hinsichtlich des gegenseitigen Verkehrs der Menschen untereinander sind von uns so ziemlich, mit Ausnahme der Waisenangelegenheiten und der Fürsorge der Vormünder, festgestellt; dieses müssen wir nun nach dem Besprochenen b notgedrungen irgendwie feststellen. Nun geht das alles von der Be-

gierde der dem Tode sich nahe Fühlenden, letztwillig zu verfügen, und von dem Schicksale derjenigen aus, welche überhaupt gar nicht verfügten. Ich sagte aber notgedrungen, Kleinias, mit Hinsicht auf das Schwierige und Verdrießliche dieses Gegenstandes; ist es doch unmöglich, ihn unbestimmt zu lassen. Es würde ja jeder vieles, untereinander Abweichendes, den Gesetzen und dem Sinne der Lebenden sowie dem eigenen in früherer Zeit, bevor sie sich anschickten, ein Testament zu machen, Widersprechendes anordnen, wollte
c jemand dem Testament Gültigkeit zugestehen, welches jemand macht, in welchem Zustande er auch am Ende seines Lebens sich befinden mag. Befinden sich doch die meisten von uns, wenn wir bereits dem Tode nahe zu sein glauben, in einem des Nachdenkens unfähigen und gewissermaßen zerrütteten Zustande.

KLEINIAS: Inwiefern behauptest du das, Gastfreund?

DER ATHENER: Ein im Sterben begriffener Mensch, Kleinias, ist etwas Schlimmes und fließt von Reden über, welche für die Gesetzgeber höchst abschreckend und unangenehm sind.

KLEINIAS: Wieso?

d DER ATHENER: Indem er über alles zu verfügen begehrt, pflegt er im Zorn zu reden.

KLEINIAS: Was denn?

DER ATHENER: Ist es nicht arg, ihr Götter, spricht er, wenn es mir nicht gestattet sein soll, was mein ist, wem ich will, zu geben oder nicht, und von denen, die sich offenbar gut oder schlecht gegen mich benommen haben, dem einen mehr, dem andern weniger, nachdem ich sie zur Genüge in Krankheiten sowie andere im Alter und bei anderem Glückswechsel aller Art kennenlernte?

KLEINIAS: Scheinen sie denn dir, Gastfreund, nicht recht zu haben?

e DER ATHENER: Mir wenigstens, Kleinias, scheinen die alten Gesetzgeber weichherzig und ihr Blick auf die Angelegenheiten der Menschen sowie ihre Betrachtungen darüber, bei ihrer Gesetzgebung beschränkt gewesen zu sein.

KLEINIAS: Wie meinst du?

DER ATHENER: Jene Reden, mein Guter, bejahend, gaben sie das Gesetz, es solle ganz einfach erlaubt sein, über das Seine ganz, wie
923 a man wolle, zu verfügen. Ich und du aber wollen denen, welche in deinem Staate vom Leben zu scheiden im Begriff sind, einen sinnigeren Bescheid erteilen. Ihr lieben Freunde, wollen wir sprechen, und wahrhafte Eintagsmenschen, für euch ist es jetzt schwer, euern Vermögenszustand und sogar, nach der Inschrift des Orakels der Pythia, euch selbst dazu zu durchschauen. Ich als Gesetzgeber nehme nun an, daß weder ihr selbst euch angehört, noch diese eure Habe, sondern eurer Sippschaft, so der vorausgegangenen wie der
b nachfolgenden, und daß noch mehr Sippschaft und Habe dem Staate; und da dem so ist, werde ich es gutwillig nicht gestatten, sucht einer, während Krankheit und hohes Alter euch umdrängt, durch Hätscheln euch zu kirren und zu vermögen, dem, was das beste ist, zuwider zu verfügen, sondern werde meine Gesetze mit Rück-

sicht auf das geben, was für den ganzen Staat und die Familie das beste ist, indem ich mit allem Rechte weniger Gewicht auf das jedes einzelnen lege. Ihr aber wollt wohlwollenden und freundlichen Sinnes gegen uns des Weges ziehen, den ihr jetzt, eurer Natur als Menschen gemäß, ziehet. Unsere Sorge werden aber eure übrigen Angelegenheiten sein, indem wir uns um sie, so gut wir es vermö- c gen, und zwar nicht wohl um das eine, nicht aber um das andere, bekümmern. Das, Kleinias, sei unsere Ansprache und Bevorwortung, so an die Überlebenden wie an die Sterbenden; das Gesetz aber laute so:

[7. Erbschaft und Erbfolge]

Wer als Vater von Söhnen über sein Vermögen letztwillig verfügt, der setze erstens von seinen Söhnen, welchen er will, zum Haupterben ein. Will er einen von seinen übrigen Söhnen einen andern, mit dessen Zustimmung, an Kindesstatt annehmen lassen, so verfüge er das; bleibt ihm aber von seinen Söhnen einer übrig, welcher d nicht unter Zuführung irgendeines Erbloses an Kindesstatt angenommen wurde und von dem er hoffen darf, daß er dem Gesetze gemäß nach irgendeiner Niederlassung werde gesendet werden, diesem dürfe der Vater von seinem übrigen Geldbesitz, mit Ausnahme des Erbloses und dessen gesamtem Zubehör, geben soviel er will, und wenn er deren mehrere hat, dann verteile er den Überschuß des Erbloses in beliebig von ihm zu bestimmende Teile. Wer von seinen Söhnen ein Haus besitzt, dem teile er kein Geld zu, ebensowenig derjenigen Tochter, welcher ein Mann als ihr künftiger Gatte verlobt ist, wohl aber, ist das nicht der Fall. Ergibt es sich aber, e daß einem der Söhne oder auch Töchter nach der Abfassung des Testamentes ein Erblos im Lande zuteil ward, dann lasse es dieses in den Händen des Haupterben des Erblassers. Doch hinterläßt der Erblasser keine männlichen, wohl aber weibliche Nachkommen, dann hinterlasse er von seinen Töchtern, welcher er will, einen Gatten, sich selbst aber einen Sohn, indem er ihn zu seinem Haupterben einsetzt. Ferner erwähne, wer ein Testament abfaßt, des Unfalls, wer, wenn sein ehelicher oder angenommener Sohn, bevor er 924 a zur Aufnahme unter die Männer reif ist, sterben sollte, unter glücklicherer Vorbedeutung sein zweiter Sohn werden solle. Ist jedoch jemand bei Abfassung seines Testaments ganz kinderlos, dann nehme er von dem Selbsterworbenen den zehnten Teil und verschenke ihn, wenn er an jemanden ihn verschenken will; alles andere überweise er dem an Kindes Stelle Angenommenen, ohne einen Einwand des Gesetzes, und erwerbe so sich einen dankbaren Sohn. Bedürfen aber jemandes Kinder noch der Vormünder, dann werde, wenn er ein Testament machte und verfügte, welche und wieviele er, ihrer Zusage nach dazu bereitwillige, zu Vormündern wünsche, diese b Wahl, seiner schriftlichen Anordnung zufolge, rechtsgültig. Stirbt dagegen jemand ganz ohne Testament oder läßt dasselbe die Wahl der Vormünder vermissen, dann seien die nächsten väterlichen und mütterlichen Verwandten Vormünder, zwei von seiten des Vaters und zwei von seiten der Mutter, einer aber aus der Zahl der Freunde des Verstorbenen. Diese sollen aber die Gesetzeswächter für den ihrer bedürftigen Verwaisten bestimmen. Für das ganze Vormundc schaftswesen und die Verwaisten sollen die fünfzehn unter allen ältesten Gesetzeswächter Sorge tragen, indem sie, stets dem Alter nach, zu dreien sich verteilen, drei für das eine Jahr und drei für das andere, bis der Kreislauf der fünf Abteilungen sich erfüllte, und hier trete womöglich keine Unterbrechung ein.

Stirbt jemand mit Hinterlassung der Bevormundung bedürftiger Kinder ganz ohne Testament, dann habe der Notstand derseld ben auf dieselben Gesetze Anspruch; hinterläßt aber einer, von einem unerwarteten Schicksal dahingerafft, weibliche Nachkommen, dann sehe er es dem Gesetzgeber nach, wenn dieser über die Verheiratung der Töchter mit Berücksichtigung zweier Umstände unter dreien verfügt, mit der der Verwandtschaft und des Erbloses; den dritten aber, den wohl der Vater berücksichtigen würde, um unter allen Bürgern den ihm, mit Hinsicht auf Charakter und Lebensweise, als Sohn und seiner Tochter als Bräutigam Zusagenden zu e wählen, wenn er diesen wegen der Unmöglichkeit solcher Berücksichtigung unbeachtet läßt. Darum bestehe darüber folgendes, auf das Mögliche sich beschränkende Gesetz: Hinterläßt, wer da kein Testament machte, eine Tochter, dann werde diese und das Erblos des Verstorbenen seinem des Erbloses entbehrenden, demselben Vater oder derselben Mutter entstammten Bruder zuteil; desgleichen, wenn kein Bruder am Leben ist und beide den Jahren nach zusammenpassen, dem Brudersohne; ebenso, ist von diesen keiner vorhanden, wohl aber ein Sohn der Schwester. Der vierte sei der Vatersbruder, der fünfte dessen Sohn, der sechste der Sohn der Vatersschwester. Und in dieser Weise pflanze sich stets, wenn jemand weibliche Nachkommen hinterläßt, das Geschlecht der Verwandt-
925 a schaft nach fort, indem es durch Vatersbrüder und deren Söhne aufwärts geht, so daß in derselben Familie die Verwandten von männlicher Seite den Vorzug haben, die von weiblicher nachstehen.

Über die zur Verheiratung passende oder unpassende Zeit entscheide der Richter, nachdem er die Männer nackt, die Mädchen bis zum Nabel entblößt schaute. Fehlt es aber an zueinander passenden Verwandten bis zu des Bruders Enkelsöhnen und ebenso bis zu den Söhnen des Großvaters, dann werde von den andern Bürgern derjenige, welchen etwa das Mädchen, mit Zuziehung ihrer Vormünder, einen Willkommenen sich der Willkommenen auserliest, zum
b Haupterben des Verstorbenen und zu seiner Tochter Bräutigam. Nun dürfte ferner bisweilen ein großer Mangel an gar vielen, vorzüglich jedoch an solchen Männern in der Stadt selbst eintreten; sieht nun eine in dieser Verlegenheit einen zur Entsendung nach einer Niederlassung Bestimmten, und ist es ihrem Wunsche gemäß, daß dieser ihres Vaters Erbe werde, dann trete dieser, ist es ein Verwandter, die Hinterlassenschaft der gesetzlichen Vorschrift gemäß an; gehört er aber nicht zur Sippschaft, dann sei er, der Wahl der
c Vormünder und der Tochter des Verstorbenen zufolge, das Erblos

dessen, welcher kein Testament hinterließ, in Besitz zu nehmen ermächtigt.

Stirbt jedoch einer ohne Testament ganz kinderlos, ohne männliche oder weibliche Nachkommenschaft, dann verfüge im übrigen über einen solchen das vorher ausgesprochene Gesetz; in das dann verödete Haus mögen aber als Gatten ein Verwandter und eine Verwandte einziehen, denen der rechtliche Besitz des Erbloses anheimfalle: zuerst die Schwester, zweitens der Schwester Tochter, drittens eine Nachkömmlingin der Schwester, viertens des Vaters Schwester, fünftens die Tochter des väterlichen Oheims; die sechste endlich möchte wohl die Tochter der Vatersschwester sein. Diese sind an die Erwähnten der Verwandtschaft nach und wie es geziemend ist, wie wir im Vorigen gesetzlich verfügten, zu verheiraten.

Doch wollen wir uns nicht das Drückende solcher Gesetze verhehlen, wie unangenehm es ist, wenn der Gesetzgeber dem durch Verwandtschaft dem Verstorbenen Angehörigen seine Verwandte zu heiraten befiehlt und die tausend Hindernisse nicht zu berücksichtigen scheint, welche die Menschen solchen Anordnungen sich zu fügen abgeneigt machen, so daß jeder lieber jedes über sich ergehen lassen will, wenn eine körperliche oder geistige Verstümmelung oder Krankheit bei solchen eintritt, die heiraten oder sich heiraten lassen sollen. Nun möchte vielleicht der Gesetzgeber das manchem nicht zu beachten scheinen, aber mit Unrecht. So sei denn also ein so ziemlich der Verteidigung beider, dessen, der das Gesetz gibt, und dessen, dem es gegeben wird, geltendes Vorwort vorausgeschickt, welches von dem dem Gesetze Unterworfenen begehrt, dem Gesetzgeber es zu verzeihen, wenn er, um das Gemeinsame besorgt, nicht auch die jeden insbesondere betreffenden Unfälle zu berücksichtigen imstande ist, sowie auch seinerseits dem dem Gesetze Unterworfenen, wenn dieser bisweilen ganz natürlich diejenigen seiner Befehle nicht zu erfüllen vermag, welche er davon ununterrichtet aufstellt.

KLEINIAS: Wie dürfte man nun also wohl zur Umgehung von dergleichen Schwierigkeiten die rechte Mittelstraße einschlagen, Gastfreund?

DER ATHENER: Bei solcherlei Gesetzen und gesetzlichen Anordnungen ist es nötig, Schiedsrichter zu wählen, Kleinias.

KLEINIAS: Wie meinst du?

DER ATHENER: Bisweilen dürfte der Sohn eines reichen Vaters nicht gern, an ein üppiges Leben gewöhnt und seinen Sinn auf eine vorteilhaftere Heirat richtend, als Neffe die Tochter seines Oheims heiraten; bisweilen möchte er sich auch, dem Gesetze den Gehorsam zu verweigern, genötigt sehen, indem der Gesetzgeber das größte Unheil ihm anbefiehlt, wenn er ihn nötigen will, mit einer Wahnsinnigen oder mit andern schlimmen Leiden des Leibes oder der Seele, welche das Leben unerträglich machen, Behafteten ein Ehebündnis zu schließen.

Unsere jetzige Rede gelte aber in dieser Fassung als Gesetz: Wenn manche über die ein Testament betreffenden Gesetze, so in

irgend andern Beziehungen wie insbesondere auch in betreff der Heiraten Klage führen, daß wahrhaftig der Gesetzgeber, wäre er selbst anwesend und am Leben, sie wohl nicht nötigen würde, so zu heiraten oder sich verheiraten zu lassen, wie sie jetzt beides zu tun genötigt würden, einer der Verwandten aber oder ein Vormund etwa erwidert, der Gesetzgeber habe erklärt, er habe an den fünfzehn Gesetzeswächtern den männlichen und weiblichen Waisen Schiedsrichter, ja Väter hinterlassen: dann mögen diejenigen, welche so et‑
d was in Zweifel ziehen, an diese sich wenden, um die Sache entscheiden zu lassen, und dem Beschluß derselben, als einen rechtsgültigen, Folge geben. Doch meint jemand etwa, den Gesetzeswächtern werde zu große Gewalt verliehen, so bringe er die Sache vor den Gerichtshof der erlesenen Richter und lasse diese über die streitigen Punkte entscheiden. Doch dem Unterliegenden sei von dem Gesetzgeber Tadel und Schande zuerkannt, eine dem Verständigen empfindlichere Strafe als eine große Geldbuße.

[8. Waisenkinder und Vormundschaft]
Für die verwaisten Kinder dürfte jetzt wohl eine zweite Geburt ein‑
e treten. Nun wurden ihnen nach der ersten Pflegerinnen und Unterricht zugewiesen; nach der zweiten aber, die der Väter entbehren muß, gilt es, darauf zu denken, wie das Schicksal der Verwaisung für die Verwaisten am wenigsten als ein mitleiderregendes Unglück erscheinen möge. Zuerst wiesen wir ihnen, behaupten wir, in den Gesetzeswächtern statt der Erzeuger diesen nicht nachstehende Väter zu und befehlen diesen, für sie wie für ihre Angehörigen Sorge zu tragen, nachdem wir an diese selbst sowie an die Vormünder ein wohlerwogenes, die Erziehung der Waisen betreffendes Vorwort vorausgehen ließen.

Es ergibt sich nämlich, daß wir im vorigen wohl nicht zu unge‑
927 a höriger Zeit erwähnten, daß den Seelen der Verstorbenen auch nach dem Tode ein gewisses Vermögen bleibt, kraft dessen sie an dem, was unter den Menschen geschieht, teilnehmen. Die hierauf bezüglichen Überlieferungen sind der Wahrheit gemäß, und man soll so den übrigen Sagen über dergleichen Dinge, die so zahlreich und so frühen Ursprungs sind, wie der Versicherung des Gesetzgebers, daß dem, ist es nicht allzu widersinnig, also sei, Glauben beimessen. Wenn sich aber das, der Natur gemäß, in der Art verhält, dann ha‑
b ben sie zuerst die Götter des Himmels zu fürchten, welche die Hilflosigkeit der Waisen gewahren und darin ein leises Gehör und einen scharfen Blick haben und denen wohlwollen, die hier ihre Pflicht erfüllen, vor allen dagegen denen zürnen, welche gegen Verwaiste und Hilflose, ein hochwichtiges und hochheiliges ihnen Anvertrautes, freveln; ferner die Seelen der Abgeschiedenen, in deren Natur es liegt, insbesondere für ihre Nachkommen besorgt und gegen die wohlwollend gesinnt zu sein, welche diese in Ehren halten, übelwollend dagegen gegen die sie Geringschätzenden; endlich die der noch Lebenden, aber Hochbejahrten und in hohen Ehren Stehenden; denn wo ein Staat unter guten Gesetzen wohl gedeiht, beweisen

diesen auch die Kinder ihrer Kinder freudig treue Liebe. Dieses alles muß der Vormund und Staatsbeamte, wenn er nur einiges Nachdenken besitzt, bedenken und schauen, um durch den Unterhalt und die Erziehung der Waisen, eine so ihm selbst wie den Seinigen zugute kommende Einlage, sich nach allen Kräften und in jeder Hinsicht um sie verdient zu machen. Wer nun den das Gesetz einleitenden Worten Gehör gab und keinen Frevel gegen eine Waise sich erlaubte, der wird nicht schmerzlich den Zorn des Gesetzgebers gegen solche Vergehungen in Erfahrung bringen; der Ungehorsame dagegen, der ein Unrecht gegen einen des Vaters oder der Mutter Beraubten sich erlaubte, der leide jede Strafe doppelt, die es ihm zugezogen hätte, wären beide Eltern des Gekränkten noch am Leben. Was die übrige Gesetzgebung über das Verhältnis der Vormünder zu den Waisen sowie die Beaufsichtigung der Vormünder durch die Staatsbeamten anbetrifft, so wäre wohl, hätten diese nicht, indem sie ihre eigenen Kinder auferziehen und ihre eigenen Gelder verwalten, ein Vorbild zur Erziehung freier Kinder, sowie auch eben über diese Gegenstände ziemlich gut abgefaßte Gesetze, einiger Grund vorhanden, manche vormundschaftliche, als an sich wesentlich verschiedene Gesetze aufzustellen, welche durch besondere Einrichtungen die Lebensweise der Waisen von der der Nichtverwaisten unterscheiden. Nun findet aber bei uns in allen dergleichen Dingen kein großer Unterschied zwischen der väterlichen und der Waisenpflege statt, die freilich durchaus nicht hinsichtlich der Bevorzugung und Zurücksetzung jener sich gleichzustellen pflegt; darum läßt bei der die Waisen betreffenden Gesetzgebung der Gesetzgeber vornehmlich diesen Gegenstand durch Zureden und Androhungen sich angelegen sein. Folgende Drohung möchte wohl ferner eine sehr angemessene sein: Wer eine männliche oder weibliche Waise bevormundet, und der den Vormund zu beaufsichtigen angewiesene Gesetzeswächter liebe denjenigen, welchen das Schicksal der Verwaisung betraf, nicht minder als seine eigenen Kinder und sei nicht mehr für das eigene Vermögen als für das seines Mündels besorgt, ja für dieses noch mehr als für das seinige. Verfährt jedoch jemand, dem Gesetze zuwider, in dergleichen Dingen anders, dann lasse es der Beamte den Vormund büßen, der Vormund aber ziehe den Beamten vor den Gerichtshof auserwählter Richter und belege ihn, mit der Zustimmung dieser Richter, mit der doppelten Geldbuße. Scheint aber der Vormund den Mündel, dessen Angehörigen oder irgendeinen andern Bürger zu vernachlässigen oder zu beeinträchtigen, dann fordere ihn dieser vor denselben Gerichtshof und jener ersetze den abgeschätzten Schaden vierfach, wovon die eine Hälfte dem Waisen, die andere dem zufalle, welcher die Sache vor das Gericht brachte. Sobald der Mündel zur Mannbarkeit gelangte, sei es ihm, glaubt er schlecht bevormundet worden zu sein, binnen fünf Jahren nach dem Ablauf der Vormundschaft gestattet, wegen der Bevormundung gerichtliche Klage zu erheben. Erscheint einer der Vormünder als schuldig, dann bestimme der Gerichtshof die Strafe, welche derselbe zu dulden oder zu zahlen hat. Ist es aber ein Beamter, dann schätze, schien er aus Fahrlässigkeit den Waisen in Schaden gebracht zu haben, der Gerichtshof ab, wieviel er an den Mündel zu entrichten hat; geschah es aber aus Ungerechtigkeit, dann treffe ihn, außer der Schadloshaltung, das Ausscheiden aus dem Beamtenvereine der Gesetzeswächter, der vereinte Staat bestimme dann statt seiner einen andern Gesetzeswächter für Stadt und Land.

[9. Streitfälle zwischen Vätern und Söhnen]

Es finden auch Zerwürfnisse der Väter mit den eigenen Söhnen und der Söhne mit ihren eigenen Erzeugern, heftiger als sie sollten, statt, bei welchen die Väter wohl meinen dürften, der Gesetzgeber habe ihnen die Erlaubnis zu erteilen, dem Gesetze nach durch Heroldsstimme in aller Gegenwart verkünden zu lassen, dieser sei nicht mehr sein Sohn; die Söhne dagegen, daß er ihnen gestatte, den durch Krankheiten und Alter schmählich heruntergekommenen Vater der Geistesverirrung zu belangen. Das pflegt sich in der Wirklichkeit nur unter Menschen von ganz schlechter Gesinnung zuzutragen, da, ist solche Schlechtigkeit nur einseitig vorhanden, ist etwa der Vater nicht schlecht, wohl aber der Sohn, nicht solche durch so heftige Leidenschaften erzeugte Anfälle eintreten. Nun müßte bei einer andern Staatsverfassung der Sohn nicht notwendig seiner Vaterstadt verlustig gehen, doch bei dieser, und wo diese Gesetze gelten, ist es notwendig, daß der Vaterlose in einem andern Lande sich niederlasse, denn zu den 5040 Wohnsitzen darf kein einziger hinzukommen. Darum muß von dem, welchem so etwas widerfahren soll, nicht bloß der eine Vater, sondern die ganze Sippschaft sich lossagen. Für solche Fälle muß man ungefähr folgendes Gesetz aufstellen: Wen etwa die keineswegs heilbringende Leidenschaft ergreift, die ihn, sei es mit Recht oder nicht, wünschen läßt, denjenigen, welchen er erzeugte und auferzog, aus seiner Verwandtschaft auszustoßen, der tue das nicht so geradezu und unverzüglich, sondern versammle zuerst seine eigenen Verwandten, bis auf die Geschwisterkinder, und in gleicher Weise die des Sohnes von der Mutter her, und führe vor diesen die Anklage, indem er nachweist, inwiefern der Sohn von der ganzen Verwandtschaft durch Heroldsstimme ausgestoßen zu werden verdiene; doch gestatte er auch ebenso dem Sohne das Wort, wie er nicht verdiene, irgend etwas des Erwähnten zu erfahren. Überzeugt nun der Vater und erlangt die Zustimmung der größeren Hälfte aller Verwandten, von denen alle Männer und Frauen, welche erwachsen sind, mit Ausnahme des Vaters, der Mutter und des Angeklagten, abstimmen, dann sei es ihm gestattet, so und unter diesen Bedingungen durch Heroldsruf vom Sohne sich loszusagen, anderswie aber keineswegs. Will aber irgendein Bürger den durch Heroldsruf Ausgestoßenen an Sohnesstatt annehmen, dann verbiete das kein Gesetz; denn der Natur nach ist die Sinnesart des Jünglinge vielfältigem Wechsel unterworfen. Zeigt aber binnen zehn Jahren niemand Lust, den Ausgestoßenen als Sohn anzunehmen, dann mögen die für den zu einer Niederlassung bestimmten Nachwuchs Sorgenden auch auf diese eifrig bedacht sein, damit etwa auch diese bei einer Niederlassung sich beteiligen.

Wenn ferner jemanden Krankheit oder Alter oder sein unverträgliches Wesen, oder das alles zusammengenommen, in einem höheren Grade als andere schwachsinnig machte, aber nur seine Hausgenossen dessen innewerden; wenn derselbe, Herr seines Vermögens, dieses vergeudet, der Sohn aber sich in Verlegenheit befindet und sich die Anklage auf Schwachsinnigkeit zu erheben scheut: dann bestehe für ihn das Gesetz, zuerst zu den ältesten Gesetzeswächtern sich zu begeben und diesen den traurigen Zustand seines Vaters zu berichten, sie aber mögen, nachdem sie in genügender Weise es untersuchten, ihm ihren Rat erteilen, ob er die Anklage erheben solle oder nicht. Raten sie dazu, dann werden dem Angeklagten Zeugen und Rechtsbeistände beigegeben, und wird es für richtig anerkannt, dann stehe es hinfort ihm nicht mehr zu, selbst über den geringsten Teil seiner Habe zu verfügen, und sein übriges Leben gleiche dem eines Kindes.

[10. Ehescheidung und Wiederverheiratung]
Wenn ferner Mann und Frau, ihrer grämlichen Sinnesart zufolge, sich durchaus nicht vertragen, dann müssen sich der Sorge für dergleichen Ehepaare zehn Männer unterziehen, welche unter den Gesetzgebern mitteninne stehen, desgleichen so der mit den Eheangelegenheiten betrauten Frauen. Können nun diese einen Vergleich zustande bringen, dann sei derselbe gültig; sind aber die Gemüter jener zu heftig bewegt, dann seien sie nach Kräften für jeden der beiden auf einen andern Gatten bedacht. Daß dergleichen Menschen nicht sanfter Gemütsart sind, ist natürlich; man muß also mit ihnen verständigere und sanftere Gemüter zu vereinigen suchen, und bei denen, welche kinderlos oder bei wenigen Kindern sich entzweien, auch der Kinderzunahme wegen eine neue Verbindung vermitteln, wo aber Kinder zur Genüge vorhanden sind, da muß man um des Zusammenaltwerdens und der gegenseitigen Pflege willen die Trennung und neue Verbindung veranlassen.

Stirbt die Frau mit Hinterlassung männlicher und weiblicher Nachkommenschaft, dann sei das zu gebende Gesetz kein zwingendes, sondern nur den Rat erteilendes, die hinterlassenen Kinder aufzuerziehen und ihnen keine Stiefmutter zu geben; sind diese aber nicht vorhanden, ein zu neuer Heirat nötigendes, bis er die für den Hausstand und den Staat erforderlichen Kinder erzeugte. Stirbt dagegen der Mann mit Hinterlassung der erforderlichen Kinder, dann bleibe die Mutter der Kinder im Hause und ziehe sie auf; scheint sie jedoch zu jung zu sein, um ohne Nachteil ihrer Gesundheit ohne Mann zu leben, dann mögen die Verwandten mit den die Eheangelegenheiten besorgenden Frauen sich besprechen und, was diesen und ihnen in dieser Hinsicht gut dünkt, ausführen; fehlt es jenen an Kindern, auch der Kinder wegen. Welche Anzahl männlicher und weiblicher Nachkommenschaft ausreichend sei, das bestimme genau das Gesetz.

d Ist ein Kind als Sprößling derjenigen, welche es zeugten, anerkannt, aber die Entscheidung nötig, wem das Erzeugte angehören solle, dann sei unbestritten, hatte eine Sklavin mit einem Sklaven oder einem Freigelassenen oder einem Freien vertrauten Umgang, das Kind das Eigentum des Herrn der Sklavin; buhlte eine Freie mit einem Sklaven, dann gehöre das Erzeugte dem Herrn des Sklaven; zeugte einer oder eine mit dem eigenen Sklaven ein Kind und liegt das zutage, dann sollen die Frauen das Kind der Frau zusamt dem
e Vater, die Gesetzeswächter aber das des Mannes zusamt der Mutter nach einem andern Lande entsenden.

[11. Hochschätzung der Eltern und Voreltern]
Die Eltern geringzuachten, das möchte wohl weder irgendein Gott noch ein verständiger Mensch irgend jemandem raten. Es gilt aber etwa folgendes über die Verehrung der Götter wohl zu erwägen, was ganz richtig als Einleitung mit dem über die Wertschätzung und Geringachtung der Eltern zu Sagenden verbunden wird. Überall bestehen von altersher über die Götter doppelte Gesetze. Die ei-
931 a nen Götter verehren wir nämlich, indem wir sie deutlich vor uns sehen, den andern errichten wir als Weihgeschenke Nachbildungen und glauben, durch eine diesen, obschon unbeseelten, geweihte Verehrung, bei jenen beseelten Göttern vielfaches Wohlwollen und ihren Dank uns zu verdienen. Wer nun an dem Vater und der Mutter oder an den Vätern und Müttern dieser, vom Alter erblichene Kleinode im Hause hat, der glaube nicht, hat er an seinem Herde ein solches Erinnerungsbild, daß irgendein Götterbild wirksamer sich bewährend werde, sobald der Besitzer jenes in richtiger Weise in Ehren hält.

b KLEINIAS: Was erklärst du doch für diese richtige Weise?
DER ATHENER: Das will ich euch sagen; denn so etwas, ihr Freunde, ist gewiß wohl des Anhörens wert.
KLEINIAS: So sprich nur!
DER ATHENER: Ödipus, behaupten wir, wünschte, schmachvoll behandelt, seinen eigenen Kindern Dinge, von denen jeder Dichter, daß sie in Erfüllung gingen und bei den Göttern Gehör fanden, singt; sowie, daß Amyntor über Phoinix, den eigenen Sohn, ihm zürnend, einen Fluch aussprach, und Theseus über den Hippolytos,
c desgleichen tausend andere über tausend andere, durch die es offenbar ist, daß die Götter den Eltern gegen die Kinder Gehör schenken; denn mit allem Rechte ist des Vaters Fluch den von ihm Erzeugten verderblich, wie der keines andern es andern ist; doch halte es niemand für natürlich, daß der Gott zwar den Gebeten des von den Kindern gekränkten Vaters oder der Mutter Gehör gebe, daß derselbe aber nicht, wenn jener eines sich in Ehren gehalten und hocherfreut fühlt und deshalb der Götter reichlichen Segen den Kindern
d erfleht, so etwas ebensogut höre und uns zuerteile. Dann wären sie, was wir doch am wenigsten den Göttern zuschreiben, niemals gerechte Verteiler des Guten.
KLEINIAS: Freilich.

DER ATHENER: Bedenken wir also, daß wir wohl, wie vorher wir sagten, kein in der Götter Augen ehrenwerteres Erinnerungsbild besitzen dürften als einen vom Alter gebeugten Vater und Großvater sowie die bei den Göttern in demselben Ansehen stehende Mutter, welche in Ehren gehalten zu sehen diese erfreut; würden sie sonst doch nicht ihre Gebete erhören. Denn das Erinnerungsbild unserer Vorfahren ist für uns etwas Wunderbares; vereint doch das Lebende, wenn wir es ehrerbietig behandeln, stets seine Segenswünsche mit unseren Gebeten, umgekehrt aber bei Kränkungen; das andere dagegen tut keines von beiden; so daß, wer den Vater, den Großvater und dergleichen Angehörige insgesamt, wie es sich geziemt, behandelt, an ihnen wohl die auf ein gottbegünstigtes Geschick einflußreichsten Erinnerungsbilder haben dürfte.

KLEINIAS: Eine sehr richtige Bemerkung.

DER ATHENER: So ehrt und scheut nun jeder Verständige die Gebete der Eltern, von denen er weiß, daß sie bei vielen und vielfach in Erfüllung gingen. Da nun diese der Natur gemäße Einrichtung besteht, so erscheinen den Guten hochbejahrte Voreltern, die des Lebens äußerstes Ziel erreichen, als etwas Willkommenes, und erregen schmerzliche Sehnsucht, wenn sie früher sterben, den Schlechten dagegen große Furcht.

Demnach halte jeder, indem er dem eben Gesagten Gehör gibt, seine Eltern in jeder von den Gesetzen vorgeschriebenen Weise in Ehren; kommt aber jemand in den Ruf, er sei gegen diese einleitenden Worte taub, dann dürfte wohl darüber mit Fug folgendes Gesetz bestehen: Wenn jemand in unserem Staate die Eltern geringer achtet als er sollte und nicht in allen Fällen sich nachgiebiger gegen sie beweist und zuvorkommender, wenn sie etwas wünschen, als gegen seine Söhne und sämtlichen Nachkommen, ja gegen sich selbst: dann zeige es, wem so etwas widerfährt, entweder selbst oder durch einen andern bei den drei ältesten Gesetzeswächtern, sowie auch bei dreien der mit den Eheangelegenheiten betrauten Frauen an; diese mögen aber davon Kenntnis nehmen und diejenigen, welche tun, was nicht recht ist, bestrafen, sind sie noch jung, mit Geißelhieben und Haft, die Männer bis zum dreißigsten Jahre, die Frauen aber noch zehn Jahre länger mit denselben Strafen; hören sie aber in einem höheren Alter als das angegebene nicht auf, ihre Eltern zu vernachlässigen und kränken manche manche, dann bringe man sie vor einen aus hundertundeinem der unter allen ältesten Bürgern bestehenden Gerichtshof; wird er dann für schuldig erkannt, so bestimme der Gerichtshof, was er zu entrichten oder zu erdulden hat, ohne irgendeine Strafe, welche der Mensch zu entrichten oder zu erdulden vermag, auszuschließen. Ist jedoch der Gekränkte nicht imstande, es anzuzeigen, dann mache der Freie, welcher es erfährt, davon Anzeige bei der Obrigkeit, sonst gelte er für feige, und wer da will könne des daraus erwachsenen Nachteils wegen ihn belangen; aber ein Sklave, welcher es anzeigt, erlange die Freiheit, und ihn gebe, ist er ein Sklave des Kränkenden oder Gekränkten, die Obrigkeit frei; doch ist er das Eigentum irgendeines andern Bürgers, dann entschädige der Gemeinschatz den Besitzer durch das, was derselbe wert ist, die Obrigkeit trage aber dafür Sorge, daß an einem solchen niemand, wegen dieser Anzeige an ihm sich zu rächen, sich vergeht.

[12. Schaden durch Giftmischerei und Zauberei, Diebstahl und Gewalttätigkeit]

e   Was den Schaden anbetrifft, den einer dem andern durch Vergiftungen zufügt, so haben wir über die tödlichen schon gesprochen; über die andern Nachteile aber, die jemand absichtlich und mit Vorbedacht durch Speisen, Getränke oder Salben zufügt, davon war noch nicht vollständig die Rede. Denn eine doppelartige Giftmischerei und Zauberei, die unter dem Geschlechte der Menschen stattfindet, erschwert das erschöpfende Besprechen. Die von uns jetzt ausdrücklich erwähn-
933 a te ist nämlich diejenige, welche auf natürlichem Wege dem Körper durch Körperliches Schaden bringt, die andere dagegen üben die, welche solche, die ihnen zu schaden wagen, bereden, sie vermögen so etwas durch gewisse Gaukelkünste, Zauberlieder und sogenanntes Knotenknüpfen zu bewirken, sowie andere, daß niemand größeren Schaden zuzufügen vermöge als solcher Täuschungen Kundige. Was es nun wohl damit in allen dergleichen Dingen für eine Bewandtnis habe, das ist weder leicht zu erkennen, noch möchte jemand, erkannte er es auch, leicht andere überzeugen; ist es doch des Gesetzgebers nicht würdig, zu versuchen, ob er die in dergleichen Fällen gegenein-
b ander mißtrauischen Gemüter der Menschen zu überreden vermöge und sie zu ermahnen, wenn sie irgendwo aus Wachs geformte Nachbildungen sehen, sei es über den Türen oder an Kreuzwegen oder auf den Denksteinen ihrer Eltern, um alle dergleichen Dinge, da sie davon keine deutliche Einsicht haben, sich nicht zu kümmern. In welcher von beiden Arten es aber jemand versuchen möge, Zauberei und Giftmischerei zu treiben, wir wollen bei dem Gesetz darüber in doppelter Weise verfahren; zuerst sie bitten, ermahnen und ihnen
c raten, so etwas nicht zu versuchen und nicht der großen Menge, wie Kindern, bange Furcht einzujagen, da zuerst der mit solchen Künsten sich Befassende das, was er übt, nicht versteht, wenn er, in bezug auf den Körper, nicht gerade im Besitz der Heilkunde ist, sowie, was die Bezauberungen anbetrifft, nicht eben ein Wahrsager und Zeichendeuter. Das Gesetz über Giftmischerei und Zauberei erhalte aber fol-
d gende Fassung: Wer jemandem durch Vergiften einen diesem selbst oder dessen Hausgesinde nicht tödlichen Schaden, dessen Herden und Bienenstöcken aber einen anderweitigen oder selbst tödlichen Schaden zufügt, der werde, wird er als Arzt des Giftmischens überführt, mit dem Tode bestraft, ist es aber ein Laie, dann bestimme der Gerichtshof, was er zu dulden oder zu entrichten habe. Ergibt es sich aber, daß jemand durch Zauberknoten, Beschwörungen, gewisse Zau-
e bergesänge oder irgend etwas Derartiges Schaden bringe, dann treffe ihn, wird er als Wahrsager oder Zeichendeuter für schuldig erkannt, der Tod; ist er jedoch der Zeichendeuterei unkundig, dann widerfahre ihm dasselbe, wie dem Giftmischer; es bestimme nämlich auch

hier der Gerichtshof, was seinem Dafürhalten nach derselbe zu dulden oder zu entrichten habe.

Den Schaden ferner, den etwa jemand jemandem durch Diebstahl oder Gewalttätigkeiten zufügte, den büße jener dem, welcher ihn erlitt, ist es ein größerer, durch eine größere, ist es ein geringerer, durch eine kleinere Buße, außer dem allen aber mit einer bis auf den jedesmal zugefügten Schaden sich belaufenden Geldstrafe; für jede Übeltat aber leide jeder, der Besserung wegen, eine darauf folgende 934 a Züchtigung; wer sie aus Unverstand beging, weil er seiner Jugend oder anderer Umstände wegen von andern dazu sich bereden ließ, eine mildere, eine härtere dagegen, wer aus eigenem Unverstande oder Maßlosigkeit seiner Lust- und Schmerzgefühle, zaghafter Furcht, oder manchen Gelüsten, oder einer unheilbaren Mißgunst oder Erbitterung anheimfiel. Doch treffe ihn diese Züchtigung nicht des zugefügten Übels wegen – läßt sich doch das Geschehene nicht ungeschehen machen –, sondern damit für die Folgezeit er selbst und diejenigen, welche ihn bestraft sehen, entweder die Ungerechtigkeit b überhaupt verabscheuen, oder damit das solches Unheil in vielen Stücken mindere. Aus allen diesen Gründen und indem er auf das alles, einem nicht ungeschickten Bogenschützen vergleichbar, sein Augenmerk richtet, muß der Gesetzgeber die Größe der Strafe für jedes Verbrechen und das, was es überhaupt verdient, abmessen. Ihm aber muß der Richter, dem dieselbe Aufgabe vorliegt, behilflich sein, wenn das Gesetz ihm die Bestimmung dessen anheimstellt, was der vor Gericht Gestellte zu dulden oder zu entrichten habe; er selbst dagegen hat in seinem Umrisse der Wirklichkeit entsprechen- c de Handlungen darzustellen. Das müssen wir, Kleinias und Megillos, jetzt auf das angemessenste und beste tun; wir müssen bestimmen, wir müssen festsetzen, von welcher Beschaffenheit die für alles Heimliche und Gewalttätige zu bestimmenden Strafen sein müssen, damit die Götter und der Götter Söhne den Beruf der Gesetzgeber uns gestatten.

[13. Wahnsinn. Schmähung und Verspottung. In Dichtungen vorgetragener Spott]

Ist einer etwa wahnsinnig, dann werde er nicht in der Stadt gesehen; die Angehörigen jedes mögen über denselben im Hause Wache halten, wie sie irgend wissen, sonst aber eine Geldbuße zahlen; der der d ersten Vermögensklasse Zugehörige hundert Drachmen, ob er nun einen Freien oder Sklaven unbeachtet läßt; der der zweiten vier Fünfteile einer Mine, drei Viertel der der dritten und der vierten zwei Drittel. Der Rasenden gibt es aber viele in vielen Gattungen; die einen, von denen wir eben sprachen, durch Krankheiten; andere vermittels einer schlechten Gemütsbeschaffenheit sowohl als Erziehung; wieder andere erheben beim Eintreten eines geringfügigen Zerwürfnisses laut ihre Stimme und überhäufen einander mit Schmähreden; in keiner Weise ist aber je irgend etwas der Art in einem guten Gesetzen unterworfenen Staate wohlanständig. Über Schmähreden gelte für alle dieses *eine* Gesetz: Niemand schmähe irgend jemanden;

wenn aber bei gewissen Reden die Meinung des einen von der des andern abweicht, dann belehre er, aller Schmähungen sich enthaltend, den Andersmeinenden und die Anwesenden und lasse sich von ihnen belehren; denn wenn man Verwünschungen gegeneinander 935 a ausstößt und durch Schimpfreden sich selbst einer Weiberzunge würdige Nachreden zuzieht, dann erwachsen aus Worten, einer leichten Ware, in der Tat Haß und die schwersten Feindschaften. Indem nämlich der Sprechende dem Zorne, einer alles Gehör verweigernden Leidenschaft, Gehör gibt und seiner Erbitterung eine verwerfliche Nahrung bietet, läßt er den früher durch Unterweisung milder gewordenen Teil seiner Seele wieder verwildern und sinkt, ein unerträgliches Leben führend, die herbe Frucht seiner Leidenschaft, zum Tiere b hinab. In solchen Fällen pflegen ferner alle häufig dahin zu geraten, daß sie über ihren Gegner etwas Lachenerregendes äußern; wer aber so etwas sich angewöhnt, der verliert entweder ganz den Ernst seines Charakters, oder es gehen ihm wenigstens viele Eigenschaften eines großherzigen Sinnes verloren. Darum erlaube sich durchaus niemand je, weder in einem Tempel irgend solch eine Rede, noch bei öffentlich dargebrachten Opfern, noch ferner bei Wettkämpfen, oder vor Gericht, noch bei irgendeiner gemeinschaftlichen Zusammenkunft; wer aber diesen Dingen vorsteht, der züchtige jeden ungestraft oder ma-
c che nie, als einer, der sich um die Gesetze nicht kümmert noch das vom Gesetzgeber Anbefohlene tut, auf eine Auszeichnung Anspruch. Enthält sich nun aber irgend jemand anderwärts, ob nun zu solchen Schmähworten reizend oder sie erwidernd, solcher Reden nicht, dann nehme, wer dazukommt, ist es ein Bejahrterer, des Gesetzes sich an, und bringe durch Schläge diejenigen auseinander, welche ihrem Zorne durch ebenso Verderbliches schmeicheln, sonst treffe ihn die gesetzlich vorgeschriebene Buße.

Nun behaupten wir jetzt, daß jemand bei Schmähreden, verwickelt d er sich darin, nicht bestehen könne, ohne dem Lächerlichen in seinen Reden nachzustreben, und tadeln das, wenn es mit Leidenschaft geschieht. Doch wie? Wollen wir das Bestreben der Lustspieldichter, vor den Menschen Lächerliches zu sagen, wenn sie ohne Erbitterung so etwas von den Bürgern unseres Staats zu sagen versuchen, uns gefallen lassen, oder wollen wir unterscheiden, ob es im Scherze geschehe oder nicht, und soll es einem im Scherze so etwas zu sagen e erlaubt sein? Keinem aber, wie wir schon sagten, mit Heftigkeit und Leidenschaft? Das dürfen wir fürwahr jetzt nicht unbestimmt lassen und wollen gesetzlich darüber verfügen, wann es gestattet sei und wann nicht. Dem Dichter eines Lustspiels oder irgendwelcher jambischer oder den Musen geweihter Verse sei es nicht gestattet, weder in bestimmten Worten noch bildlich, weder in leidenschaftlichem noch leidenschaftslosem Tone, irgendwie irgendeines Bürgers zu spotten; zeigt sich aber jemand gegen diese Anordnung ungehor-
936 a sam, dann haben ihn die Kampfrichter unverzüglich aus dem Lande zu verweisen, oder es mit drei Minen zu büßen, die dem Gotte geweiht seien, zu dessen Ehren der Wettkampf stattfindet. Denjenigen aber, denen es im vorigen gestattet wurde, Verse aufeinander zu

machen, sei es, geschieht es ohne Leidenschaftlichkeit und scherzend, gestattet, im Ernste aber und mit Leidenschaft nicht erlaubt. Die Entscheidung darüber sei dem Oberaufseher des gesamten Jugendunterrichts anheimgestellt; was dieser gutheißt, sei dem Dichter zu veröffentlichen vergönnt, was er dagegen mißbilligt, das trage weder dieser selbst öffentlich vor irgend jemandem vor, noch werde es kund, daß er einem andern, einem Sklaven oder Freien es einübte, b sonst treffe ihn der Vorwurf eines schlechten, den Gesetzen ungehorsamen Menschen.

[14. Bettelei. Von Sklaven verursachter Schaden. Zeugnisablegung]
Mitleidswürdig ist nicht, wer Hunger oder etwas dem ähnliches leidet, sondern wenn etwa einen Besonnenen oder durch den vollständigen oder teilweisen Besitz einer andern Tugend Ausgezeichneten dabei irgendein Mißgeschick betrifft. Deshalb wäre es wohl sehr zu verwundern, würde ein Mensch von solchen Eigenschaften, ob ein Sklave oder Freier, in einem nur leidlich eingerichteten Staat so ganz vernachlässigt, um in die äußerste Dürftigkeit zu geraten. Unbedenklich kann man also für solche Menschen etwa folgendes Gesetz aufstellen: In unserem Staate entschließe sich keiner zu betteln; sollte aber einer so durch unablässige Bitten seinen Lebensunterhalt zusammenzubringen versuchen, dann mögen die Marktaufseher ihn vom Markte wegweisen, die Obrigkeit der Stadtaufseher aus der Stadt, die Flurheger aber über die Grenzen des Landes jagen, damit das Land ganz von solch einem Geschöpfe gereinigt werde.

Wenn etwa ein Sklave oder eine Sklavin, ohne die Mitschuld des in Schaden gebrachten Besitzers, durch Unerfahrenheit oder sonst ein d unbesonnenes Verfahren irgend etwas an fremdem Eigentum beschädigten, dann vergüte des Sklaven Besitzer nicht kärglich den ganzen Schaden oder liefere den Schadenstifter selbst aus; wenn aber der in Anspruch genommene Besitzer behauptet, dieser Anspruch sei, um ihn um seinen Sklaven zu bringen, aus einer gemeinsamen Verabredung des zu Schaden Gebrachten mit dem Schadenstifter hervorgegangen, dann belange er den vor Gericht, welcher über erlittenen Schaden Beschwerde führt, wegen Arglist und empfange, erliegt derselbe, den vom Gerichtshofe festgestellten Preis des Sklaven e doppelt; ist er aber der Unterliegende, dann vergüte er sowohl den Schaden als liefere auch den Sklaven aus.

Will jemand nicht freiwillig Zeuge sein, dann fordere der des Zeugnisses Bedürftige ihn dazu auf, er aber finde beim Rechtshandel sich ein, und weiß er darum und ist zu zeugen bereit, dann zeuge er; behauptet er dagegen, nichts davon zu wissen, dann schwöre er bei den drei Göttern, dem Zeus, Apollon und der Themis, daß er wahrhaftig nichts davon wisse, und werde von der Teilnahme an 937 a dem Rechtshandel losgesprochen. Leistet aber der Zeugnis abzulegen Aufgeforderte dem, welcher ihn aufforderte, keine Folge, dann könne er, dem Gesetze nach, auf Schadenersatz belangt werden. Ruft jedoch jemand einen zu Gericht Sitzenden als Zeugen auf, dann entscheide dieser, nachdem er zeugte, nicht mehr über diesen Rechtsfall.

Einer freien Frau sei das Zeugnisablegen und das Wort gestattet, wenn sie über vierzig Jahre alt ist, und Richter sich zulosen zu lassen, wenn sie ohne Mann ist; jedoch bei Lebzeiten ihres Mannes sei ihr nur zu zeugen erlaubt. Einer Sklavin, einem Sklaven, einem Kna-
b ben sei nur bei Mordtaten das Zeugnisablegen und das Wort vergönnt, wenn er einen zuverlässigen Bürgen stellt, daß er, sollte er falschen Zeugnisses bezichtigt werden, bis zur Entscheidung der Sache nicht entweichen wolle. Jeder der beiden Gegner kann vor Entscheidung der Sache, behauptet er von jemandem, dieser habe ein falsches Zeugnis abgelegt, Klage gegen das ganze Zeugenverhör oder einen Teil desselben erheben, die Beamten aber haben die von beiden Teilen untersiegelte Beschwerde aufzubewahren und für die Anklage auf falsches Zeugnis vorzulegen. Wird jemand zweimal fal-
c schen Zeugnisses überführt, dann nötige diesen kein Gesetz mehr, als Zeuge aufzutreten, geschah es dreimal, dann sei es ihm nicht mehr erlaubt; wagt er es aber nach dreimaliger Überführung zu zeugen, dann zeige ihn wer da will bei der Obrigkeit an, die Obrigkeit überweise ihn einem Gerichtshofe, und schuldig befunden werde er mit dem Tode bestraft. Wenn aber von den rechtlich verworfenen Zeugnissen die als falsch sich herausstellenden dem Sieger den Sieg verschafft zu haben scheinen, wenn zu solchen Zeugnissen etwas
d über die Hälfte gehört, dann gelte die zufolge derselben verlorene Sache für unentschieden, es trete das Bedenken und die gerichtliche Untersuchung ein, ob die Sache nach diesen Zeugnissen entschieden ward oder nicht, und der Ausfall derselben zugunsten des einen der beiden Gegner bestimme das endliche Ergebnis des Vorausgegangenen.

[15. Verbot der Advokatenkunst]

Während es aber des Schönen im Leben der Menschen vieles gibt, haften demselben doch meistenteils von Natur sozusagen Flecken an, welche es entstellen und verunreinigen. Inwiefern ist nun nicht auch insbesondere die Rechtspflege unter den Menschen, welche mildernd
e auf alle menschlichen Verhältnisse einwirkt, etwas Schönes? Da sie aber etwas Schönes ist, wie sollte wohl nicht auch der gegenseitig geleistete Rechtsbeistand uns dafür gelten? Da nun dem so ist, brachte eine arge — Kunst, ein schönklingender Name, den sie an der Stirn trägt, das in Verruf, welche zunächst behauptet, bei den Rechtshändeln gelte ein Kunstgriff, welcher darauf gehe, daß man vor Gericht und als Rechtsbeistand eines andern obsiege, das auf jeden Rechtshandel Bezügliche möge nun mit Recht geschehen sein oder
938 a nicht; das sei ein Vorteil der eben erwähnten Kunst und der vermittels derselben, wenn jemand dafür Zahlung leistet, verfaßten Reden. Vor allem darf jedoch das, ob es nun eine Kunst oder ein nicht kunstgerechter Handgriff und etwas durch Übung Erlangtes ist, in unserem Staate nicht aufkommen; sie müssen den Bitten des Gesetzgebers Gehör geben und entweder nicht dem Rechte Widersprechendes vorbringen oder das Land verlassen. Gehorchen sie, dann schweigen wir; gegen die Ungehorsamen aber läßt das Gesetz sich so verneh-

men: Scheint einer dieser Menschen bemüht, der Macht des Rechts- b
gefühls in den Seelen der Richter die entgegengesetzte Richtung zu
geben und zur Unzeit die Rechtshändel zu häufen und als Rechtsbeistand aufzutreten, dann belange ihn wer da will der Rechtsverdreherei und ungehörigen Rechtsbeistandes, es urteile über ihn ein dazu auserwählter Gerichtshof, und dieser entscheide, wird er für schuldig erkannt, ob er so etwas aus Habsucht oder aus Streitlust zu tun
scheine. Geschieht es aus Streitlust, dann bestimme der Gerichtshof,
auf wie lange Zeit ein solcher weder als Rechtsanwalt noch als jemandes Rechtsbeistand auftreten dürfe; wenn aber aus Habsucht, c
daß er, ist es ein Fremder, das Land verlasse und bei Todesstrafe nie
zurückkehre; der Bürger aber büße seine Habgier, welche er in jeder
Weise vorwalten läßt, mit dem Leben; das geschehe auch, wenn über
ihn zum zweitenmal, daß er aus Streitlust so etwas tue, erkannt wird.

ZWÖLFTES BUCH

[1. Vergehen von Gesandten und Herolden. Unterschlagung von Staatseigentum]

941 a Der Athener: Wenn jemand als Abgesandter oder Herold dadurch den Staat hintergeht, daß er den Zweck seiner Sendung an einen andern Staat nicht erfüllt oder als Abgeordneter die Botschaft, welche zu überbringen er abgesandt wurde, nicht ausrichtet, oder auch, wenn es offenbar wird, daß er nicht richtig der von Freunden oder Feinden ihm erteilten Aufträge sich entledigte oder sie als Herold überbrachte: dann werde gegen sie als solche, die an Aufträgen und Botschaften, im Namen des Zeus und Hermes ihnen erteilt, sich vergingen, Klage erhoben und festgestellt, welche Strafe der schuldig Befundene
b zu dulden oder zu entrichten habe.

Gelder zu unterschlagen, ist des Freien unwürdig, sie zu rauben, unverschämt. Keiner der Söhne des Zeus übte das eine oder das andere mit List oder gewaltsamer Hand. Niemand lasse sich also, von den Dichtern oder andern Sagenerzählern getäuscht, überreden, darin Fehltritte zu begehen, oder glaube, Unterschlagen und Berauben sei kein schimpfliches Verbrechen, sondern etwas, was die Götter selbst üben; denn das ist weder wahr noch wahrscheinlich, sondern wer den Gesetzen zuwider so etwas tut, der ist niemals weder ein
c Gott noch ein Göttersohn. Das muß der Gesetzgeber besser wissen als alle Dichter insgesamt. Wer also unsern Worten Gehör gibt, der ist glückselig und dürfte wohl stets es bleiben; wer uns aber keinen Glauben beimißt, der falle infolgedessen folgendem Gesetz anheim: Wenn jemand vom Staatseigentum etwas unterschlug, dann verdient das, ob wenig oder viel, dieselbe Strafe; denn der weniges Unterschlagende tat es von derselben Begierde getrieben, aber weniger vermögend; wer aber von dem, worauf er keine Ansprüche hat, et-
d was Größeres sich anmaßte, der vergeht sich am Ganzen. Demnach will das Gesetz keinen von beiden mit Rücksicht auf die Größe des Unterschlagenen mit einer geringeren Strafe belegen, sondern insofern der eine noch heilbar, der andere aber unheilbar ist. Wenn nun jemand einen Fremden oder Sklaven vor Gericht überführt, daß derselbe vom Gemeingut etwas unterschlug, dann werde, da er der Wahrscheinlichkeit nach noch heilbar ist, entschieden, welche Strafe
942 a er zu leiden, welche Geldbuße er zu entrichten habe. Der Bürger dagegen, welcher die Erziehung erhielt, die er erhalten haben wird, ist, wenn er, ob auf der Tat ergriffen oder nicht, überführt wird, sein Vaterland bestohlen oder beraubt zu haben, als ein ziemlich Unheilbarer mit dem Tode zu bestrafen.

[2. Das Militärwesen. Verweigerung der Dienstpflicht, Fahnenflucht, Feigheit]

Hinsichtlich der Heereszüge ist es angemessen, viele Ratschläge zu erteilen und viele Gesetze aufzustellen; doch das Wichtigste ist, daß niemand, weder Mann noch Weib, ohne Vorgesetzte sei und daß niemandes Seele sich gewöhnt habe, sei es im Kampfe selbst oder bei den Vorübungen, etwas für sich nach eigener Willkür zu tun; sondern in jedem Kriege und während jedes Friedens stets auf den Vorgesetzten hinzublicken und seinen Vorschriften gehorsam zu leben und von ihm selbst im geringsten sich bestimmen zu lassen, als da ist, stehenzubleiben und sich in Bewegung zu setzen, wenn einer es befiehlt, und seinen Leib zu üben und sich zu baden, und des Nachts zum Wachestehen und Befehlsüberbringen sich zu ermuntern, und in den Augenblicken der Gefahr selbst, ohne die Willensäußerung der Vorgesetzten weder einen zu verfolgen noch vor einem andern zurückzuweichen; mit *einem* Worte, seine Seele durch Gewöhnung dahin zu bestimmen, daß sie ohne die andern nichts tue noch überhaupt von etwas Kenntnis nehme oder sich unterrichte, sondern daß vielmehr das Leben aller zu einem möglichst vereinten, unter sich verbundenen und gemeinsamen sich gestalte. Denn ein besseres, wirksameres, kunstgemäßeres Mittel gibt es im Kriege nicht und dürfte es wohl nie geben, so zur Rettung wie zum Siege. Über andere zu gebieten und wieder von andern sich gebieten zu lassen, darin muß man auch im Frieden von Kindheit an sich üben, die Ungebundenheit aber aus dem Leben aller Menschen sowie der von den Menschen gebrauchten Tiere verbannen.

In derselben Absicht gilt es auch, alle das Sichauszeichnen im Kriege bezweckenden Reigentänze aufzuführen und alle Gewandtheit im Gebrauch seiner Hände und Füße sich anzueignen, sowie das Ertragen des Hungers und Durstes, der Winterkälte und ihres Gegenteils, auch eines harten Lagers; das Wichtigste aber ist, des Kopfes und der Füße Kraft nicht durch das Einhüllen in künstliche Bedeckungen zu schwächen und das Erzeugen und Gedeihen der uns selbst angehörigen Behaarung und Beschuhung dadurch zu beeinträchtigen. Die Erhaltung dieser Teile ist ja, da sie die äußersten des ganzen Körpers sind, von sehr heilsamem Einfluß, und umgekehrt in umgekehrtem Falle; und ist doch das eine das Unterwürfigste am ganzen Körper, das andere aber das Herrschgewaltigste, da es seiner Natur nach alle Hauptsinneswahrnehmungen in sich schließt.

Dieser Schilderung dessen, was dem kriegerischen Leben zum Lobe gereicht, sollte, meinem Bedünken nach, der Jüngling sein Ohr leihen; die Gesetze aber sind der Art: Zu Felde zu ziehen hat der dazu Auserlesene oder einer gewissen Heeresgattung Zugewiesene; bleibt aber einer, einer gewissen Schlaffheit zufolge, ohne daß die Heerführer ihn freigaben, zurück, dann werde er von den Anführern im Kriege vernachlässigter Heerespflichtigkeit wegen verklagt, und Richter über ihn seien diejenigen, welche zu Felde zogen, jede Gattung für sich, die Schwergerüsteten, die Reiter und alle andern Heeresgattungen ebenso, und man hat die Schwergerüsteten den

Schwergerüsteten, die Reiter den Reitern und desgleichen die andern ihren Gattungsgenossen vorzuführen. Wird einer schuldig befunden, dann dürfe er nie um einen Kampfpreis sich bewerben, nie einen andern der vernachlässigten Heerespflichtigkeit verklagen, und außerdem hat der Gerichtshof zu bestimmen, was er zu erdulden oder zu entrichten habe.

Nach Entscheidung der Klagen wegen vernachlässigter Heerespflichtigkeit haben darauf die Anführer der einzelnen Heeresgattungen jegliche derselben wieder zu versammeln. Um die Siegespreise
c könne sich aber, wer da wolle, vor seinen eigenen Waffengenossen bewerben, ohne über einen früheren Feldzug etwas beizubringen, weder ein Beweisstück noch die Versicherungen von Zeugenaussagen, sondern nur über den jetzt von ihnen bestandenen Feldzug selbst. Das Siegeszeichen sei für jeden ein Ölzweigkranz, den möge er, mit einer Inschrift versehen, in dem Tempel desjenigen der Götter des Krieges, welchem er den Vorzug gibt, weihen, als ein Zeugnis der während seines ganzen Lebens erlangten ersten Preise, sowie auch der zweiten und dritten. Zog ferner einer zu Felde, kehrte aber vor
d der Zeit, ohne daß die Anführer ihn zurückführten, heim, dann werde er vor denselben Richtern der Heeresflüchtigkeit angeklagt, welche über die versäumte Heerespflichtigkeit entscheiden, und die schuldig Befundenen treffen die im vorigen festgesetzten Strafen.

Bei jeder Anklage muß aber jeder die Besorgnis hegen, jemandem, geschehe es mit oder ohne Absicht, eine unverdiente Strafe zuzuzie-
e hen: denn die Gerechtigkeit heißt eine Tochter der Schamhaftigkeit und ward mit Recht so genannt; der Scham und der Gerechtigkeit aber ist, ihrer Natur nach, die Lüge ein Greuel. So muß man also im übrigen sich scheuen, die Gerechtigkeit gering zu achten, insbesondere aber auch, was das Vonsichwerfen der Schutzwaffen im Kriege anbetrifft, damit jemand nicht, indem er das Unvermeidliche des Vonsichwerfens unbeachtet läßt, dieses, als etwas Schimpfliches, jemandem zum Vorwurf mache und gegen den es nicht Verdienenden eine unverdiente Anklage erhebe. Nun ist es gewiß keineswegs leicht, das eine von dem andern zu unterscheiden, aber demungeach-
944 a tet muß das Gesetz irgendwie einen Unterschied zwischen den einzelnen Fällen zu machen versuchen. Wir wollen aber, indem wir eine Sage zu Hilfe nehmen, die Frage aufwerfen: Wenn Patroklos, ohne Schutzwaffen in das Zelt getragen, wieder, was Tausenden begegnete, zum Leben erwachte, in dem Besitze jener Waffen aber, von denen der Dichter sagt, daß sie von den Göttern bei der Hochzeitsfeier der Thetis dem Peleus, als ein Teil der Mitgift der Thetis verliehen wurden, wenn in jener Waffen Besitz Hektor sich befand: war es dann den Mißgünstigen damaliger Zeit gestattet, dem Sohne des Menoitios den Verlust seiner Schutzwaffen vorzurücken? Diejenigen ferner, welche, von Gebirgshöhen herabgestürzt, ihre Waffen ein-
b büßten, oder zur See, oder wenn an Waldströmen ausgesetzten Stellen unversehens eine mächtige Wasserflut sie überraschte, oder — könnte uns jemand doch tausenderlei der Art vorleiern, einen zur Verdächtigung geeigneten Unfall zu entschuldigen. Man muß aber

das größere und unangenehmere Unheil soviel wie möglich von dem ihm entgegengesetzten unterscheiden. Eine gewisse Scheidung bewirkt einigermaßen die Anwendung folgender Ausdrücke; nicht in allen Fällen wird wohl einer mit Recht ein Schildabwerfer genannt, sondern ein Verlierer seiner Waffen. Denn nicht in gleicher Weise c dürfte derjenige, dem mit ausreichender Gewalt seine Waffen entrissen wurden und wer freiwillig sie preisgab, für einen Schildabwerfer gelten, findet doch hier wohl ein durchgängiger und vollständiger Unterschied statt.

Dahin also spreche das Gesetz sich aus: Wenn jemand, von den Feinden eingeholt und im Besitz seiner Schutzwaffen, nicht gegen den Feind sich wendet und sich verteidigt, sondern freiwillig seine Schutzwaffen aufgibt und von sich wirft, indem er in rascher Flucht ein schimpfliches Leben einem schönen und glücklichen Tode in tapferer Verteidigung vorzieht, bei solchem Waffenverluste finde die Anklage auf Vonsichwerfen derselben statt. Die vorher erwähnte Anklage dagegen lasse der Richter unbeachtet; denn den Schlechten muß man stets bestrafen, damit er besser werde, nicht den Unglücklichen, fruchtet es doch nichts. Welche Strafe möchte nun wohl dem angemessen sein, der eine solche Kraft zur Verteidigung bestimmter Waffen in entgegengesetzter Absicht aufgibt? Kann doch der Mensch nicht das Entgegengesetzte von dem tun, was einst ein Gott dem Thessaler Kaineus getan haben soll, welcher dessen Natur aus der eines Weibes zu der eines Mannes umgestaltete. Denn gewissermaßen wäre die dieser Wiedergeburt entgegengesetzte, welche einen e Mann zum Weibe umgestaltete, vor allen, erfolgte sie als Strafe, die angemessenste. Nun aber gelte, seiner Lust am Leben wegen, das diesem Zunächstkommende, damit sein noch übriges Leben nicht in Gefahr gerate und er möglichst lange, mit arger Schmach behaftet, lebe, darüber folgendes Gesetz: Wenn ein Mann vor Gericht schuldig befunden wird, daß er schimpflich seine kriegerischen Schutzwaffen von sich warf, dessen bediene sich, demzufolge, kein Feldherr noch ein anderer Anführer im Kriege als eines Streiters, noch 945 a stelle er irgendwo, wo es auch sein mag, ihn auf; sonst lasse der Oberaufseher es ihn büßen, wenn derjenige, welcher dem Feigen eine Stelle anwies, der ersten Vermögensklasse angehört, mit tausend Drachmen, wenn der zweiten, mit fünf Minen, wenn der dritten, mit dreien, wenn aber der vierten, mit einer Mine. Der als schuldig Befundene aber bezahle, außer dem, daß er, seiner Natur gemäß, der Gefahren, die ein Mann zu bestehen hat, überhoben ist, in der höchsten Vermögensklasse einen Sold von tausend Drachmen, von fünf Minen in der zweiten, von dreien in der dritten und, ebenso wie b die Vorhererwähnten, von einer Mine in der vierten Abteilung.

[3. Die Oberaufseher. Ihre Wahl, ihre Ehren und ihre Bestrafung]

Wie könnten wir uns nun aber wohl in angemessener Weise über die Rechenschaftsablegung der Obrigkeiten aussprechen, von denen die einen durch das Zufällige des Loses auf *ein* Jahr, die andern auf mehrere Jahre aus der Mitte Auserwählter gewählt wurden? Wer ist

wohl ein tüchtiger Oberaufseher solcher Männer, wenn etwa einer derselben unter der drückenden Bürde seines Amtes, oder weil die ihm verliehene Fähigkeit der Bedeutsamkeit desselben nicht entspricht, etwas Verkehrtes tat? Es ist keineswegs leicht, einen Vorge-
c setzten der Vorgesetzten, welcher dieselben an Tüchtigkeit übertrifft, ausfindig zu machen; dessenungeachtet müssen wir einige gottbegabte Oberaufseher auszumitteln versuchen. Es verhält sich nun so. Es gibt viele für die Auflösung der Staatsverfassung entscheidende Teile, wie für die eines Tieres oder Schiffes, welche man, ihrem Wesen nach *ein* weit verbreitetes Ganzes, vielerwärts mit vielerlei Namen, wie Taue, Plankenbänder, Nervengeflecht, bezeichnet; vor allem gehört dazu dieser für die Erhaltung und den durch Auflösung herbeigeführten Untergang des Staates nicht unbedeutendste
d Teil. Sind nämlich die die Obrigkeiten Beaufsichtigenden besser als jene und geschieht das in gerechter und untadeliger Weise, dann erfreut sich dadurch das ganze Land und der ganze Staat des Gedeihens und der Glückseligkeit; ist dagegen das Verfahren hinsichtlich des Rechenschaftablegens der Beamten ein anderes, dann werden, mit Aufhebung der alle Staatseinrichtungen zu einem Ganzen verknüpfenden Gerechtigkeit, alle Obrigkeiten, indem ihre Richtung nicht mehr dieselbe ist, voneinander gerissen und führen dadurch
e den Staat, den sie aus einem einheitlichen zu einem vielfältigen machen und mit Parteiungen erfüllen, einem schnellen Untergange entgegen. Darum müssen durchaus die Oberbefehlshaber durch Tugenden jeder Art Bewunderung erregen. Wir wollen aber in folgender Weise das Entstehen dieser Behörde gewissermaßen vermitteln.

In jedem Jahre muß sich, nachdem sich die Sonne von der Sommer- nach der Winterseite zuwendete, die gesamte Bürgerschaft in einem dem Helios und Apollon gemeinsamen Weihbezirke versam-
946 a meln, um vor dem Gotte drei Männer namhaft zu machen, welche jeder von ihnen, sich selbst ausgenommen, unter denen, welche das fünfzigste Jahr überschritten, für die in jeder Hinsicht besten hält; unter den Bevorzugten aber haben sie bis zur Hälfte diejenigen auszuwählen, für welche die meisten stimmen, wenn die Anzahl jener eine gerade ist, ist sie aber ungerade, einen, welcher die wenigsten Stimmen hat, auszuscheiden, und die Hälfte derselben, nach der Stimmenzahl, zurückzulassen. Sollten aber einige eine gleiche Stimmenzahl haben und den einen Teil zum überwiegenden machen, dann haben sie den Überschuß, den minderen Jahren nach, auszuscheiden
b und über die abermals Auserwählten wieder abzustimmen, bis drei mit ungleicher Stimmenzahl übrigbleiben; haben aber alle oder zwei von ihnen gleiche Stimmen, dann ist es einer günstigen Fügung oder dem Zufall anheimzustellen, indem man durch das Los den Obsiegenden sowie den den zweiten und dritten Preis Davontragenden bestimmen läßt, sie mit einem Ölzweig bekränzt und, vor allen ihnen den Vorzug zuerkennend, bekanntmacht: Der Staat der Magnesier, dem unter der Gottheit Leitung wiederum sein Fortbestehen zuteil ward, indem er die drei besten seiner Bürger dafür erklärte,

weiht dieselben, dem alten Gesetze zufolge, als eine gemeinsame Erstlingsgabe dem Apollon und dem Helios, auf so lange Zeit, als c sie der getroffenen Wahl entsprechen werden.

Solcher Oberaufseher sind im ersten Jahre zwölf auf so lange zu ernennen, bis jeder derselben das fünfundsiebzigste Jahr erreichte, in der Folge aber mögen jährlich drei neue hinzukommen; diese mögen unter sich die Staatsbeamten insgesamt in zwölf Teile teilen und dieselben allen einem Freien angemessenen Prüfungen unterwerfen. Solange sie Oberaufseher sind, sollen sie in dem dem Helios und d Apollon geweihten Bezirke, wo sie gewählt wurden, wohnen. Und nachdem jeder, teils für sich allein, teils mit den andern gemeinschaftlich, über diejenigen, welche eine obrigkeitliche Stelle im Staate bekleideten, Gericht hielt, mögen sie auf dem Markte den Ausspruch über jeden Beamten schriftlich niederlegen, was er, der Entscheidung der Oberaufseher zufolge, zu dulden oder zu entrichten habe; der Beamte aber, welcher die Gerechtigkeit des über ihn Ausgesprochenen nicht einräumt, lade die Oberaufseher vor auserwählte Richter und möge, falls er der Zurechtweisung nicht schuldig befunden wird, diese selbst, gefällt es ihm, verklagen; wird er dagegen schuldig be- e funden, dann treffe einen, dem von den Oberaufsehern der Tod zuerkannt ward, wie es nicht anders möglich ist, der einfache, die andern Strafen aber, bei welchen es möglich ist, sie doppelt zu leiden, leide er doppelt.

Ferner gilt es zu vernehmen, welche Buße und inwiefern sie jenen selbst bevorstehe. Diesen also, denen vom ganzen Staate der Vorzug vor allen zuerkannt ward, gebühre im Leben der Vorsitz bei allen Festversammlungen; ferner soll man bei gemeinschaftlichen Op- 947 a fern, Schaufesten und andern in Gemeinschaft mit andern Staaten zu begehenden heiligen Handlungen die Anführer jeder Festgesandtschaft zu den Hellenen aus ihrer Mitte wählen; sie sollen, als die einzigen im Staate, im Schmucke eines Lorbeerkranzes erscheinen. Alle seien Priester des Apollon und des Helios, einer aber, für den Ersten der in diesem Jahre die Priesterwürde Bekleidenden erklärt, auf ein Jahr Oberpriester; dessen Name werde jährlich aufgezeich- b net, damit derselbe, solange der Staat besteht, zum Maße der Zeit werde. Nach ihrem Tode aber werde ihnen eine vor den andern Bürgern ausgezeichnete Schaustellung, Leichenbegleitung und Begräbnisstätte zuteil; ihre ganze Bekleidung sei weiß, Tränen und Wehklagen bleiben ihnen fern, ihre Bahre umgebe ein Chor von fünfzehn Mädchen und ein anderer von Knaben, welche in Wechselgesängen einen gewissermaßen zum Preise der Priester gedichteten Hymnos c anstimmen, indem den ganzen Tag hindurch ihr Gesang ihn glücklich preist. Am Morgen tragen die Bahre hundert die Übungsschulen besuchende Jünglinge, welche etwa die Verwandten des Verstorbenen dazu ausersahen, nach der Grabesstätte; ferner eröffnen den Zug die Unverheirateten, jegliche mit ihrer kriegerischen Rüstung angetan, die Reiter mit ihren Rossen, die Schwergerüsteten in schwerer Rüstung und in gleicher Weise die andern; Knaben, die der Bahre selbst vorausziehen, stimmen den vaterländischen Gesang an, und

d Jungfrauen folgen ihr sowie Frauen, die dem Kindergebären nicht mehr unterworfen sind; dann folgen Priester und Priesterinnen, obschon diese von andern Leichenzügen ausgeschlossen sind, wenn auch der Pythia Ausspruch es ebenfalls so in dieser Weise bestimmt, als einem sie nicht verunreinigenden. Unter der Erde aber sei ihnen ein längliches Gewölbe aus köstlichem, dem Verwittern so wenig wie möglich ausgesetzten Gestein hergerichtet, welches die einander gegenüber aufgestellten steinernen Särge umfaßt; da mögen sie den
e zur Seligkeit Gediehenen beisetzen und ringsherum einen mit Bäumen bepflanzten Grabeshügel aufführen, mit Ausnahme einer Seite, damit hier die Begräbnisstätte für immerdar eine Erweiterung gestatte, wenn es für zu Bestattende eines Grabes bedarf; jährlich aber soll man einen Wettkampf in den Künsten der Musik, der Leibesübungen und der Reiterei, sie zu ehren, anordnen. Solche Ehrenbezeigungen werden denjenigen erwiesen, welche bei keiner Anklage als schuldig befunden wurden.

Wenn aber von diesen einer, der ihn bevorzugenden Wahl vertrauend, nach derselben seine menschliche Schwäche kundgibt und schlecht wird, dann verordne das Gesetz, daß wer da wolle als Kläger gegen ihn auftrete; das Rechtsverfahren vor einem Gerichtshofe fin-
948 a de aber ungefähr in folgender Weise statt. Dieser Gerichtshof mag zuerst aus Gesetzeswächtern bestehen, dann aus solchen, die von eben diesen noch am Leben sind, und außer diesen aus den erwählten Richtern. Die Klageschrift des die Klage Erhebenden besage aber, daß dieser oder jener, gegen den er Klage erhebt, der Ehrenstelle und der Auszeichnungen unwürdig sei; unterliegt der Angeklagte, dann gehe er seiner Ehrenstelle, der Bestattung und der andern ihm zuerkannten Ehrenbezeigungen verlustig, trägt aber der Ankläger nicht den fünften Teil der Stimmen davon, dann büße es der der höchsten
b Vermögensklasse Angehörige mit zwölf Minen, der der zweiten mit acht, der der dritten mit sechs und der vierten mit zwein.

[4. Gefahr der Eide und des Schwörens und Gesetze darüber]

Hinsichtlich dessen aber, was man die Entscheidung der Rechtsfälle nennt, verdient Rhadamanthys Bewunderung, weil er erkannte, daß die Menschen damaliger Zeit ganz natürlich entschieden an Götter glaubten, da damals die meisten, zu denen er selbst gehörte, von Göttern abstammten. Man habe, erkannte er bei Erwägung der Sache, keinem menschlichen Richter, sondern der Gottheit selbst es anheimzustellen. Daher wurden von ihm die Rechtshändel in einfacher und rascher Weise entschieden. Indem er nämlich über jeden der streitigen Punkte den darüber Streitenden den Eid gestattete, besei-
c tigte er die Sache sicher und rasch. Jetzt dagegen, wo, unserer Behauptung nach, ein Teil der Menschen durchaus nicht an Götter glaubt, andere meinen, diese bekümmern sich nicht um uns, die Meinung der meisten und Schlechtesten aber darin besteht, daß dieselben, gegen den Empfang geringfügiger Opfer und Huldigungen, beim Raube großer Güter sie unterstützen und von großen Strafen und in vielen Fällen sie befreien — bei den jetzt lebenden Menschen

wäre demnach die Kunst des Rhadamanthys nicht mehr anwendbar. d Da nun die unter den Menschen über die Götter herrschenden Meinungen sich geändert haben, so gilt es auch die Gesetze zu ändern; beim Anhängigmachen von Rechtshändeln müssen nämlich verständig aufgestellte Gesetze die beiderseitig zu leistenden Eide abschaffen. Wem eine Anklage gegen jemanden gestattet wird, der muß seine Anklagepunkte niederschreiben, nicht aber eidlich erhärten, und ebenso muß der Angeklagte sein In-Abrede-Stellen derselben ohne Schwur schriftlich bei der Obrigkeit einreichen. Wäre es doch, nachdem viele Rechtshändel im Staate stattfanden, arg, recht gut zu wissen, daß ziemlich die Hälfte der Bürger, welche unbedenklich bei e Speisevereinen und anderen Zusammenkünften sowie bei den häuslichen Verbindungen der einzelnen sich zusammenfinden, eines Meineids sich schuldig machten.

Ein Gesetz bestehe nun, daß der Richter, im Begriff Gericht zu halten, schwöre, und wer die für das Gemeinwesen bestimmten Obrigkeiten wählt, stets so etwas mit Leistung eines Eides oder vermittels 949 a heiliger Stelle entnommener Steinchen tue; nicht minder ferner der Kampfrichter über Reigentänze und alles auf die musische Kunst Bezügliche, desgleichen die Vorsteher und Preisverteiler bei allen Wettkämpfen in Leibesübungen und Wagenrennen sowie überhaupt bei allem, was, der Meinung der Menschen nach, den Meineidigen keinen Gewinn bringt. Was aber für einen, der es wegleugnet und abschwört, offenbar sehr gewinnbringend zu sein scheint, darüber mögen alle, welche Beschuldigungen gegeneinander erheben, die Gerichte ohne Eidesleistungen entscheiden lassen und die bei Rechtsverhandlungen Vorsitzenden es überhaupt nicht gestatten, daß einer der Glaubhaftigkeit wegen das, was er sagt, beschwöre oder unter b Verwünschungen seiner selbst und der Seinen beteure oder zu unanständigem Flehen und weibischem Jammern seine Zuflucht nehme, sondern stets über das Rechte in unanstößiger Rede Belehrung gebe und empfange; tut er das aber nicht, dann haben die Vorsitzenden, als einen, der zur Sache nicht Gehöriges vorbringt, ihn stets auf die die Sache selbst betreffende Rede zurückzuweisen. Den Fremden aber ist es gegen die Fremden gestattet, rechtskräftige Eide, wie es auch jetzt geschieht, voneinander, wenn sie wollen, anzunehmen und sich c zu leisten; werden sie doch in den meisten Fällen in unserem Staate nicht alt werden, noch hier sich einnisten, um die mit ihnen lebenden Besitzer des Landes sich ähnlich zu machen.

Was die Entscheidung über das Anhängigmachen von Klagen gegeneinander anbetrifft, so sei das Verfahren bei allem, worin ein Freier dem Staate den Gehorsam verweigert, was da nicht durch Schläge, Gefängnis oder Tod zu bestrafen ist, dasselbe. Bei den Reigentänzen ferner, bei gewissen Festlichkeiten und Festumgängen und bei manchen andern derartigen gemeinsamen Festaufzügen und öffentlichen Leistungen, in bezug auf Opfer im Frieden und Beisteuern d im Kriege, bei allem dergleichen sei die erste Nötigung durch Geldstrafen abwendbar; die Nichtgehorchenden haben ein Unterpfand an diejenigen zu geben, welche etwa der Staat und zugleich das Ge-

setz, dergleichen einzutreiben, beauftragt; bei den an dieses Unterpfand sich nicht Kehrenden finde ein Verkauf des Verpfändeten statt, und der Erlös falle dem Staate anheim. Ist eine höhere Geldstrafe erforderlich, dann mögen die betreffenden Beamten dem Ungehorsamen die angemessene Geldstrafe auferlegen und sie vor Gericht
e ziehen, bis sie sich bereitwillig zeigen, das ihnen Anbefohlene zu tun.

[5. Verkehr mit anderen Staaten: Die Reisen der Bürger]

Ein Staat aber, der weder, mit Ausnahme des Bodenertrags, Gelderwerb sucht noch Handel treibt, muß notwendig sich beraten haben, was da hinsichtlich einer Reise seiner eigenen Bürger außer Landes und der Aufnahme anderswoher kommender Fremder zu tun sei; deshalb muß der Gesetzgeber ihnen Rat erteilen, indem er sie zuerst, so gut er es vermag, zu überreden sucht. Seiner Natur nach aber erzeugt der gegenseitige Verkehr der Staaten in den Staaten Gewohnheiten aller Art, indem gegenseitig Fremde unter ihnen
950 a Fremden manche Neuerungen hervorrufen. Das könnte nun wohl über Staaten, welche vermittels guter Gesetze wohl eingerichtet sind, den allergrößten Schaden bringen; bei den meisten Staaten dagegen, deren Gesetzgebung eine keineswegs gute ist, hat es nichts auf sich, wenn Fremde, die Aufnahme finden, unter die Bürger sich mischen und wenn diese selbst zum Vergnügen nach anderen Staaten reisen, falls einer, ob nun ein Jüngerer oder Älterer, wie und wann es nun sei, zu reisen Lust hat. Dagegen ist, andere durchaus nicht aufzunehmen, noch selbst anderswohin zu reisen, teils unausführbar, teils
b erscheint es auch andern als roh und unfreundlich, die es mit den harten Ausdrücken der Ungastlichkeit und eines, ihrer Meinung nach, herben und abstoßenden Wesens bezeichnen. Man darf es aber keineswegs geringachten, ob man den andern als wacker erscheine oder nicht. Denn nicht in dem Grade, in welchem die große Mehrzahl des Wesens der Tugend entbehrt, sind die Schlechten auch unfähig, andere zu beurteilen, vielmehr besitzen selbst die Bösen ein gottverliehenes, richtiges Gefühl, so daß auch sehr viele der ganz
c Schlechten recht gut die besseren unter den Menschen von den diesen nachstehenden zu unterscheiden wissen. Darum ist für viele Staaten die Aufforderung eine zweckmäßige, einen Wert auf die Meinung der Menge zu setzen; das Richtigste und Gewichtigste ist aber, daß, wer ein vollkommener Mensch zu werden begehrt, um den Ruf eines tugendhaften Mannes im Leben, indem er wirklich es ist, sich bemühe, keineswegs aber in anderer Weise. Doch insbesondere dürfte es auch dem in Kreta zu gründenden Staate angemessen sein, den schön-
d sten und besten Ruf eines tugendlichen Sinnes bei andern Menschen sich zu erwerben, und der Wahrscheinlichkeit nach ist alle Hoffnung vorhanden, daß er, wenn er in vernunftgemäßer Weise gegründet wird, einer von wenigen unter den Staaten und Ländern, welche guter Gesetze sich erfreuen, die Sonne und die übrigen Götter schauen werde.

Hinsichtlich der Reisen in andere Länder und Gegenden und der

Aufnahme Fremder ist also so zu verfahren. Keinem, der jünger als vierzig Jahre ist, sei es irgendwann, irgendwie sowie auch nicht in eigenen Angelegenheiten zu verreisen gestattet, in öffentlichen dagegen sei es den Herolden und Gesandten gestattet sowie manchen Festabgeordneten; die Entfernungen im Kriege und bei Heereszügen aber sind nicht den Reisen von Staats wegen, als zu ihnen gehörig, beizuzählen. Nach Pytho zu dem Apollon-, nach Olympia zu dem Zeustempel sowie nach Nemea und dem Isthmos sind welche zu entsenden, um an den diesen Göttern geweihten Festspielen teilzunehmen, und zwar, insoweit es tunlich ist, möglichst viele sowie die schönsten und besten, welche bei den heiligen und friedlichen Zusammenkünften ihren Staat in einem guten Lichte erscheinen lassen, ihm einen dem im Kriege errungenen entsprechenden Ruf verleihen und nach ihrer Rückkehr in die Heimat die Jüngeren belehren, wie die auf den Staat bezüglichen Einrichtungen anderer den ihrigen nachstehen. Auch andere dergleichen Festbesucher haben die Gesetzeswächter mit ihrer Zustimmung ausziehen zu lassen. Hegen einige Bürger den Wunsch, in größerer Muße das Tun anderer Menschen kennenzulernen, dann halte kein Gesetz sie zurück; denn ein Staat, welcher bei mangelndem Verkehre gute und schlechte Menschen nicht kennenlernte, vermochte wohl weder zu genügender Milde und Vollkommenheit zu gelangen noch auch seine Gesetze aufrechtzuerhalten, ohne durch Einsicht, nicht bloß durch Gewöhnung sie aufzufassen. Gibt es doch unter der großen Menge stets einige, eben nicht zahlreiche göttliche Menschen, die nicht häufiger in wohl als in nicht wohl eingerichteten Staaten geboren werden, deren Bekanntschaft zu machen sehr viel wert ist. Diese Spur zu verfolgen, muß der in wohleingerichteten Staaten Heimische, welcher unverdorben blieb, stets zu Wasser und zu Lande ausziehen, teils die bei ihm bestehenden gesetzlichen Bestimmungen dauernd zu machen, teils, wenn etwas übergangen ward, es nachzubessern. Besteht doch ohne diese Einsicht und dieses Nachforschen kein Staat, wie er soll, ebensowenig wie bei verkehrter Einsicht.

KLEINIAS: Wie wäre denn nun wohl beides zu bewerkstelligen?

[6. Als Beobachter entsandte Bürger. Die fremden Reisenden]

DER ATHENER: So. Zuerst sei ein solcher von uns auf Reisen Gehender über fünfzig Jahre alt; ferner gehöre er, soll er das vom Gesetzgeber beabsichtigte Muster in andern Staaten aufstellen, zu denen, die sich wie in andern Dingen so im Kriege auszeichneten. Hat er das sechzigste Jahr überschritten, dann trete er keine Reise mehr an. Nachdem er nun von diesen zehn Jahren so viele verreiste, wie er Lust hatte, und in die Heimat zurückkehrte, begebe er sich in die Versammlung der die Gesetze Prüfenden; diese sei aus Jüngeren und Älteren zusammengesetzt und müsse sich notwendig täglich, vom Aufdämmern des Morgens an bis zu Sonnenaufgang, versammeln, zuerst aus Priestern, welche den Preis davontrugen, dann aus den jedesmaligen zehn ältesten Gesetzeswächtern; ferner aus dem Aufseher des gesamten Erziehungswesens, sowohl dem jüngsten als den dieses Amtes Enthobenen. Aber jeder von diesen erscheine nicht allein, sondern bringe einen jüngeren Mann, zwischen dreißig und vierzig Jahren, dem er den Vorzug gibt, mit. Diese Männer mögen zusammenkommen und ihre Besprechungen stets die Gesetze sowohl des eigenen Staats betreffen als wenn sie anderswoher etwas besonders Merkwürdiges vernahmen, vornehmlich auch hinsichtlich des zu Erlernenden, was für diese ihre Untersuchung ersprießlich zu sein scheint und was denen, die es erlernten, die Sache klarer macht, wenn sie es dagegen nicht erlernten, bewirkt, daß ihnen das auf die Gesetze Bezügliche dunkler und minder begreiflich erscheine. Was etwa die Bejahrteren als dazugehörig betrachten, das haben die Jüngeren mit dem größten Eifer zu erlernen. Scheint aber einer der Mitgebrachten dessen unwert zu sein, dann hat die ganze Versammlung denjenigen, welcher ihn mitbrachte, zu tadeln; diejenigen von diesen jüngeren Männern dagegen, welche Beifall finden, hat der übrige Staat sich wohl zu wahren, indem er vor allen auf sie sein Augenmerk richtet und auf sie acht hat. Er hat sie, wenn sie etwas leisten, zu ehren, doch wenn sie sich schlechter als die große Menge bewähren, mehr denn andere zurückzusetzen.

In diese Versammlung nun begebe sich sogleich bei seiner Rückkehr derjenige, welcher die gesetzlichen Einrichtungen bei andern Menschen in Betrachtung zog; und fand er manche fähig, ihm eine über das Aufstellen mancher Gesetze oder über Unterweisung und Auferziehung herrschende Meinung zu eröffnen, oder kehrte er selbst mit manchen eigenen Gedanken zurück, dann teile er das der ganzen Versammlung mit; meint diese nun, er sei um nichts besser oder schlechter zurückgekehrt, dann lobe man ihn wenigstens seines eifrigen Bemühens wegen; doch zeigt er sich viel besser, dann werde ihm um so größeres Lob im Leben zuteil, nach seinem Tode aber erkenne ihm die Machtvollkommenheit der sich Versammelnden die ihm zukommenden Ehrenbezeigungen zu. Erkennt man dagegen den Zurückgekehrten für einen Verderbten, dann verkehre er, indem er sich das Ansehen eines Weisen gibt, mit niemandem, weder jung noch alt, sondern lebe, gibt er den Staatsbeamten Gehör, vom Öffentlichen fern; tut er das aber nicht, dann treffe ihn, wird er vor Gericht überführt, in bezug auf Erziehung und Gesetze irgend auf Neuerungen zu sinnen, der Tod. Ladet ihn aber, obschon er vor Gericht geladen zu werden verdient, keiner der Beamten vor, dann gereiche das den Beamten, bei der Entscheidung über vorzügliche Ausführung, zum Vorwurfe.

So also sei, wer eine Reise unternimmt, beschaffen, und so unternehme er sie. Nach diesem gilt es, den fremden Reisenden zu empfangen. Der Reisenden aber, welche einige Berücksichtigung verdienen, sind vielerlei. Der erste ist derjenige, welcher seine Ausflüge meistens im Sommer ununterbrochen fortsetzt; und von diesen durchfliegen die meisten, den unser Land durchziehenden Vögeln zu vergleichen, in der guten Jahreszeit als Handelsleute, des Erwerbs wegen, das Meer und flattern nach fremden Städten hin. Ihn müssen die dazu bestellten Beamten auf den Marktplätzen, in den Häfen und öffentlichen, außerhalb der Stadt, in deren Nähe gelegenen Gebäuden empfangen, indem sie wohl acht haben, daß nicht mancher derselben irgendeine Neuerung aufbringe, ihre Rechtshändel ordnen und über das Notwendige, doch möglichst wenig mit ihnen verkehren.

Der zweite ist der wirkliche Liebhaber der Schaustellungen für das Auge und dessen, was der Musen Huld dem Ohr gewährt. Jedem derselben muß in der Nähe der Tempel eine Herberge hergerichtet sein; auch müssen die Priester und Tempelwärter für solche Gäste Sorge tragen und sie pflegen, bis dieselben, nach einem nicht allzu langen Verweilen, nachdem sie das, was sie wünschten, sahen und hörten, ohne andern ein Leid zuzufügen oder von ihnen zu erdulden, wieder abreisen. Ihre Richter seien die Priester, wenn einer von ihnen einen andern oder ein anderer einen von ihnen um weniger als fünfzig Drachmen beeinträchtigte; doch findet hier eine bedeutendere Anklage statt, dann sei die Rechtsentscheidung darüber den Marktaufsehern anheimgestellt.

Dem dritten Fremden, welcher mit irgendwelchen öffentlichen Aufträgen aus einem andern Lande kommt, gebührt eine öffentliche Aufnahme: Nur Feldherrn, Reitereiobersten und Hauptleute haben ihn aufzunehmen, und für die Bewirtung von dergleichen Gästen hat, unter Teilnahme der Prytanen, derjenige zu sorgen, bei welchem ein solcher Abgeordneter, gastlich empfangen, seine Wohnung nimmt.

Der vierte, sollte so einer einmal sich einfinden, ist ein seltener Gast; sollte also nun irgendeinmal ein solches Ebenbild unseres Reisenden aus einem andern Lande eintreffen, dann sei er erstens nicht unter fünfzig Jahre alt und außerdem begierig, etwas Schönes, durch seine Schönheit vor dem in andern Staaten Bestehenden sich Auszeichnendes kennenzulernen oder auch einen andern Staat mit etwas so Beschaffenem bekannt zu machen. Jeder Mann der Art erscheine nun uneingeladen vor der Türe der Reichen und Weisen, denen auch er angehört; er begebe sich nämlich nach der Wohnung des um den Inbegriff aller Geistesbildung Bemühten, im Vertrauen, als Gastfreund der Gastfreundschaft eines solchen hinlänglich empfohlen zu sein, oder nach der eines, welcher durch seine Tugenden den Preis errang. Nachdem er mit einigen dieser Männer verkehrt, indem er teils sie belehrte, teils von ihnen lernte, scheide er, durch angemessene Geschenke und Achtungsbezeigungen geehrt, als Freund von den Freunden.

Solche Gesetze sind also bei der Aufnahme fremder Männer und Frauen aus andern Ländern sowie bei der Entsendung der eigenen Mitbürger zu beobachten, indem man Zeus den Gastlichen in Ehren hält, und ohne die Fremden, wie es jetzt von den Horden am Nil geschieht, durch Ausschließung von Mahlzeiten und Opferfesten oder durch rohe Heroldsverkündungen von sich zu scheuchen.

[7. Gewährleistung, Haussuchung, Inanspruchnahme, Behinderung bei Rechtsfällen, Hehlerei, Krieg und Frieden, Bestechung, Abgaben, Weihgeschenke]

Die Gewährleistung, welche jemand etwa übernimmt, übernehme er in bestimmten Ausdrücken, indem er in der Urkunde die ganze Verhandlung vollständig darlegt, und zwar bei weniger als tausend Drachmen werten Gegenständen vor wenigstens drei Zeugen, bei 954 a wertvolleren vor fünf. Gewähr leiste auch, wer irgendeinen nicht rechtsgültigen Kauf vermittelte, oder für einen keineswegs zuverlässigen Verkäufer, und der Unterhändler könne ebensogut in Anspruch genommen werden wie der Verkäufer.

Will etwa jemand bei irgend jemandem nach etwas Nachsuchung halten, dann halte er sie leichtgeschürzt, in einem gürtellosen Unterkleide, nachdem er zuvor bei den herkömmlichen Göttern eidlich versicherte, er hege die Erwartung, es zu finden; der andere aber eröffne sein Haus der Nachsuchung nach dem Versiegelten und Unversiegelten. Verstattet jemand einem, der Nachsuchung halten will, b das Nachspüren nicht, dann ziehe dieser, nach Abschätzung des Vermißten, den es Hindernden vor Gericht, und derselbe entrichte, wird er schuldig befunden, den doppelten Wert des Abgeschätzten. Ist jedoch des Hauses Besitzer eben verreist, dann lassen des Hauses Bewohner das Unversiegelte durchsuchen, der Nachsuchende aber drücke dem Versiegelten sein Siegel bei und stelle, wen er will, fünf Tage als Wächter dabei auf; dauert jedoch die Abwesenheit länger, dann nehme er die Nachsuchung mit Zuziehung der Stadtaufseher c vor, löse die Siegel und versiegele es mit den Hausgenossen und Stadtvorstehern in derselben Weise.

Für das in Anspruch zu Nehmende finde eine Zeitbegrenzung statt; hat während der bestimmten Zeit jemand etwas besessen, dann dürfe es nicht fürder in Anspruch genommen werden. Eine Beanspruchung von Grundbesitz und Wohnungen findet so nicht statt; ist es aber von dem Übrigen, was einer besitzt, offenbar, daß derselbe auf dem Markte und an heiligen Stätten sich dessen bediente, ohne daß jemand es beanspruchte, jener aber erklärte, er spüre während dieser Zeit ihm nach, von dem andern dagegen es zutage liegt, d daß er es nicht verheimlichte, dann sei es nach Verlauf eines Jahres nicht erlaubt, wegen eines solchen Besitzes ihn anzugreifen. Bediente er sich desselben aber nicht in der Stadt, ja, nicht einmal auf einem Markte, doch unverhohlen auf dem Lande, dann sei es jenem nach Verlauf von fünf Jahren nicht mehr verstattet, so etwas zurückzuverlangen. Bedient sich einer desselben in seiner Wohnung in der Stadt, dann sei die Verjährungsfrist eine dreijährige, besitzt er es im e Verborgenen auf dem Lande, eine zehnjährige, wenn in fremdem Lande, eine durch keine Zeit beschränkte; findet es jemand etwa, dann finde keine Verjährung der Beschlagnahme statt.

Verhinderte jemand einen, ob nun den Beteiligten oder die Zeugen, bei einem Rechtshandel zu erscheinen, dann gelte, war es ein eigener oder fremder Sklave, der Rechtshandel für ungültig und unabgeschlossen, war es ein Freier, dann treffe jenen, neben der Un-

gültigkeit, einjährige Haft, und wer da will, könne ihn der Frei- 955a
heitsverletzung belangen. Hält jemand einen ab, bei einem musikalischen, gymnischen oder anderweitigen Wettkampfe sich einzufinden, dann zeige dieser den Kampfrichtern es an, und diese mögen dann dem an dem Kampfe teilzunehmen Begehrenden freien Zutritt verschaffen; doch sind sie dazu nicht imstande, dann mögen sie, trägt der, welcher jenen von der Teilnahme abhielt, den Sieg davon, dem Zurückgehaltenen den Siegespreis verleihen und an der heiligen Stät- b
te, wo er es wünscht, als Sieger ihn aufzeichnen; demjenigen aber, welcher ihn abhielt, sei es nicht gestattet, jemals in einem solchen Wettkampfe zu einem Weihgeschenk oder einer Inschrift zu gelangen, auch könne er, ob er nun im Wettkampfe unterliege oder siege, des verursachten Schadens wegen belangt werden.

Wenn jemand bewußt irgend etwas Gestohlenes bei sich aufnimmt, unterliege er derselben Verantwortlichkeit wie der, welcher es stahl. Die Aufnahme eines Landesverwiesenen werde mit dem Tode bestraft.

Jeder sehe denselben für seinen Freund oder Feind an wie der Staat, schließt aber jemand ohne das Gemeinwesen mit andern Frie- c
den oder bekriegt sie, dann werde auch dieser mit dem Tode bestraft. Schließt ferner ein Teil des Staates mit andern Frieden oder bekriegt sie, dann mögen die Feldherren die Urheber solches Verfahrens vor Gericht fordern, und die für schuldig Erkannten treffe die Todesstrafe.

Wer dem Vaterlande irgend Dienste leistet, muß sie ohne Annahme von Geschenken leisten; die Ausflucht aber und der gepriesene Grundsatz, man dürfe in guter, nur nicht in schlechter Absicht Geschenke annehmen, sei nicht zulässig; ist doch das weder zu erkennen leicht noch, wenn man es erkannte, Enthaltsamkeit zu üben. Das d
sicherste vielmehr ist, sich dem Gesetze, keine Dienste für Geschenke zu leisten, gehorsam zu zeigen; wer diesen Gehorsam nicht ohne alle Einschränkung übt, der sterbe, wird er vor Gericht dessen schuldig befunden.

Was das Einzahlen der Gelder an den Gemeinschatz anbetrifft, so muß aus vielen Gründen das Vermögen eines jeden abgeschätzt werden, und die Gemeindegenossen müssen schriftlich den jährlichen Ertrag an die Feldaufseher berichten, damit, da die Einzahlung eine doppelte ist, der Gemeinschatz, nachdem jene sich berieten, welche e
von beiden er wolle, ob nun einen gewissen Teil der gesamten Abschätzung oder des in jedem Jahre sich ergebenden Ertrags, in Anspruch nehme.

Den Göttern hat der maßhaltende Mann die Gabe mäßiger Weihgeschenke darzubringen. Nun ist für alle der Grund und Boden sowie der Herd ihrer Wohnungen etwas allen Göttern Geweihtes; demnach weihe sie keiner zum zweitenmal den Göttern. Das in andern Staaten so in Einzelwohnungen wie in Tempeln benutzte Gold und Silber zeugt von einem Mißgunst erregenden Besitze; Elfenbein aber 956a
ist, als von einem Körper, dem die Seele entwich, keine lautere Gabe; ferner sind Eisen und Kupfer Werkzeuge des Krieges. Dagegen

311

weihe jemand in den gemeinsamen Tempeln ein beliebiges hölzernes, aus *einem* Stück gefertigtes oder auch ein ebenso beschaffenes steinernes Weihgeschenk. Ein Gewebe erheische nicht mehr als die monatliche Arbeit *einer* Frau. Die weiße Farbe aber dürfte, so anderwärts wie bei Geweben, die für die Götter passendste und das Färben nur bei kriegerischem Schmucke anzuwenden sein. Die den
b Göttern angemessensten Gaben möchten wohl Vögel und Bilder sein, welche *ein* Maler in *einem* Tage zustande zu bringen vermag. Auch das Übrige sei dergleichen Weihgeschenken entsprechend.

[8. Das Gerichtswesen. Gerichtshöfe und Vollstreckung]

Nachdem zur Genüge besprochen ward, in wieviele und welche Teile der Staat zerfallen muß, und nachdem, so gut wir es vermochten, Gesetze über alle vorzüglich wichtigen Handelsverhältnisse aufgestellt wurden, sollten ferner auch wohl die Rechtshändel zur Sprache kommen. Den ersten unter den Gerichtshöfen möchten wohl gewählte Richter, welche etwa der Kläger und der Verklagte sich gemein-
c schaftlich aussahen, bilden, denen der Name der Schiedsmänner angemessener ist als der der Richter. Die zweiten seien die in zwölf Abteilungen geschiedenen Gemeinde- und Stammgerichte, vor denen sie, kommen sie vor den ersten nicht auseinander, erscheinen mögen, um wegen bedeutenderer Schadloshaltungen den Rechtskampf zu bestehen; unterliegt aber der Angeklagte zum zweitenmal, dann zahle er noch ein Fünftel der Abschätzung der gegen ihn erhobenen Klage. Will einer, Beschwerde gegen die Richter erhebend, einen dritten Rechtskampf bestehen, dann bringe er die Sache vor auser-
d wählte Richter und entrichte, unterliegt er noch einmal, das Anderthalbfache der Abschätzung. Beruhigt sich dagegen der Ankläger, vor den ersten Richtern unterliegend, dabei nicht und wendet sich an die zweiten, dann erhalte er als Sieger noch den fünften Teil und büße es als Besiegter mit demselben fünften Teil. Kommen sie aber, mit den früheren Entscheidungen unzufrieden, vor den dritten Gerichtshof, dann zahle, wie gesagt, der Angeklagte, wenn er unterliegt, das Anderthalbfache, der Ankläger aber büße es mit der Hälfte der Abschätzung.

e Über das Bestimmen der Richter durch das Los und das Vollzähligmachen derselben, das Bestellen von Dienerschaften für jede der Obrigkeiten, über die Zeit, zu welcher jedes vorzunehmen sei, das Abstimmen und Vertagen und über alles dasjenige, was hinsichtlich der Rechtshändel notwendig geschehen muß, über die frühere oder spätere, durch das Los zu regelnde Notwendigkeit des Redestehens und Vor-Gericht-Erscheinens sowie über alles dem Verwandte haben wir uns schon früher erklärt; doch ist es angemessen, das Richtige auch zum zweiten- und drittenmal zu wiederholen. Alle gesetzlichen
957 a Anordnungen also, welche von geringerer Bedeutung und leicht zu ermitteln sind, möge, indem der ältere Gesetzgeber sie übergeht, der jüngere ergänzen.

So etwa eingerichtet dürften die Privatgerichte wohl bestellt sein; in betreff der öffentlichen und gemeinsamen aber, sowie derjenigen, welcher die Obrigkeiten sich zu bedienen haben, um das der Stellung einer jeden Angemessene anzuordnen, gibt es in vielen Staaten keineswegs unpassende Verfügungen verständiger Männer, von woher die Gesetzeswächter dies zusammenzutragen und die dem im Entstehen begriffenen Staate angemessenen Einrichtungen zu treffen haben, um, nachdem sie dieselben berichtigten und nach den gemachten Erfahrungen, bis jegliches ihnen zur Genüge bestimmt schien, prüften, dem ein Ende zu machen und, nach aufgedrücktem Siegel, ihr ganzes Leben hindurch derselben als unabänderlicher sich zu bedienen.

Was das Schweigen der Richter und ihre vorsichtig-fromme Rede anbetrifft sowie das diesem Entgegengesetzte und das Abweichen von dem, was in andern Staaten für recht und gut gilt, das wurde teils schon besprochen, teils soll es auch, gegen den Schluß hin, noch besprochen werden. Auf das alles muß der Richter, der bei Verwaltung des Rechts genügen will, sein Augenmerk richten und, im Besitz der schriftlichen Aufzeichnungen darüber, sich unterrichten. Denn als die vorzüglichsten aller Belehrungen, um den sie Empfangenden zu einem Besseren zu machen, dürfte sich wohl das über die Gesetze, wenn sie richtig abgefaßt sind, Aufgezeichnete bewähren; sonst möchte wohl die göttliche und bewundernswürdige gesetzliche Anordnung diesen in unserer Sprache von Ordnung hergeleiteten Namen mit Unrecht führen. Sowie auch die Aufzeichnungen des Gesetzgebers auch für andere Reden, die sowohl in Gedichten über manches sich lobend oder tadelnd aussprechen, als in schlichten Worten, ob nun schriftlich oder bei allen täglich stattfindenden Unterredungen, aus Streitlust und mancher bisweilen höchst nichtiger Zugeständnisse wegen, Zweifel ausdrücken, — für dieses alles dürften wohl die Aufzeichnungen des Gesetzgebers einen augenfälligen Probierstein abgeben. Indem der tüchtige Richter diese Aufzeichnungen als ein Schutzmittel gegen andere Reden sich aneignet, muß er sie zu seiner eigenen und des Staates Richtschnur machen, wodurch er bei den Guten ein Verharren und eine Zunahme in dem, was recht ist, bewirkt, bei den Schlechten aber, deren verkehrte Meinungen noch einer Heilung fähig sind, eine Umkehr von ihrer Unwissenheit, Zügellosigkeit, Feigheit und soviel wie möglich mit *einem* Worte von aller Ungerechtigkeit. Bei denjenigen dagegen, denen wirklich vom Schicksal solche Meinungen zugeteilt sind, dürften mit Recht, wie schon zu wiederholten Malen behauptet wurde, solche Richter und Vorsteher von Gerichtshöfen in jedem Staate als lobenswert erscheinen, welche bei so gesinnten Seelen den Tod als Heilmittel anwenden.

Nachdem nun die jährlich zu entscheidenden Rechtshändel zu einem Abschluß gediehen, müssen für die Vollstreckung desselben folgende Gesetze gelten: Zuerst stelle die Obrigkeit, welche über den Rechtshandel entschied, die ganze Habe des Verurteilten, mit Ausnahme desjenigen, dessen Besitz diesem unentbehrlich ist, sogleich nach der Abstimmung vermittels der in Gegenwart der Richter erfolgten Kundmachung des Herolds dem Sieger anheim. Beginnt aber,

nach den über den Rechtshandel verstrichenen Monaten, ein neuer Monat und stellt einer nicht ohne Widerrede den keine Widerrede erhebenden Sieger zufrieden, dann befriedige die Obrigkeit, welche das Urteil fällte, indem sie des Siegers Rechte vertritt, diesen von der Habe des Verurteilten. Mangelt aber das Wovon und fehlt nicht unter *einer* Drachme, dann dürfe der Schuldige nicht eher gegen einen andern Klage erheben, bis er seiner ganzen Schuld gegen den Sieger
c sich entledigte; dagegen seien die Klagen anderer gegen ihn rechtsgültig. Doch beeinträchtigt ein Verurteilter die Obrigkeit, welche ihn verurteilte, dann mögen die in ungerechter Weise Beeinträchtigten ihn vor den Gerichtshof der Gesetzeswächter laden, und wird er auf eine solche Anklage schuldig befunden, dann werde er, als einer, welcher Verderben über die gesamte Verfassung und die Gesetze bringt, mit dem Tode bestraft.

[9. Grabstätten und Bestattung]

Ward ferner ein Mann geboren und auferzogen, zeugte Kinder und erzog sie, benahm sich im täglichen Verkehr mit Mäßigung, entrich-
d tete, hatte er jemandem unrecht getan, seine Buße und ließ sie von andern sich entrichten und war er, den Gesetzen in geziemender Weise gehorsam, alt geworden, dann dürfte ihm wohl ein natürlicher Tod zuteil werden. Hinsichtlich der Verstorbenen aber, ob einer nun dem männlichen oder weiblichen Geschlechte angehörte, sei die Bestimmung der religiösen, in bezug auf die unterirdischen sowie die oberirdischen Götter zu vollziehenden Gebräuche den Auslegern anheimgestellt. Zu ihren Grabstätten seien aber nimmer zum Anbau taugliche Landesstrecken bestimmt, noch zu einem größeren oder
e kleineren Denkmal; der Boden dagegen, von der Natur nur dazu geeignet, die Leichen der Abgeschiedenen in sich aufzunehmen und zu bergen, genüge diesem Zwecke; die Flur aber, welche dazu gemacht ist, als Mutter den Menschen Nahrung zu bringen, diese entziehe niemand weder im Leben noch nach seinem Tode unsern Lebenden.

Der Grabeshügel überschreite nicht die Höhe der in fünf Tagen von fünf Männern aufgeworfenen Erde; die darauf errichteten Denksteine seien aber nur groß genug, um das Leben des Verstorbenen in nicht mehr als vier heroischen Verszeilen zu preisen. Die Ausstel-
959 a lung im Hause finde erstens nicht länger statt, als bis sich herausstellt, daß der Ausgestellte tot, nicht aber von einer Ohnmacht befallen sei. Aber das Heraustragen zur Grabstätte am dritten Tage möchte, menschlichen Zuständen gemäß, so ziemlich das rechte Maß halten. Ferner muß man dem Gesetzgeber so in anderem Glauben beimessen wie auch, wenn er sagt, die Seele sei vom Körper durchaus verschieden, und was im Leben selbst jeden von uns ausmache, sei
b nichts anderes als die Seele, der Körper aber folge jedem von uns als Erscheinung nach, und man sage passend, die Körper der Toten seien die Schattenbilder der Verstorbenen. Was aber jeder von uns in Wahrheit *ist*, benannt als unsterbliche Seele, das wandere zu anderen Göttern, um ihnen, eine für den Tugendhaften tröstliche, für

den Schlechten dagegen höchst schreckliche Aussicht, dem herkömmlichen Glauben der Väter gemäß, Rechenschaft zu geben; doch nach seinem Tode könne ihm nichts zu großem Beistande gereichen; hätten doch diesen Beistand alle Angehörigen dem Lebenden leisten müssen, damit er das gerechteste und gottgefälligste Leben führe und nach diesem Erdenleben von der Strafe arger Vergehungen frei sei. Da dem so ist, darf man nie seine Habe in übermäßiger Weise vergeuden in der Meinung, dieser zu Grabe zu bestattende Fleischklumpen sei das uns Angehörige, sondern jener Sohn, oder Bruder, oder wen jemand sonst in tiefer Trauer zu begraben meint, ziehe nach Erfüllung und Vollendung seiner Lebensschicksale von dannen; man müsse, indem man in der Gegenwart ihm Gutes erzeige, in dem Aufwand darauf, einem toten Weihaltar der Unterirdischen, Maß halten. Auch dürfte es dem Gesetzgeber nicht unangemessen sein, dieses Maß im voraus zu bestimmen. Das Gesetz laute also so: Das auf die ganze Bestattung eines der ersten Vermögensklasse Angehörigen zu Verwendende betrage nicht über fünf Minen. Drei Minen dürfte wohl das rechte Maß des Aufwandes für die zweite, zwei für die dritte und eine Mine für die vierte Vermögensklasse sein.

Den Gesetzeswächtern liegt aber wie manche andere Vorrichtung und Fürsorge ob, so vornehmlich auch, daß sie dieselbe ihr ganzes Leben hindurch den Knaben, Männern und jedem Lebensalter widmen. Auch beim Lebensende eines jeglichen trete von den Gesetzeswächtern einer, den sich die Angehörigen des Verstorbenen zum Aufseher ausersehen, an die Spitze, dem es zum Lobe gereiche, wenn alles auf den Verstorbenen Bezügliche in löblicher und maßhaltender Weise geschieht, wo aber nicht, zum Vorwurfe. Die Ausstellung ferner, sowie alles übrige, erfolge nach dem hierbei herrschenden Herkommen. Von seiten des Staatsgesetzes aber muß man folgende Anordnungen sich gefallen lassen: zu befehlen, den Verstorbenen zu beweinen oder nicht, wäre ungehörig, nicht aber, zu verbieten, ihn auch außerhalb des Hauses zu bejammern und seine Klagen ertönen zu lassen, sowie zu verhindern, daß man die Leiche durch vielbesuchte Straßen trage, auf der Straße seine Stimme erhebe und schon vor Tagesanbruch vor der Stadt sich einfinde. Das bestehe hinsichtlich des Herkommens in dergleichen Dingen, und keine Strafe treffe den, welcher dem sich fügt. Wer aber dem einen der Gesetzeswächter den Gehorsam verweigert, der werde mit der von allen gemeinsam beschlossenen Strafe belegt. Das übrige Verfahren bei der Bestattung der Verstorbenen und dem Nichtbestatten der Vatermörder, Tempelräuber, Selbstmörder und aller Verbrecher der Art wurde im vorigen bestimmt, so daß wir so ziemlich zum Schluß unserer Gesetzgebung gediehen sein dürften.

Von allem aber ist in jedem Falle die Vollendung nicht, etwas so ziemlich auszuführen, zu erwerben und einzurichten, sondern wenn man jeweils für das Erzeugte vollendet eine Bewahrung herausfand, dann erst darf man annehmen, daß alles getan worden sei, was zu tun war, vorher aber sei das Ganze unvollendet.

Kleinias: Wohl gesprochen, Gastfreund; erkläre dich aber noch deutlicher, in welcher Beziehung du die letzte Äußerung tatest.

[10. Die Frage nach der Erhaltung der Gesetze. Was ist das Erhaltende und wohin blickt es?]

Der Athener: Kleinias, vieles von den früher Lebenden Herrührende ward mit Recht gepriesen, vielleicht nicht zum wenigsten aber die den Moiren beigelegten Namen.

Kleinias: Welche denn?

Der Athener: Daß Lachesis die erste ist, die zweite Klotho, die Atropos aber als dritte Erhalterin der verliehenen Geschicke, indem sie derjenigen verglichen wurde, welche der Gültigkeit des Zugesponnenen die Unabänderlichkeit verleiht; welches Tun fürwahr auch dem Staate und seiner Verfassung nicht nur Gesundheit und Erhaltung für den Körper verleihen muß, sondern auch in der Seele Gesetzmäßigkeit oder vielmehr die Erhaltung der Gesetze. Nun scheint sich mir das noch als ein Mangel unserer Gesetze kundzugeben, wie ihnen nämlich unabänderliche Gewalt in naturgemäßer Weise zu verleihen sei.

Kleinias: Was du erwähnst, ist kein geringer Mangel, wenn es nicht möglich ist herauszufinden, wie wohl jedem ein solches Gut zuteil werden könne.

Der Athener: Es ist aber gewiß möglich, wie es wenigstens mir jetzt entschieden sich ergibt.

Kleinias: So laß uns also in keiner Weise abstehen, bevor wir eben das für die aufgestellten Gesetze ermittelt haben. Lächerlich ist es nämlich, irgend etwas, indem man vergeblich darauf Mühe verwendet, auf unsicherem Grunde aufzuführen.

Der Athener: Deine Aufforderung ist gut; auch an mir sollst du einen Ähnlichgesinnten finden.

Kleinias: Wohl gesprochen! Welche Erhaltung nun und in welcher Weise, behauptest du, wäre sie für unsere Verfassung und Gesetze zu erlangen?

Der Athener: Sagten wir nicht, daß in unserem Staate eine etwa folgendermaßen beschaffene Versammlung stattfinden müsse? Es müssen sich die jeweils zehn ältesten Gesetzeswächter und alle, welche die Preise davontrugen, mit diesen an *einem* Orte versammeln; ferner diejenigen, welche auf Reisen gingen, um nachzuforschen, ob es etwas für die Aufrechterhaltung der Gesetze Zweckdienliches zu vernehmen gebe, und von denen es, nachdem sie glücklich heimkehrten, nach der gründlichen Prüfung durch die erwähnten Männer schien, sie seien der Teilnahme an dieser Versammlung wert. Außerdem müsse jeder *einen* Jüngeren mitbringen, nicht unter dreißig Jahren alt, und zwar, nachdem er ihn zuerst selbst, den Naturanlagen und der Erziehung nach, für würdig erachtete, ihn so den andern zuzuführen, und wenn der Meinung auch die übrigen sind, dann müsse man ihn aufnehmen; wenn aber nicht, dann müsse die stattgefundene Entscheidung einerseits für andere, vornehmlich aber für den Ausgeschlossenen selbst ein Geheimnis bleiben. Ferner müsse die Ver-

sammlung in der Morgendämmerung stattfinden, wo jeder am meisten von eigenen und öffentlichen Geschäften frei sei. Hatten wir nicht ungefähr so in unseren vorigen Besprechungen uns geäußert? c
KLEINIAS: Gewiß, das hatten wir.
DER ATHENER: Indem ich auf diese Versammlung wieder zurückkomme, möchte ich mich wohl dahin äußern: Ich behaupte, wenn jemand dieselbe gewissermaßen zum Anker des gesamten Staats mache, dann werde er, wenn er alles ihm Zuträgliche besitzt, alles erhalten, wovon wir es wünschen.
KLEINIAS: Inwiefern denn?
DER ATHENER: Es dürfte hiernach für uns wohl an der Zeit sein, das alles richtig anzugeben, ohne es an Eifer fehlen zu lassen.
KLEINIAS: Sehr gut ist, was du da sagst; verfahre nur so, wie du es im Sinne hast.
DER ATHENER: Bei allem, Kleinias, müssen wir also den angemes- d senen Erhalter in den einzelnen Handlungen ausmitteln, wie z. B. bei einem lebenden Geschöpfe die Seele und der Kopf in der Hauptsache von Natur es sind.
KLEINIAS: Wie meinst du weiter?
DER ATHENER: Die Vorzüglichkeit dieser beiden gibt doch wohl jedem Lebewesen Erhaltung.
KLEINIAS: Inwiefern?
DER ATHENER: Indem in der Seele neben dem anderen Vernunft entsteht und im Kopfe neben dem anderen Gesicht und Gehör. Überhaupt dürfte wohl mit dem größten Rechte Vernunft, mit den schönsten Sinnen verbunden und *eins* geworden, das Erhaltende eines jeden genannt werden.
KLEINIAS: So scheint es wenigstens.
DER ATHENER: Ja, allerdings. Aber die worauf bezogene, mit Sin- e neswahrnehmungen verbundene Vernunft dürfte nun wohl zur Rettung von Fahrzeugen bei Stürmen sowie bei heiterem Himmel werden? Erhalten nicht in einem Schiffe der Steuermann und die Schiffsmannschaft sich selbst und das Schiff nebst Zubehör, indem sie die Sinneswahrnehmungen mit der steuermännischen Vernunft verbinden?
KLEINIAS: Jawohl.
DER ATHENER: Gewiß bedarf es aber bei dergleichen Dingen nicht zahlreicher Beispiele, sondern wir wollen erwägen, welches Ziel etwa bei Heereslagern die Feldherren und welches der gesamte ärztliche Beistand sich zu setzen hat, um dadurch in richtiger Weise Rettung zu erlangen. Ist es bei dem einen nicht der Sieg und die Be- 962 a wältigung der Feinde, bei den Ärzten und ihren Gehilfen aber das Erlangen der Gesundheit für den Körper?
KLEINIAS: Wie sollte es nicht?
DER ATHENER: Ist es aber wohl möglich, daß ein Arzt, welcher unbekannt ist mit derjenigen Beschaffenheit des Körpers, welche wir Gesundheit nennen, oder ein Feldherr mit dem Siege oder dem, was wir außerdem erwähnten, als mit Vernunft in irgendeinem dieser Gegenstände begabt erscheine?
KLEINIAS: Wie auch?

Der Athener: Doch wie in Betreff des Staates? Wenn es sich ergäbe, daß jemand das Ziel, welches der Staatsmann im Auge haben muß, nicht kannte, würde er dann erstens wohl mit Recht den Namen eines Staatsoberhauptes führen sowie ferner das zu erhalten imstande sein, dessen Ziel ihm durchaus nicht einmal bekannt wäre?
Kleinias: Wie sollte er wohl?

[11. *Die nächtliche Versammlung als Erhalterin des Staates. Das eine Ziel und die Einheit der Tugend*]

Der Athener: So muß denn, scheint es, auch jetzt, soll uns die Besiedelung des Landes zur Vollendung gelangen, etwas da sein, was bei ihr zuerst das erkennt, wovon wir sprechen, das Ziel, welches immer das staatliche in unseren Augen ist; ferner, in welcher Weise der Staat desselben teilhaftig werden müsse und wer demselben gut oder nicht gut Rat erteilt, welches von den Gesetzen selbst zunächst, sodann welcher von den Menschen; fehlt es aber einem Staate an einem solchen, dann ist es nicht zu verwundern, wenn er als vernunftlos und wahrnehmungslos in allem seinem Tun jedesmal durch den Zufall sich leiten läßt.
Kleinias: Du hast recht.
Der Athener: In welchem Teile also jetzt oder welcher Einrichtung des Staates ist uns irgendein solches ausreichendes Erhaltungsmittel eingerichtet? Können wir das nachweisen?
Kleinias: Mit Bestimmtheit fürwahr nicht, o Gastfreund. Sollen wir jedoch eine Vermutung aufstellen, so scheint mir deine Rede auf die Versammlung hinzudeuten, von der du eben sagtest, daß sie zur Nachtzeit sich vereinigen müsse.
Der Athener: Deine Vermutung ist sehr richtig, Kleinias, und dieselbe muß, wie aus unserer gegenwärtigen Untersuchung sich ergibt, jegliche Tugend besitzen. Die erste ist, daß sie nicht nach vielem zielend umherschweifen dürfe, sondern auf *einen* Punkt ihr Augenmerk richtend auf diesen stets alle ihre Geschosse, möchte ich sagen, hinlenken müsse.
Kleinias: Ja gewiß, durchaus.
Der Athener: Nun werden wir begreifen, daß es nicht zu verwundern ist, daß die Gesetzesbestimmungen der Staaten in der Irre schweifen, weil in jedem Staate die eine Gesetzgebung dieses, die andere ein anderes im Auge hat. Und meistenteils ist es nicht zu verwundern, daß das Ziel des Rechtsgültigen für die einen ist, daß gewisse Männer, ob diese nun eben Schlechtere oder Bessere sind, die Herrschaft im Staate behaupten; für andere, daß sie, ob sie nun jemandes Sklaven sind oder nicht, zu Reichtum gelangen; das Streben noch anderer ist auf das ‹freie› Leben gerichtet. Auch hat die Gesetzgebung anderer eine doppelte Richtung, indem sie beide Zwecke verfolgen, als freie Männer zugleich die Herren anderer zu sein. Diejenigen aber, welche sich für die Weisesten halten, streben nach diesem und allem Ähnlichen, auf eins aber nicht, weil sie kein vor allem andern Wertgehaltenes angeben können, auf welches sich für sie alles andere beziehen muß.

KLEINIAS: Dürfte nun also nicht, Gastfreund, unsere längst schon 963 a aufgestellte Behauptung die richtige sein? Wir behaupteten nämlich, unsere ganze Gesetzgebung müsse stets *eines* bezwecken, und räumten ein, daß dafür wohl mit Recht die Tugend erklärt werde.
DER ATHENER: Ja.
KLEINIAS: Die Tugend nahmen wir aber als ein Vierfaches an.
DER ATHENER: Allerdings.
KLEINIAS: Die Weisheit stellten wir aber an die Spitze dieser aller, auf welche sich alles andere sowie die drei übrigen Gattungen beziehen müssen.
DER ATHENER: Vortrefflich folgtest du mir, Kleinias, folge mir also auch im übrigen. Die steuermännische, ärztliche und heerführerische Vernunft gaben wir nämlich in bezug auf jenes *eine* an, wohin b sie blicken muß; jetzt aber sind wir daran, die staatsmännische ins Verhör zu nehmen und könnten zu ihr, indem wir an sie wie an einen Menschen Fragen stellen, sprechen: Wohin, du Bewundernswürdige, blickst denn nun du? Was ist denn jenes *eine*, was die ärztliche Vernunft deutlich anzugeben weiß, du aber, hervorragend, wie du wohl dich rühmen möchtest, unter allem Einsichtigen solltest es anzugeben nicht vermögend sein? Oder könntet nicht wenigstens ihr, Megillos und Kleinias, nach sorgfältiger Zergliederung statt ihrer mir angeben, was ihr doch dafür erklärt, gleichwie ich von gar vie- c lem andern euch es feststellte?
KLEINIAS: Keineswegs, Gastfreund.
DER ATHENER: Doch wohl aber, daß man sich bemühen müsse, es selbst zu erkennen und in einer Vielheit?
KLEINIAS: Und in welcher etwa meinst du denn?
DER ATHENER: Etwa, als wir behaupteten, es gebe vier Gattungen der Tugend, mußten wir offenbar jede derselben, da ihrer vier sind, für *eine* erklären.
KLEINIAS: Wie anders?
DER ATHENER: Und doch erklären wir diese insgesamt für *eins*. Wir behaupten nämlich, die Tapferkeit sei Tugend, und die Weisheit Tugend, sowie auch die beiden andern Gattungen, als seien sie in Wahrheit nicht viele, sondern nur das *eine*, Tugend. d
KLEINIAS: Ja, allerdings.
DER ATHENER: Inwiefern nun diese beiden voneinander verschieden sind und zwei Namen bekamen, sowie auch die übrigen, das anzugeben ist nicht schwer. Inwiefern wir aber beiden sowie den andern den *einen* Namen Tugend beilegen, das ist nicht mehr so augenfällig.
KLEINIAS: Wie meinst du das?
DER ATHENER: Zu erläutern, was ich meine, ist nicht schwer. Wir wollen uns nämlich untereinander in Frage und Antwort teilen.
KLEINIAS: Wie ist das wieder zu verstehen?
DER ATHENER: Frage du mich, warum doch, da wir beide als *eines* e bezeichnen, als Tugend, wir sie dann wieder als zwei anreden, einerseits als Tapferkeit, andererseits als Weisheit; denn die Ursache will ich dir angeben, weil die Tapferkeit in Beziehung steht zur

319

Furcht, deren auch die Tiere teilhaftig sind, so wie das Tun ganz junger Kinder. Eine Seele wird nämlich ganz ihrer Natur gemäß und ohne Überlegung zu einer tapferen; nie aber wurde eine Seele ohne Überlegung zu einer einsichtsvollen und vernünftigen, noch ist sie oder wird je in der Folge es werden, da diese etwas von jener Verschiedenes ist.

KLEINIAS: Du hast recht.

964 a DER ATHENER: In meiner Rede hast du also vernommen, inwiefern sie verschieden und zwei sind; du belehre mich dagegen, inwiefern eines und dasselbe. Bedenke ferner, daß du auch nachweisen sollst, wie als vier es eines ist, und verlange von mir, nachdem du nachwiesest, inwiefern eines, daß ich wieder nachweise, inwiefern vier. Dann wollen wir weiter erwägen, ob es nötig ist, daß der über gewisse Dinge hinlänglich Unterrichtete, für die es einen Namen, aber auch einen Begriff gibt, nur den Namen, nicht aber den Begriff derselben kenne, oder ob es, für den wenigstens, welcher für etwas gelten soll, schimpflich ist, alles Derartige selbst von Dingen b nicht zu wissen, welche durch ihre Bedeutsamkeit und Schönheit sich auszeichnen.

KLEINIAS: So scheint es fürwahr.

DER ATHENER: Gibt es aber für den Gesetzgeber und Gesetzeswächter und für den, welcher vor allen durch seine Tugend sich auszuzeichnen glaubt und eben darin Siegespreise davontrug, etwas Größeres als eben das, wovon wir jetzt sprechen: Tapferkeit, Besonnenheit, Gerechtigkeit, Weisheit?

KLEINIAS: Wie sollte es das?

DER ATHENER: Müssen nicht hierin die Ausleger, die Lehrer, die Gesetzgeber, die Hüter der Übrigen, im Interesse desjenigen, dem c es nötig ist, das zu erkennen und einzusehen, oder dem es nötig ist, daß er bestraft wird und daß man ihn als Fehlenden tadelt — müssen nicht sie vor anderen sich auszeichnen, nicht aber etwa ein Dichter, der in unseren Staat kommt, oder einer, der für einen Erzieher der jungen Leute sich ausgibt, für besser gelten, als wer in jeder Gattung der Tugend den Preis davontrug? Oder wäre es nachher irgend zu verwundern, daß in einem solchen Staate, welcher in Wort und Tat tüchtiger, über die Tugend hinlänglich unterrichteter Wächter entbehrte — daß es diesem Staate, als einem unbehüteten, d ergehe, wie es vielen der jetzt bestehenden Staaten zu ergehen pflegt?

KLEINIAS: Das wäre es natürlich gar nicht.

[12. Notwendigkeit einer genaueren Unterweisung und ihre Natur: der Blick auf das Eine]

DER ATHENER: Wie also? Müssen wir das, wovon wir jetzt sprechen, tun, oder wie? Haben wir die Wächter zu genaueren als die vielen in der Tugend durch Wort und Tat heranzubilden? Oder in welcher Weise sonst wird unser Staat, als eine solche Überwachung in sich selbst besitzend, mit dem Haupte und den Sinnen der Einsichtsvollen Ähnlichkeit bekommen?

Kleinias: Wie und in welcher Weise erklären wir uns also, Gastfreund, wenn wir es einem solchen vergleichen?

Der Athener: Es ist offenbar, daß, da der Staat selbst den Rumpf e bildet, die jüngeren unter den Hütern desselben, dazu als die von Natur begabtesten auserlesen und mit Schärfe in der ganzen Seele ausgestattet, gewissermaßen auf des Scheitels äußerster Spitze ringsum den ganzen Staat überblicken, daß sie als Wache haltend ihre Wahrnehmungen dem Gedächtnis übergeben und von allem, was im Staate sich begibt, den Älteren Kunde bringen; daß ferner diese Greise, welche der Vernunft verglichen wurden, weil vieles und vor- 965 a züglich Wichtiges ihr Denken beschäftigt, Rat erteilen, und indem sie sich der Dienstleistungen und der Ratschläge der Jüngeren bedienen, so in der Tat beide gemeinschaftlich den ganzen Staat erhalten. Sagen wir, der Staat müsse so oder irgendwie anders eingerichtet werden? Doch wohl nicht etwa derart, daß alle seine Bürger gleich, nicht aber manche derselben in genauerer Weise aufgezogen und unterrichtet sind?

Kleinias: Das, du Wundersamer, ist nicht ausführbar.

Der Athener: Demnach müssen wir zu einer genaueren Unter- b weisung als die vorerwähnte schreiten.

Kleinias: Doch wohl.

Der Athener: Sollte nun nicht etwa diejenige, deren wir eben im Vorbeigehen gedachten, die sein, deren wir bedürfen?

Kleinias: Gewiß, ganz entschieden!

Der Athener: Erklärten wir nun nicht, der zu allem vorzüglich tüchtige Werkmeister und Wächter müsse nicht bloß imstande sein, auf das Viele seinen Blick zu richten, sondern dem Einen nachstreben, es erkennen und, nachdem er es erkannte, nach diesem alles zusammenschauend ordnen?

Kleinias: Richtig.

Der Athener: Dürfte sich nun wohl für irgend jemanden bei ir- c gend etwas eine genauere Erwägung und Betrachtung ergeben, als wenn er imstande ist, vom Vielen und Unähnlichen auf *eine* Gestalt zu blicken?

Kleinias: Vielleicht.

Der Athener: Nicht vielleicht, du Vortrefflicher, sondern ganz sicher gibt es für keinen Menschen einen genaueren Weg als diesen.

Kleinias: Dir vertrauend, Gastfreund, räume ich es ein, und wir wollen diesen Weg in unseren Reden einschlagen.

Der Athener: Demnach müssen wir, wie natürlich, auch die Wächter der göttlichen Staatsverfassung nötigen, zuerst genau zu erforschen, was doch durch alle vier Gattungen hindurch dasselbe d ist, von dem wir behaupten, daß es in Tapferkeit und Besonnenheit und Gerechtigkeit und Weisheit als *eines* sei und mit Recht mit *einem* Namen, dem der Tugend, bezeichnet werde. Dieses, ihr Freunde, wollen wir jetzt, wenn es uns angenehm ist, gleichsam recht festhalten und nicht ablassen, bevor wir zur Genüge nachwiesen, was doch das sei, worauf man das Augenmerk zu richten hat, ob es nun seiner Natur nach als eines oder als Ganzes oder als

beides oder wie auch immer beschaffen sein mag. Oder glauben wir, wenn uns dieses entging, daß es dann um die Tugend in unserem
e Staate irgend wohl bestellt sein werde, über die wir nicht imstande sein werden zu sagen, weder ob sie vieles, noch ob sie vier, noch daß sie eines sei? Nicht jedenfalls, wenn wir meinen Ratschlägen folgen, sondern dann wollen wir irgendwie anders zu bewerkstelligen suchen, daß in unserem Staate das stattfinde. Meint ihr aber, es sei ganz aufzugeben, dann müssen wir das tun.

KLEINIAS: So etwas, Gastfreund, dürfen wir, beim Gott der Gastfreundschaft!, da du uns vollkommen recht zu haben scheinst, am wenigsten aufgeben. Wie vermöchte aber wohl jemand das zu bewerkstelligen?

966 a DER ATHENER: Erklären wir uns noch nicht darüber, *wie* wir es wohl bewerkstelligen dürften, sondern stellen wir zuerst durch gegenseitige Übereinkunft fest, ob es nötig sei oder nicht.

KLEINIAS: Ja, nötig ist es gewiß, wenn es nur ausführbar ist.

[13. Gegenstände des höchsten Wissens: Götter, Seele und Bewegungen der Gestirne]

DER ATHENER: Doch wie weiter? Denken wir über das Schöne und Gute eben dasselbe? Haben unsere Wächter bloß zu erkennen, daß jedes derselben vieles, oder auch, wie und inwiefern es *eines* ist?

KLEINIAS: Fast scheint es notwendig, daß sie auch zu bedenken haben, inwiefern es *eines* ist.

b DER ATHENER: Doch wie? Haben sie das zwar einzusehen, ohne jedoch imstande zu sein, durch die Rede es nachzuweisen?

KLEINIAS: Wie wohl? Was du da nennst, wäre ja die Verfassung eines Sklaven.

DER ATHENER: Wie ferner? Gilt uns nicht dieselbe Rede für alle bedeutenden Gegenstände, daß diejenigen, die wahrhaft Wächter der Gesetze werden sollen, wahrhaft von ihnen die Wahrheit wissen und imstande sein müssen, in Worten sie auszulegen und mit der Tat nachzufolgen, indem sie das, was in löblicher Weise geschieht oder nicht, der Natur gemäß unterscheiden?

KLEINIAS: Wie sollte sie das nicht?

c DER ATHENER: Ist nun nicht eines von dem schönsten das auf die Götter Bezügliche, was wir fürwahr mit Ernst durchführten, daß diese nämlich sind und im Besitze welcher Macht sie uns erscheinen; ist es nicht schön, das zu wissen, insoweit der Mensch es zu begreifen imstande ist, der Mehrzahl der Bürger aber es zugute zu halten, wenn sie hier bloß vom Zuruf der Gesetze sich leiten lassen, dagegen den an jener Wacht Teilnehmenden es nicht nachzusehen, wenn einer sich nicht alle Mühe gibt, jede mögliche Überzeugung über die Götter sich zu verschaffen? Und daß diese verweigerte Nach-
d sicht sich darin zeige, daß man keinen zum Gesetzeswächter macht, der nicht ein Gottähnlicher ist und ernstliche Mühe darauf verwendete, und daß er auch nicht unter die durch ihre Tugend Ausgezeichneten aufgenommen wird?

KLEINIAS: Gewiß ist es, wie du sagst, recht, den in dieser Hinsicht Lässigen und Unvermögenden weit von jedem schönen Berufe fernzuhalten.

DER ATHENER: Wissen wir nun also, daß es zwei Dinge sind unter dem, was wir vorher besprochen haben, welche zum Glauben an die Götter führen?

KLEINIAS: Welche denn?

DER ATHENER: Das eine ist das, was wir von der Seele sagten, daß sie von allem, welchem zum Entstehen gelangte Bewegung unver- e gängliches Wesen verlieh, das Älteste und Göttlichste ist; das andere aber, wie es mit der Anordnung der Bewegung der Sterne und dessen steht, worüber sonst die Vernunft, welche alles zur Ordnung brachte, waltet. Denn kein Mensch, welcher das nicht oberflächlich und kenntnislos beobachtete, war je von Natur so gottlosen Sinnes, daß er nicht das Gegenteil von dem empfand, was die große Menge erwartet. Diese vermutet nämlich, daß diejenigen, 967 a welche in der Sternkunde und den anderen dazu erforderlichen Künsten mit dergleichen Gegenständen sich beschäftigen, zu Gottesleugnern werden würden, nachdem sie, wie sie glauben, erkannten, daß die Dinge der Notwendigkeit gemäß entstehen, nicht durch die Absicht eines Willens, der mit Vollendung des Guten beschäftigt ist.

KLEINIAS: Wie möchte dann das wohl sich verhalten?

DER ATHENER: Ganz entgegengesetzt, wie ich sagte, verhält es sich jetzt und damals, als die darüber Nachdenkenden es als Unbeseeltes sich dachten. Verwunderung aber regte sich auch damals über diese Erscheinungen, und von denen, welche sich mit der Ge- b nauigkeit derselben befaßten, wurde sogar das jetzt wirklich Erkannte vermutet, damit nicht etwa unbeseelte, keine Vernunft besitzende Körper nach so sehr ihrer Genauigkeit wegen Bewunderung erregenden Berechnungen verführen; ja einige wagten schon damals eben diese Behauptung, indem sie sagten: die Vernunft sei dasjenige, was alles am Himmel Befindliche geordnet habe. Aber eben dieselben wiederum, indem sie die Natur der Seele verkannten, daß diese älter sei als der Körper, und sie als das Jüngere sich dachten, kehrten wieder sozusagen alles um, und in noch höherem Gra- c de sich selbst; im Hinblick auf das vor Augen Liegende erschien ihnen nämlich alles am Himmel sich Bewegende voll zu sein von Steinen, Erde und vielen andern unbeseelten Körpern, welche die Ursachen des ganzen Weltalls verteilen. Das war es, was damals viele Gottlosigkeiten hervorrief sowie Schwierigkeiten, mit dergleichen Dingen sich zu befassen. So veranlaßte das auch die Dichter, indem sie die Philosophen mit Hunden verglichen, die ein unnützes Gekläff erheben, zu Schmähungen und anderen unverständigen Äußerun- d gen. Jetzt aber, wie gesagt, verhält es sich ganz entgegengesetzt.

KLEINIAS: Wieso?

[14. Einrichtung der nächtlichen Versammlung, Schlußworte]

DER ATHENER: Niemals kann irgendeiner der sterblichen Menschen in fester Weise gottesfürchtig werden, welcher sich nicht die beiden jetzt aufgestellten Behauptungen aneignet: daß die Seele von allem der Erzeugung Teilhaftigen das älteste und unsterblich ist sowie über alles Körperliche herrscht, und außerdem das jetzt oft Wiederholte, die in den Sternen aufgewiesene Vernunft des Seienden sowie die dazu vorher notwendigen Kenntnisse, und wer nicht, nachdem er den Zusammenhang dieser Gegenstände mit der musischen Kunst erschaute, davon in schönem Einklange die Anwendung auf Einrichtungen und Gesetzesbestimmungen für die Gesittung macht und von allem, wovon sich Gründe angeben lassen, diese anzugeben imstande ist. Wer jedoch nicht außer den volksmäßigen Tugenden auch das zu erlangen imstande ist, der dürfte nie ein tüchtiger Herrscher des ganzen Staates werden, wohl aber ein Gehilfe für andere Herrscher. Jetzt aber, Kleinias und Megillos, haben wir bereits zu erwägen, ob wir zu den besprochenen Gesetzen insgesamt, die wir durchgingen, auch dieses noch hinzufügen, daß nach dem Gesetz zur Schutzwache um der Erhaltung willen der nächtliche Verein der Staatsbeamten werden solle, welcher zu dem von uns angegebenen Grade der Geistesbildung gelangte. Oder wie wollen wir verfahren?

KLEINIAS: Wie sollten wir das nicht hinzufügen, wenn wir auch nur einigermaßen dazu imstande sind?

DER ATHENER: Gewiß, danach wollen wir wetteifernd alle streben; denn bereitwillig würde darin auch ich wohl euch beistehen, und vielleicht mache ich auch, vermöge meiner Erfahrung, und weil dieser Gegenstand sehr häufig mein Nachdenken beschäftigte, noch andere Helfer ausfindig.

KLEINIAS: Nichts, Gastfreund, soll uns angelegener sein, als diesen Weg, auf den auch der Gott uns beinahe hinleitet, einzuschlagen; jetzt aber wollen wir nachzuweisen und zu erforschen suchen, welches die Weise ist, auf welche geschehend es wohl richtig geschähe.

DER ATHENER: Noch, o Kleinias und Megillos, ist es nicht möglich, über diese Dinge Gesetze aufzustellen, bevor es selbst eingerichtet ward; dann erst läßt sich gesetzlich bestimmen, worüber ihnen Gewalt zu verleihen sei. Zunächst jedoch dürfte das, was dieses einrichtet, in Form von Belehrung, verbunden mit häufigem Beisammensein, geschehen, wenn es richtig geschähe.

KLEINIAS: Wie? Wie sollen wir das wieder verstehen?

DER ATHENER: Zuerst dürfte wohl ein Verzeichnis derjenigen zusammenzustellen sein, welche für die Natur dieser Überwachung vermöge ihres Alters, ihrer Befähigung in den Lehrgegenständen, ihrer Sitten und Gesittung brauchbar sind. Ferner dürfte das, was sie zu erlernen haben, nicht leicht auszumitteln sein noch, wenn ein anderer es herausfand, dessen Schüler zu werden. Außerdem wäre es ein zweckloses Beginnen, gesetzlich die Zeit vorzuschreiben, zu welcher und binnen welcher jegliches zu erlernen sei; denn nicht einmal den Lernenden selbst dürfte es wohl deutlich werden, was zu erlernen der Gelegenheit entspreche, bevor bei jedem das Wissen vom Gegenstand in der Seele sich erzeugte. So möchte also alles, was hierhin gehört, wenn es als nicht aussagbar bezeichnet wird, nicht richtig bezeichnet werden, wohl aber, wenn als nicht im voraus sagbar, weil es im voraus gesagt nichts von dem Bezeichneten deutlich macht.

Kleinias: Was haben wir also, Gastfreund, zu tun, wenn sich das so verhält?

Der Athener: Wie man zu sagen pflegt, ihr Freunde, scheint es uns für den Zugriff offen dazuliegen, und wenn wir bereit sind, ein die ganze Staatsverfassung betreffendes Wagnis zu bestehen, dann müssen wir das tun, ob wir nun drei Sechsen oder drei Einer werfen; ich aber will das Wagnis mit euch bestehen, indem ich euch meine Ansicht über die in unserer Unterredung jetzt wieder angeregte Unterweisung und Erziehung mitteile und erläutere. Jedoch dürfte dieses Wagnis kein geringes und kein mit irgendeinem andern zu vergleichendes sein. Aber dir, o Kleinias, lege ich dieses besonders an das Herz; denn du wirst, wenn du die Niederlassung der Magneten, oder nach wem sonst ein Gott sie benannte, wohl einrichtest, entweder den höchsten Ruhm erlangen, oder es wird dir wenigstens nicht entgehen, als der Wackerste vor allen nach dir Auftretenden zu erscheinen. — Wenn uns nun, liebe Freunde, diese göttliche Versammlung zustande kommt, dann muß man den Staat ihr übergeben, und dagegen findet fast nicht bei irgendeinem der gegenwärtigen Gesetzgeber ein Bedenken statt. Dadurch wird in der Tat das in der Wirklichkeit vollendet werden, dessen wir kurz vorher wie eines Traumbildes in der Rede erwähnten, als wir von der Verbindung zwischen Vernunft und Haupt eine Art Bild zusammensetzten; wenn nämlich in unserem Staate die Männer, mit Sorgfalt ausgewählt, in geziemender Weise unterrichtet und, nach empfangenem Unterricht, auf der Burg des Landes ihren Wohnsitz aufschlagend, zu Wächtern werden, wie wir sie nicht in unserem früheren Leben derart zur Tugend der Erhaltung herangebildet sahen.

Megillos: Lieber Kleinias, nach allem jetzt von uns Gesagten müssen wir entweder die Gründung des Staates aufgeben, oder wir dürfen unsern Gastfreund da nicht ziehen lassen, sondern müssen ihn durch Bitten und Mittel aller Art zur Teilnahme an der Einrichtung der Niederlassung veranlassen.

Kleinias: Du hast sehr recht, Megillos; das will ich tun, und auch du unterstütze mich dabei.

Megillos: Unterstützen will ich dich.

BIBLIOGRAPHIE

Zu den Gesetzen

AALDERS, G., Het derde boek van Plato's Leges, I: Proleg. Amsterdam 1943
BECKER, W. G., Platons Gesetze und das griechische Familienrecht. München 1932
BISINGER, J., Der Agrarstaat in Platons Gesetzen. Leipzig 1925
BREMOND, A., La religion de Platon d'après le Xe livre des Lois. In: Recherches de Science Religieuse 1932
BURY, R. G., The theory of education in Plato's Laws. In: Revue des Et. Grecques 1937
ENGLAND, E. B., The Laws of Plato, The text ed. with introd., notes, etc. 2 Bde. Manchester 1921
GUÉROULT, M., Le Xe livre des Lois et la dernière forme de la physique platonicienne. In: Revue des Et. Grecques 1924
MÜLLER, G., Der Aufbau der Bücher II und VII von Platons Gesetzen. Diss. Königsberg, Weida 1935
—, Studien zu den platonischen Nomoi. München 1951
MUTH, R., Studien zu Platons Nomoi X, 885 b2—899 d3. In: Wiener Studien 1956
ROHR, G., Platons Stellung zur Geschichte. Berlin 1932
VANHOUTTE, M., La philosophie politique de Platon dans les Lois. Louvain 1954
VERING, C., Platons Gesetze, Die Erziehung zum Staate. Frankfurt 1926

Vom Geld ist die Rede, von wem noch?

Für höchstens eine Drachme . . .

... war auf dem Markte zu Athen die Schrift des Mannes zu haben, von dem hier die Rede ist. So steht es – allerdings in etwas unbestimmter Form – in der Apologie des Platon. In der Schrift, um die es sich handelt, wurden die Himmelserscheinungen erklärt. Die Sonne, so schrieb der Autor, sei eine feurige Steinmasse, größer als der Peloponnes. Das war revolutionär in den Augen der Altgläubigen. Helios und Selene keine Götter, sondern Steine! Das brachte später denn auch einen Prozeß an den Hals. Man vermutete zwar, daß man damit weniger den Autor treffen wollte als vielmehr seinen Freund und Gönner, einen einflußreichen Politiker. Nichtsdestoweniger wurde er ins Gefängnis geworfen.

Der Mann stammte aus vornehmer und reicher Familie und wurde in Klazomenae geboren. An Geld für den Lebensunterhalt mangelte es ihm also nie. Er brauchte allerdings auch nicht viel, denn vom 20. Lebensjahr an lebte er asketisch und widmete sich der Philosophie und den Naturwissenschaften: der Astronomie, der Geometrie. Und nicht aufs Geld, sondern auf die Materie schlechthin bezog sich sein Ausspruch: «Man muß wissen, daß alles Vorhandene nicht mehr und nicht weniger werden kann.»

Ob er nach seiner Verurteilung aus dem Gefängnis entfloh oder verbannt wurde, ist zweifelhaft. Jedenfalls verließ er Athen, die Stadt, in der er 30 Jahre lang gelebt hatte und die er als erster zum Zentrum der Philosophie hat werden lassen. Als man ihm sagte, er habe die Athener verloren, entgegnete er stolz: «Nicht ich habe sie, sondern sie haben mich verloren.» Seine letzten Jahre verbrachte er in Lampsakos an den Dardanellen, wo er im Alter von 72 Jahren starb, fern seiner Heimat. Aber: «Der Weg zum Hades ist überall der gleiche.» Von wem war die Rede?

(Alphabetische Lösung: 1–14–1–24–1–7–15–18–1–19)

Pfandbrief und Kommunalobligation

Meistgekaufte deutsche Wertpapiere - hoher Zinsertrag - schon ab 100 DM bei allen Banken und Sparkassen

Verbriefte Sicherheit

Gesamtdarstellungen der platonischen Philosophie

Brommer, P., Eidos et Idea, Etude sémantique et chronologique des œuvres de Platon. Assen 1940
Derbolav, J., Erkenntnis und Entscheidung, Philosophie der geistigen Aneignung in ihrem Ursprung bei Platon. Wien 1954
Diès, A., Autour de Platon. Paris 1927
Field, G. C., Die Philosophie Platons. Stuttgart 1952
Friedländer, P., Platon. 1. Bd. Berlin und Leipzig 1928; 2. erw. u. verb. A. Berlin 1954. 2. Bd.: Die platonischen Schriften. Berlin und Leipzig 1930; 2. erw. u. verb. A. Berlin 1957
Goldschmidt, V., La Religion de Platon. Paris 1949
—, Les dialogues de Platon. Structure et méthode dialectique. Paris 1947
Hoffmann, E., Platon. Zürich 1950
Jaeger, W., Paideia. 2. Bd. Berlin 1944, 3. Bd. Berlin 1947
Kucharski, P., Les chemins du savoir dans les derniers dialogues de Platon. Paris 1949
Kuhn, H., Sokrates. Versuch über den Ursprung der Metaphysik. München 1959
Leisegang, H., Platon. In: Pauly-Wissowas Real-Enzyklopädie, 20. Bd., Sp. 2342—2537. Stuttgart 1950
Lodge, R. C., Plato's theory of education. London 1947
—, The philosophy of Plato. New York und London 1956
Moreau, J., L'âme du monde de Platon aux Stoiciens. Paris 1939
—, Réalisme et idéalisme chez Platon. Paris 1951
Robin, L., Platon. Paris 1935
Ross, D., Plato's Theory of Ideas. Oxford 1951
Schaerer, R., La question platonicienne. Paris 1938
Schuhl, P. M., L'œuvre de Platon. Paris 1954
Solmsen, F., Plato's theology. Ithaca 1942
Stefanini, L., Platone, 2 Bde. 2. A. Padua 1949
Stenzel, J., Studien zur Entwicklung der platonischen Dialektik. 2. A. Leipzig und Berlin 1931
—, Zahl und Gestalt bei Platon und Aristoteles. 2. A. Leipzig und Berlin 1933
Taylor, A. E., Plato, The man and his work. London 1. A. 1926, 6. A. 1949
Vourveris, K., Ai istorikai gnoseis tou Platonos, I. Barbarika. Athen 1938
Wilamowitz-Moellendorff, U. v., Platon. 1. Bd.: Leben und Werke, 2. Bd.: Beilagen und Textkritik. Berlin 1919

rororo rowohlts bildmonographien

Jeder Band mit etwa 70 Abbildungen, Zeittafel, Bibliographie und Namenregister.

Betrifft: Philosophie

Aristoteles
J. M. Zemb (63)

Ernst Bloch
Silvia Markun (258)

Giordano Bruno
Jochen Kirchhoff (285)

Cicero
Marion Giebel (261)

René Descartes
Rainer Specht (117)

Friedrich Engels
Helmut Hirsch (142)

Erasmus von Rotterdam
Anton J. Gail (214)

Ludwig Feuerbach
H. M. Sass (269)

Erich Fromm
Rainer Funk (322)

Gandhi
Heimo Rau (172)

Georg Wilhelm Friedrich Hegel
Franz Wiedemann (110)

Martin Heidegger
Walter Biemel (200)

Johann Gottfried Herder
Friedrich Wilhelm Kantzenbach (164)

Max Horkheimer
Helmut Gumnior und Rudolf Ringguth (208)

Karl Jaspers
Hans Saner (169)

Immanuel Kant
Uwe Schultz (101)

Sören Kierkegaard
Peter P. Rohde (28)

Konfuzius
Pierre Do-Dinh (42)

Georg Lukács
Fritz J. Raddatz (193)

Karl Marx
Werner Blumenberg (76)

Friedrich Nietzsche
Ivo Frenzel (115)

Blaise Pascal
Albert Béguin (26)

Platon
Gottfried Martin (150)

Jean-Jacques Rousseau
Georg Holmsten (191)

Bertrand Russell
Ernst R. Sandvoss (282)

Max Scheler
Wilhelm Mader (290)

Friedrich Wilhelm Joseph von Schelling
Jochen Kirchhoff (308)

F. D. E. Schleiermacher
Friedrich Wilhelm Kantzenbach (126)

Arthur Schopenhauer
Walter Abendroth (133)

Sokrates
Gottfried Martin (128)

Spinoza
Theun de Vries (171)

Rudolf Steiner
Joh. Hemleben (79)

Voltaire
Georg Holmsten (173)

Ludwig Wittgenstein
Kurt Wuchterl und Adolf Hübner (275)

rowohlts bild-monographien

ro
ro
ro

Jeder Band mit etwa 70 Abbildungen, Zeittafel, Bibliographie und Namenregister.

Betrifft: Geschichte, Naturwissenschaft

Geschichte

Konrad Adenauer
Gösta v. Uexküll (234)

Alexander der Große
Gerhard Wirth (203)

Augustus
Marion Giebel (327)

Michail A. Bakunin
Justus Franz Wittkop (218)

August Bebel
Helmut Hirsch (196)

Otto von Bismarck
Wilhelm Mommsen (122)

Julius Caesar
Hans Oppermann (135)

Nikita Chruschtschow
Reinhold Neumann-Hoditz (289)

Winston Churchill
Sebastian Haffner (129)

Elisabeth I.
Herbert Nette (311)

Friedrich II.
Georg Holmsten (159)

Friedrich II. von Hohenstaufen
Herbert Nette (222)

Ernesto Che Guevara
Elmar May (207)

Johannes Gutenberg
Helmut Presser (134)

Adolf Hitler
Harald Steffahn (316)

Ho Tschi Minh
Reinhold Neumann-Hoditz (182)

Wilhelm von Humboldt
Peter Berglar (161)

Jeanne d'Arc
Herbert Nette (253)

Karl der Große
Wolfgang Braunfels (187)

Karl V.
Herbert Nette (280)

Ferdinand Lassalle
Gösta v. Uexküll (212)

Wladimir I. Lenin
Hermann Weber (168)

Rosa Luxemburg
Helmut Hirsch (158)

Mao Tse-tung
Tilmann Grimm (141)

Maria Theresia
Peter Berglar (286)

Clemens Fürst von Metternich
Friedrich Hartau (250)

Benito Mussolini
Giovanni de Luna (270)

Napoleon
André Maurois (112)

Peter der Große
Reinhold Neumann-Hoditz (314)

Kurt Schumacher
Heinrich G. Ritzel (184)

Josef W. Stalin
Maximilien Rubel (224)

Freiherr vom Stein
Georg Holmsten (227)

Ernst Thälmann
Hannes Heer (230)

Josip Broz-Tito
G. Prunkl und A. Rühle (199)

Leo Trotzki
Harry Wilde (157)

Wilhelm II.
Friedrich Hartau (264)

Naturwissenschaft

Charles Darwin
Johannes Hemleben (137)

Thomas Alva Edison
Fritz Vögtle (305)

Albert Einstein
Johannes Wickert (162)

Galileo Galilei
Johannes Hemleben (156)

Otto Hahn
Ernst H. Berninger (204)

Werner Heisenberg
Armin Hermann (240)

Alexander von Humboldt
Adolf Meyer-Abich (131)

Johannes Kepler
Johannes Hemleben (183)

Alfred Nobel
Fritz Vögtle (319)

Max Planck
Armin Hermann (198)

P 2053/5

rowohlts bild-monographien

ro ro ro

Jeder Band mit etwa 70 Abbildungen, Zeittafel, Bibliographie und Namenregister.

Betrifft: Religion, Pädagogik, Medizin

Religion

Sri Aurobindo
Otto Wolff (121)

Jakob Böhme
Gerhard Wehr (179)

Dietrich Bonhoeffer
Eberhard Bethge (236)

Martin Buber
Gerhard Wehr (147)

Buddha
Maurice Percheron (12)

Franz von Assisi
Ivan Gobry (16)

Ignatius von Loyola
Alain Guillermou (74)

Jesus
David Flusser (140)

Johannes der Evangelist
Johannes Hemleben (194)

Martin Luther
Hanns Lilje (98)

Mohammed
Émile Dermenghem (47)

Moses
André Neher (94)

Thomas Müntzer
Gerhard Wehr (188)

Paulus
Claude Tresmontant (23)

Ramakrischna
Solange Lemaître (60)

Albert Schweitzer
Harald Steffahn (263)

Pierre Teilhard de Chardin
Johannes Hemleben (116)

Thomas von Aquin
M.-D. Chenu (45)

Paul Tillich
Gehard Wehr (274)

Simone Weil
Angelica Krogmann (166)

Pädagogik

Friedrich Fröbel
Helmut Heiland (303)

Johann Heinrich Pestalozzi
Max Liedtke (138)

Medizin

Alfred Adler
Josef Rattner (189)

Sigmund Freud
Octave Mannoni (178)

C. G. Jung
Gerhard Wehr (152)

Paracelsus
Ernst Kaiser (149)

Wilhelm Reich
Bernd. A. Laska (298)

P 2057/5

rowohlts bild-monographien

ro ro ro

Jeder Band mit etwa 70 Abbildungen, Zeittafel, Bibliographie und Namenregister.

**Betrifft:
Kunst,
Theater,
Film**

Kunst

Hieronymus Bosch
Heinrich Goertz (237)

Paul Cézanne
Kurt Leonhard (114)

Honoré Daumier
Juerg Albrecht (326)

Otto Dix
Dietrich Schubert (287)

Albrecht Dürer
Franz Winzinger (177)

Max Ernst
Lothar Fischer (151)

Caspar David Friedrich
Gertrud Fiege (252)

Vincent van Gogh
Herbert Frank (239)

Francisco de Goya
Jutta Held (284)

George Grosz
Lothar Fischer (241)

John Heartfield
Michael Töteberg (257)

Wassilij Kandinsky
Peter Anselm Riedl (313)

Paul Klee
Carola Giedion-Welcker (52)

Käthe Kollwitz
Catherine Krahmer (294)

Le Corbusier
Norbert Huse (248)

Leonardo da Vinci
Kenneth Clark (153)

Michelangelo
Heinrich Koch (124)

Paula Modersohn-Becker
Liselotte v. Reinken (317)

Pablo Picasso
Wilfried Wiegand (205)

Rembrandt
Christian Tümpel (251)

Kurt Schwitters
Ernst Nündel (296)

Henri de Toulouse-Lautrec
Matthias Arnold (306)

Heinrich Zille
Lothar Fischer (276)

Theater/Film

Luis Buñuel
Michael Schwarze (292)

Charlie Chaplin
Wolfram Tichy (219)

Walt Disney
Reinhold Reitberger (226)

Gustaf Gründgens
Heinrich Goertz (315)

Buster Keaton
Wolfram Tichy (318)

Erwin Piscator
Heinrich Goertz (221)

Max Reinhardt
Leonhard M. Fiedler (228)

P 2056/5

rowohlts bildmonographien

Jeder Band mit etwa 70 Abbildungen, Zeittafel, Bibliographie und Namenregister.

Literatur

Hans Christian Andersen
Erling Nielsen (5)

Achim von Arnim
Helene M. Kastinger Riley (277)

Honoré de Balzac
Gaëtan Picon (30)

Charles Baudelaire
Pascal Pia (7)

Simone de Beauvoir
Christiane Zehl Romero (260)

Samuel Beckett
Klaus Birkenhauer (176)

Gottfried Benn
Walter Lennig (71)

Heinrich Böll
Klaus Schröter (310)

Wolfgang Borchert
Peter Rühmkorf (58)

Bertolt Brecht
Marianne Kesting (37)

Georg Büchner
Ernst Johann (18)

Wilhelm Busch
Joseph Kraus (163)

Lord Byron
Hartmut Müller (297)

Albert Camus
Moran Lebesque (50)

Giacomo Casanova de Seingalt
Rives J. Childs (48)

Anton Čechov
Elsbeth Wolffheim (307)

Cervantes
Anton Dieterich (324)

Matthias Claudius
Peter Berglar (192)

Dante Alighieri
Kurt Leonhard (167)

Charles Dickens
Johann Norbert Schmidt (262)

Alfred Döblin
Klaus Schröter (266)

F. M. Dostojevskij
Janko Lavrin (88)

Annette von Droste-Hülshoff
Peter Berglar (130)

Joseph von Eichendorff
Paul Stöcklein (84)

Hans Fallada
Jürgen Manthey (78)

William Faulkner
Peter Nicolaisen (300)

Gustave Flaubert
Jean de La Varende (20)

Theodor Fontane
Helmuth Nürnberger (145)

Max Frisch
Volker Hage (321)

Stefan George
Franz Schonauer (44)

André Gide
Claude Martin (89)

Johann Wolfgang von Goethe
Peter Boerner (100)

Maxim Gorki
Nina Gourfinkel (9)

Brüder Grimm
Hermann Gerstner (201)

H. J. Chr. von Grimmelshausen
Kurt Hohoff (267)

Knut Hamsun
Martin Beheim-Schwarzbach (3)

Gerhart Hauptmann
Kurt Lothar Tank (27)

Friedrich Hebbel
Hayo Matthiesen (160)

Johann Peter Hebel
Uli Däster (195)

Heinrich Heine
Ludwig Marcuse (41)

Ernest Hemingway
Georges-Albert Astre (73)

Hermann Hesse
Bernhard Zeller (85)

Friedrich Hölderlin
Ulrich Häussermann (53)

E. Th. A. Hoffmann
Gabrielle Wittkop-Menardeau (113)

Hugo von Hofmannsthal
Werner Volke (127)

Homer
Herbert Bannert (272)

Ödön von Horváth
Dieter Hildebrandt (231)

Henrik Ibsen
Gerd Enno Rieger (295)

Eugène Ionesco
François Bondy (223)

James Joyce
Jean Paris (40)

Erich Kästner
Luiselotte Enderle (120)

Franz Kafka
Klaus Wagenbach (91)

Gottfried Keller
Bernd Breitenbruch (136)

Heinrich von Kleist
Curt Hohoff (1)

Karl Kraus
Paul Schick (111)

rowohlts bild-monographien

ro ro ro

Jeder Band mit etwa 70 Abbildungen, Zeittafel, Bibliographie und Namenregister.

Else Lasker-Schüler
Erika Klüsener (283)

David Herbert Lawrence
Richard Aldington (51)

Jakob Michael Reinhold Lenz
Curt Hohoff (259)

Gotthold Ephraim Lessing
Wolfgang Drews (75)

Georg Christoph Lichtenberg
Wolfgang Promies (90)

Jack London
Thomas Ayck (244)

Wladimir Majakowski
Hugo Huppert (102)

Heinrich Mann
Klaus Schröter (125)

Thomas Mann
Klaus Schröter (93)

Conrad F. Meyer
David A. Jackson (238)

Henry Miller
Walter Schmiele (61)

Eduard Mörike
Hans Egon Holthusen (175)

Molière
Friedrich Hartau (245)

Christian Morgenstern
Martin Beheim-Schwarzbach (97)

Robert Musil
Wilfried Berghahn (81)

Vladimir Nabokov
Donald E. Morton (328)

Johann Nestroy
Otto Basil (132)

Novalis
Gerhard Schulz (154)

Jean Paul
Hanns-Josef Ortheil (329)

Edgar Allan Poe
Walter Lennig (32)

Marcel Proust
Claude Mauriac (15)

Alexander S. Puschkin
Gudrun Ziegler (279)

Wilhelm Raabe
Hans Oppermann (165)

Fritz Reuter
Michael Töteberg (271)

Rainer Maria Rilke
H. E. Holthusen (22)

Arthur Rimbaud
Yves Bonnefoy (65)

Joachim Ringelnatz
Herbert Günther (96)

Joseph Roth
Helmuth Nürnberger (301)

Ernst Rowohlt
Paul Mayer (139)

Marquis de Sade
Walter Lennig (108)

Antoine de Saint-Exupéry
Luc Estang (4)

George Sand
Renate Wiggershaus (309)

Sappho
Marion Giebel (291)

Jean-Paul Sartre
Walter Biemel (87)

Friedrich Schiller
Friedrich Burschell (14)

Schlegel
Ernst Behler (123)

Arthur Schnitzler
Hartmut Scheible (235)

William Shakespeare
Jean Paris (2)

George Bernard Shaw
Hermann Stresau (59)

Carl Sternheim
Manfred Linke (278)

Adalbert Stifter
Urban Roedl (86)

Theodor Storm
Hartmut Vincon (186)

Jonathan Swift
Justus Franz Wittkop (242)

Ernst Toller
Wolfgang Rothe (312)

Leo Tolstoi
Janko Lavrin (57)

Georg Trakl
Otto Basil (106)

Tschechov siehe Čechov

Kurt Tucholsky
Klaus-Peter Schulz (31)

Mark Twain
Thomas Ayck (211)

Walther von der Vogelweide
Hans-Uwe Rump (209)

Frank Wedekind
Günter Seehaus (213)

Oscar Wilde
Peter Funke (148)

Virginia Woolf
Werner Waldmann (323)

Émile Zola
Marc Bernard (24)

Carl Zuckmayer
Thomas Ayck (256)

rororo rowohlts bild-monographien

Jeder Band mit etwa 70 Abbildungen, Zeittafel, Bibliographie und Namenregister.

Betrifft: Musik

Johann Sebastian Bach
Luc-André Marcel (83)

Belá Bartók
Everett Helm (107)

Ludwig van Beethoven
Fritz Zobeley (103)

Alban Berg
Volker Scherliess (225)

Hector Berlioz
Wolfgang Dömling (254)

Johannes Brahms
Hans A. Neunzig (197)

Anton Bruckner
Karl Grebe (190)

Frédéric Chopin
Camille Bourniquel (25)

Claude Debussy
Jean Barraqué (92)

Antonin Dvořák
Kurt Honolka (220)

Georg Friedrich Händel
Richard Friedenthal (36)

Joseph Haydn
Pierre Barbaud (49)

Paul Hindemith
Giselher Schubert (299)

Franz Liszt
Everett Helm (185)

Albert Lortzing
Hans Christoph Worbs (281)

Gustav Mahler
Wolfgang Schreiber (181)

Felix Mendelssohn Bartholdy
Hans Christoph Worbs (215)

Giacomo Meyerbeer
Heinz Becker (288)

Wolfgang Amadé Mozart
Aloys Greither (77)

Modest Mussorgskij
Hans Christoph Worbs (247)

Jacques Offenbach
P. Walter Jacob (155)

Carl Orff
Lilo Gersdorf (293)

Puccini
Clemens Höslinger (325)

Maurice Ravel
Vladimir Jankélévitch (13)

Max Reger
Helmuth Wirth (206)

Arnold Schönberg
Eberhard Freitag (202)

Dimitri Schostakowitsch
Detlef Gojowy (320)

Franz Schubert
Marcel Schneider (19)

Robert Schumann
André Boucourechliev (6)

Bedrich Smetana
Kurt Honolka (265)

Richard Strauss
Walter Deppisch (146)

Johann Strauß
Norbert Linke (304)

Igor Strawinsky
Wolfgang Dömling (302)

Georg Philipp Telemann
Karl Grebe (170)

Peter Tschaikowsky
Everett Helm (243)

Giuseppe Verdi
Hans Kühner (64)

Richard Wagner
Hans Mayer (29)

Carl Maria von Weber
Michael Leinert (268)

Anton Webern
Hanspeter Krellmann (229)